中国科学院规划教材

企业文化管理与实践

石　娟　编著

校级教材建设基金项目资助

科学出版社
北　京

内 容 简 介

企业文化是现代企业综合实力的体现。现代企业之间的竞争，已经不再仅仅是资金、技术、人才、策略的竞争，更是企业文化的竞争。企业要想在激烈的市场竞争中取胜，就必须用文化管企业，以文化兴企业。本书以问题导理论，结合丰富的案例，详细阐明企业文化的内涵、结构、功能，论述了企业文化的测评、策划、实施及变革过程中的管理原理与管理方法，并针对企业文化与企业竞争力之间的关系及跨文化管理的基本问题进行了探讨分析。

本书适合 MBA 学生，经济管理专业的本科生、硕士生，企业的经理人员，政府和事业单位的管理人员，企业管理的教学科研人员，以及一切对企业管理感兴趣的人阅读。

图书在版编目（CIP）数据

企业文化管理与实践/石娟编著. —北京：科学出版社，2015.8

中国科学院规划教材

ISBN 978-7-03-045401-0

Ⅰ.①企… Ⅱ.①石… Ⅲ.①企业文化-企业管理-高等学校-教材 Ⅳ.①F270

中国版本图书馆 CIP 数据核字（2015）第 188585 号

责任编辑：兰 鹏 张 凯/责任校对：张海燕

责任印制：徐晓晨/封面设计：蓝正设计

科学出版社出版

北京东黄城根北街 16 号

邮政编码：100717

http://www.sciencep.com

北京中科印刷有限公司 印刷

科学出版社发行 各地新华书店经销

*

2015 年 8 月第 一 版 开本：787×1092 1/16

2021 年 7 月第五次印刷 印张：16 1/2

字数：392 000

定价：33.00 元

（如有印装质量问题，我社负责调换）

前　言

企业文化是一门综合运用管理学、社会学、文化学、人类学、心理学、传播学等学科理论与方法，将企业硬性管理与软性管理、理性控制与非理性控制相结合的新兴学科。企业文化是企业综合实力的体现，是一个企业文明程度的反映，也是知识形态的生产力转化为物质形态生产力的源泉，同时也是一项涉及社会、经济、员工日常生活，且与社会文化各个方面互相交叉、渗透的系统工程。现代企业之间的竞争，已经不再仅仅是资金、技术、人才、策略的竞争，更是企业文化的竞争。在公司面临新的形势、新的任务、新的机遇、新的挑战之时，要想在激烈的市场竞争中取胜，把企业做大做强，实现企业的跨越式发展，就必须树立“用文化管企业”“以文化兴企业”的理念。当前企业文化已渗透到以人为中心的社会生活的各个方面，影响着社会，影响着企业，影响着员工。因此，在实现科学管理的同时实行文化管理，是现代企业在激烈的市场竞争中立于不败之地的关键。

本教材采用“以问题导理论，一个理论、一个案例，以案例阐理论，以案例群覆盖知识面”的编写思路。同时，本教材注重案例研究，每一章开篇都有一个先导案例，引出每一章的研究内容，每一章结尾也有一个分析案例，有助于读者深化对企业文化理论和方法的理解和运用。通过大量的相关案例，详细阐明了企业文化的内涵、结构、功能，论述了企业文化的测评、策划、实施，以及变革过程中的管理原理与管理方法，探讨了企业文化与企业竞争力之间的关系，分析比较了跨文化管理的基本问题。我们希望这本教材既能反映当前研究水平，又能满足实际教学需要，同时也能对广大企业管理实际工作者的理论学习和实际工作需要有所裨益。

本教材涵盖了这门学科的整个框架，较为全面地论述了各个主要部分的基本概念、理论和技术，有助于帮助读者建立一个对于企业文化的全面认识；本教材集中了企业文化研究领域的国内外最新的理论与实践研究成果，有助于读者进一步了解最新的研究成果和发展方向。因此，本教材具有较强的完整性和前沿性。

本教材由石娟副教授主编，参编者及撰写者还有刘珍、刘丽华、李海燕、李蕊、刘继峰、周伟军、王倩和李榕。其中，刘珍参与编写第一章、第二章，刘丽华参与编写第三章、第五章，李海燕参与编写第四章、第六章，李蕊参与编写第七章、第八章，刘继峰参与编写第九章、第十一章，周伟军参与编写第十章、第十二章，王倩、李榕参与编写案例。对以上参编人员的辛勤工作表示衷心感谢！同时对书中引用的文献和案例的作者和单位表示诚恳的谢意！

由于我们水平有限，教材中不妥之处在所难免，敬请各位专家、读者给予指正。

编者

2015年7月

目　　录

第一章　企业文化概论

引例　什么是企业文化？

如果我们今天赴美国做商务旅游，很可能会获得这样一项内容的安排：参观美国西雅图市著名的派克鱼市公司。

派克鱼市公司的创始人叫约翰·横山。到1986年，约翰·横山已经努力工作了20年，目标只有一个，就是使自己在西雅图的一个小鱼摊生意兴隆起来。可他就像许多小本生意人一样，一直维持着几个人的小公司，也谈不上什么成功。

约翰·横山再也按捺不住了，他想把生意扩大，便转向了渔业批发领域。可没想到，只一年的时间就几乎赔光了公司的老本。这时候，他真是走到了生死抉择的十字路口。

一天，一个朋友建议他赶紧请个咨询师。他咬咬牙，花钱，请几天指导咨询师看能不能拯救他的企业。咨询师吉姆每两周来公司组织大家开一次会，会上只做一件事情：激发大家的斗志。

吉姆帮助大家认识："我们需要一个远大的目标，一个更大的策略。"终于，到了第三次会议时，约翰·横山明白了："我们要成为举世闻名的企业"，"我们可以影响彼此的生活，影响顾客的生活！"

约翰·横山当然是百分之百地忠实于公司目标——要成为举世闻名的企业。但是，怎样才能使每一位员工都愿意为这不同寻常的目标而付出呢？大家能不能始终保持不竭的动力去创造举世闻名的奇迹呢？

可能许多企业老板这时候会花费很多时间去教给员工如何干好工作，却几乎不解释工作的重要目标是什么。但是在这里，当新员工加入公司时，从三个月的试用期开始就给他们提供分享"梦想"的机会——要举世闻名！这是一个融入公司文化的很重要的培训。

许多公司会把大量的时间花费在寻找最优秀、最聪明、最有天分的应聘者身上，但是在这里，约翰·横山所要寻找的就是"志同道合"的人，并帮助他们看到自己在工作中的发展机会。

约翰·横山每隔一周会与全体员工见一次面，一起共进晚餐，一起充分讨论"我们的目标"和怎样达到它。员工会踊跃地给出他们的见解、建议，从中，约翰·横山和管理者、员工一起来调节工作方式，大家始终保持着一致的奋斗目标。尽管这样的"聚会"要耗费人力物力，但是约翰·横山却把它看做坚持"我们的目标"的重要步骤。

一晃又过去20年了，那个小小的鱼摊今天已经大名鼎鼎，很多来到美国的旅游者都会极有兴致地去派克鱼市逛逛，领略那美妙的开刀和开心的传送号子，享受那激发活力的工作气氛。

企业文化是一个企业的灵魂。它的存在能引领企业走向更加广阔的未来，能使企业有良好的工作氛围，能带动员工的激情和动力，保持企业的活力。小小的鱼摊如今能够大名鼎鼎，靠的就是优良的企业文化，并且要坚持不懈地做下去。一个企业的成功与否，和它自身所具有的文化有很大的关系。优秀的企业文化能为公司创造良好的企业环境，能为大家树立正确的价值观，能够带领公司人员一起共同奋进。

（资料来源：刘光明. 企业文化案例[M]. 北京：经济管理出版社，2003.）

1.1 文化与企业文化

什么是企业文化？这是有关企业文化理论研究的逻辑起点。只要圆满地回答了这个问题，其他一系列问题的回答便有了基础。而要真正回答这个问题，先要对“什么是文化”给出一个答案。

1.1.1 文化的认知

“文化”一词源于古拉丁文 cultural，本意是“耕作”“培养”“教习”“开化”。“文化”的概念最早由英国人类学家爱德华·泰勒在 1871 年提出。他将文化定义为“包括知识、信仰、艺术、法律、道德、风俗以及作为一个社会成员所获得的能力与习惯的复杂整体”。在中国最早把“文”和“化”两字联系起来的是《易经》，“观乎人文，以化成天下”意思是圣人在考察人类社会文明的基础上，对其中优秀的部分加以总结和提炼，以教化民心，治理社会。

《辞海》中文化分为两个方面，广义上是指人类在社会历史发展过程中所创造的物质财富和精神财富的总和，特指社会意识形态，在阶级社会中，文化是阶级斗争的武器。一定文化（当做观念形态的文化）是一定社会的政治和经济的反映，又影响和作用于一定社会的政治和经济。狭义上是指意识形态所创造的精神财富，文化凝结在物质之中又游离于物质之外，是能够被传承的宗教、信仰、风俗习惯、道德情操、学术思想、文学艺术、科学技术、各种制度等。

文化哲学把文化结构区分为物质文化、制度文化、精神文化三个层面。物质文化实际是指人在物质生产活动中所创造的全部物质产品，以及创造这些物品的手段、工艺、方法等。制度文化是人们为反映和确定一定的社会关系，并对这些关系进行整合和调控而建立的一整套规范体系。精神文化也称为观念文化，是以心理、观念、理论形态存在的文化。它包括两个部分，一是存在于人心中的文化心态、文化心理、文化观念、文化思想、文化信念等；二是已经理论化、对象化的思想理论体系，即客观化了的思想。

关于文化的区分，还有一种广为流传的“文化模式论”。克鲁克洪认为，克罗伯以同等的眼光看待历史、功能和心理学，划分出了三种文化模式，即全局性模式、类型性模式、总体性模式。文化的全局性模式指的是“文化特征之间的关系，它具有确定的连贯结构，执行着有效的功能，并且在历史进程中将这种作用持续保留下来。很显然，文化的全局性模式不囿于单一的文化，而是涉及横贯交错的文化”。文化的类型性模式指的是“一条路数，沿着它在人类事务的几种可能性过程中，选择出来或引导出来并紧紧扣住它不放，从而使这种事务得以确定和实现”，“每一种类型都必须预先有所限制，它力主一种方式而排斥其他方式”。现代工业化世界的类型性模式包括机器（相对手工业操作而言）、信贷，以及大规模生产。文化的总体性模式，其概念类似于社会（或民族、制度等）的精神气质和时代精神。

在近期的文化研究中，对文化的区分出现了高雅文化、精英文化、通俗文化、大众文化、流行文化、产业文化、商业文化等新概念，并且迅速涌现出大量的专家学者和论著。此外，在各个学科领域内都有相应的文化概念，如政治文化、经济文化、企业文化、行政文化、管理文化、法律文化等。

文化定义现象反映文化对于人类及社会的密切关联度，不仅揭示了文化与人类社会进程的关系，而且还揭示了文化与人类社会整体的联系，这种联系涉及社会的各个层面和领域。同时，也揭示了文化对于每一个人的个人权利、利益、自由、生存状况的关注。

1.1.2　企业文化的认知

人们对文化概念、范围的认识，经历了一个从精神文化向社会文化、物质文化、经济文化、法律文化逐步发展的过程。当然，这个扩展过程是相互交叉的，并不是截然分开的。把经济活动和企业文化作为文化现象来研究，是当代文化学最新发展的标志。

“企业文化”作为专业术语，最初出自20世纪80年代初期的西方管理学界，在英语中由于其出现的场合不同而有几种不同的称谓：organizational culture（组织文化）、corporate culture（公司文化）、enterprise culture（企业文化）等。如同文化的定义一样，到目前为止，企业文化尚无公认的定义，自企业文化诞生之日起，专家学者就致力于企业文化概念的讨论和界定，提出种种表述。

威廉·大内认为，一个公司的文化由其传统和风气所构成。此外，文化还包含一个公司的价值观，如进取、守势、灵活性，即确定活动、意见和行为模式的价值观。

特雷斯·迪尔和阿伦·肯尼迪在《企业文化——现代企业的精神支柱》一书中，对企业文化阐述得更为具体，认为企业文化是由五个要素组成的系统，价值观、英雄人物、习俗仪式和文化网络是其四个必要要素，而企业环境则是形成企业文化唯一的而且又是最大的影响因素。

1985年，埃德加·沙因出版了“为企业文化研究画上句号”的学术著作——《组织文化与领导》。在书中，埃德加·沙因把企业文化描述为“一套基本假设”，即“企业文化是企业（群体）在解决外在适应性与内部整合性问题时，习得的一组共享假定。因为它们运作得很好，而被视为有效，因此传授给新成员，作为遇到这些问题时，如何去知觉、思考及感觉的正确方法”。

在研究企业文化时，我国的许多学者对企业文化的定义与内涵也有自己的理解。

“企业文化作为一种亚文化，是属于组织文化的一个子概念，它是在一定的社会历史条件下，企业生产经营和管理活动中所创造的具有本企业特色的精神财富和物质形态。它包括文化观念、价值观念、企业精神、道德规范、行为准则、历史传统、企业制度、文化环境、企业产品等。其中价值观是企业文化的核心。”（胡正荣等，1995）

“企业文化是一种在从事经济活动的组织中形成的组织文化，它所包含的价值观念、行为准则等意识形态和物质形态均被该组织成员共同认可。它与文教、科研、军事等组织的文化性质是不同的。”（刘光明，1999）

“企业文化是企业在各种活动及其结果中，所努力贯彻并实际体现出来的以文明取胜的群体竞争意识，并且表现为企业的总体风采和独特的风格模式。”（罗长海，2004）

“企业文化是指全体员工在企业创业和发展过程中，培育形成并共同遵循的最高目标、价值标准、基本信念及行为规范。它是组织观念形态、制度与行为，以及符号系统的复合体。”（张德和余玲艳，2007）

从以上国内外学者对企业文化的定义来看，他们的侧重点各有不同，涵盖面也不尽一致，有的强调企业文化是一个包含了信念、价值观、理想、最高目标、行为准则、传统、风气等的精神复合体；有的强调企业文化是将企业的物质财富和精神财富都包括在内的混合体。

那么究竟应如何理解企业文化呢？我们认为，企业文化是社会文化的一个子系统。企业通过自身生产经营的产品及服务，不仅反映出企业生产经营、组织和管理的特色，更反映出企业在生产经营活动中的战略目标、群体意识、价值观念和行为规范，它既是了解社会文明程度的一个窗口，又是社会当代文化的生长点。因此，在国内外学者观点的基础上我们给出如下定义：企业文化是指在一定的社会大文化环境影响下，企业在生产经营实践中逐步形成的，被全体员工认同并遵守的且带有本组织特点的使命、愿景、宗旨、精神、价值观和经营理念，以及这些理念在生产经营时间，管理制度、员工行为方式与企业对外形象中体现的总和。企业文化的本质是企业在一系列价值选择时进行价值排序的活动。

理解企业文化需要注意以下几个方面。

第一，企业文化具有时段性。文化总是相对于一定时间段而言的，我们所指的企业文化通常是现阶段的文化，而不是指企业过去的历史文化，也不是指将来企业可能形成的新文化。

第二，企业文化具有共识性。只有达成共识的要素才能称为企业文化，企业新提出的东西，如果没有达成共识，目前就不能称为企业文化，只能说是将来的共识。当然，企业文化只是相对的共识，即多数人的共识。

第三，企业文化具有范围性。文化总是相对于一定范围而言的，我们所指的企业文化通常是企业员工所普遍认同的部分。依据认同的范围不同，企业中的文化可以分为领导文化、中层管理者文化、基层管理者文化，或部门文化、分公司文化、子公司文化等。

第四，企业文化具有内化性。企业所倡导的理念和行为方式，一旦得到普遍认同，成为企业的文化，就必将被广大员工自觉遵循。

管理大师克雷格·R. 希克曼指出：“21 世纪是文化管理的世纪，是文化制胜的世纪，每一个追求卓越的企业家，都必须学习文化管理。”我国著名管理学家、国家自然科学基金委员会管理科学部原主任成思危也认为：“如果说 20 世纪是由经验管理进化为科学管理的世纪，则可以说 21 世纪是由科学管理进化为文化管理的世纪。”在面临更加激烈的市场竞争环境时，科学技术可以学习，制度可以模仿，但是像企业全体员工内在的追求这样的一种企业文化层面上的东西却是很难移植、很难模仿的。从这个意义上说，21 世纪企业的竞争也是企业文化的竞争。

企业文化的兴起，是 20 世纪末期这个历史时代的产物。进入 21 世纪，公司经营的国际化、世界经济文化的一体化，以及知识经济的兴起，这三大趋势孕育着“文化制胜”时代的来临。

1.2　企业文化的概念及理论基础

1995 年，华为公司的规模迅速扩大，面对一片大好的发展形势，公司总裁任正非慷慨激昂地写下了华为的“精神纲领”：秉承毛泽东搞“两弹一星”的气魄和决心，响应党中央科教兴国的伟大号召，跟随五中全会跨世纪的宏伟规划，在改革开放的基础上，独立自主、自力更生地建立和发展华为产品体系。学习老一辈革命家、专家团结一致、艰苦奋斗、奋发图强的精神，努力赶上和超过世界先进水平，以充分满足用户的最高需求。用建立在国家文化基础上的企业文化，黏合全体员工，集体奋斗，为伟大祖国的繁荣昌盛，为中华民族的振兴，为自己和家人的幸福而不懈努力。同年 9 月，华为公司围绕着“精神纲领”发起了“华为兴亡，我的责任”企业文化大讨论，当时视察过华为的上级领导对此称赞有加。可是任正非逐渐发现，干部员工常把企业文化这个词挂在嘴上，但到底企业文化是什么，谁也说不清。于是由宣传部出面组织了几次企业文化辩论会。辩论下来人们才发现，原来任正非赞同的观点往往与多数人不同。例如，有创业者提出“有福同享，有难同当”的观点，就被任正非批为封建意识。不少干部员工都很困惑。相信这件事对任正非的触动是巨大的，这也间接成为后来华为制定《华为基本法》的一个动因。

如今，在中国的很多企业里，人们在各种场合频繁地使用“企业文化”这个概念，看起来人们对于企业文化的认识水平似乎提高了，但通过实践接触，我们发现人们经常在谈企业文化，可要想说出个究竟来，对于很多人来说还是很困难的。而且，在听到人们对企业文化的描述之后，我们意识到很多人理解的企业文化就是一个大箩筐，什么都可以往里装。有人说企业文化就是宣传栏里贴的口号标语，有人说企业文化就是思想政治工作，也有人说企业文化就是企业搞的文娱活动，还有人说企业文化就是老板的想法……

事实上，企业文化研究领域已经涌现了一批有影响力的理论成果，研究者从心理学、管理学、经济学、社会学、人类学、伦理学等不同的角度开展研究，这些研究呈现出多种视角、不同的假设、多样的研究方法，也存在语言系统不对接等问题。

1.2.1　企业文化的基本内涵

企业文化是指企业成员共享的价值观体系和行为规范，它们是一个企业具有独特性的关键特征。来自组织行为学和企业文化学方面的研究成果表明，以下几个方面的特征是企业文化的基本内涵所在。

（1）创新与冒险：企业在多大程度上鼓励员工创新和冒险。

（2）注意细节：企业在多大程度上期望员工做事缜密、善于分析、注意小节。

（3）结果定向：企业管理者在多大程度上将注意力集中于结果而不是强调实现这些结果的手段与过程。

（4）人际导向：管理决策在多大程度上考虑到结果对企业员工的影响。

（5）团队导向：企业在多大程度上是以团队而不是以个人来组织企业活动的。

（6）进取心：企业员工的进取心和竞争性如何。

（7）稳定性：企业组织活动重视维持现状还是重视成长的程度。

以上每一个方面都表现出一个从低到高的连续带。从这七个方面来评价企业组织，就能得到企业文化的有机构成图。企业员工应有的行为方式都建立在这幅有机构成图上。

1.2.2 企业文化理念体系

魏杰教授在《企业文化塑造——企业生命常青藤》中指出，“企业信奉和倡导，并在实践中真正实行的价值理念，就是企业文化”。企业文化的本质内容是反映企业行为和企业性质的价值理念，而且是那些付诸实践并规范企业行为的价值理念。这些价值理念是企业制度创新和经营战略实施的重要思想基础。依照企业文化的作用范围，他将企业文化理念划分为三大类，即经营性企业文化理念、管理性企业文化理念和体制性企业文化理念，并因此构建出一套独特的企业文化理念体系。

1. 经营性企业文化理念

“所谓经营性企业文化，就是指在企业经营活动中员工应该具有的价值理念。由于企业经营活动实际上就是企业与其外部所发生的业务关系，因而经营性企业文化也可以看成是企业在处理它与外部的关系时，员工所持有的价值观念。”经营性企业文化理念包括内在性诚信理念、主动性市场理念、能动性创新理念、自觉性法律理念、理性化双赢理念、有效性竞争理念、可持续发展理念、快速性应变理念、比较优势理念、开放性拓展理念、预警性反危机理念、全方位性经营理念、多层次性品牌理念 13 条重要理念。

内在性诚信理念是最基本的经营性企业文化理念，是指企业内在的自觉遵守诚信的原则，完全以诚信的理念指导自己的企业经营活动，视诚信理念为自己的行为准则和信条。这一企业文化理念要求企业在现实的企业经营过程中做到：以契约为基础的诚信，即企业必须信守自己的承诺，按承诺办事；信息非对称条件下的诚信，即企业在拥有信息优势地位的情况下也能坚守诚信理念，完全考虑当事者利益的诚信。诚信是企业经营的基本准则，也是企业最大的无形资产。海尔公司正是在“首先卖信誉，其次卖产品”的诚信理念指导下，从一家街道企业做成了国内外著名的家电企业。韩国现代集团的创始者郑永周把“信用就是财产，有信用就有一切”作为经营企业的座右铭，坚信“一个企业、一个人，事业受挫，可以爬起来再干，还有复兴的机会，而一旦名誉扫地，丧失信用，那就永远翻不了身”。可口可乐公司的总经理曾经说，假使某一天可口可乐公司的所有厂房全部被毁坏，他们也可以在第二天以品牌的信誉在国际金融市场上筹到足够的资金重建一个新的可口可乐公司。

主动性市场理念和能动性市场理念主要是对企业经营活动行为的规范，与其说是企业经营文化理念，不如说是企业经营策略和方法，它们都具有规范企业经营行为的意义。主动性市场理念要求企业内在有尊重市场和开拓市场的冲动，积极主动地将市场维护和市场拓展确立为重要的企业经营行为，尊重市场经济的内在原则，通过价格、质量、品牌和服务等机制来实现企业的经营目标。能动性创新理念强调企业应具有强烈的内在性创新冲动，并通过各种制度设计将创新理念转化成一种基本的企业经营行为。能动性创新理念是经营性企业文化的一个极其重要的内容。成功企业的一个重要动力就是不断根据企业经营环境的变化进行大胆创新。

此外，自觉性法律理念则是指企业在经营活动中非常注重守法经营，并且自觉地利用法律来维护自己的利益。理性化双赢理念强调企业要把自己的赢利行为建立在客户的赢利也能随之而发展的基础上，既主动地考虑自己的利益，同时也主动地考虑客户的利益；理性化双赢理念是实现企业可持续发展的重要理念，也是推动企业不断创新的重要动力。有效性竞争理念要求企业不要将自己利益的获得建立在危害社会或危害竞争对手的基础上，而是要建立在能够提供较高的产品质量、最低的价格和优质的服务之上，建立比较优势的竞争、理性的自由竞争和规范性竞争。可持续发展理念要求企业在安排自己的经营活动时必须非常认真地考虑企业的未来发展问题，认真处理好企业的生存、赢利和长期发展的关系，处理好机会和扩张与能力的组合关系。快速性应变理念强调企业要根据外部环境的变化，如技术的变化、市场的变化、消费主体的观念的变化，以及产业政策、宏观经济环境等的变化，及时快速地调整自己的经营活动。比较优势理念就是指企业在经营活动中通过强调自己的比较优势而获得竞争力的理念，它是与专业化分工和协作的企业经营环境相关联的，是对企业能动性创新理念的一个重要补充。开放性拓展理念强调企业在经营活动中必须注重合理分工，注重产品和资本的全面开放，以及观念、胸怀和体制等方面的全面开放。

预警性反危机理念也是企业经营活动中一个极其重要的价值理念，是经营性企业文化的重要组成部分，它要求企业随时关注自己的潜在危机，并在危机没有发生之前就能够通过组织措施、体制性安排、各种外部力量等加以防范。全方位性经营理念要求企业家要重视生产经营，同时也要重视资本经营，将生产经营和资本经营同时纳入企业的经营活动范围之中。因为生产经营是资本经营的基础，而资本经营是生产扩张的重要杠杆。海尔公司就是在生产经营的基础上通过吃“休克鱼”的方式推进资本经营，而实现企业经营规模和创新实力的快速提升的。多层次性品牌理念就是指企业应注重通过各种层次的品牌来实现自己的经营目标。品牌是企业无形资产的最主要表现形式，是企业信用的标志，也是企业经营活动的最为重要的经营手段。品牌理念是经营性企业文化中一个重要的价值理念，一个企业只有在长期的经营活动中坚持品牌意识，才可能获得持续的成功和辉煌的成就。

2. 管理性企业文化理念

“所谓管理性企业文化，就是指在企业管理活动中应具有的价值理念”，主要用于协调企业管理过程中的各种关系和矛盾。具体包括责权利对称性管理理念、人本主义管理理念、高效率性管理理念、互动性管理理念、员工主体自觉性管理理念、理性化管理理念、有序化管理理念、共享共担性管理理念等。

责权利对称性管理理念强调在企业的整个管理过程中必须使权责利有效地结合起

来，并使之具有对称性。责任既包括每个人在企业应该做的事，也包含其未做好契约所规定的应该做的事而必须担当的损失；权力是企业赋予每一位员工的基本要求权和其在企业的工作权；利益则是企业中每个人通过自己的努力而得到的物质上和精神上的回报。责权利对称性管理理念体现了机会公平原则，为实现以责任为中心的制度创新提供了重要的理念基础。

人本主义管理理念是以人本主义哲学为基础的、具体体现在企业的日常管理活动中的一种管理理念，具体包括尊重员工的人格、遵守共同认可的契约规则、重视柔性管理、关心员工的发展等。

高效率性管理理念等则表达是更具体的企业管理原则，其中高效率性管理理念要求企业在进行管理时注意管理收益和管理成本的有效结合，并权衡管理的成本和收益，以提高企业的管理效率。互动性管理理念强调企业在管理过程中必须重视企业管理者和被管理者之间的互动性，实现管理者素质提高和被管理者能力增长的有效结合。员工主体自觉性管理理念要求企业在管理过程中要重视员工外在约束与主体自觉性的有机结合，切实提高员工的主体自觉性。理性化管理理念一方面要求企业要坚持管理现代化的方向，积极地吸收现代管理思想，采用现代组织管理体制和管理手段；另一方面必须考虑企业的适应性。有序化管理理念强调的是企业的管理目标与管理手段的有效结合问题，具体包括技术、质量、成本、服务方式、地域拓展和经营方式等与各类有序化管理手段的结合问题。

此外，共享共担性管理理念要求企业在管理过程中要做到利益上共享、风险上共担，并通过各种制度设计将它们量化到员工身上。这一文化理念实际上也是一个企业制度设计的原则。一个企业只有在制度设计和具体的管理活动中体现利益共享和风险共担的管理理念和实践原则，才有可能形成一种众志成城的企业文化氛围。

3. 体制性企业文化理念

体制性企业文化是在企业的制度安排中应具有的价值理念，具体包括契约理念、共赢平台理念、内在融合理念、忠诚理念、团队精神理念、敬业进取理念、效率唯一性理念、生产力中心理念、等级差别理念、制度至上理念等。体制性企业文化是维系企业制度存在和进行制度创新的思想基础，对企业的制度运转具有定向和激励作用。

契约理念是指当事者之间具有的共同承诺和认可，并且当事者能自觉执行承诺和认可的价值理念，它要求在企业制度的设计中体现契约原则，同时员工必须以契约原则来对待企业制度。契约理念是体制性企业文化的核心理念，它是企业制度创新赖以实现的理念基础，也是处理企业各种关系的基本准则。

共赢平台理念等一些体制性文化理念概括的是更具体的企业制度设计的原则。共赢平台理念是指各种生产要素只有在企业这个平台上才能共同实现自己的利益，同时企业这个平台也只有在各种生产要素的维护和扩大中才能发挥自己的平台作用，才能使各种生产要素的利益实现共赢。内在融合理念要求在企业制度设计中贯彻内在融合的原则，以内在融合理念界定企业内部的各种各样的关系，把内在融合作为构建企业制度的重要准则，同时要求任何当事人从内在融合的角度来看待企业制度，对待所有当事人。忠诚理念要求企业制度建立在相互忠诚的基础之上，并要求任何当事人以忠诚原则对待企业制度，对待所有的当事人，把整个行为都建立在忠诚的基础上。团队精神理念要求在企业制度的设计及贯彻中充分发挥团队的作用，体现团队精神的理念，还要求所有企业员工确立团队合作的行为准则。敬业进取理念强调在企业制度设计和创新中，必须充分促使当事人最大限度地发挥自己的作用，强化敬业进取的精神，同时要求任何当事人勤奋努力、敬业进取。效率唯一性理念要求创新必须以企业制度设计效率为中心，把效率的提高作为企业制度设计和创新的出发点和基础，同时要求企业员工也以效率理念看待企业制度，依照企业制度的要求最大限度地提高自己的效率。生产力中心理念强调企业制度设计与创新必须能够保证生产力的有效发展，必须以生产力的有效发展为基础和出发点，同时还要求企业员工以生产力为中心的理念看待企业制度。等级差别理念强调人本主义与效率原则的有机统一，是体制性企业文化的重要组成部分；等级差别理念是公平原则的重要体现，企业的制度设计和创新要承认并体现等级差别的理念。

特别地，制度至上理念强调企业制度的权威性和强制性，要求将企业制度作为考察和规范企业员工行为的依据和准则。企业制度是企业活力与可持续发展的最根本的保证，制度至上理念是体制性企业文化的重要组成部分，它不仅要求任何员工都要有制度至上的理念，而且要求企业管理者和投资者也要有制度至上的理念，企业制度是任何人都不能违反的，企业的任何人都不能用自己的特殊地位来损害企业制度，企业制度约束着企业的所有人。企业的任何员工必须忠于企业制度。

魏杰教授结合我国企业成长的现实问题概括总结的这套企业文化理念体系，对于我国企业的文化建设、规范经营和制度建设具有重要的指导价值。但是，我们必须认识到，企业的文化设计不可能千人一面，也不可能包罗万象，因而必须根据企业的具体情况有所侧重、有所选择。唯有如此，企业文化才能真正发挥动力源的作用，引导和激励企业员工为实现企业的发展愿景努力奉献和不断创新。

1.2.3　企业文化的理论基础

1. 管理学

今天的企业文化主要是在管理学范畴内展开研究和实践，并且已成为管理学科里最具发展前景的一个研究领域。从另一个角度来看，管理学为企业文化的发展提供了一个广阔的平台，事实上也是它本身就孕育着发现企业文化的必然性，管理学科的系列成果为企业文化的发现和发展提供了丰富的理论依据。

1）管理思想

管理思想是认识企业文化的重要前提和基础。一方面，企业文化本身就代表着一种管理思想，只有把握住管理思想的演进脉络，才能从本质上准确理解企业文化发现和发展的规律和特点。事实上，企业文化的现象及对企业文化的呼吁早已蕴涵在管理思想的演进中。例如，科学管理思想中就曾呼吁心理革命，提出了企业文化所关注的话题，“科学管理的实质是一切企业或机构中的工人们的一次完全的思想革命——也就是这些工人，在对待他们的工作责任，对待他们的同事，对待他们的雇主态度的一次完全的思想革命。同时，也是管理方面的工长、厂长、雇主、董事会，在对他们的同事、他们的工人和对所有的日常工作问题责任上的一次完全的思想革命。没有工人与管理人员双方在思想上的一次完全的革命，科学管理就不会存在。这个伟大的心理革命就是科学管理的实质”。以演进的视角解读管理思想，有助于梳理相关认识和观点的发展逻辑，从而更好地理解企业文化的应有之义。另一方面，不同的管理思想对于文化与管理、对于管理中人的地位及人的精神世界的认识是不同的，也对应着相应的管理模式。企业文化本身也是在探讨这些问题，在不同的环境和特定的背景下以文化的视角分析或变革管理模式，从某种意义上说，也是在选择和创建特定的管理思想及其指导下的管理模式。

2）人性假设

管理学中对于人性假设的相关理论，为企业文化提供了基础性的理论前提。企业文化关注组织中的人及其价值观和行为方式，人性假设是解释企业文化现象的前提条件。不同的人性假设，决定了对组织中人的不同认识。例如，人际关系学派中的“社会人”假设，强调除了物质利益外，还有社会和心理因素的存在，它们也影响人的工作积极性。正是承认了这种社会和心理因素的存在，人们才更加关注组织中人的价值观和行为方式的影响因素和影响机制。为企业文化的提出奠定了理论基础。人性假设是企业文化理论的基本前提，它直接决定了以何种观点和方式，去解释和应用企业文化现象。这种认识的不断深化，为发展和丰富企业文化理论提供了可能的基础。

3）组织行为学

管理学中与企业文化关系最密切的是组织行为学，其相关理论和方法的应用为企业文化的迅猛发展奠定了坚实的基础。组织行为学创始于20世纪40年代末，它主要是对有关工作环境中个人与群体的行为进行分析和解释。组织行为学的理论基础来源十分广泛，它融合社会科学、自然科学和人文科学这三大类科学中所有相关领域的研究成果，将原来分散在管理学、心理学和社会学等学科里研究人类行为的部分联系在一起，在管理学领域树立了跨学科研究的典范。企业文化学需要整合相关学科的理论和方法为己所用。组织行为学的发展模式对跨领域研究企业文化的发展具有借鉴意义。并且，组织行为学的多学科理论基础也几乎都是企业文化研究的理论基础。从这个意义上说，管理学中与企业文化学最类似的学科是组织行为学，这种相似性给后起的企业文化提供了许多借鉴。

组织行为学不仅为企业文化的理论体系提供了重要概念和变量，还在研究主旨、研究方法和话语体系等方面对企业文化的发展产生了较大影响。组织行为学早期对组织气氛、心理契约、组织认同、工作生活质量等主题的探讨，以及近些年来对灵修等现象的关注，都对企业文化的发现和发展有较大影响。

2. 心理学

心理学发展历经100余年，是一门研究心理现象发生、发展及其规律的科学。根据研究的目的，人们将心理学分为理论心理学和应用心理学两大类。其中，与企业文化研究关系密切的是理论心理学中的分支——社会心理学，以及应用心理学中的分支——管理心理学。社会心理学是心理学和社会学之间的一门交叉学科，是研究个体和群体的社会心理现象的心理分支，它包括个体社会心理现象和群体社会心理现象；管理心理学则是研究管理活动中的心理活动规律的科学，它以组织中的人作为特定的研究对象，重点在于对共同经营管理目标的人的系统研究，以提高效率并调动人们的积极性。

心理学是研究人的因素的重要基础学科，它为相关学科提供了独特的视角、理论体系、方法和工具，从而帮助人们研究相对抽象的人类心理现象（思想），以及思想与行为之间的运作机制等。组织行为学的产生与发展，就得益于心理学在这方面的贡献。从这个角度上来说，心理学已经通过组织行为学间接地影响到企业文化研究的发展。现今一些企业文化研究带有一定的心理学色彩，这也正体现了心理学的基础性地位。企业文化研究个体和组织的价值观，而心理学（特别是社会心理学）恰好可以为其提供一套相对成熟的理论体系和研究范式。虽然，人类学、社会学等学科也都探讨价值观，但心理学所进行的实证研究和量表测量更符合人们对科学研究的预期。心理学研究中所积累的丰富的价值观研究文献，以及其所形成的研究范式奠定了企业文化价值观研究的基础。并且，心理学框架下更多的研究主题，如工作动机、工作态度、工作知觉等，正逐渐融入企业文化研究领域。

3. 文化人类学

人类学是研究人类的科学。它可以分为体质人类学、考古人类学和文化人类学。这门学科历史悠久，其思想可以追溯到古希腊时期。其中，体质人类学研究人类本身的体质，主要研究人类起源、人种和人体形态等内容。考古人类学通过对人类活动的遗迹来了解和复原人类的活动，了解人类与其生活环境所构成的关系。研究人与文化的科学，在美国被称为文化人类学，在英国被称为社会人类学，在德国和俄国被称为民族学。新中国成立后，曾将其称为民族学，现在则更多使用文化人类学的称谓。

从某种意义上看，企业文化可以说是文化人类学在组织管理领域应用产生的理论成果。文化人类学对组织行为学的发展有着积极的影响，特别是在对人类社会行为、人与文化关系等方面的探讨上；相对于对组织行为学的影响，文化人类学对于企业文化有着更为直接的影响。作为“研究人类社会中的行为、信仰、习惯和社会组织的学科”，文化人类学更直接地探查到人类深层的信仰及相应的行为和习惯，这恰是企业文化有别于其他学科的研究对象。文化人类学的学者认为，不同社会（族群）的人具有不同的行为模式，他们注重考察不同民族文化的共性与特性，并研究它们的形成过程。催生企业文化的那场美日管理比较研究就具有浓厚的文化人类学痕迹（曾仕强，2012）。此外，今天的跨文化管理研究基本上传承了文化人类学的衣钵，甚至可以说是管理学中的“文化人类学”。

文化人类学对企业文化的影响并不仅仅局限在研究对象和研究视角方面，还拓展到相关理论的准备方面。例如，文化人类学的学者对于文化模式价值取向的归纳，就为后来组织文化研究中涉及的价值观划分奠定了基础。Kluckhohn 和 Strodtbeck（1965）提出人性、自然、人际关系、结果和过程、时间、空间作为理解文化差异的六个维度，在后来沙因（1985）提出的文化维度中就可以找到影响的痕迹。

文化人类学对企业文化最深刻的影响体现在方法论或研究范式方面。文化人类学存在诸多学派，如法国社会学学派、英国功能主义学派，以及文化与人格学派、新进化论学派、结构主义学派、象征人类学学派、解释人类学学派等。这些学派的差异使企业文化研究呈现不同的研究范式。例如，英国功能主义学派将文化理解为组织的变量，这种变量有助于激励组织成员产生认同感，减少组织的协调需要等。在这种研究范式下，研究的任务在于辨认文化类型及其在组织中的作用，给出改进对策。而解释人类学学派将组织看做思想体系，文化是组织研究的基本概念，或者说理论前提即组织就是文化，研究者借助田野调查法和注释学的方法来获得对客体的认识，设想自己处于待研究的组织中，进而了解成员的处境和对现实的理解。这些研究范式的差异，能够启发人们借助多视角加以辨析。

4. 社会学

社会学是一门讨论人类社会和社会生活的科学。它从相对宏观的视角来探寻社会规律，针对群体（而不是针对个体）来了解作为社会现实的社会现象和构成社会现象的原因。社会学从哲学中脱胎，历经近200年的发展，时至今日已成为有着功能主义、冲突论、交换理论、符号互动论、结构主义等多元理论视角的，聚焦于社会问题复杂性和多样性的一门相对成熟的学科。相对成熟的社会学对企业文化研究的影响可以说是全方位的，无论是研究对象、研究主题，还是研究方法和范式等，在企业文化研究中都可以找到社会学的痕迹。

社会学考察社会各种现象，组织文化自然也在其中。早期的学者就已经开始关注与组织文化相关的现象。社会学奠基人之一的涂尔干（2005）率先提出并论述“集体意识”，将其阐释为“一般社会成员共同的信仰和情感的总和”，“集体意识是社会的精神象征，有着自己的特性、生存环境和发展方式”。他对集体意识的考察，被后人评价为将社会学引入对具体社会现象分析的时代，涂尔干找到社会的而非个体的东西——集体意识，这在社会学发展史上具有里程碑式的意义。从这个意义上说，社会学与企业文化研究颇有渊源。伴随社会学近200年的发展，涌现出一大批与组织文化相关的研究成果，特别是时至今日，群/组织已经成为社会学的一个重要研究主题，并且形成了组织理论。如今，组织文化研究成果有很多被归入组织理论的框架之下。当然，相比较管理视角关注管理变量和管理模式，社会学视角更关注组织文化现象的社会基础及其相互关系，这点在研究中应该加以辨别。

在企业文化研究兴起之前，管理学的研究范式便存在社会学影响的痕迹。在研究中，社会学逐渐形成遵循实证主义、重视数理统计的研究传统，而且还形成了一套比较系统的社会科学研究方法，这些对管理学的研究范式产生了重大影响，特别是近些年来管理学更是将实证研究、规范研究树为主流。发展不过30年，仍在谋求学科地位的企业文化研究，在研究方法上也受此影响。一些具有社会学专业背景的著名学者，正是运用社会学研究方法，在企业文化研究领域中有所建树。从这个意义上说，只有掌握社会学的研究视角和方法，才能更好地理解和审视这部分带有社会学色彩的企业文化研究成果。

5. 哲学与伦理学

哲学是理论化、系统化的世界观和方法论，是企业文化研究的理论基础之一。哲学是科学的母体，被称为“科学的科学”，研究的是整个世界的一般规律。这种哲学与具体学科的关系，决定了企业文化研究需要哲学给予指导。哲学的方法论逻辑能够保证企业文化的理论沿着正确的方法路径向前发展。管理哲学中就蕴涵着管理科学的最基础假设，如管理的主体与客体，管理的手段与目的等假设，这些假设既有助于企业文化理论的持续发展，也利于从本源上修正企业文化的发展偏差。

价值观是企业文化的核心，这决定了企业文化与哲学之间的密切关系。哲学理论体系蕴涵丰富的世界观、价值论、人性论和辩证法等，这些是个体和组织价值观形成的基础，为企业文化理论发展提供了必要的思想营养。在这个意义上，企业文化被人们理解为企业处理企业内部与外部各种矛盾的一种哲学，这在实践中得到了较为广泛的认同。

伦理学以道德现象为研究对象，重点对道德和利益的关系进行探讨。从伦理的含义上来看，"伦"是指人、群体、社会、自然之间的利益关系，"理"则解释为道德、规则和原则，因而"伦理"也就有了处理人与相关利益体关系的行为规范的含义。伦理学是门古老的学科，但企业伦理学则是伴随着企业社会责任意识的兴起，在近几十年才发展起来的，它涉及国际、国家、行业、企业和个人五个层次。

企业文化所研究的价值观，本质上是人们对事物的一系列价值判断，而这方面正可以借鉴企业伦理领域中的研究成果。伦理学所关注的人生的意义、人的价值和工作、生活态度等问题，企业伦理学所探讨的怎样正确处理企业及其成员与利益相关者关系的规范，都是企业文化在理论研究和实践建设中所要面临的基本问题。从这个视角来看，伦理学不仅是企业文化的理论基础，而且企业伦理学与企业文化学还有着交互发展的密切关系。

在当代，作为科学研究的企业文化，其主流是规范性研究，并不使用价值判断，它解决的是"是什么"和"为什么"的问题。哲学和伦理学则为企业文化学提供了"应该是什么"和"应该为什么"的研究视角和理论成果，是对规范性研究的一种有益且必要的补充。此外，在价值观和关系规范这些具体的研究领域内，这两门学科的视角和研究成果也有着积极的借鉴价值。

除了上述理论基础之外，还有一些学科对企业文化研究的某些领域也有所贡献。例如，从政治关系视角审视个体和群体行为的政治学，其关注的组织冲突、权力分配等研究内容，也属于企业文化的研究范畴。正是得益于借鉴并融合了诸多学科及相关领域的研究视角、研究方法、工具和研究成果，以及实践的需求和发展，今天的企业文化才成为一个硕果累累并确立学术地位的研究领域。值得注意的是，近些年来，各相关学科间相互影响、相互渗透，一些具备交融视角的研究领域及其成果影响着企业文化研究的发展趋势。

案例分析：雅戈尔理念"装点人生"

1. 背景资料

雅戈尔集团公司地处浙江宁波，它的前身是青春服装厂。雅戈尔是英语"YOUNGER"（青春）的译音。20 世纪 80 年代初建厂，经过 30 余年的风风雨雨，它从一个农村手工作坊，发展为一个上市公司，它的发展可以说是中国乡镇企业发展的典型代表。雅戈尔集团公司有下属企业 25 家，涉及制衣业、房地产、贸易、商业、金融业、印刷业、建筑业、广告业和教育业等诸多领域。在日本、中国香港等地设立了多个分公司。1995 年，按照国际惯例组建了三大中心。生产中心以衬衫西服为龙头，带动其他产品，如西裤、时装、童装、针织服装；营销中心从事产品的开发及市场销售，目前营销网络遍布世界各地，市场占有率不断提高；投资管理中心主要从事资本经营及项目投资。截至1995年，集团公司有员工8 000多人，年生产衬衫600万件，西服100万件，童装200万件，针织时装20万打，童装和针织品全部销往日本、中国香港等境外市场，其主导产品雅戈尔衬衫多年被评为“中国名牌衬衫第一名”，被中国服装检测中心授予中国衬衫行业第一家产品质量免检单位。1997年4月14日被国家工商行政管理总局认定为驰名商标，1998年公司经中国蓝基金会批准，于10月12日在上海证券交易所上市。

2. 企业理念的确立和推行

1）企业理念——装点人生、服务社会

雅戈尔集团公司作为一个服装生产企业，从自身的企业特点和行业特点出发，把装点人生、服务社会作为自己的企业宗旨和根本理念。

从1991年以来该公司围绕这个理念做过三次VI（visual identity，即视觉识别）导入，前后采用了三个不同的企业标识，1991年采用的是一个圆形图案中有一个“Y”，（公司地处三江交汇处，Y又是英文“青春”一词的首字母），1993年改为椭圆形图案加“Y”，1994年又增加了一个“1”，表示争创一流，下面加英语转形词TOUNGOR，表示永葆青春。为了统一视觉识别系统及理念识别系统，公司认为有必要对它进行整合，于是在1997年进行了新的CI（corporate identity，即企业视觉形象识别）导入，请中国企业管理研究会和中央美术学院的专家实施MI（mind identity，即理念识别）、BI（behavior identity，即行为识别）、VI的整合。

（1）就导入的目的、原因与背景、期待成果、作业安排、总概念书、内部传播系统、外部传播系统进行了细化。

（2）对企业发展战略进行了定位：在企业内提出了第二次创业的口号，并制订了三个五年计划。第一个五年计划（1996～2000年）为跨国企业集团初具形态；第二个五年计划（2001～2005年）为跨国企业集团形成规模；第三个五年计划（2006～2010年）为跨国企业集团走向成熟。

（3）企业市场营销战略按以下思路展开：发展国内市场，开拓国际市场；国内向多品种、多规格、多花色发展；发展配套产品、系列产品；向华东、西南、西北，甚至在全国范围内铺开；建立海外情报信息网络；向国际市场进军；高价位市场，如欧、美、日等国家和地区；低价位市场，如周边国家、东南亚、中东市场；市场营销商务人员培训；加强风险管理。

（4）管理理念的提炼与阐释。雅戈尔的管理理念——宽容、和谐、文雅、仁和；为每个人提供均等的机会；以诚相待，晓之以理；品牌与品质同步；人才与事业共长；精神与物质并重。

2）理念的展开和推出

为了全方位地实施企业理念，公司从用户、竞争对手、社会公众各个层面上进行分析，并制定相应的目标、规划和落实措施。

（1）用户——如何满足用户、服务用户。

（2）竞争者——如何与对手竞争。

(3) 联合者——谁是企业可利用的外部资源。

市场跟踪：①明确目标—what；②规划日程—when；③人员落实—who；④组织落实—where；⑤确定手段—how；⑥说明原因—why；⑦评估控制—if or not。

3) 遵循原则

为了严格履行既定的企业理念，公司制定了必须遵循的六项原则，即竞争原则、营利原则、用户至上原则、质量原则、创新原则、服务原则。

（资料来源：刘光明. 企业文化案例[M]. 北京：经济管理出版社，2003.）

讨论题：

(1) 雅戈尔集团公司的“装点人生、服务社会”体现了一种什么企业理念？它对企业员工和社会公众产生了什么影响？

(2) 谈谈企业形象战略、企业营销战略和企业总体经营战略之间的相互关系，雅戈尔集团公司在处理这三者的相互关系时有什么值得借鉴的地方？

第二章　企业文化的兴起与发展

引例　美的集团的企业文化

1968 年，何享健先生带领 23 名顺德北滘居民集资 5 000 元，创办了一个生产塑料瓶盖的街道小厂，由此踏上了美的的创业征程。“沧海横流，方显英雄本色”，在急剧变化的时代大潮中，美的不等不靠，不断探索，从昔日一个主要生产塑料瓶盖、汽车挂车安全阀、橡胶配件的乡镇企业，发展壮大为今天以家电制造为主、跨多个产业领域的大型集团公司，美的走出了一条不平凡的风雨之路。

创业伊始，一穷二白，美的创业者以积极的精神、务实的态度与顽强的毅力，不畏困难，在夹缝中生存立足。进入改革开放的年代，美的人以超前意识，抓住机遇，转型进入家电行业，在激烈的市场竞争中，坚持以市场为导向，不断创新，稳步发展壮大起来。进入 21 世纪后，美的在全球化大潮中顺势而为，大胆变革、激活组织，继续保持着良好的发展势头，现已成为中国白色家电产业中的领先企业，并在全球家电业中拥有一席之地。但极具变革创新意识的美的人并不满足，继续向更高的目标迈进，并思索企业如何永续经营，基业长青。

在这样的背景下，凝结了美的人强烈的开放意识、一贯的创新作风、包容并蓄多元并存文化的智慧结晶《美的企业文化纲领》顺应而生。该文化纲领共分为九章，内容主要包括使命、愿景、核心价值观、企业精神、企业定位、重大关系准则、经营准则、人力资源准则和管理者准则。它既是美的以往成功经验的系统总结，又是适应未来、迎接挑战的行动纲领。肩负着“为人类创造美好生活”的使命，拥有“做世界的美的”的美好愿景，以“开放、和谐、务实、创新”为企业精神，坚守着“理性追求、授权经营、协作共享”经营准则的美的人依然在不断学习、不断进取。环境快速变化，市场竞争激烈，需要不断地否定自己，不断变革。这需要巨大的勇气、共同的信念。因此，坚守统一的价值观念与行为准则的重要性不容置疑。

当然，文化纲领不是教条，更不是亘古不变的真理。它来源于实践，并指导实践，它也将随着企业内外部环境的变化而不断修正和优化。美的人深知：理论是灰色的，实践之树常青。

（来源：李玉海. 企业文化建设务实与案例[M]. 北京：清华大学出版社，2007.）

2.1　企业文化的兴起背景

人们往往将企业文化兴起的原因，归于 20 世纪 70 年代末 80 年代初的那场美日企业比较管理研究。事实上，那场比较管理研究准确地说只是一根“导火索”，而企业文化兴起则有其更为深刻的历史背景。

2.1.1　社会的大变革

第二次世界大战之后，到 20 世纪 80 年代，西方国家的现代化进程速度明显加快，这一时期是技术、经济与社会的大变革时期，也是对传统的思想意识进行挑战的时期。现代化的到来，使人类社会的物质文明达到空前繁荣的程度。然而，它也带来了前所未有的冲击，这导致了西方社会的巨大变革。在人们对现代性的理解逐渐深化的过程中，现代性肆意统治和掠夺自然、个人与社会之间形成紧张对立关系、社会进步完全依赖于技术理性、现代宗教沦为世俗主义的准宗教、允许不受道德约束地追求自我利益、人类丧失对未来的信心和对传统的信仰等问题的出现，让人类社会面临空前的挑战和困难。

从人类的起源至今，人类为了自己的生存不断在经济利益、政治利益、自尊、人格和信仰之间进行妥协和博弈。这个博弈过程中，常常是人类的“软性要素”不断做出让步，并逼近自己的极限。等达到极限的时候就会发生一场革命性的运动。这几乎是人类文明历史发展的基本模式。人为了自己的利益，可以做出牺牲或付出代价。但如果出现为了自己就要消灭自己这样一种悖论，人类的理性就会让自己反思这种模式的合理性了。

现代西方文明中，工具理性和目标理性一直是主流。组织目标内涵的设定，基本上是经济的特性。由于人的主体性和本质中的精神性，会直接对工具理性不断进行加压和反弹，因而工具理性在管理中的边际效用递减，于是拥有理性的人就会反思是什么导致了这种效用的递减。这很容易让人联想到经济之外的非经济因素，并思考工具理性极致化发展所必然引起的反弹和回归问题。

20 世纪 50～60 年代，经济领域中的现代公司和现代管理模式已然登峰造极，“可以创造属于它们自己的有力世界”；在哲学、文化艺术领域中，却掀起了一场浩大的后现代运动，这场后现代运动引起了人们对现代性的反思。此外，较早的人本主义思潮的响也不容忽视。正是在其影响下，对人的尊严和人的价值关注的思想逐步得以确立。到 20 世纪 80 年代，西方发达资本主义社会，正步入个人主义伦理观和自我实现动力高涨的时期。人们在思考，是我们为机器服务，还是机器为我们服务？我们必须为了物质的富裕而接受精神的贫穷吗？除了确保经济稳定和舒适感之外，我们在生命中追求的意义是什么呢？

正是上述社会大变革中的各主要矛盾，构成了企业文化兴起的基本社会背景和生成动力。更有学者突出了社会变革中这些矛盾的激烈程度，称其为“社会危机”，认为企业文化的兴起正是对此种危机的回应：当社会本身在纷乱的环境中失去导向功能，“意义”坍塌不能再支撑传统的工作伦理和规范时，企业文化就有可能成为一个抵御这些侵蚀的堡垒，而成为涂尔干所认为的有别于世俗的“神圣领地”的守护者。

2.1.2　管理实践的变化

第二次世界大战之后，西方发达国家兴起了以电子技术为核心的新技术革命，同时，科学与技术的变化在社会中传播扩散得更快了。社会日益要求组织能够更高效地整合资源，完成复杂任务，能够提供技术含量更高的产品。在这种背景下，大规模的复杂企业开始出现，高技术产业逐渐发展起来，一些知识密集型组织也应运而生。它们“采用大量熟练的、科学的、专门的和专业的员工”，但“这些人员的录用带来了大量的冲突和融合问题”。

科技的发展，大幅度地提高了劳动生产率，使西方发达国家的物质财富在相当长的时间内稳定增加，这给管理实践带来了实质性的影响。

企业组织方面，“在一系列复杂的检查、系统和阶层支撑下，公司成为一个自给自足、自我永存的世界。在20世纪50～70年代，从没有管理人员因劣质或冷淡的服务而失掉工作。事实上，在某些组织中，管理人员只会因为欺骗雇主或冒犯老板而失去工作”。

管理职业化方面，“20世纪70年代初期，西方资本主义似乎情况不错。管理作为一种职业，已经被人们接受，这是一个巨大的飞跃。管理者在他们周围建立了职业化的全部武装——职业经理人的权力不断扩大”。

第二次世界大战后，在西方世界以外的经济发展中，很多国家吸纳了美国式管理的精髓——科学管理，特别是日本，它应用科学管理来提高体力劳动者的生产率，很快便拥有了高生产率的工作队伍。它对于管理技术十分重视，最著名的就是全面质量管理（total quality management，TQM）的引入和推广。西方管理技术与东方文化的融合获得了很好的效果，形成了有东方特色的管理实践。日本第二次世界大战后的经济复兴从中受益良多。

第二次世界大战后的人类社会不仅进入现代化，而且还伴随着全球化。特别是1967年，美国和45个国家签署了关贸总协定（General Agreement on Tariffs and Trade，GATT），更标志着全球化进入新阶段。很多国家都实施了开放政策，对于外国的投资、办厂给予优惠条件。日本企业由于竞争力的增强，逐步打入美国市场，让传统管理的践行代表——美国企业感受到空前的竞争压力。开放的世界还带来了开放的视野，不同文化进行着交流、碰撞、学习和融合。在此背景下，跨国公司也得到了空前的发展，跨文化管理问题也摆上了议事日程。

巨大的竞争压力本身已经是美国式的管理实践所必须面对的一个难题，而社会的发展对劳动主体的影响又提出另一个难题。社会的全面发展，使管理中其他人（非管理者）对自身主体性需求日益提升。“越来越多的迹象表明，许多人工作不仅仅是为了追求金钱和经济稳定。他们在寻找一个有意义的工作，寻找能允许他们个人发展和自我实现的工作。这些信念已变成企业文化的一个基本部分。”人们越来越感到，现有的工作本身不能提供必要的精神补偿。心力交瘁且倍感痛苦的管理者面临这两大难题，不得不积极检讨现有的管理方式。从客观上讲，这使管理者自身对管理本质的认识不断提高，使新的管理思想和管理方式更易于被接受。

还需要提及的是，尽管在科学管理得到极度化发展的那个年代，仍然有一些美国公司的管理实践显现出新的特点。1963年，国际商业机器公司（International Business Machines Corporation，IBM）公司总裁托马斯·沃森出版了《一个企业和它的信念》，指出永远不能改变公司赖以生存的基本思想体系——“如果组织想迎接不断变化的世界挑战，就必须做好准备改变所有的一切，除了已融合在公司声明中的信念。组织中最神圣不可侵犯的应该是它基本的经营哲学”。成功的IBM建立在两个基本信念之上，即充分为员工个人考虑，以及为使顾客快乐不惜时间、尽一切可能把事情做好。由此可见，像 IBM 这样卓越的公司，在当时就有着更为先进的价值理念，并通过建立强有力的公司文化来影响社会。而后来，Perters（1977）在考察欧洲管理实践（特别是英国冰川金属公司研究）中，也发现了公司文化所具有的潜在力量。

2.1.3　管理理论的危机与发展

现代管理理论始于科学管理理论的提出，至第二次世界大战后，科学管理思想仍旧占据着管理理论的主流地位。科学管理的革命是在社会化程度日渐提高、工业文明日渐成熟、理性主义的思想方法日渐高扬的背景下诞生的。科学管理倡导理性主义，把科学视为良好管理的一个不可或缺的重要方面。没有充分的数据支持，就不会有效率的提高，就不会产生良好的管理效果。这一理论在实践中获得巨大的成功，生产率得到了提升，进而极大地推动了生产力的发展和工业革命的进程。但鉴于管理学的科学与艺术的双重属性，科学管理及其理性主义假设也存在其片面性。当对生产过程进行纯粹的理性分析而忽视员工本身的效率时，就会引起工人的不满和工人效率的下降。后来兴起的行为科学，正是对科学管理模式的一种发展，其提出的“社会人”假设较之“经济人”假设具有进步性，并开始注重人在组织中的重要作用，关注人的情感对行为和绩效的影响，关注非正式组织的作用。尽管如此，第二次世界大战后初期泰勒（2013）的科学管理原理在以提高生产效率为核心的阶段还是为企业和社会创造了极大的价值。

但是发展到 20 世纪 70 年代末期，这种管理模式遭到严峻的挑战。Kell（1988）认为，在企业文化兴起之前，组织理论正面临危机：传统的那些仅仅关注组织结构、职业类型、任务设计、动机方案的理论过于简化、僵化，因此需要寻找一个更加复杂的，并且能充分考虑到意识、符号处理、人类（体系）复杂属性的模型，使组织中的人更加关注共享价值、使命、义务，而不是结构、任务和动机。

其实，在第二次世界大战后到 20 世纪 70 年代末，西方的管理研究也出现了一些新迹象。沙因在对 20 世纪 50 年代后期形成的雇员-雇主关系进行研究时发现，管理人员获得可观的收入和高度的安全感，公司获得忠诚而工作努力的管理人员，这是双赢的局面。针对这种没有明说的协定，提出了“心理契约”（psychological contract）的概念。他还将通用电气公司 1956 年设立的管理提升机构（management development institute），描述成“把战俘集中营的‘洗脑’（brain washing）模式运用于公司的‘实施影响的过程’”。1968 年和 1972 年，Hofstede 在 IBM 这家跨国公司做了两次大规模的调查研究，找出能够解释导致大范围内文化行为差异的四方面因素，开创了对工作场所文化的科学研究。这一时期，行为科学管理理论和战略管理理论在深化发展中，也显示出各自研究的局限。此外，这一时期也是“管理理论丛林”的形成时期，管理理论得到了充分发展。

到了 20 世纪 70 年代末期，学者的注意力也渐渐从相关研究最终聚焦到对组织文化现象的关注，一些心理学和组织行为学领域的研究者，就是从早先对组织氛围（organizational climate）的研究中转移兴趣过来的。戴维斯于 1970 年在《比较管理——组织文化展望》中，率先提出组织文化概念。后来，Pettigrew 于 1979 年在《管理科学季刊》(*Administrative Science Quarterly*)上发表《学习组织文化》(*Studying organizational cultures*),与 Pondy 和 Mitroff 于 1979 年在《组织行为研究》(*Research in Organizational Behavior*)上发表《组织的开放系统模式》 (*Beyond open system models of organization*),之后文化模式(cultural model)的研究概念在组织管理研究中被更多地采用。可以说,这个时期研究者对组织中文化因素的存在已初步形成共识。

2.2 企业文化的发展历程

企业文化是客观存在的,有企业便有企业文化。从客观上来说,自有企业以来一直到 20 世纪上半期,企业文化在整个企业发展中的作用并不显著;到了 20 世纪下半期,企业文化的作用才逐渐重要起来,并涌现出一大批依靠优秀文化而取胜的企业。从主观上来说,到了 20 世纪 70 年代,迫于企业文化对企业发展的巨大功能,理论界才对它进行认真研究,并于 80 年代形成理论探索的高潮。

2.2.1 企业文化理论的发展历程

20 世纪 80 年代初期,日本企业的生产率大大超过了美国,并夺走了大量属于美国企业占领的市场。日本在第二次世界大战后仅仅用了不到 30 年的时间,就成为世界第二大经济体。20 世纪 80 年代中期,当美国还以为自己是全球经济最强大的国家的时候,日本的汽车和电子产品,长驱直入美国甚至全球市场。索尼、丰田、本田成为美国家喻户晓的品牌,甚至成为美国大众购买的首选品牌,就连被美国人称为美国精神象征的哈雷摩托,也无法抗衡本田所生产的小小家用摩托车。甚至有一个日本商人想购买一座有美国四位总统头像的山,并将其运回日本,为日本人了解美国设一个公园。

美国人不得不接受这样一个事实:20 世纪 80 年代中期开始,日本企业竞争力的确成为世界第一。这个事实给了美国企业界和管理学研究领域极大的震动,同时也引发了美国研究日本的热潮。面对在美国本土市场与日本企业的竞争,面对在国际市场与日本企业的竞争,这样的挑战促使美国研究日本为什么会成功。美国派出众多的学者到日本研修,了解日本并研究日本,包括最著名的管理学大师彼得·德鲁克、迈克尔·波特等。这些学者和专家,对于日本成功的原因从不同的角度进行了总结,得出很多有意义的结论,其中代表作有《日本为什么成功》《Z 理论——美国企业界怎样迎接日本的挑战》等。通过研究,美国学者发现,日本企业有一种特殊的元素是美国企业不具备的,这个元素被美国学者称为"企业文化"。

企业文化作为企业管理与经营的概念诞生于 20 世纪 80 年代中期,源于对竞争力来源的理解。在这之前,企业管理领域并没有企业文化这个概念,如果不是日本企业的成功,以及美国遭遇日本企业的强力挑战,"企业文化"这一概念还不会如此迅速地成为企业管理的核心话题。因此,企业文化首先是由日本企业的实践总结出来的,另外,企业文化是基于竞争力派生出来的,如果没有日本企业的强大竞争力,也就不会出现"企业文化"这个概念,所以带来竞争力的一个核心元素就是企业文化。

到了 20 世纪 90 年代初期,日本的外务省大臣还宣布,日本企业是不可战胜的。但是从 1993 年开始直至现在，世界企业竞争力排名美国重新回到第一的位置。我们再来看看美国企业是如何夺回第一的。在了解了日本企业成功的缘由之后，美国开始了全面的企业再造过程，在企业再造过程中，美国企业打造属于自己的企业文化。大部分人在理解企业再造的时候，总是简单地理解为流程再造，但是流程再造没有企业文化重塑，没有人们行为和理念的彻底改变，流程再造并不能使企业再造。所以，美国企业再造，从根本意义上来讲是企业文化再造，在这个过程中，美国企业形成了属于自己的全新的企业文化。这一过程可以用三本书来描述，即《第五项修炼——学习型组织的艺术和务实》《巨变时代的管理》《管理的革命》。从这些书中你可以感受到美国企业文化的特质，那就是变革与创新。这就是美国企业在 1993 年之后又重新获得企业竞争力世界第一的原因。美国企业在内部形成这样一种文化氛围：持续变革与创新，凡是变革的和创新的，大家接受；凡是不变的，不肯创新的，就要被淘汰。变革与创新为美国企业获取竞争力的制胜法宝。

美国在了解了日本企业成功之后，搞懂了企业文化对于竞争力而言是绝对的关键因素，继日本之后美国企业开始构建自己的企业文化，拥有变革和创新的能力。而当下刚好就是不断变化、需要创新的时代，所以美国的企业文化更适应这个时代，这使美国企业在世界上最具竞争力。事实上，企业文化在 20 世纪 80 年代才成为管理的概念，而随后文化所发挥的作用也成为人们关注的焦点。在今天，没有人能够离开文化来谈管理，甚至越来越多的人会把文化所发挥的作用当成极为根本的元素来考虑。

无论是日本企业在 20 世纪 80 年代中期到 90 年代初期所获得的世界范围内的成功，还是美国企业在 20 世纪 90 年代中期开始直至今日的在全球具有优势的竞争位置，都告知人们企业文化是企业竞争力的来源。当企业全体成员都拥有企业的核心价值观，并能够体现在共同的行动中时，企业会具有独特的竞争力，并获得强有力的发展。所以企业文化一定是和竞争力连接在一起的，一个拥有企业文化的企业，一定会拥有竞争力。反过来亦然，一个拥有竞争力的企业，也一定拥有自己的企业文化。日本企业的实践，既给美国政府和企业界以极大的震撼，同时也对管理丛林阶段的管理科学理论给予沉重的打击。美国的一些管理学家在总结日本企业的实践之后得出结论：必须克服管理科学三个发展阶段上的某些错误倾向，保留其科学的精华部分，重新创立新的管理理论。这就是企业文化理论产生的背景。

虽然企业文化的实践始于日本，日本运用企业文化之道指导企业经营管理，取得了许多成功经验，但企业文化理论的诞生却是美国学者在对美、日、欧的企业文化实践进行调查和研究后，进行总结和概括才上升到理论的高度。在这期间有四本最具代表性的经典著作。

1. 威廉·大内的《Z 理论——美国企业界怎样迎接日本的挑战》

在书中，他把典型的美国企业管理模式称为 A（America）型，把典型的日本企业管理模式称为 J（Japan）型，而把美国少数几个企业自然发展起来的、与 J 型具有许多相似特点的企业管理模式，称为 Z（zygote）型。Z 理论之“Z”，就是主张日本和美国的成功经验相互融合，同时主张在麦格雷戈区分“X 理论”和“Y 理论”的基础上再进行一次重大的理论突破。

Z 理论的中心议题就是怎样才能使每个人的努力彼此协调起来以产生最高的效率。为此，应注重信任、微妙性和人与人之间的亲密性。第一，信任，即研究出使雇员之间、部门之间、上下级之间保持相互信任的管理制度。第二，微妙性，即根据各个工人之间的微妙关系组成效率最高的搭档，或者由工人小组自己管理工艺，以便充分捕捉微妙性来提高生产率。第三，人与人之间的亲密性，即在工作单位培育像家庭、邻里、俱乐部那样的人与人之间的亲密性。

Z 模式包括以下基本特征：①实行长期或终身雇用制，使职工在职业有保障的前提下，更加关心企业利益；②对职工实行长期考核和逐步提升制度；③培养能适应各种工作环境的多专多能人才；④管理过程中既注重各种现代科学技术的控制手段，又注重对人的经验和潜能进行细致有效的启发诱导；⑤采取集体研究与个人研究负责制结合的“统一思想形式”的决策方式；⑥树立员工平等观念，在整体利益指导下，每个人都可以对事物做出判断，独立工作，以自我控制代替系统控制，上下级间建立融洽的关系。

Z 理论的重点研究对象是企业宗旨，即怎样才能够使一个企业增加信任、微妙性和人与人之间的亲密性。制定明确的企业宗旨必须做到：①企业的基本目标或目的，所应包括的不只是利润目标，还应包括技术进步和服务质量这样一些较为无形的目标，即目标全面性原则。②应该说明经理和工人如何分享权力，如何做出决策，防止“不择手段”，即手段合理性原则。③对于企业同社会和经济环境的关系，要处理好公司同其所有者、雇员、顾客及一般公众的恰当关系，即关系和谐性原则。

2. 理查德·帕斯卡尔和安东尼·阿索斯的《日本企业管理艺术》

两位学者通过对日、美许多行业的 32 家企业的调查分析得出以下结论：任何一种明智的管理，都涉及七个变量，并且必须把它们看成是相互关联的。经过一番提炼，七个变量的英文都以 S 开始，将其连接成一个图，得到 7S 管理框架图，如图 2-1 所示。

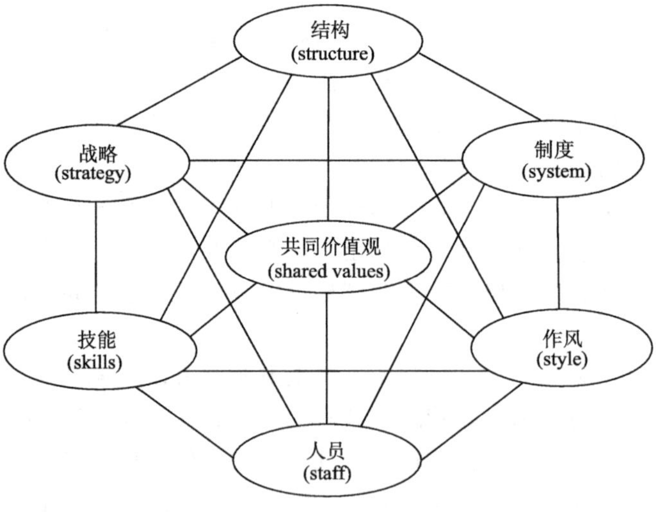

图 2-1　7S 管理框架图

7S管理框架图中的七个变量，又称管理七要素。按照帕斯卡尔和阿索斯的解释："战略"（strategy）是指一个企业获得和分配其有限资源的行动计划。"结构"（structure）是指一个企业的组织方式是分权还是集权，重视一线人员还是参谋人员。"制度（system）"是指信息在企业内部是如何传送的，有些制度是正式的，如电子计算机的打印输出和计划执行情况报表等，有些制度是非正式的，如会议。这三者是硬管理要素。其余四个是软管理要素："人员"（staff）不单指一线人员和参谋人员，而是指企业内部整体员工的组成状况。"技能"（skills）是指企业和它的关键性人物的特长，以及其竞争对手所没有的卓越能力。"作风"（style）是指最高管理人员和高级管理人员队伍的行为形式，也可以指企业的作风。"共同的价值观"（shared values）是指能将职工个人的目的同企业的目的真正结合在一起的价值观或目标，它是决定企业命运的关键性要素。共同的价值观处于7S管理框架的中心地位，把其他六个要素连接成一个整体。7S管理框架为企业的软化管理提供了理论依据。

3. 特雷斯·迪尔和阿伦·肯尼迪的《企业文化——现代企业的精神支柱》

这是企业文化理论诞生的标志性著作。两位作者认识到，每个企业都有一种文化，区别只在于：有些企业的文化支离破碎，职工分成不同的派别，各有各的目的动机，我们称之为弱文化；有些企业的文化很有内聚力，每个职工都知道企业的目标，并且为企业的目标而努力工作，我们称之为强文化。两位作者认为"杰出而成功的公司大都有强有力的企业文化"，因为企业中最大的资源是人，"是人在推动企业的发展"。而管理人的最好办法，并不是利用计算机来进行监视，而是运用文化的微妙进行影响。文化能"把人团聚到一起，并使他们的日常生活充满了意义和目的"。强文化是一套非正式的规章体系，它为职工提供行为的框架、标准和价值体系，从而明确地告诉人们一言一行应该如何自律，还使人对工作感到舒畅从而更努力工作。企业管理人员必须清楚地理解企业文化是怎样发挥作用的，否则管理工作就会失败。两位作者认为企业文化的要素有五项，即企业环境、价值观、英雄、仪式、文化网络。《企业文化——现代企业的精神支柱》对如何了解企业文化及调查企业文化等提出了许多意见，对企业文化的类型、分析方法、管理者，以及与职工的关系都进行了精辟的论述。

4. 托马斯·彼得斯和小罗伯特·沃特曼的《成功之路——美国最佳管理企业的经验》

作者通过对美国60多家公司的研究发现，卓越的企业"有一套独特的文化品质，是这种品质使它们脱颖而出"。在此基础上，作者提出革新性文化"八种品质说"：①贵在行动，行动迅速、决策果断；②紧跟顾客或客户，以优秀的产品和优秀的服务维持优势；③鼓励创新，容忍失败，全力支持敢闯敢做的改革者；④以人促产，珍视人力资源，通过人潜能的发挥来提高生产率；⑤深入现场，以价值观为轴心，把公司每部分的各种力量凝聚到企业目标上来；⑥不离本行，展开多角化经营，增强应变能力；⑦精兵简政，组织结构简单，减少层次；⑧紧中有松，松中有紧，善于处理矛盾，注重管理艺术。总之，在出色企业里"软也就是硬"。例如，文化传统本来是最软的东西，但是在优秀公司里却是最硬的。

企业文化理论把对人与对物的管理，以及被西方历史传统分割开的人的物质生活和精神生活，统一于企业管理之中。与之前三个阶段的管理理论相比，更加注重企业宗旨、企业价值观等“软”因素。这种理论既控制了人们对问题做出反应的方式，又使它们变得协调，这使现代管理科学发展进入新阶段。

进入 20 世纪 90 年代后，在信息网络化和经济全球化进程中，经济的竞争性、创新性、动态性的快速增长趋势越来越明显，引发着企业管理的深刻变革，呼唤着与知识经济相适应的新的管理观念、管理理论和管理模式。知识管理的兴起带来了企业管理模式的创新和革命，企业知识管理与企业文化的交叉研究，大大拓展了企业文化的研究领域，使企业文化理论更加成熟丰满。这一时期与企业文化关系比较密切的代表理论是学习型组织理论和知识管理理论。

（1）学习型组织理论。美国麻省理工学院的一群学者和一些企业家合作研究后提出了“学习型组织”理论。他们研究成果的结晶，体现在彼得·圣吉的《第五项修炼——学习型组织的艺术和务实》一书中。波得·圣吉认为真正出色的企业是能够设法使各阶层人员全心投入，并有能力不断学习的组织。建立学习型组织的关键是汇聚五项修炼或技能：①自我超越（personal mastery），组织中的每个成员都要终身学习，超越自身；②改善心智模式（improving mental models），培育一种开放学习效果的、兼顾质疑与表达的交谈能力；③建立共同愿景（building shared vision），领导者要有将个人目标转化为能够鼓舞整个组织的共同目标的观念及实际行动的能力；④团队学习（team learning），学会进行“深度会谈”（dialogue），培养人真正一起思考的能力；⑤系统思考（systems thinking），运用系统论的完备知识体系和实用工具养成对系统整体深入思考的习惯。

在《第五项修炼——学习型组织的艺术和务实》之后，很多学者相继对学习型组织的理论进行了深入的研究，提出了许多不同的观点，但是学者在学习型组织建设中的一个共同观点就是企业文化是组织学习成败的关键，企业管理者的重要责任之一就是努力营造出一种学习型的企业文化氛围。

（2）知识管理理论。对企业而言，其知识构成大致可以分为四种存在形式：①物化在机器设备上的知识；②体现在书本、资料、说明书、报告中的编码后的知识；③存在于个人头脑里的意会知识；④固化在组织制度、管理形式、企业文化中的知识。知识管理是对一个企业集体的知识或技能的捕获，然后将这些知识与技能分布到能够帮助企业实现最大产出的任何地方。

知识管理要对企业的知识资源进行全面和充分的开发，以及有效的利用，这是知识管理区别于其他管理的一个主要方面。知识管理将通过创造和建立一个有利于知识资源发挥作用的环境，使知识不断地得以交流和共享，新的知识不断产生，企业的知识资源不断地得到积累和扩张，企业的知识资源不断地得到充分开发和有效利用，所有这些都将大大增强企业的创新能力。因此，知识管理是整个企业管理中一个极其重要的组成部分。

在强调知识管理的企业中，企业文化的特征主要表现在以下方面：①管理目标不受传统的资源概念的约束，强调可持续发展和目标的可延伸性；②强调信息、知识、人才、企业理念、企业内驱力、企业环境等软件要素的主导作用；③管理系统和组织系统明显打破了传统的企业界限和等级制结构，系统界限趋于模糊，组织结构趋于网络化；

④柔性管理、模糊控制，管理创新、机制创新将成为新时期企业文化的实质内容。知识管理理论的兴起，为企业文化理论注入了新的血液，赋予其更强的生命力。

2.2.2 企业文化在中国的发展

在20世纪80年代中期“企业文化”传入中国，并迅速得到中国管理学界和企业界的认同和响应。在改革开放后，中国顺应国际企业文化兴起的时势，吸收了国外一些企业文化建设的先进经验，根据中国企业的具体实际情况，开展了各具特色的企业文化理论研究与建设实践工作，形成了中国企业文化发展的潮流。

在中国，企业文化的理论研究主要经历了以下三个阶段。

1. 中国企业文化理论的引进（20世纪80年代中期到90年代初期）

1978年，党的十一届三中全会的召开，吹响了中国大地解放思想、改革开放的号角。1983年，党的十二届三中全会制定了关于中国经济体制改革的决定，第一次在党的正式文件中提出了“建立社会主义有计划的商品经济”的概念。从此，对外开放不断扩大，私营企业、商品经济迅速发展。企业文化理论正是在这样的大背景下传入中国的。

国内学术界最早介绍企业文化的是《世界经济》杂志1982年第10期发表的杨斌关于《Z理论——美国企业界怎样迎接日本的挑战》和《日本企业管理艺术》两部企业文化著作的评述文章，但是其中并没有出现“企业文化”的字样。“企业文化”一词，从1984年开始陆续出现于中国报纸杂志，其中多数文章把企业文化作为一种新的管理方法进行极其简单的介绍。1986年，中国理论界翻译了一批国外学者关于企业文化的经典论著，如《Z理论——美国企业界怎样迎接日本的挑战》《日本企业管理艺术》《成功之路——美国最佳管理企业的经验》《日本的成功与美国的复兴》等，明确了企业文化的概念。

到1987年，企业文化热潮已经成为出现在中华大地上的若干热潮之一。1987年9月，中国企业管理协会、国务院发展研究中心、中国社会科学院工业经济研究所和一些企业共同发起，在北京召开了第一次全国性的企业文化研讨会。1988年9月和11月，又分别在成都和杭州召开了两次全国企业文化研讨会。1988年年末，由一批长期从事经济和文化建设工作的老同志和企业家、专家学者成立了中国企业文化研究会。该研究会编辑出版了《企业文化》杂志，并陆续组织出版了《中国企业文化大辞典》和几十部有关企业文化的著作。

据不完全统计，1988～1991年，国内报纸杂志上刊载的有关企业文化的文章达250余篇；翻译和编著的有关企业文化的著作达20余种；省市以上单位举办的有关企业文化的研讨会达15个；举办的以企业文化为主题的讲习班和讲座达40余期。而且，中央和有些省市的政府部门相继设置了企业文化理论和应用研究的课题。有些课题，已经形成初步成果，并被决策机关所采纳。

2. 中国企业文化理论的发展（20世纪90年代初期到21世纪初期）

20世纪90年代初期，“企业文化”一词开始出现在中央领导人的谈话和中央文件中。1992年邓小平南方谈话把中国市场经济从本质上推到了一个新的阶段。同年，党的十四大报告明确提出："我国经济改革的目标，是建立社会主义市场经济体制。"在精神文明建设方面，提出要"搞好企业文化建设"。1993年，党的十四届三中全会通过了《关于建立社会主义市场经济体制的若干问题的决定》，在关于建立现代企业制度一节中明确提出："加强企业文化建设，培育优良的职业道德，树立敬业爱厂、遵法守信、开拓创新的精神。"1997年，党的十五大重新明确了"建设有中国特色的社会主义文化"这一概念，使之同建设有中国特色的社会主义经济、政治一起构成党在社会主义初级阶段的基本纲领，为企业文化的发展再次注入了强大动力，企业文化的理论研究也进入了繁荣发展时期。

在这一时期中，国内研究机构、大学，以及一大批专家、学者对企业文化建设的研究逐步深入，中国企业文化建设的理论探讨风气越来越浓，形成了一批具有中国特色的研究成果。例如，王进（1991）的《中国社会主义企业文化概论》，张德和刘冀生（1991）的《中国企业文化——现在与未来》，范国兰（1999）的《走出困境的选择——论中国特色的现代企业文化》，魏民洲（1998）主编的《中国企业文化小词库》，等等。

中国企业文化促进会（由中国文学艺术界联合会主管）于1994年成立，先后举办了中国企业文化节、中国企业文化调研、企业文化高层研讨会等活动，2002年创办了《中国企业文化》杂志。

随着国外资本的大量引进，世界500强企业大量落户中国，由它们带来的国外先进企业文化理论与中国本土企业文化理论相融合，又进一步推动了中国企业文化建设的理论发展。

3. 中国企业文化理论的日趋成熟（21世纪初至今）

党的十六大以后，党中央在继承邓小平理论和"三个代表"重要思想的基础上，又提出了以人为本的科学发展观、建立社会主义和谐社会等一系列重大战略思想。这些都为进一步发展和完善企业文化理论提供了有利的条件。

这一时期，国内相关的企业文化著作、刊物和文章日渐丰富。企业文化学的课程体系日益成熟与完善，企业文化教材不断推陈出新。2005年北京交通大学首开全日制企业文化硕士班，开高校之先河。不少院校工商管理和财经类专业中陆续开设了企业文化课程。与此同时，顺应企业的需要，中国企业文化研究会、中国企业联合会、中国企业文化促进会等学术及社会团体，在高校学者和企业专家的配合下，总结优秀企业文化制胜的经验，建立企业文化示范基地，出版了各种企业文化的案例集，如刘光明（2001）的《中外企业文化案例》，李笑天（2005）的《文化制胜：中国企业文化经典案例》，金思宇和张鸿钧（2005）的《中国特色企业文化建设案例》，罗长海等（2006）的《企业文化建设个案评析》等。另外，对中国传统文化如何促进中国现代企业管理的研究更加深入，如中国儒家学说、法家学说、道家学说、兵家学说等，都在企业文化理论中有相当的体现，有中国特色的现代企业文化理论呼之欲出。

企业文化理论传入中国之后，在引起理论界关注的同时也迅速引起了企业界的高度重视与推崇。1984年，海尔公司的张瑞敏在企业亏损147万元的情况下，首先提出"文化先行""企业理念先行"，为中国企业界进行企业文化建设提供了理论与实践支持。

1985年，广东梅山实业总公司在《职工教育（规划）》中明确提出企业文化建设，1986年，又制定了《企业文化发展战略》。1988年7月15日，公司经理陈煊给著名经济学家于光远写了封信，邀请他参加广州市市委组织召开的“企业文化现场研讨会”。于光远于7月30日回了一封信。他们的通信在1988年8月10日的《经济日报》发表，这对各地开展企业文化工作产生了积极影响。1988年《中共中央关于加强和改进企业思想政治工作的通知》中提出要“大力培育富有特色的企业精神”。在企业文化热的社会背景下，该通知使“把塑造企业精神作为企业文化抓手”的观念变成了中国所有企业的共识。许多企业把培育企业精神列入议事日程。例如，当时山东邹县发电厂提出“拼搏”精神；常州自行车总厂提出“敢于攀登、质量求新、工艺创新、服务文化”的“金狮”精神；白云山制药厂提出的“爱厂、兴利、求实、进取”精神；等等。但是，总体而言，这个时候的中国企业文化实践，还是初步的、不成熟的、不完善的和不成体系的。

20世纪90年代中期，以企业形象建设为重点，涌现出一批已经形成先进企业文化模式的企业，如海尔、联想、首钢、小天鹅、西安杨森、长安汽车、华为、白云山制药、同仁堂、全聚德等。其中，海尔的创新文化、联想的核心价值观、华为的“基本法”等成为企业文化实践探索的优秀代表。这些企业的优秀文化及其文化建设的经验不断传向社会，对其他企业也产生了积极的示范作用，同时也为研究者提供了较好的研究示范，“海尔文化激活休克鱼”的实践甚至被收入哈佛研究院的案例库。但是，在这个时期，也有一些企业仍然将企业文化定位在企业的文化活动和企业的一些思想政治工作，对企业文化的认识和理解尚未完全清晰、全面和科学，因此出现了一些盲目复制、形式主义的现象。

21世纪，是“文化管理”的时代，也是“文化制胜”的时代。企业文化实践成为企业提高管理水平、提升核心竞争力的自觉行为，企业对相关培训的要求及学习优秀企业经验的愿望越来越强烈。2004年7月，国务院国资委在大庆召开了首次“中央企业企业文化建设研讨交流会”，这次会议紧密结合中央企业的实际，总结交流了中央企业企业文化建设工作的经验，现场参观学习了中石油在大庆开展企业文化建设的做法，研究探讨了企业文化建设工作的有关问题。越来越多的中国企业家逐渐重视企业文化建设，让企业文化建设落地的呼声越来越高。2005年，国务院国有资产监督管理委员会下发了《关于加强中央企业企业文化建设的指导意见》，要求国有企业加大企业文化的建设力度。同年，在国家劳动和社会保障部向社会发布的第三批新职业中，企业文化师被正式确认为国家认可的从业资格，由此国内关于企业文化师的培训如雨后春笋般快速发展起来，这不仅使企业文化的实践探索更加深入，也推动了企业文化理论研究向更加实用的方向发展。

案例分析：招商银行企业文化的兴起与演进

1. 招银文化的演进

招商银行的企业文化（简称招银文化）是在招商银行多年艰苦创业的历程中，在日常经营管理的实践中，在全行干部员工认识不断提升的过程中总结提炼出来的。从初创期创新导向的“创业文化”到目标导向的“规模文化”，再到规则导向的“风险文化”，继而向更高层次的“管理文化”演进，招银文化的内涵和外延、内容和形式都与时俱进，不断得到充实和提高。

1）第一阶段

第一阶段（1987年至1993年），即企业文化萌芽期，创业文化。成立之初的招商银行具有明确的愿景——“做真正的银行”，并且有强烈的历史使命感——“在中国这块土地上走出一条改革的路子，办成具有中国特色的社会主义新型银行”。这个时期提出的口号，有“吃苦在前、享受在后”、“拼搏、奉献、创新”、“敢为天下先”和“以苦累为荣”等，集中反映了招银文化萌芽期的企业价值取向是拼搏、奉献、创新和客户至上。而在制度层面，当时的人力资源制度体现出与文化精神层面较好地契合，主要表现在三个方面：第一，在招聘中体现公平竞争；第二，严格的考核和晋升机制；第三，比较注重人文关怀。

2）第二阶段

第二阶段（1993年11月至1999年3月），即文化发展期，规模文化。随着招商银行总行从蛇口搬到深圳，招商银行进入高速发展期；而受到那一时期全国金融行业高热的感染，不可避免地具有强烈的规模扩张的冲动，形成了规模文化。这一阶段招商银行的愿景是做“国际化的大银行”，价值观则是“以业绩论英雄”、重结果不重过程。个人工作业绩与收入、晋升紧密挂钩，注重业务发展速度、规模和短期效益，相信“发展是硬道理”。服务意识进一步得到加强，于1997年提出的“拼搏、奉献、创新”理念成为招商银行精神的核心内容。在经营理念上创新意识非常突出，而在风险意识上相对欠缺，管理比较薄弱，业务管理制度缺乏统一性，这自然导致了团队与全行协作的不足，相对缺乏人文关怀。

3）第三阶段

第三阶段（1999年3月至2002年4月），即文化变革期，风险文化。随着行长更迭，以及领导团队对快速发展累积大量风险的反思，招商银行开始在价值取向上，强调风险管理是银行永恒的主题，把风险文化作为企业文化的重要组成部分，重结果更重过程，严格按规章制度办事，培养从实际出发的扎实的工作作风，效益重于规模，长期重于短期。为统一思想，招商银行还提出处理好管理与发展，质量与效率，股东、员工和客户的关系，制度与文化，长期效益与短期效益五大关系。

4）第四阶段

第四阶段（2002年4月上市至今），即文化整合期，管理文化。随着上市成为公众公司，招商银行提出“因势而变”的理念、一三五铁律、“效益、质量、规模协调发展”的科学发展观及经营战略转型的思想，成为国内商业银行的思想领袖。招银文化的精神层从“铸造中国民族银行业精品，宁可降低速度也重视资产质量”，向“打造股市蓝筹，塑造百年招银”的目标转变。

2. 招银文化的四个层次

精神层（核心层）：主要是指企业的愿景、使命、核心价值观与企业理念、企业精神和作风，是企业文化深层次的、具有隐性的内核，决定了制度文化和行为文化。

制度层（中间层）：主要是指企业的各种规章制度和企业员工对这些规章制度的认

同程度，也包括企业的组织结构等。

行为层（表层）：是形成制度层和精神层的条件，主要是指企业的外观、内部环境、产品的外观和服务，以及风俗、仪式、故事和英雄人物等方面。

社会层（企业文化的对外传播）：是企业文化的外溢，是企业同其社会环境相互反馈而形成的价值体系，既有社会对企业的认同，也有企业对社会的态度。

具体而言，招银文化的精神层由以下九大部分内容组成：招商银行愿景——力创股市蓝筹，打造百年招银；招商银行使命——为客户提供最新最好的金融服务；核心价值观——服务、创新、稳健；经营理念——因势而变，因您而变；发展理念——效益、质量、规模协调发展；人本理念——尊重、关爱、分享；全局理念——全局至上，和谐为美；招商银行精神——挑战、自省、奉献；招商银行作风——严格、扎实、高效。

3. 招商银行现阶段取得的成果

多年来，面对日趋激烈的市场竞争、日渐艰难的经营环境、日益凸现的金融风险，在全行上下齐心协力求生存、求发展的艰苦努力中，企业文化发挥了不可替代的巨大作用。正是由于有了优秀的企业文化，招商银行才造就了一支优秀的员工队伍，才创造了令人瞩目的出色业绩。

2002～2005 年，在一项由北京大学管理案例研究中心及《经济观察报》联合举办的年度评选中，招商银行连续四年被评为“中国最受尊敬企业”之一。

2004 年，招商银行荣获“中国企业文化建设十佳单位”，这个荣誉从侧面显示了招银文化建设的突出成就。

2005 年，《欧洲货币》杂志将招商银行评为“中国最佳银行”。

2006 年，中国《银行家》发布的《2005～2006 年中国商业银行核心竞争力报告》将招商银行的核心竞争力评为中国按资产总额计 13 家最大的全国性商业银行之首（中国工商银行并不包括在调查之中）；《亚洲银行家》杂志将招商银行评为“2005 年中国最佳零售银行”。

2007 年，由世界品牌实验室评选的“2007 中国品牌年度大奖”在“世界企业家年会”上揭晓，招商银行荣获银行类“中国最具影响力品牌第一名”和“中国品牌年度大奖”两项荣誉称号。

2008 年，招商银行获得“2008 年度中国最佳企业公益模式创新大奖”，连续四届获得中国最佳企业公民评选大奖。

2009 年 6 月，在《亚洲货币》杂志举办的最佳私人银行评选中，招商银行荣获“中国最佳私人银行”大奖。7 月，《财富》中文杂志公布了“2009 年中国上市公司 100 强排行榜”。招商银行列居第 39 位，比 2008 年上升 6 名，在中国银行业中排名第 5 位，仅在工商银行、建设银行、中国银行和交通银行之后。

（资料来源：何志毅. 北大案例经典[M]. 北京：中信出版社，2008.）

讨论题：

（1）从上述案例说出企业文化的实践的发展趋势。

（2）招商银行的企业文化内核是什么？

第三章　企业文化的构成

引例　宝洁公司的宗旨、核心价值与原则

公司的宗旨、核心价值与原则可以说是宝洁一切活动的源头与指导方针，也是宝洁能够顺利运作的重要基础，是宝洁基于本身的需要所提出的。因此，宝洁非常认真地看待公司的宗旨、核心价值与原则，并花了很多心血在推动和落实上，让每个员工都能在这个共识架构下合作，并将公司的宗旨、核心价值与原则内化为个人行为的参考方针。这种心口如一、说到做到的踏实作风，的确是该公司非常与众不同的特色。

1. 公司宗旨

公司生产和提供更高品质及价值的产品以改善全球消费者的生活，作为回报，公司将会获得领先的市场销售地位和利润增长，从而令员工、股东及其生活、工作所处的社会共同繁荣。

2. 核心价值

宝洁依赖它的员工及其核心价值而生存。其核心价值包括以下内容。

(1) 宝洁员工。吸引并招募世界最优秀的人才。实行内部升迁的组织制度，选拔提升和奖励员工时不受任何与工作表现无关的因素影响。宝洁的所有员工是公司最为宝贵的资产。

(2) 领导能力。每个人都是各自职责范围内的领导者，承诺在各自的岗位上做出最好的成绩。对未来的方向有清楚的愿景。集中资源去实现领导目标，实施领导策略。不断提高工作能力，消除组织上的障碍，实现目标策略。

(3) 主人翁精神。相信个人的责任心与使命感能够满足公司业务的需要，改善体制，并帮助他人提高工作效率。宝洁秉持着公司所有人的精神来对待公司的资产，一切行动皆以公司的长远成功为依。

(4) 诚实。始终努力去做正确的事，诚实正直，坦率对人。遵守法律的规定和精神操作业务。在采取每一个行动，做出每一个决定时，始终坚持公司的价值观与原则。以求真的态度、以数字为依据来提出建议及确认风险。

(5) 积极求胜的热情。决心将最重要的事情做到最好。不满足现状，积极地去力求突破。有强烈的愿望去不断地完善自我，并在市场上获得胜利。

(6) 信任。尊重公司的同事、客户和消费者，并且以希望被对待的方式来对待他们。相互信任各自的能力与意向。相信以信任为基础才能达到最佳的合作。

3. 公司的原则

(1) 尊重每一个人。

(2) 公司与个人的利益休戚相关。

(3) 工作与公司策略相结合。

(4) 创新是宝洁成功的基石。

(5) 重视公司外部环境的变化和发展。

(6) 重视个人的专长。

(7) 力求做到最好。

(8) 互相依存是一种生活方式。

(资料来源：仇勇. 宝洁真相[J]. 中国新时代，2004，(6)：21-30.)

3.1　企业文化的结构

由于企业文化既有作为文化现象的内涵又有作为管理手段的内涵，所以对企业文化结构的认识势必存在差异性。

从文化角度分析，一般认为企业文化分为三部分：一是精神文化部分；二是制度文化部分；三是物化部分，物化部分又可分为行为文化和器物文化。从管理角度分析，一般认为企业文化内容可分为显性内容和隐性内容，其中企业文化的隐性内容是企业文化的根本，它主要包括企业精神、企业哲学、企业价值观、道德规范等。这些内容是企业在长期的生产经营活动中形成的，存在于企业员工的观念中，对企业的生产经营活动有直接的影响。企业文化的显性内容是指企业的精神以物化产品和精神性行为为表现形式的，能为人们直接感觉到的内容，包括企业设施、企业形象、企业经营之道等。

综合学术界的各种观点，本书认为企业文化的结构应包括精神文化、制度文化、行为文化和物质文化，如图 3-1 所示。

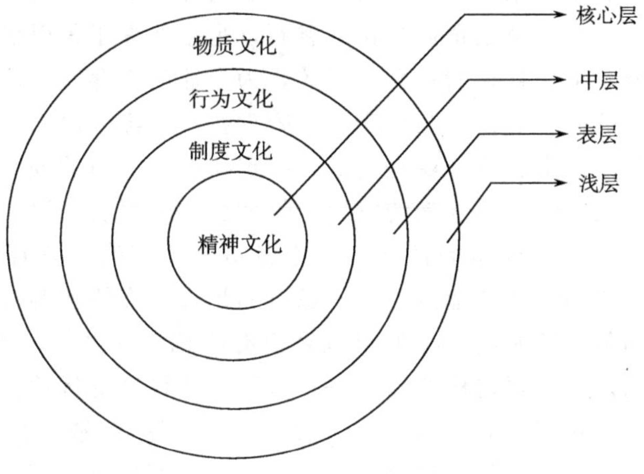

图 3-1　企业文化的结构示意图

3.1.1　精神文化

深层精神文化是现代企业文化的核心层，是指企业在生产经营中形成的独具本企业特征的意识形态和文化观念，它包括企业价值观、企业宗旨、企业愿景、企业精神和企业伦理等。由于精神文化具有企业的本质特点，故往往由企业在多年的运营过程中逐步形成。

1. 企业价值观

价值观是价值主体在长期的工作和生活中形成的对于价值客体的总的根本性的看法，是一个长期形成的价值观念体系，具有鲜明的评判特征。不管对价值观怎样划分，价值观一旦形成，就成为人们立身处世的抉择依据。企业价值观是指导企业有意识、有目的地选择某种行为，实现物质产品和精神产品的满足，判定某种行为的好坏、对错及是否具有价值或价值大小的总的看法和根本观点。

企业价值观包括以下两个方面：一是核心价值观，是长期稳定、不能轻易改变的；二是附属价值观，如企业的经营理念、管理理念等，需要不断调整以适应环境的变迁。例如，海尔的价值观包括以下内容。

企业核心价值观：敬业报国，追求卓越。

质量理念：优秀的产品是优秀的人才干出来的；有缺陷的产品是废品。

服务理念：用户永远是对的；把用户的烦恼降到零。

营销理念：首先卖信誉，其次卖产品。

创新理念：以观念创新为先导、以战略创新为基础、以组织创新为保障、以技术创新为手段、以市场创新为目标。

兼并理念：吃休克鱼、用文化激活休克鱼。

人才理念：人人是人才，赛马不相马。

研发理念：用户的难题就是我们研发的课题；要干就干最好的。

市场理念：只有淡季的思想，没有淡季的市场；市场唯一不变的法则是永远在变。

企业价值观是企业员工用来判断并区分事物好与坏、对与错的标准。它作为企业人员所共享的群体价值观念，也是企业文化的磐石，是企业真正得以成功的精神真髓。企业价值观决定和影响着企业存在的意义和目的，为企业的生存和发展提供基本方向和行动指南，它决定企业的战略决策、制度安排、管理特色、经营风格、企业员工的行为取向，是维系企业运行的纽带。价值观是树根，决定树的生命力的强与弱，它不仅决定着企业当前的生存，更决定着企业未来的发展。例如，在福州沃尔玛，如果顾客想买什么东西而不知道在哪里，只要开口问任何一个服务员，她（他）只有一句话“跟我来”，把顾客带到所需要购买的物品的地方，而不像有的超市最多给顾客指一个方向。在福州沃尔玛，它有以下四条退货原则：①如果顾客没有收据——微笑，给顾客退货或退款；②如果拿不准沃尔玛是否出售这样的商品——微笑，给顾客退货款；③如果商品售出超过一个月——微笑，给顾客退货或退款；④如果怀疑商品曾被不恰当地使用过——微笑，给顾客退货或退款。这就是沃尔玛，宁可收回一件不满意的商品，也不愿失去一两个满意的顾客。沃尔玛的门庭若市得益于它的核心价值观——对顾客忠诚。

2. 企业宗旨

企业宗旨是关于企业存在的目的或对社会发展的某一方面应做出的贡献的陈述，有时也称为企业使命。企业宗旨应该包含以下含义。

（1）企业宗旨实际上就是企业存在的原因或理由，也就是说，是企业生存的目的定位。不论这种原因或理由是“提供某种产品或者服务”，还是“满足某种需要”或“承担某个不可或缺的责任”，如果一个企业存在的原因连自己都不明确，或者连自己都不能被有效说服，那么就可以说这个企业“已经没有存在的必要了”。

(2) 企业宗旨为企业确立了一个经营的基本指导思想、原则、方向、经营哲学等，它不是企业具体的战略目标，不一定表述为文字，却影响着经营者的决策和思维。这中间包含了企业经营的哲学定位、价值观凸显及企业的形象定位：我们经营的指导思想是什么，我们如何认识我们的事业，我们如何看待和评价市场、顾客、员工、伙伴和对手等。

(3) 企业宗旨是企业生产经营的形象定位。企业宗旨中关于企业经营的行为准则的陈述，有利于企业树立一个特别的、个性的、不同于其他竞争对手的企业形象。例如，“我们是一个愿意承担责任的企业”“我们是一个健康成长的企业”“我们是一个在技术上卓有成就的企业”等。良好的社会形象是企业宝贵的无形财产。以下是一些企业的企业宗旨的实例：一是通用电器公司，以科技及创新改善生活品质；在对顾客、员工、社会与股东的责任之间求取互相依赖的平衡。二是波士顿咨询公司，协助客户创造并保持竞争优势，以提高客户的业绩。三是中国移动通信，创无限通信世界，做信息社会栋梁。

企业宗旨足以影响一个企业的成败。彼得·德鲁克基金会主席、著名领导力大师弗兰西斯女士认为一个强有力的组织必须要靠使命驱动。企业的使命不仅回答企业是做什么的，更重要的是为什么做。崇高、明确、富有感召力的使命不仅为企业指明了方向，而且为企业的每一位成员明确了工作的真正意义，激发出他们内心深处的动机。

3. 企业愿景

“愿景”这一概念是美国管理大师彼得·圣吉提出的。他在《第五项修炼——学习型组织的艺术和务实》中提出构建学习型组织的修炼方法之一就是构筑共同愿景。

何为“愿景”？愿即意愿，有待实现的愿望；景即景象，具体生动的图景。愿景是主体对于自己想要实现的目标的刻画。“愿景”有时也被称为“远景”，但是两者略有区别。“愿景”带有所向往的前景之意，而“远景”更侧重于长远目标之意。

“共同愿景”是组织中人们所由衷向往、共同分享的意愿和景象，它能激发起内部成员强大的精神动力。

企业愿景就是企业全体人员内心真正向往的关于企业的未来蓝图，是激励每个成员努力追求和奋斗的企业目标。相对于企业核心价值观中所涉及的终极目标而言，企业愿景更清晰和具体，有更多“量化”的成分，也融入了更强烈的竞争意识。我们举例如下。

(1) 微软：让世界上每一台电脑都因为微软而转动。

(2) 波音：领导航空工业，永为航空工业的先驱。

(3) 海尔：中国的世界名牌，进入全球500强。

心有多大，舞台就有多大。一个企业能成为什么样的组织，取决于所描绘的企业愿景，目标高低影响了未来所能达到的高度，企业愿景可以鼓舞人心、激励斗志。尽管目标是“争取第一”，并不一定能实现，但如果企业的目标只是“保持中等”，那几乎可以肯定与第一无缘。此所谓“取法乎上，仅得其中；取法乎中，仅得其下”。

企业愿景、企业宗旨与企业核心价值观这三者从本质上是一致的（图 3-2），彼

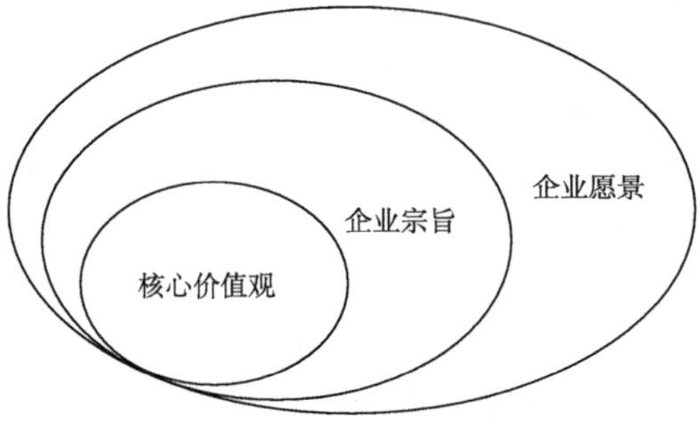

图 3-2　企业愿景、企业宗旨与核心价值观三者的关系

得·圣吉指出，愿景若是与人们每日信守的价值观不一致，则不仅无法激发员工真正的热忱，而且可能使员工因挫败、失望而对愿景抱以嘲讽的态度。企业价值观是企业在向愿景迈进时，全体成员必须认同的观念和必须自觉遵守的行为准则，是企业愿景得以追求和实现的思想保证。企业宗旨是企业愿景中具体说明企业经济活动和行为的理念。企业愿景包括企业宗旨，如果要分开来表述企业愿景和企业宗旨，企业愿景里就应不再表达企业经济行为的领域和目标，以免重复或矛盾。

4. 企业精神

企业精神是企业在整体价值观体系的支配和滋养下，在长期经营管理中经精心培养而逐渐形成的，是全体成员的共同意志、彼此共鸣的内心态度、意志状况、思想境界和理想追求。企业精神是企业文化的重要组成部分，是企业文化发展到一定阶段的产物。企业精神与企业价值观存在着十分密切的联系：企业精神是在价值观支配指导下精心培育的，企业价值观是企业精神形成、塑造的基础和源泉。同时，二者也有明显的区别：价值是一种关系范畴，先进的价值观是以正确反映这种关系为前提的，价值观更强调人们认知活动理性的一面；而精神是一种状态范畴，描述的是员工的主观精神面貌，它更强调人们基于一定认知基础，在实践行动中表现出来的情绪、心态、意志等精神状况。

国内外的许多成功企业都有自己独特的企业精神。我们举例如下。

（1）本田企业精神：追求技术与人的结合，而不仅仅是生产摩托车。人要有创造性，绝不模仿别人；要有世界性，不拘泥于狭窄地域；要有接受性，增强相互之间的理解。

（2）松下企业精神：生产报国、光明正大、团结一致、力争上游、文明礼貌、顺应潮流、报恩报德。

（3）同仁堂企业精神：同修仁德，济世养生。

（4）三一集团企业精神：自强不息，产业报国。

企业精神渗透于企业生产经营活动的各个环节之中，它能给人以理想和信念，给人以鼓舞和荣誉，也给人以引导和约束。企业精神的实践过程即是一种员工共同意识的信念化过程，其信念化的结果，会大大提高员工主动承担责任和修正个人行为的自觉性，从而主动地关注企业的前途，维护企业的声誉，自觉为企业贡献自己的力量。企业精神是企业进步的推动力量，是企业永不枯竭的“能源”。

5. 企业伦理

企业伦理，又称为企业道德，是指人类社会依据对自然、社会和个人的认识，以是非、善恶为标准，调整人与社会关系的行为规范和准则。在当今时代，如果企业只追求利润而不考虑企业伦理，则企业的经营活动就会越来越被社会所不容，必定会被时代所淘汰。也就是说，如果在企业经营活动中没有必要的伦理观指导，经营本身也就不能成功。树立企业伦理的观念，体现了重视企业经营活动中人与社会要素的理念。例如，美国曼维尔公司曾经销售过一种名为弗莱克斯Ⅱ型板材的产品，这是一种水泥建筑板材，这种新产品在安装后开始出现裂缝。该公司最后决定建立一个特别工作组，与在125个销售处购买过这种产品的580个客户联系，花了2 000万美元为客户调换板材，不管这些板材是否出了问题，都做出了调换。虽说曼维尔公司在短期内付出了昂贵的代价，但是赢得了建筑商的信任。

企业伦理是由经济基础决定的，也受民族文化和社会文化的影响，具有历史性和具体性。不同企业的道德标准可能不一样，即使是同一企业，也可能在不同的时期有不同的伦理道德标准。它是企业文化的重要内容之一，是一种特殊的意识形态，贯穿于企业经营活动的始终和管理活动的各个层面，对企业文化的其他因素及整个企业运行质量都有深刻的影响。

3.1.2 制度文化

制度文化也叫企业文化的制度层，它在企业文化中居中层，是具有本企业文化特色的各种规章制度、道德规范和职工行为准则的总称，是企业为实现自身目标对员工的行为给予一定限制的文化，它具有共性和强有力的行为规范的要求。企业制度文化的规范性是一种来自员工自身以外的，带有强制性的约束，它规范着企业的每一个人，企业工艺操作规程、厂规厂纪、经济责任制、考核奖惩制度都是企业制度文化的内容。具体来讲，企业制度文化包括以下三个方面。

1. 一般制度

一般制度是指企业中存在的一些带普遍意义的工作制度和管理制度，以及各种责任制度。这些成文的制度及不成文的企业规范和习惯，对企业员工的行为起着约束的作用，保证整个企业能够分工协作，井然有序地运转。例如，员工日常行为规范、劳动人事管理制度、财务管理制度、物资供应管理制度、设备管理制度、服务管理制度、岗位责任制度等。

2. 特殊制度

特殊制度主要是指企业的非程序化制度，如总结表彰会制度、员工评议制度、企业成立周年庆典制度等。同一般制度比，特殊制度更能反映一个企业的管理特点和文化特色。企业文化贫乏的企业，往往忽视特殊制度的建设。

3. 企业风俗

企业风俗主要是指企业相沿成习及约定俗成的典礼、仪式、行为习惯、节日、活动等，如定期举行文体比赛、周年庆典等。与一般制度、特殊制度不同，企业风俗不表现为准确的文字条目形式，也不需要强制执行，而完全依靠习惯、偏好的势力维持。它可以自然形成，也可以人为开发，一种活动、一种习俗，一旦被全体员工所共同接受并沿袭下来，就会成为企业风俗中的一种。

企业制度文化是人与物、人与企业运营制度的结合部分，它既是人的意识与观念形成的反映，又是由一定物的形式所构成的。制度文化既是适应物质文化的固定形式，又是塑造精神文化的主要机制和载体。企业精神所倡导的一系列行为准则，必须依靠制度的保证去实现，通过制度建设规范企业成员的行为，并使企业精神转化为企业成员的自觉行动。

正是制度文化这种中介功能，使它对企业文化的建设具有重要的作用。

3.1.3 行为文化

企业的行为文化又称为企业文化的行为层，它是指企业员工在生产经营、学习娱乐中产生的活动文化，它包括企业经营、教育宣传、人际关系活动、文娱体育活动中产生的文化现象。以下都是企业行为文化的表现：向客户提交产品是否按时和保证质量，对客户服务是否周到热情，上下级之间及员工之间的关系是否融洽，各个部门能否精诚合作，在工作时间、工作场所人们的脸上洋溢着热情、愉悦、舒畅还是相反……行为文化是企业经营作风、精神面貌、人际关系的动态体现，也折射出企业精神和企业的价值观。从人员结构上划分，企业行为包括企业家行为、企业模范人物行为和企业员工行为。

1. 企业家行为

在市场竞争中，没有什么比“企业家是企业的灵魂”这句话更能说明企业家在企业中的作用了。企业家将自己的理念、战略和目标反复向员工传播，形成巨大的文化力量；企业家艺术化地处理人与工作、雇主与雇员、稳定与变革、求实与创新、所有权与经营权、经营权与管理权、集权与分权等关系；企业家公正地行使企业规章制度的“执法”权力，并且在识人、用人、激励人等方面作为企业行为规范的示范者；企业家与员工保持良好的人际关系，关心、爱护员工及其家庭，并且在企业之外广交朋友，为企业争取必要的资源。优秀的企业家将自己的价值观在企业的经营管理中身体力行，导而行之，推而广之，以形成企业共有的文化理念、企业传统、风貌、士气与氛围，也形成独具特色的企业形象，并对社会有持续贡献。

2. 企业模范人物行为

企业模范人物是企业的中坚力量，他们来自于员工，比一般员工取得了更多的业绩，他们的行为常常被企业员工作为仿效的行为规范，他们是企业价值观的“人格化”显现。员工对他们感觉很亲切，不遥远不陌生，他们的言行对员工有着很强的亲和力和感染力。企业应该努力发掘各个岗位上的模范人物，大力弘扬和表彰他们的先进事迹，将他们的行为“规范化”。将他们的故事“理念化”，从而使企业所倡导的核心价值观和企业精神得以“形象化”，从而在企业内部培养起积极健康的文化氛围，用以激励全体员工的思想和行动，规范他们的行为方式和行为习惯，使员工能够顺利完成从“心的一致”到“行的一致”的转变。

3. 员工行为

企业员工是企业的主体，企业员工的群体行为决定企业集体的精神风貌和企业的文明程度。企业员工群体行为的塑造是企业文化建设的重要组成部分。要通过各种开发和激励措施，使员工提高知识素质、能力素质、道德素质、勤奋素质、心理素质和身体素质，将员工个人目标与企业目标结合起来，形成合力。对此，我们举出以下两个小例子。

松下公司为了使企业理念深入每个员工的潜意识，曾开展了一系列宣传教育活动。例如，全日本每个分公司、办事处和工厂都要举办早会，就是这些宣传教育活动中一项有名的活动。在早会上 20 万名员工都要高声朗诵松下董事长颁布的“松下公司要遵守的七大精神”。

某企业创造性地提出“99＋1＝0”的企业行为文化，99 代表每天所做的事情，1 代表可能出现的缺点、失误或不足。一句话：1 的细节对 99 来说就是问题，这正是“99＋1＝0”的管理思想的含义。例如，融入人事行政事务中，要求凡是员工来人事行政部办事，都实行一次了解、接待或沟通完毕，能当场解决的，绝不留到第二天；不能即时解决的，做出记录并给予明确的时间答复。否则就好比做了 99 件事，但最后一件事情没做好，就等于效率为零。融入生产管理中，在生产岗位上运用作业指导书，对工序环节检验等操作实行互相提示，绝不让有缺陷的在制产品到下一工序。同时，让配套服务，如送物料交接，都逐一清晰，不但实物与单据责任到位，而且把问题控制在发生处。

例如，某质检员在包装车间巡检发现正在包装的产品外观有深浅不同的样子，凭借经验，他认为“对校板”存在偏差，这是最容易出问题的地方，这位质检员即时找到该班组长，请其不要打包和封胶纸，并让核查的质检员过来，向其说明不放行的理由，这是对事不是对人，最后检查出十多箱产品存在质检不确定的情况，重新返检，直至确定合格为止。又如，一个新进的员工提供入职的健康检查证明，刚好过了一年时间，按企业入职制度规定，有效的健康证明是一年，入职前体检自行承担费用，入职后的体检费用由企业承担。人事专员立即把情况向经理汇报，既然办理了入职手续，也可确认为企业员工，应体现一视同仁，由人事专员安排第二天带这位员工去做体检，费用由企业承担。这位员工很感动，并介绍了原来一起工作过的员工到这家企业，成为口碑传播。

事实上，运营管理细化到过程的每一个环节，不仅仅是责任，落到实处是关键。细节是根本。这个“1”的问题深入人心，保证了员工良好的工作习惯和作风，全面提高了企业的运作效率，有助于实现企业的既定目标。

3.1.4　物质文化

企业物质文化，也叫企业文化的物质层，是企业员工创造的产品和各种物质设施等所构成的器物文化。外层的物质文化是企业员工的理想、价值观、精神面貌的具体反映，所以尽管它是企业文化的最外层，但却集中表现了一个现代企业在社会上的外在形象。因此，它是社会对一个企业总体评价的起点。

物质文化的载体是指物质文化赖以生存和发挥作用的物化标志。现代产品的三个基本层次如图 3-3 所示。

物质文化主要体现在以下几个方面。

（1）企业产品。现代意义的产品概念是指人们向市场提供的能够满足消费者或用户某种需求的任何有形产品和无形服务。有形产品主要包括产品实体及其品质、特色、式样、品牌和包装；无形服务包括可以给买主带来附加利益和心理上的满足感及信任感的售后服务和保证、产品形象、销售者声誉等。现代产品的整体概念由核心产品、形式产

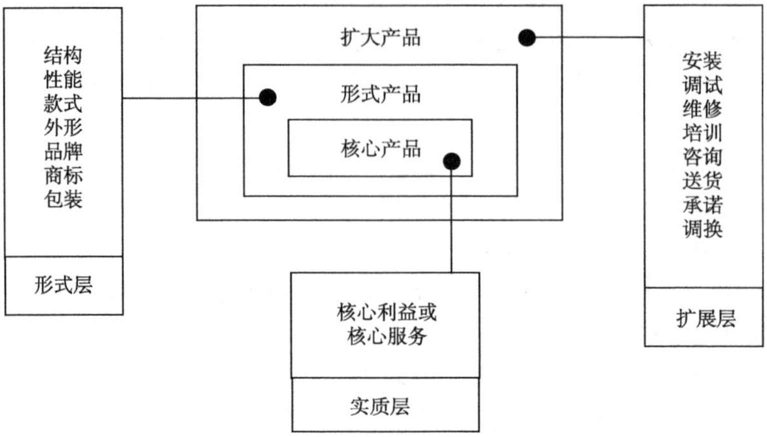

图 3-3　现代产品的三个基本层次

品和扩大产品三个基本层级组成，如图 3-3 所示。产品的这些要素是企业文化的具体反映。在日益激烈的市场竞争中，有形产品和无形服务所蕴涵的文化因素，已成为竞争的主要手段。

（2）企业名称、标志、标准字、标准色、厂徽、厂旗、厂歌、厂服，这是企业物质文化的最集中的外在体现。最典型的是麦当劳的红黄两色，因为是红灯和黄灯的颜色，让人看到就会潜意识地停步。

（3）企业外貌。自然环境、建筑风格、办公室和车间的设计及布置方式、企业的标志性建筑（如厂区雕塑、纪念碑、英模塑像等）、绿化美化情况、污染的治理情况等是人们对企业的第一印象，这些无一不是企业文化的反映。

（4）企业对员工素质形成的实体手段。这些实体手段包括企业对员工在生产经营活动中的劳动所建立的必要的保健、卫生、安全等设施，以及为提高员工文化知识、科学技术素质所建立的必要的技术培训、职业教育、文化教育传播网络等，如企业报纸、企业刊物、企业宣传栏、企业招贴画等。

3.1.5　企业文化各层次之间的关系

首先，精神层决定了行为层、制度层和物质层。精神层一经形成，就处于比较稳定的状态，精神层是企业文化的决定因素，有什么样的精神层就有什么样的物质层。

其次，制度层是精神层、物质层和行为层的中介。精神层直接影响制度层，并通过制度层影响物质层和行为层。企业文化通过一系列的规章制度、行为准则来体现企业特有的价值观。在推行或实施这些规章制度和行为准则的过程中，形成独特的物质层，并将特有的价值取向反映在其行为中。制度层的中介作用，使许多卓越的企业家都非常重视制度层的建设，因此制度层成为企业的重要特色。

最后，物质层和行为层都是精神层的体现。精神层虽然决定着物质层、制度层和行为层，但精神具有隐性的特征，它必须通过一定的表现形式来体现，精神活动也必须付诸实践。物质层和行为层以其外在的形式体现了企业文化的水平、规模和内容。企业文化的物质层和行为层还直接影响员工的工作情绪，直接促进企业哲学、价值观念、道德规范的进一步成熟和定型。企业文化的物质层、制度层、行为层和精神层密不可分，它们相互影响、相互作用，共同构成企业文化的完整体系。其中，企业的精神层是最根本的，它决定着企业文化的其他三方面。因此，我们研究企业文化的时候，要紧紧抓住精神层的内容，只要抓住了精神层，企业文化的其他内容就顺理成章地揭示出来。

3.2　企业文化的类型

企业文化可以从各种不同的角度去研究、划分，从而得出各种不同的企业文化类型。从不同角度的划分，有助于加深我们对企业文化及其结构、功能等的认识。

3.2.1　特雷斯·迪尔和阿伦·肯尼迪的四种类型

1982年7月，美国哈佛大学教授特雷斯·迪尔和麦肯锡咨询公司顾问阿伦·肯尼迪出版了《企业文化——现代企业的精神支柱》一书。该书指出，企业文化的类型取决于市场的两种因素：其一是企业经营活动的风险程度；其二是企业及其雇员工作绩效的反馈速度。由市场环境决定的四种企业文化类型分别是以下几种。

1. 强悍型文化

这种文化形成于风险高、反馈快的企业，如建筑、整容、广告、影视、出版、体育运动等方面的企业。这种企业恪守的信条是要么一举成功，要么一无所获。因此，员工们敢于冒险，都想成就大事业。而且，对于所采取行动的正确与否，能迅速地获得反馈。

2. 工作娱乐并重型文化

这种文化形成于风险极小、反馈快的企业，如房地产经纪公司、计算机公司、汽车批发商、大众消费公司等。这些行业生产和销售的好坏，很快就能知道，但真正的风险并不大。这种企业文化奉行拼命地干、痛快地玩的信念，对于工作和生活都很重视且认真，行动迅速，群体协作精神较强，适合于完成工作量大且需反复调整的工作。

3. 赌注型文化

这种文化形成于风险大、反馈慢的企业，如石油开采、航空航天方面的企业。企业所做决策承担的风险很大，但却要在几年之后才能看到结果。其信念是注重未来、崇尚试验，好的构想一定要给予机会去尝试、发展。

4. 按部就班型文化

这种文化形成于风险小、反馈慢的企业，如银行、保险公司、金融服务组织、公共事业公司等。这种企业的员工几乎得不到任何反馈，由于员工很难衡量他们所作所为的价值，因此，人们关心的只是“怎样做”，人人都追求技术上的完美、工作上的有条不紊，极易产生官僚主义。

四种企业文化类型的具体特征见表3-1。

表 3-1 四种企业文化类型的特征

文化类型	特征
强悍型文化	强调工作的快节奏，让人感到极度的紧张 强调快速反馈，甚至不惜冒风险行事 奉行个人英雄主义，企业文化主体的代表一般是年轻者 强调需求最佳、最大和最杰出的超人境界 轻视合作，急功近利，不能容忍厚积薄发的稳健型的人 短期失利者没有生存的余地，因而人才流动率很高，难以形成企业必需的凝聚力
工作娱乐并重型文化	工作环境轻松，员工彼此之间宽宏大度 员工思想极度活跃，很少会受到思想的禁锢 强调员工坚忍不拔的毅力，并不强调让员工承担风险 强调顾客价值的优先性，以为顾客提供良好的服务和满足需求为重点 强调集体行动，相互之间能友好相处
赌注型文化	强调鼓励员工冒险，鼓励员工创新 看不起按部就班、循规蹈矩的人 强调用充分的信息来诱导自己的行为，彼此之间以信心来鼓励他人的行为 强调放眼未来，不拘于一时一事的得失，要对未来进行投资 发展波动相对较大
按部就班型文化	强调安定，把降低风险，保障稳定放在首位 强调按科学规律办事，大事小事都先建章、定规，后行事 重质量，轻速度，宁可牺牲发展，也要追求一种完美 拘于工作的每一个细节，但却可能忽视工作的方向 人们很少有激情，完全靠理性来支配自己的行动

特雷斯·迪尔和阿伦·肯尼迪对企业文化的划分方式，在现实中不可能有如此典型的企业。一个企业往往是四种类型的混合。例如，市场部是强悍型文化，生产部和销售是工作娱乐并重型文化，研发部是赌注型文化，而会计部是按部就班型文化。

3.2.2 Cameron 和 Quinn 的四种类型

Cameron 和 Quinn 认为，企业文化通过组织所信奉的价值观、主导性的领导方式、语言和符号、过程和惯例及成功的定义方式来得到反映。他们提出了竞争性价值观框架（competing values framework，CVF）。CVF 有两个主要的成对维度（灵活性-稳定性和关注内部-关注外部），如图 3-4 所示。图 3-4 中的四个象限代表不同类型的企业文化，分别被命名为宗族型（clan）、活力型（adhocracy）、层级型（hierarchy）和市场型（market）。该模式从 20 世纪 90 年代开始在世界范围内被广泛应用，逐渐成为一种国际上比较权威的企业文化分析主具。

3.2.3 海伦的“十六种类型和双层观察说”

德国慕尼黑大学教授海伦（1990）提出了企业文化的十六种类型，她采用企业作为一个控制系统的强弱、企业文化自身在企业中的牢固程度和一致程度，以及企业文化和

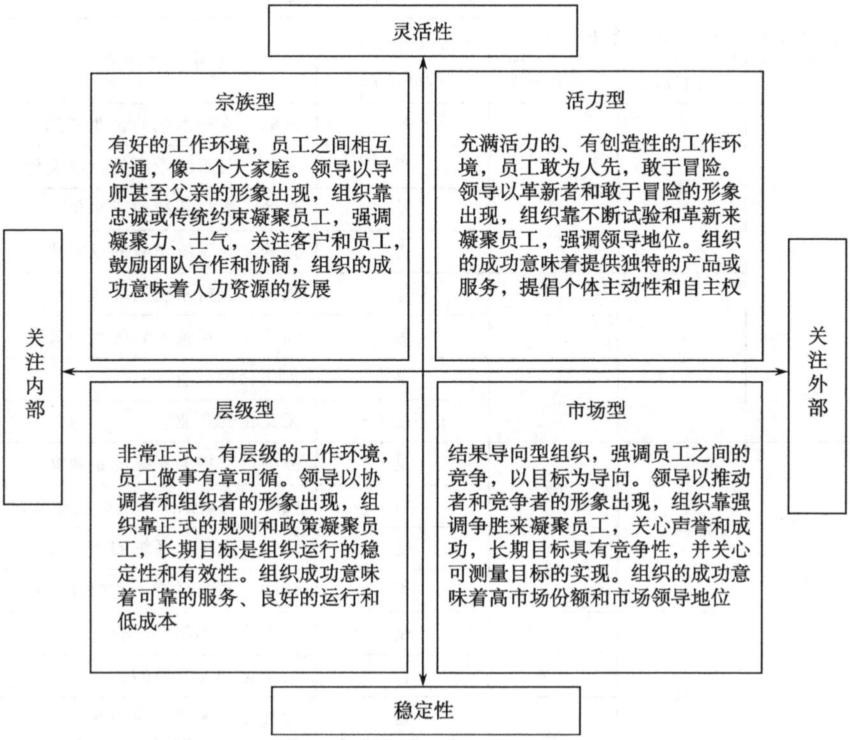

图 3-4　Cameron 和 Quinn 的竞争性价值观框架

现有领导系统的关系三个标准来划分企业文化的不同类型。

海伦认为，根据上述标准，企业作为一个系统可分为强（控制手段有效）和弱（控制手段无效）两种状况；企业文化自身的牢固程度和一致性程度各自分为高与低两种情况；企业文化与系统的和谐性，也分为是与否两种情况。这样企业文化就可以分为十六种类型，见表 3-2。在此基础上，海伦进一步指出，在考察企业文化时需要同时进行“双层面”观察：一方面，要考察企业文化的思想体系，即企业的共有价值观念和行为准则；另一方面，要考察企业文化的媒介，即象征、象征性行动和象征性作品。

海伦的这种分类体系强调企业应当培育强作用力的、统一的、正确的、革新性的、领导系统起支持作用的企业文化类型，它有助于企业创新，有利于创造良好的业绩。此外，海伦的分类还考虑了亚文化对企业经营的影响，是很有意义的。但是，这种类型的不足之处在于十六种类型的划分过于细致、烦琐，在实际操作中有较大困难。

3.2.4　科特和赫斯科特的三种类型

哈佛商学院的两位著名教授约翰·科特和詹姆斯·赫斯科特于 1987 年 8 月至 1991 年 1 月，先后进行了四个项目的研究，依据企业文化与组织长期经营之间的关系，将企业文化分为以下三类。

表 3-2 海伦的十六种企业文化类型

单独进行的与系统无关的企业文化研究			企业文化与系统的和谐性	企业文化的类型	编号
控制手段有效强度	牢固程度	一致性程度			
强	高	高	是	强的、支持系统的企业文化	1
			否	强的、与系统矛盾的企业文化	2
		低	是	强的、支持系统的亚文化	3
			否	强的、与系统矛盾的亚文化	4
	低	高	是	强的、支持系统的统一文化	5
			否	强的、与系统矛盾的统一文化	6
		低	是	无文化的企业	7
			否	无文化的企业	8
弱	高	高	是	强的、支持弱系统的企业文化	9
			否	强的、与弱系统矛盾的企业文化	10
		低	是	强的、支持弱系统的亚文化	11
			否	强的、与弱系统矛盾的亚文化	12
	低	高	是	无文化、无领导的企业	13
			否	无文化、无领导的企业	14
		低	是	无文化、无领导的企业	15
			否	无文化、无领导的企业	16

1. 强力型企业文化

在具有强力型企业文化的公司中，几乎所有的经营管理层的人员都有基本一致的价值观念和经营方法，他们习惯于协调一致，通力合作，按某一经营方向共同努力。这种协调性、积极性、组织性及统一领导有助于企业业绩的增长，但这要求企业处在稳定的市场经营环境中，企业的最终行为与企业经营策略相一致。企业的新成员会很快接受这些观念、方法。如果企业管理人员违反了公司的价值观念和行为规范，不仅上司会纠正他，而且下属也会纠正他。具有强力型企业文化的公司往往将公司的一些价值观念公布出来，要求公司内所有人员遵守。

IBM 公司是具有强力型企业文化的典型代表。20 世纪 30 年代中期，这家公司的员工就以其热爱企业、积极工作的良好形象闻名于世。公司内部所有的员工在工作上体现出来的价值观有着惊人的一致性，IBM 价值观包括以下三个基本点：①公司每一位成员的尊严和权利必须受到尊重；②为在世界各地使用本公司产品的消费者提供上乘的服务；③为达到公司目标，采用最佳经营方式来进行每一项业务活动。IBM 的前总裁小沃森曾发表演讲："就企业相关经营业绩来说，企业的基本经营思想、企业精神和企业目标远远比技术资源或经济资源、企业结构、发明创造及随机决策重要得多。当然，所有这些因素都极大地影响着企业经营的业绩。但我认为，它们无一不是源自企业员工对企业基本价值观念的信仰程度，同时也源自他们在实际经营中贯彻这些观念的可信程度。"

科特和赫斯科特认为，在受强力型企业文化支配的企业中，受共同的企业价值观念的激励，企业员工自愿工作或献身企业的行为随处可见。建立在具有完整的管理信念和行为模式系统的基础之上的联网计算机公司，不需要一般企业都有的组织结构图，也没有一般的规章制度，但该公司的员工却由于“不成文”的条文而相互谅解，表现出“同心协力”的工作形象，原因是企业高级管理者重视企业文化的培育。他们耗费大量的时间，培训、讲授企业的经营思想和性质特征，并把与企业文化相统一的企业经营业绩作为最新业绩定期刊登在公司的宣传品里。同时举办各种活动，如每周五下午的“啤酒餐”等，所有这些都让公司员工感到自己属于一个独特的社团群体，从而对公司产生极大的忠诚。

强力型企业文化也存在一定的问题：在目前市场竞争加剧、变革迅速的环境中，这种类型的企业文化很可能会过于僵化，制约高级管理人员的变革行动，演变成企业战略性变革的障碍。

2. 策略合理型企业文化

这类企业强调企业文化与企业环境的匹配性。在企业中，不存在抽象的、好的企业文化内涵，也不存在任何放之四海而皆准、适合所有企业的“克敌制胜”的企业文化。只有当企业文化“适应”于企业环境时，这种文化才是好的、有效的文化。不同的组织，需要不同的企业文化，只有文化适应于组织，才能发挥其最大的功能，改善企业经营状况。

通过对20世纪70～80年代沃尔玛公司和苯尼公司的企业文化和市场协调性的比较，能更好地理解策略合理型企业文化的实质内涵。沃尔玛公司的创始者萨姆·沃尔顿曾经在苯尼公司工作多年。在创业初期，这两家公司都重视让顾客满意、提倡创业精神并重视员工待遇，因而企业经营绩效都有突飞猛进的发展。然而，在20世纪70年代末期，这两家公司的企业文化与企业经营环境出现了极为明显的差异。沃尔玛公司的经理人员设法吸引和激励优秀的经营人才，致力于改进企业的经营方式，要求员工行为举止大方、得体，竭诚为顾客提供多层面的服务，企业依然保持着创始者节俭、创新、关心员工的优良传统。而在同一时期，苯尼公司的经理人员虽然也强调提高员工待遇、为顾客提供优质服务，但声势已大不如前。他们引进刻板的员工业绩考核标准、代价很高的官僚运营体系，公司中盛行以裙带关系为主的职位晋升方式。两相比较，沃尔玛公司拥有一种与企业经营环境更协调的企业文化，其所确立的价值观念、行为方式在众多的竞争者中更适应消费者的需要，更适合劳动市场的环境变化。沃尔玛公司就是策略合理型企业文化的典型代表。

科特和赫斯科特认为，策略合理型企业文化在阐释企业中短期经营业绩增长的差异时会有用，但它不能解释为什么不同企业为了保持与市场环境相适应，对企业文化进行变革，会获得完全不同的成果，也不能解释企业长期经营业绩中存在的差异。

3. 灵活适应型企业文化

这种文化是指“那些能够使企业适应市场经营环境变化，并在这一适应过程中领先于其他企业的企业文化，才会在较长时期与企业经营业绩相联系”。市场适应度高的企业文化必须具有同时在公司员工个人生活中和公司企业生活中都提倡信心和信赖感、不畏风险、注重行为方式等特点，员工之间相互支持，勇于发现问题、解决问题。员工有高度的工作热情，愿意为组织发展牺牲一切。

3M公司比其他企业更明确地提倡一种适应市场环境变化的企业文化，因此被认为是这一文化类型的典范。多年来，3M公司的经营管理人员一直注重保持新型产品在公司的销售额中占一定比例。3M公司的企业文化氛围注重对新产品项目开发的投资和帮助，即便这些创意、思想是由公司的基层员工提出的也同样能够得到资助。3M公司对于自己公司敢于公开提倡新思想、新观念，并敢于承担风险的企业文化风格引以为豪。通过这一过程，公司开拓出许多新的业务领域。

这类文化通过提倡发现、开拓新的业务增长点，注重培育那种有助于企业适应市场经营环境变化的企业集体观念的文化，因而能在整个管理人员中形成变革的力量，激发出巨大的敢于冒险、勇于创新和广泛沟通的创业激情。但是，也有学者认为，这种文化无法解释一个缺乏冒险精神或集体主义精神的公司，为什么也能在相当长一段时期内保持企业的经营业绩的增长。

科特和赫斯科特对于三种企业文化类型的分析，建立在广泛的实证研究的基础上，对企业文化建设有实际指导意义。同时，科特和赫斯科特指出各种类型的企业文化都有优势，这三种理论观点本身并不存在根本性的冲突，应该把它们结合起来。

3.2.5 其他分类方法

从不同角度考察企业文化，就会形成不同的分类。

（1）从企业文化的地位和层次来看，企业文化可以分为主文化和亚文化。企业文化表达的是企业组织成员的共同认识和共同的价值观体系，企业中来自不同背景或处于不同层次的员工会用相似的语言来描述企业文化。但是，并非所有的组织都仅仅存在一种单一的文化，相反，大部分组织，尤其是大型企业往往具有几种文化。例如，不同地区、不同职能部门的文化就有所不同。这就必然形成企业中主文化和亚文化共存的局面。

主文化是指组织成员共同拥有一套比较一致的价值观，是在企业中占主导地位的文化，构成企业文化的主流、主脉，决定着企业的面貌和发展状况。我们通常所说的企业文化就是指企业的主文化。亚文化是指同一企业内部非主流、非主导的文化，即在主文化之外或之下，并且与主文化价值取向不同的文化。亚文化的特点是不占主导地位，不处于企业文化的核心，它是一种亚群文化。它可能是主文化的补充文化、辅助文化，也可能是主文化的对立文化、替代文化。亚文化通常是由于组织内部部门的设计和地理上的间隔而形成。例如，研发部门可能拥有本部门成员共享的独特的亚文化，它既包括主文化的核心价值观，也包括研发部门的独特价值观和行为方式。同样，如果企业的某个办公室或分公司远离企业总部，它就很可能表现出不同的个性特点。例如，位于美国硅谷帕乐阿托的施乐公司研发中心，其文化氛围和品质就与其位于东海岸的公司总部有很大不同，因此能够研发出鼠标、图形用户界面、页面描述语言等重大发明成果，但受其公司总部守旧的主文化的影响，公司并没有率先将这些发明成果商业化，从而失去了企业技术创新和拓展新的业务增长点的机会。亚文化往往是非当权者文化，是下级或下属文化，是民间文化，是富有反抗性的文化。尤其是当企业决策层充当不开明角色，与非决策层形成明显的文化隔阂、冲突时，非决策层行为主体容易选择、接受、奉行和建设企业亚文化。

主文化和亚文化事实上也是基于文化主体的不同而形成的企业文化分类。如果企业没有主文化，而只有多种亚文化构成自己的企业文化，企业文化的价值就会大大减弱。在这种情况下，企业管理者就无法提供关于员工行为规范的统一解释。正是企业文化中的共同的价值观念使企业文化成为引导、塑造员工行为的有力工具。但是，在一个巨型化复杂性的企业组织中，必须对企业亚文化的作用有足够的认识，因为它们也能对员工的行为产生很大的影响。

(2) 从企业文化影响力强度来看，企业文化可以分为强文化和弱文化。强文化是指组织的核心价值观被强烈坚持和广泛认同，并且成为指导公司各项组织活动的指导原则。接受这种核心价值观的组织成员越多，他们对这种价值观的信仰越坚定，企业文化就越强。企业文化越强，就会对员工的行为产生越大的影响，因为高度的共享和强度在组织内部创造了一种很强的行为控制氛围。公司员工对于自己应该干什么，不应该干什么，怎么干都十分清楚，企业文化对他们的影响相当深远。而弱文化是指一个企业没有典型的可以指导员工各项行为的核心理念，企业的文化现象大多来自社会文化。企业文化特点不鲜明，主体不突出，导致社会文化的影响力超过企业文化的影响力。企业的经营活动受社会文化的影响。我国大多企业在谈到自己的企业文化的时候，都是“严谨、求实、团结、创新、服务社会、争创一流”的口号，千篇一律，没有特色，更不能起到激励员工、引导员工行为价值取向的作用。以银行业为例，我国四大银行基本拥有相似的企业目标与理念，但缺乏特色，带有明显的计划经济特点，具体见表 3-3。

表 3-3　我国四大银行的发展目标与理念

四大银行	发展目标	经营理念	服务理念	人才理念
工商银行	管理科学、技术先进、效益良好、实力雄厚、信誉卓越的国际化、现代化大商业银行	以市场为导向、以客户为中心、以防范风险为重点	您身边的银行，可信赖的银行	以人为本：协作与创新相统一的激励机制；个人事业与企业发展相结合的发展空间
农业银行	一流的人才、一流的管理、一流的服务、一流的效益、一流的形象	自主经营、自担风险、自负盈亏、自我约束	精益求精、止于至善	知识化、专业化、开放性、包容性、“能者上、庸者下”，唯才是举
中国银行	功能齐全、布局合理、有独到比较竞争优势的国际大银行	清晰的发展战略、科学的决策系统、审慎的会计原则和信息披露、严格的目标责任制及与之相对应的激励约束机制	快捷、热情、方便、舒适	面向未来地培养和造就人才

续表

四大银行	发展目标	经营理念	服务理念	人才理念
建设银行	以中长期信用为特色、重点支持大银行、大企业的发展，积极推进金融改革，建设服务于社会、功能齐全、经营稳健、具有国际先进经营管理水平的现代化大型国有商业银行	卓越的银行源于卓越的服务，卓越的服务源于卓越的员工	令人信赖的服务质量，令人赞许的服务效率，令人满意的服务态度	以人为本，卓越的服务源于卓越的员工

3.3 企业文化的特征

3.3.1 企业文化的基本特征

企业文化的特征是指企业文化本身所具有的内在的、本质的特色表现。我们所说的企业文化的特征应该是企业文化都具有的共性的特征。

1. 客观性

企业文化是客观存在的，是不以人的意志为转移的。在实践中，企业文化是与企业同步产生的，无论是泰勒所处的科学管理时代的企业，还是现代知识经济时代的企业，都有自己的企业文化。企业文化的核心是价值观，任何企业都是在一定的价值观或企业理念的指导下，形成自己的管理思想、管理方式和手段，每个企业呈现出各自的发展战略、组织氛围、群体意识、制度规范、企业形象和沟通渠道，这些便构成了企业独特的文化特征。

2. 稳定性

具有核心地位的价值观的形成往往需要很长时间，需要先进人物的楷模作用，需要一些引发事件，需要领导者的耐心倡导和培育等。企业价值观一旦形成，就会变成企业发展的灵魂，不会朝令夕改，不会因为企业产品的更新、组织机构的调整和领导人的更换而迅速变化，一般来说，它会长期在企业中发挥作用。

当然，企业文化的稳定性也是相对的，根据企业内外经济条件和社会文化的发展变化，企业文化也会不断地得到调整、完善和升华。“适者生存，优胜劣汰”，企业文化是在不断适应新的环境中得以进步并充满生机和活力的。

3. 开放性

优秀的企业文化具有全方位开放的特征，它绝不排斥先进管理思想及有效经营模式的影响和冲击。企业文化的开放性，将促进企业文化的发展。通过引进、改造、吸收其他企业的文化，促使自身发育成长，不断完善。企业文化的开放性，必然导致外来企业文化与本土企业文化、现代企业文化与传统企业文化的交融与整合，这也正是建设具有自身特色的企业文化的契机。

4. 非强制性

非强制性是就企业文化的作用而言的。企业文化不是强调个体遵守各种硬性的规章制度和纪律，而是强调文化上的“认同”，强调人的自主意识和主动性，通过启发人的自觉意识来达到自控和自律。当然，非强制之中也包含有某种“强制”，即软性约束，违背企业文化的言行是要受到舆论谴责或制度惩罚的。所以大内（1984）说：“这种文化可以部分地代替发布命令和对工人进行严密监督的专门办法，因而既能提高劳动生产率，又能发展工作中的支持关系。”“非强制性”是针对认同企业文化的人员而言的；“强制性”是针对不认同企业文化的人员而言的。可见，企业文化与传统管理对人的调节方式不同，传统管理主要是外在的、硬性的制度调节；企业文化主要是内在的文化自律与软性的文化引导。

5. 独特性

世界上没有两片完全相同的树叶。企业文化是一个企业独特精神和风格的具体反映，它以其鲜明的个性区别于其他企业。这是因为企业生存的社会、地理、经济等外部环境，以及企业所处行业的特殊性、自身经营管理特点、企业家的个人风范和员工的整体素质等内在条件各不相同，所以企业文化呈现出不同的特点。

6. 渗透性

企业文化的核心是价值观念，它是无形的，因而它的存在、传播和作用需借助于各种具体形式和载体，如企业的各种活动、制度和物质环境等，不能将本质内容和形式载体混为一谈。真正被员工认同和实践的价值观念具有极强的渗透性，它无处不在，渗透于企业的每一个层面、每个角落。正如《企业管理新谋略》一书中所描述的：“它不是指知识修养，而是指人们对知识的态度；不是利润，而是对利润的心理；不是人际关系，而是社交方式；不是运动会的奖牌，而是奖牌所折射出来的荣誉观；不是新闻，而是对新闻的评论；不是舒适优美的工作环境，而是对工作环境的感情；不是企业的管理活动，而是造成那种管理方式的原因。总之，企业文化是一种渗透在企业一切活动之中的东西，它是企业的美德所在。”

7. 系统性

企业文化具有整体性、全方位性，是从企业群体的精神文化、制度文化、行为文化、物质文化等方面全方位展开的。这些要素在企业内部不是单独发挥作用的，而是经过相互作用和联系，融合为一个有机的整体，共同发挥作用的。“整体大于局部的总和”的原则在此完全适用。企业文化内各种因素一旦构成自身强有力的文化，就会发生难以估量的作用。

案例分析：青岛啤酒的企业文化体系

截至 2009 年 8 月 15 日，青岛啤酒（简称青啤）已经走过了整整 106 年的风雨历程。如今这位“百岁老人”非但没有表现出衰老与疲惫，反而激情勃发、活力十足，销售量居中国啤酒行业首位，是世界第八大啤酒厂商。到底这家百年老店是如何基业长青的呢？除了出色的产品质量以外，百年时间沉淀下来的企业文化也是青啤制胜的关键。在 100 多年的发展历程中，青啤企业文化经历了自发、自觉和提升三个阶段，逐渐形成了以表层形象文化、中层制度文化及深层价值理念为核心的完整的企业文化体系。

青啤文化包括精神、制度、物质三个层面。精神层面包括愿景、使命、核心价值观、理念、宗旨、精神等，是文化的核心和灵魂，是企业的“心”。制度层由精神层转化而来，目前有200多项制度，190余项流程，还包括公关活动、营销活动等，将文化进行科学的、规范化的培育，表现出公司强大的不依赖任何人的制度执行力，是企业的“手”。物质层包括公司的视觉识别系统、物质环境、产品造型包装设计、企业文化传播网络等，是精神层的载体，也是文化最为外在直观的系统，是企业的“脸”。从精神层到物质层，从抽象到具体，从神到形，执行中也有意会、言传、行贯的偏重。

愿景——“成为拥有全球影响力品牌的国际化大公司”，位于文化框架的最上方，青啤企业文化是愿景领航的文化，它基于市场提出，具有引导功能；使命——“用我们的激情酿造出消费者喜好的啤酒，为生活创造快乐”，紧随其后，阐明了公司存在的理由和价值，它基于消费者提出。这两项是顺势而为，因为不管公司是否做了充分的准备，啤酒市场已经是一个国际化市场，成为国际化的大公司是市场的客观要求；同时，啤酒的好坏由专家鉴定的时代已经过去了，只有满足消费者的喜好才会使企业生存发展，所以使命强调了消费者导向。

核心价值观是青啤所推崇的基本理念和信仰，体现公司的境界和原则。而核心价值观是基于青啤区别于其他组织的独特的文化细胞形成的，既有传承，又有创新，在矛盾中寻求标准，使文化细胞更加健康和有适应性，对员工具有凝聚功能。理念群由核心价值观派生而出，阐明了公司在不同方面的观念立场，有激励功能。这一部分是明道，即阐明青啤生存发展之道。

制度层和物质层部分对所有企业行为和员工行为实行系统化、标准化、规范化的统一管理，形成统一的企业形象，便于统一的经营管理，在文化中起约束作用和识别作用。与明道相对应，这一部分是优术，即寻求文化落地的具体途径。

企业宗旨“以人为本、团队合作、造福社会”和企业精神“尽职尽责，追求卓越”贯穿在文化的各个层面，理念群、制度层、物质层体现了青啤的企业作风——严谨、务实、高效。

如此，青啤文化体系中的各子系统相互协调相得益彰，使企业文化在企业成长过程中发挥着强大的作用。青啤的案例还在2008年正式被国际商学院列入教程。

（资料来源：张岩松，周宏波，乌玉洁．企业文化案例教程[M]．北京：北京交通大学出版社，2012.）

讨论题：

（1）青啤历经百年仍然激情勃发、活力十足的原因是什么？

（2）结合案例谈谈青啤的企业文化属于什么类型的组织文化。

（3）你认为在影响组织文化的各种因素中最重要的是什么？

第四章　企业文化的功能与机制

引例　青岛海景花园大酒店的企业文化魅力

在青岛，有这样的说法："用海尔，看海信，喝青啤，穿双星，住海景"。其中的海景指青岛海景花园大酒店（简称海景）。1995年年初，海景从国家计划委员会青岛市培训中心脱胎出来，以全新的姿态正式对外营业。从"招待所"式的管理到"星级酒店"管理，这无疑是一个很大的跨度。宋勤带领一班人马"北上南下"，先后到广州的白天鹅宾馆、北京的凯宾斯基和长城饭店、深圳的阳光酒店、上海的花园酒店等国内十多家著名酒店取经学艺。海景人经过一年多的实践和创造，完成了"移植"、"嫁接"和"成长"的过程，使海景最终拥有了自己的管理四字箴言，即"高、严、细、实"。这是海景向星级酒店成功一跃的起跳点。

到1997年，海景严格的标准化管理模式已初见成效。管理的到位带来了服务的到位，"海景"员工都经过严格培训，在规范化、标准化上与其他酒店并无太大差别。宋勤认为这远远不够，由此提出"自我超越"的服务理念——"以情服务，用心做事"，"客人永远是对的"，"让客人101%的满意"，这些理念逐渐发展成为一种企业文化，为酒店赢得了广泛赞誉，创造出"情满海景"的服务品牌。海景人眼里有活儿，是不动声色中见功力：乘出租车到海景，下车时门卫会将车号记在小卡片上交给你，万一有物品遗失在车里，这张小卡片就派上了用场，凭着它，酒店每年帮客人追回物品价值达几十万元；服务小姐会默默记住你用餐时的口味偏好，下一次光临时，她们会主动为你点上最爱吃的菜肴或点心，让人惊喜交加；住店客人就餐时打了几个喷嚏，细心的服务员意识到客人可能是患了感冒，不一会儿一碗热腾腾的姜糖水端到客人面前，到晚上10点半，第二碗姜汤水送给客人，并告诉客人睡觉前喝最好；就餐时一位客人无意说起今天是他的生日，旁边的服务员就可能捕捉到这个服务机会，为客人送上一个生日蛋糕，并播放一支"生日歌"……这一切让客人感受到海景独有的魅力，在这里不仅可以得到满意的服务，还可能收获惊喜和感动。

海景不仅赢得了客人的心，也捕获了员工的心。在这里，员工能感受到自己与企业在一同成长。1997年，一个部门经理离开海景到另一家酒店工作，并且得到了"升迁"，但一年多以后，他又回到海景。他说，还是在海景有发展。宋勤经常对员工说："我们不要求你们在海景干一辈子，但我希望你们人人成为人才！"在青岛，许多企业在招聘员工时，只要在海景工作3个月以上的，就可以免试录用，有人称这种现象为"海景效应"。的确，可以发现在海景这个特殊的群体中，弥漫着一种特殊的氛围，这使加入的人，无论其能力强弱、个性异同，都会或多或少地受到影响而有所改变。这种改变归因于酒店以顾客为中心的价值观和由此生发的"只有顾客满意，我们才有生机"的信念。客人的惊喜来自于用心的员工，用心的员工来自于这种企业文化氛围。在这里，哪怕只是一个还不懂什么事的初中毕业生，经过几个月的耳濡目染，都开始注意留心客人的“特殊”需求，都开始做好事“上瘾”，都开始在客人的表扬信中体验到成长的快乐。令人信服的证据是，截至1998年这家不足600人的企业，每年都要收到千封以上的表扬信。

事实上，从1998年起，海景开始狠抓以文化为内涵的“软管理”，进行了深入的“观念开发”和“精神塑造”——企业文化建设。1998年年初，海景成立了企业文化部，由原来自发的企业文化意识上升到自为的企业文化管理。从酒店高管到班组每周必须保证一定的时间来集中学习企业文化。每个部门会收集、整理本部门的用心做事的事例，填表登记后择其优者在酒店例会通报。酒店每月对用心做事的个人进行一次评比奖励。先进事例反馈给每一位员工，形成“比、学、赶、帮、超”的良性竞争氛围。企业文化部每天会布置次日评说的正反面事例，事例相对集中又有选择余地，同时要求每位员工要提前做好次日评说的准备。在班组会上员工从思想观念上进行评价，并就本部门、本岗位的实际工作说明它的指导意义，寻找自身差距。对违背企业精神的反面事例，从思想观念上进行点评，说明它的警示意义。各级管理者在处理日常工作时，也被要求善于用“观念”和下级交流，不断地向他们灌输企业文化所倡导的各种观念。企业文化部会定期拟定演讲专题，在酒店内“自下而上”进行，先班组，再部门，最后是酒店范围的演讲。班组是人人演讲，部门是选拔演讲，酒店是比赛演讲。日复一日，年复一年，在这种氛围下每个员工都会不断地对企业文化产生新的感悟。

这家曾经的招待所，仅用了三年就开始占据青岛同行业客房出租率第一的位置，其口碑更是让很多五星级酒店侧目，而当时海景还只是四星级。美国《福布斯》杂志曾将海景评为2007年度中国最优商务酒店。

（资料来源：李少惠. 企业文化[M]. 上海：上海交通大学出版社，2011.）

4.1　企业文化的基本功能

作为一个系统，企业文化除了具备要素和结构特征之外，还拥有特定的功能。这是企业文化系统存在的基本条件之一。企业文化的兴起，很大程度上正是由于企业文化对“企业疾病有很多神奇的康复能力”。实践已证明，企业文化与企业经营的成败关系极大。优秀的企业之所以优秀，往往是因为它们具有独特的文化特质，能充分发挥企业文化的正向功能。

4.1.1　企业文化的正向功能

1. 导向功能

一般来说，任何文化都是一种价值取向，具有导向的功能，规定着人们所追求的目标。就企业来说，企业文化一旦形成，就建立起一套自身系统的价值和规范标准，对企业成员个体思想和企业整体的价值和行为取向都发挥导向作用。建立在共同价值观基础上的企业文化，反映了企业整体的共同意识、共同追求、共同价值和共同利益等观念，让企业中的绝大多数人员清楚地知道企业倡导什么、反对什么。企业文化把成员的个人目标引导到企业所确定的目标上来，使成员在潜移默化中接受企业文化的共同价值理念，形成一股力量向既定的方向努力，对企业整体和企业每个成员的价值取向和行为取向都起到了导向作用。企业文化的这种导向功能，主要是通过企业文化的塑造来引导企业成员的行为心理，使人们接受共同的价值观念，自觉自愿地把企业目标作为自己的追求目标来实现。

企业文化的导向功能具体体现在以下方面：一是规定企业行为的价值取向；二是明确企业的行动目标；三是建立企业的规章制度。正如特雷斯·迪尔和阿伦·肯尼迪在《企业文化——现代企业的精神支柱》一书中反复强调："我们认为人员是公司最伟大的资源，管理的方法不是直接用电脑做报表，而是经由文化暗示，强有力的文化是引导行为的有力工具，它帮助员工做得更好。"

2. 规范功能

企业文化在企业中形成一种"软约束"机制，它可以借助共同价值观和相关理念，以及与之对应的行为规范和准则，引导和规范成员的行为。相对于企业制定的规章制度对成员所产生的"硬约束"，"软约束"往往可以产生这些"硬约束"所起不到的作用。企业成员可以按照规章制度上的要求，去规范相应的行为，但却无法规范规章制度之外的行为。换言之，规章制度可以要求成员遵守相应的规范，但成员的实际行为却并不一定完全遵循规章制度，行为的规范程度也可能差强人意。软约束机制是以共同的价值观和相关理念为核心的，借助从众心理、群体压力等机制，在成员的内心深处形成一种定势，构造出一种响应机制。从而，只要外部诱导信号发生，即可得到内部的积极响应，并迅速转化为预期的行为。企业文化通过软硬两种约束机制的共同作用，从而对员工的意识和行为起到规范作用。

3. 激励功能

企业文化所具有的激励功能很大程度上来自于对员工需求的满足。这一点在优秀的企业文化氛围中尤为明显。优秀的企业文化以共同价值观为核心，所营造出的工作氛围，有助于成员在思想上取得一致，这增强了成员的安全感和归属感。企业文化还是一个意义系统，可以帮助成员认识到工作和生活的意义、企业存在的社会意义等，在相当大的程度上满足了成员的精神需求。企业成员在这样一系列包括归属、成长等需求得以满足的条件下，会被企业文化所激励。

4. 凝聚功能

凝聚功能通过多种机制发挥作用。一方面通过目标凝聚，即通过企业目标以其突出、集中、明确和具体的形式，向员工和社会公众表明企业群体行为的意义，形成企业全体员工努力奋斗的方向，从而形成强大的凝聚力和向心力；另一方面是价值凝聚，即通过共同的价值观，使企业内部存在共同的目的和利益，使之成为成员的精神支柱，从而把企业成员牢牢联结起来，成员为了实现共同理想而聚合在一起，即所谓的志同道合。此外，企业文化如能有效发挥其激励功能，也能培养成员的归属感，增强企业的凝聚力。最后，对于长期在一种相对稳定的文化环境中的成员来说，共同的事物、共同的语言、共同的举动和共同的感受使人们更容易达成共识，也更容易形成相似的习惯，找到安全感。这种安全感还常常伴随着依赖性，表现为成员对文化环境的依赖性，这也是企业文化凝聚功能的一种表现。

5. 对外辐射功能

企业文化的辐射功能主要通过以下途径实现。

一是向社会传播企业的价值观、伦理道德、经营管理理念等，引起社会有关方面的反应。例如，中国百年老店——北京“同仁堂”，把生产“药”提升到“德”的高度。“同声同气福民济世，仁心仁术医病医人”，“炮制虽繁必不敢省人工，品位虽贵必不敢减物力”。北京“同仁堂”把经商和做人融为一体，在弘扬中华民族医学传统的同时，充分体现了中华民族传统文化中的道德价值和人格、国格意识。

二是以企业的产品或服务为载体向社会辐射。正如人们通过星巴克的店面布置、咖啡的口感、人员服务等，感受到它所营造的工作场所和生活居所之外的温馨舒适的“第三生活空间”的文化。人们通过使用诺基亚的人性化产品，体会到诺基亚“科技以人为本”的文化。

三是通过企业成员的言行所体现的企业精神和价值观，向社会传播和扩散企业文化。例如，IBM公司有“蓝色巨人”之称，这名字缘于公司的管理者人人都穿蓝色西服，在股票市场上IBM的股票属业绩优良的蓝筹股，更缘于约翰·奥贝尔在当时的计算机世界里所树立的威严让人们对IBM公司产生敬畏之情。

四是通过多种方式来塑造企业形象，进而传播企业文化。现在越来越多的企业，重视社会责任和公共关系管理，会有针对性地设计一些活动，并借助宣传媒介和工具使企业文化向外扩散传播。

6. 区分功能

除了上述企业文化功能外，企业文化系统还具有区分功能。世界上没有完全一样的企业文化，从这个意义上讲，企业文化具有鲜明的个性。企业文化是企业在实践中逐渐形成的一套对外适应、对内整合的文化模式，不同的人群、不同的环境和不同的经历等，会形成特定的价值观和行为模式，塑造出特定的企业文化。这些决定了企业文化具有区分的功能，可以通过企业文化来区别不同的企业，找出它们的文化特征。

上述企业文化基本功能，是由企业文化的价值观念和行为规范直接引发出来的。此外，企业文化还具有一些衍生功能。例如，企业文化对企业的经营绩效就会产生间接作用，对企业的组织结构模式也会产生影响。这种影响并不是由价值观念和行为规范直接引发出来的，而是属于企业文化的衍生功能。

4.1.2 企业文化的负向功能

企业文化的功能，既能带来积极的影响，也可能带来不利的影响，即企业文化的负向功能。企业文化作为一种文化，它的形成和发展有其自身的规律，一旦形成就会相对固化下来，这使企业文化具有某种稳定性。它在企业战略实施中，可能会起到一定的阻碍作用，产生时滞效应。这些障碍主要表现在以下三个方面。

1. 变革创新的障碍

在当代激烈的经济竞争环境下，企业战略环境的变化在不断调整，企业自身也处于一个不断发展、变化的过程中，企业内部自然而然地产生一种进一步提高企业效率的客观要求，当企业文化核心价值观与这种不断提高企业效率的客观要求不相符，产生矛盾时，企业文化就成为企业进一步发展的障碍，企业文化的力量就越强，相应地，这种文化对企业发展的阻碍作用也就越大。

企业文化作为一种与制度相对的软约束，更加深入人心，极容易形成一种思维和行为的定式和惯性。这种惯性的束缚对企业变革的阻碍，在企业环境急剧变化时表现得更为明显。

企业文化往往是企业精神经过多年的沉淀、多年的建设缓慢形成的，一旦形成，企业文化便会具有长期的稳定性，当企业面对的环境比较稳定时，企业文化所强调的行为的一致性对企业而言很有价值；但当企业所处的环境不断动态变化时，企业内部根深蒂固的企业文化就变成一种可怕的惯性，它可能会束缚企业的手脚，束缚企业成员的思想，使企业不敢或不愿进行创新和变革。

2. *多样化的障碍*

随着世界经济全球化的加深和加剧，随着跨国公司的大规模扩张，跨国公司的人才本土化战略，种族、国别、性别等方面的差异也显得尤为突出。不仅来自不同国度的人往往具有不同的文化价值观念，就连一个国家不同地域或同一地域的人也会因个性、观念方面的不同而产生差异。这些差异的存在往往导致企业中新聘员工与企业中原有的大多数成员存在很多不同的地方，这里就产生了一种矛盾。

企业文化具有一种强制性，为了形成强有力的文化，企业文化要求全体成员具有一致性，因此，企业领导层往往希望，有时甚至强迫新进员工适应并接受企业的核心价值观，以企业中原先大部分成员的行为准则来要求新员工，因而，新员工往往感觉对公司难以适应，企业也难以接受新的员工。但是，当企业环境发生变化，进而要求企业文化发生变化时，企业往往将变化的力量寄托在新进员工身上。他们希望，这种新员工所带来的差异可以激活整个企业，为企业注入新鲜的血液，提高企业的创新能力，所以企业领导又想公开地认可、支持员工的这种差异。这样，矛盾就不可避免地出现了。企业文化的力量越强，它对员工施加的压力就越大，也越要求新进员工服从公司原有的企业文化，企业文化甚至限定了企业对员工的价值观和生活方式所能接受的范围。

企业聘用各具特色、存在差异的员工，是希望这些各有特色的个体可以为整个企业带来多种选择、组合的优势，但由于企业文化强调服从、适应，处于这种环境下的员工，往往只能尽力去适应企业原有文化的要求，按照大多数成员的标准调整自己的行为，以缩短自己和企业的距离。这时，失去的不仅仅是差异，具有不同特色的个体所带来的多样化优势也往往随之丧失。

所以，一旦强有力的企业文化抹杀了不同背景、不同特色的员工所带给企业的独特优势，企业文化也就成了文化多样化的巨大障碍。在企业中，往往需要存在多样的文化。一旦环境改变，旧的文化就不能适应变化，但又不能马上建立起新的文化，如果企业中已经存在多样化的文化，就可以从中寻找适合新环境的文化，并将之发展起来，作为新的企业文化。这样，企业成员也不会很难适应。

3. *兼并和收购的障碍*

现代环境下的激烈竞争呼唤一种合作，需要强强联手，以利于资源的优化配置。与此相应，兼并和收购也就成了许多企业的迫切要求。

以前，在企业兼并或收购的时候，兼并、收购方所考虑的首要问题是速效的优势或双方产品的协调性，对双方文化融合考虑很少。而近几年，随着企业内部卓有成效的企业文化建设，各大企业大都形成了各具特色的企业文化，这些文化有些可以互补，有些则是相互排斥的。这时，企业间相互兼并或收购时，公司在考虑融资优势和产品协同性的同时，也要考虑到，双方文化的兼容性也是兼并或收购的一个十分重要的影响因素，兼容性极差的企业文化有可能对合并后的企业造成灾难性的影响。正如彼得·德鲁克所言，兼并必须“意气相投”。

4.2　企业文化的运作机制

对于企业文化要素、结构和功能等的综合分析，可以帮助人们认清企业文化现象，了解企业文化系统的概貌。然而若仅限于此，就还是停留在对企业文化现象的表层认识，无法深入地理解企业文化的运作规律。对企业文化机制的研究，则为深入了解企业文化提供了一个动态视角。

本节将在现有认知水平的基础上简要介绍不同视角之下的有代表性的企业文化机制。首先，通过介绍企业文化的心理运作机制，解读企业文化运作机制中的心理现象，了解企业文化的复杂性和特殊性。其次，为了更好地把握企业文化的本质，掌握系统内部最基本的运作规律，将会介绍企业文化的核心运作机制，并分析企业文化生成发展和发挥作用的基本线索。

4.2.1　心理视角下的企业文化运作机制

1. 企业文化的心理运作机制

文化、价值观与行为之间的内在关系及其运作机制，很长一段时间以来，是人们认识中的“黑箱”。实际上这一领域已经延伸到心理学研究范畴，借助心理学对人的心理和行为关系的研究成果，可以梳理出相应的心理作用机制，以解读企业文化运作机制中的心理现象。

价值观和行为是依靠心理活动的过程来联结的。也就是说，价值观通过心理活动，转变成具体的行动指令，产生相应的行为。这一系列的过程和结果，是发生在大的文化背景之下的，因此必然受到文化环境的影响。这就是企业文化的心理作用机制所要探讨的内容。

心理是一个内涵宽泛的概念，是各种心理现象的总和。一般认为它由心理过程和个性心理特征两部分组成。心理过程包括认识过程、情感过程和意志过程等。个性心理特征则是动机、理想、信念、价值观、态度等个性倾向性，以及能力、气质、性格等表现出来的个性心理特征的集合（图 4-1）。这些心理现象会促发或影响相应的行为，表现为心理现象对行为的作用关系。

文化，通常是以一种或多种环境的形式存在的，或者说它是通过环境来影响心理。在心理学中，可以将环境分类理解为物理的环境、生物的环境、社会的环境、文化的环境和心理的环境等。这里所强调的环境，首先，直接表现为文化环境，它主要受到民族

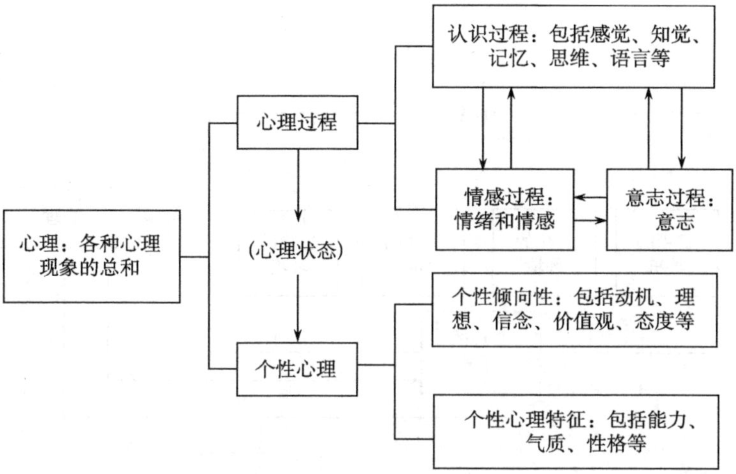

图 4-1　心理现象示意图

文化、地域文化等影响，跨文化管理学领域中的文化维度分析就属于对这种文化环境的解读；其次，它还反映在社会环境中，包括诸如企业、家庭、社团等因素；再次，文化也会渗透在物理环境和生物环境中，以一定的形式表现出来，作用于人的心理；最后，以环境形式存在的文化，会被人感觉、认知，形成特定的心理环境。相对于前几种环境所具有的客观性，心理环境是相对主观的，可以说它是客观环境在个体眼中形成的主观印象。心理环境对人行为的影响是最贴近和最直接的。

环境，对于人的生存、成长和发展来说，具有非常重要的意义。环境对于人的心理行为来说，更是具有决定性的意义。心理学研究一直非常重视环境对人心理的影响。心理学发展史上就有环境决定论的观点，认为有什么样的环境条件，就会有什么样的心理行为。在科学心理学诞生之后，古典行为主义成为一个重要的心理学派别，它一直是环境决定论的提倡者和主张者。另外，环境是外部的、客观存在的。同时，环境也是由人的心理所理解和把握的。不同的人对相同的环境可能会有完全不同的理解和把握，同一个环境对不同的人也可能存在截然相反的影响，这就是人的心理机制在起作用。也就是说，环境影响人的心理，而人的心理对环境产生不同的解读，最终形成不一样的行为。所以说，环境会直接影响心理，而最终影响和决定人行为的是心理对环境影响的解读。

企业文化的心理运作机制涉及文化、环境、心理和行为几个关键要素。其作用关系的主线是文化作用于环境，环境影响人的心理，环境中的文化要素通过心理对人的行为产生作用。企业文化心理作用机制如图 4-2 所示。

企业文化的心理运作机制能够较好地呈现心理视角下企业文化的运作路径和相关要素间的关系，有助于加深人们对企业文化现象的认知和理解，而且还提醒人们在企业文化管理中应该重视个体心理。对企业员工的心理有充分的认知，了解他们固有的价值观，就可以预判企业文化所倡导的哪些理念会与员工固有的价值观发生冲突，从而有针对性地开发具有引导和规范功能的理念体系。同时，掌握心理过程的相关规律，有助于选择更具有针对性的企业文化塑造方式，帮助成员更好地学习企业所倡导的企业文化。

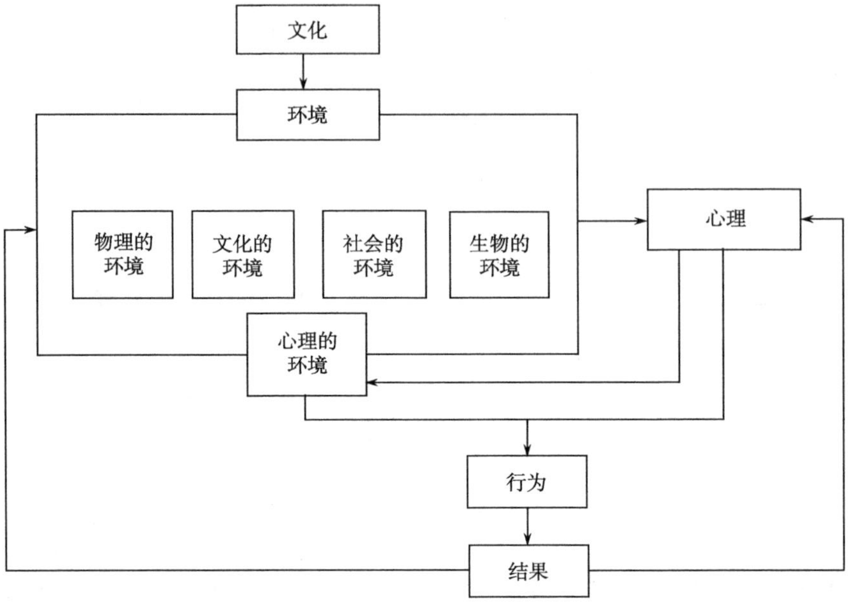

图 4-2 企业文化的心理运作机制

对于企业文化建设过程中出现的问题，也可以借助这一机制加以诊断。

2. 企业文化的心理动力机制

企业文化心理运作机制拓展了人们的认知视野，使人们在原有的文化、价值观和行为等变量基础上，引入心理视角来分析作用机制。上面的描述揭示出企业文化心理运作机制中的核心要素及其之间的相互关系。这对于把握企业文化作用机制的主线，具有基础性的意义。

下面将介绍企业文化的心理动力机制，以进一步揭示企业文化的心理运作机理。

弗洛伊德在《自我与本我》一书中阐释了人格的结构，即本我、自我和超我。后来的心理学家也有相关的论述，一般认为："本我"是人的本能能量，它的功能是制造与产生需要，满足快乐的原则，也就是说，一旦产生需要，它要求马上满足，这种满足只能通过想象来获得，因而也可以称为"愿望式"的满足，是无意识的。但是，当这种愿望强烈到一定程度后，"自我"就能意识到，并受现实原则支配，通过行动适当满足本我的需要。一旦个体采取行动，该行动必然对个体所在社会产生影响。当这种影响与社会利益和价值观一致时，代表社会利益与价值观的权威力量就会施以肯定或奖励；当这种影响与社会利益和价值观不一致或相反时，代表社会利益与价值观的权威力量就会施以惩罚，这种反复的奖励和惩罚的经验及内涵的价值观被个体内化下来，就形成个体的"超我"。

根据这种人格结构的划分，有研究者提出每个人的行为都是自我动力和超我动力共同影响的结果。其中，自我动力是指个体为获得一定的利益或机会满足纯"自我"需要而产生的动力；超我动力是指个体为满足社会（有时表现为组织、企业等）需要、社会利益而产生的动力。人的完整动力体系是自我动力与超我动力的有机结合：自我动力对应的运行机制主要是自我利益机制，通过工作行为得到某种利益从而满足自我需要；超我动力对应的运行机制主要是对“组织价值与目标”的认同机制，通过工作行为满足组织需要。

企业文化的心理动力机制是借助个体心理动力体系来实现的，其中企业文化作为一种社会需要主要激发的是超我动力。一般来说，个体心理的自我动力出于本能长期处于激发状态，而超我动力往往处于相对较弱的活动状态。如图 4-3 所示，当企业文化作用于个体心理时，就会激发超我动力，使个体心理趋向新的平衡态，从而指引行为发生相应的改变，表现为与企业设定的目标行为的契合或偏离。当企业文化强制个体服从企业设定的目标行为时，个体心理会进行解读，如果因为惧怕惩罚或想得到奖励，超我动力会暂时被强势激发，实现与自我动力的相对均衡，使个体行为符合企业预期。但这种均衡需要较高的维持成本，当惧怕或诱惑的强度降低，或企业要求的范围失效时，超我动力也会随之衰弱。只有当企业文化真正符合个体持续发展的根本利益，并帮助个体意识到这一点时，超我动力才会和自我动力建立起有机联系（图 4-3 中虚线），从而真正激活超我动力，支配行为使之符合企业设定的目标行为，即便当企业要求的范围失效时，个体心理仍然可以产生超我动力，寻求更高层次的价值观，表现为个体对企业文化的真心认同，做出相应的行为。

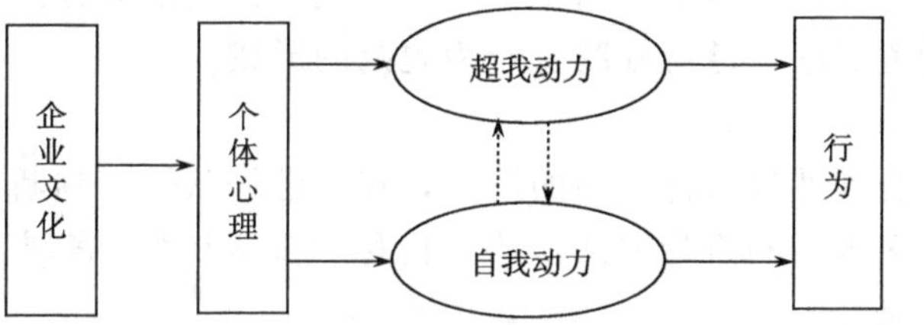

图 4-3　企业文化的心理动力机制

从上述对企业文化心理动力机制的分析来看，企业文化单方面的强势也许可以一时达到企业的预期效果，但持续性较差。只有建立起符合个体持续发展利益的企业文化，做到企业与成员的双赢，员工的个体行为才能真正持续地符合企业预期，这才是发展企业文化的根本之道。

3. 企业文化现象中的心理机制

企业文化有其抽象和复杂的一面，这与企业文化涉及心理现象有关系。心理运作机制表明了心理作为一个重要变量在企业文化现象中的基础性地位，心理动力机制进一步勾勒出心理作为一个变量是怎样参与企业文化运作机制的。这些机制属于核心作用机制，并不能用来说明企业文化中归属于不同层面的所有心理现象。

事实上，在企业文化现象中还存在着一些辅助的心理机制。它们对于从心理视角解读特定层面的企业文化现象，对于利用心理规律进行企业文化管理实践，都具有重要的意义。下面将简要地介绍企业文化现象中几种较为典型的心理机制。

1）心理定势

心理定势指的是人的认知和思维的惯性或倾向性，即按照一种固定的倾向去认识事物、判断事物、思考问题，表现出心理活动的趋向性和专注性。在这种心理机制中，接收到外部环境刺激的人，会寻找近似的刺激记忆，并采取相近的反应模式。也就是说，人常常会基于原有的认知模式和行为模式，做出判断和行动。在企业文化实践中，心理定势是把“双刃剑”。它既可以帮助人们通过建立与企业文化相匹配的心理定势，来培育企业需要的新成员；也可能由于成员固有的心理定势与企业文化相冲突，而导致企业文化很难被成员真心接受。

2）心理强化

心理强化既是使某种心理品质变得更加牢固的手段，又是通过对一种行为的肯定或否定（奖励或惩罚）而使该行为得到重复或制止的过程。它分为正强化和负强化：那些使人行为重复发生的称为正强化，而制止人的行为重复发生的则称为负强化。通俗地讲，强化过程还可以理解为一种奖罚过程，奖励企业倡导的或对企业有利的思想和行为，制止企业反对的或不利于企业的思想和行为。

这种心理机制运用到企业文化建设上，就是及时表扬或奖励与企业文化一致的思想和行为，及时批评或惩罚与企业文化相悖的思想和行为。前者具体包括以下方法：向有关人员或集体发放奖金、奖品，对他们成绩的认可和表扬，改善他们的工作条件，提高有关人员担任挑战性工作的积极性，给予他们学习和成长的机会等。后者的具体方法包括批评、处分、降级等，有时也采用不给予奖励或少给奖励的方法。强化的应用，有力地促进了共同的价值观念、道德标准、行为规范的形成。

3）从众心理

从众是指个人受到外界人群行为的影响，在自己的认知、判断、信念与行为上表现出符合公众舆论或多数人的行为方式。从众俗称“随大流”，表现为个体的意见与行为和群体中多数人相符合。

从众心理本身无所谓是积极还是消极。它对人的作用主要取决于行为本身的社会意义，在企业中则体现为公司利益。一个企业需要共同的语言、共同的价值观与行为方式。只有这样，企业员工的沟通、交往才有可能，企业员工的沟通与互动才会促进这种一致性和共同性的发展。因此，企业应该充分利用从众心理，建立符合企业发展的企业文化。不难看出，许多企业通过内部报刊、网络等宣传手段，宣传企业精神，讲解厂纪厂规，表扬先进个人等，形成有利于企业文化建设的积极舆论和群体压力，促成员工从众，达到良好的效果。

4）认同心理

认同是指个体将自己和另一个对象视为等同，引为同类，从而产生彼此密不可分的整体性的感觉。初步的认同处于认知层次上，较深入的认同处于情绪认同的层次，完全的认同则还含有行动的成分。个体对他人、群体、组织的认同，使个体与这些对象融为一体，休戚与共。

为了建设优良的企业文化，企业主要负责人应该把取得全体职员的认同作为一项首要的任务。这就要求企业主要负责人办事公正、作风正派、以身作则、真诚坦率、待人热情、关心职工、善于沟通、具有民主精神等。只有这样，员工才会产生认同感，也更容易接受和实践企业所倡导的价值观念、行为规范。

企业要着重培养员工的认同感。为此，企业领导人应充分尊重员工的主人翁地位，真诚地倾听群众的呼声，鼓励员工参与企业决策和其他管理活动；同时，应尽量使企业目标与个人目标协调一致，使企业利益与员工的个人利益密切挂钩，并使员工正确地、深刻地认识到企业利益与个人利益的一致性。久而久之，就能建立良好的企业文化基础。另外，企业领导人可以通过在企业内部宣扬“企业在社会上的良好形象”，以及向员工及时反馈“社会各界对企业产品和服务的良好评价”等信息，以激发全体员工的集体荣誉感和自豪感。这种光荣感和自豪感会使员工对企业充满热爱之情，使员工更愿意站在企业发展的角度思考和行事，自觉地维护企业的好传统、好作风，使优秀的企业文化不断发展和完善。

5）模仿心理

模仿是指个体受到社会刺激后形成的一种按照别人行为的相似方式行动的倾向，是社会生活中一种常见的人际互动现象。显然，模仿是形成良好企业文化的一个重要的心理机制，当然榜样是模仿的前提和根据。企业中的模范人物、英雄人物，是企业文化的人格化代表。员工对他们由钦佩、爱戴到模仿的过程，也就是对企业文化的认同和实践的过程。

企业的主要负责人，首先应该成为企业的模范人物、英雄人物。身传胜于言教，作为企业文化的倡导者，他们的一言一行都起着示范和榜样的作用。“耳听为虚，眼见为实”，实际事件的意义对于个体观点的改变是极其重要的。

企业领导者通过大力表彰劳动模范、先进工作者、技术革新能手、精神文明标兵、优秀党员、模范干部，使他们的先进事迹及其体现的企业精神深入人心，就可以在企业中激发起模范心理，掀起学先进、赶先进的热潮，这也是企业文化建设的有效途径。当然，树标兵应实事求是，力戒拔高做假，否则将适得其反。

6）挫折心理

在企业的生产经营活动中，上级与下级之间、同事之间总会发生一些矛盾和冲突，个人在工作和生活中也会遇到各种困难，这时就容易产生挫折心理。这种消极的心理状态，不利于个人积极性的提高，不利于职工的团结，不利于工作中的协调努力，不利于优良企业的形成。如何化解职工出现的挫折心理，也是企业文化建设中应该予以注意的问题。尤其在当今社会，竞争日益激励，个人所感受到的压力比以往更大，也更容易产生挫折心理，如果不能进行及时处理和疏导，对个人和企业来说都将是潜在危害。

4.2.2　系统视角下的企业文化运作机制

企业文化的运作机制也可以看做反映企业文化如何运转、运行的企业文化子系统。

企业倡导共同理念，并围绕共同理念来塑造和完善行为规范和相应结果。企业文化的理念和规范逐渐得到广大成员的真心认可，并内化于心、外化于行，进而发展为企业的共识，最后企业文化作为全体成员价值观的一部分，影响着企业的经营管理过程。从这个对企业文化生成及作用的粗略描述过程来看，企业文化运作过程的本质可以抽象为价值观对行为的作用。这一过程可以类比人类的思维行为模式（图 4-4）。图 4-4 中所示的作用机制就是建立在这种人类基本的思维行为模式基础之上的，它将人类的思维以行为运动过程显现出来。对比这一过程，可以描绘出企业文化实践的基本运作机制。

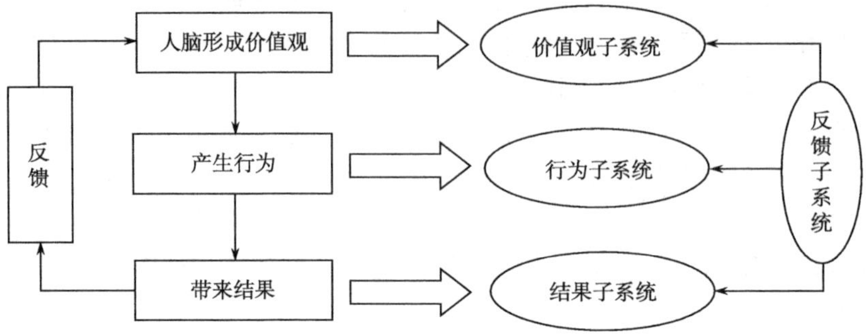

图 4-4　人类思维行为模式与企业文化运行机制对照

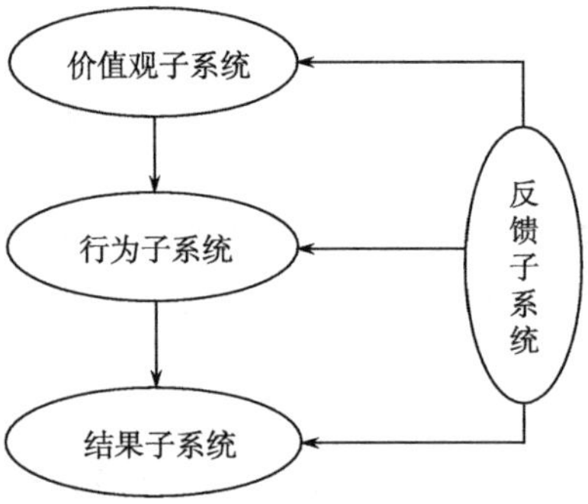

图 4-5　企业文化的核心运作机制

从以上分析中，可以进一步描述出企业文化的核心运作机制（图 4-5）。如果将其看做一个系统，那么它主要是由以下四个子系统组成。

1. 价值观子系统

企业文化价值观子系统，对应于企业文化要素系统中的价值观子系统，是企业文化动态视角的运动基点，它影响并决定着过程中其他要素的运行状态。企业文化价值观是企业为追求愿景、实现使命而提炼出来并予以践行的，是指导企业上下形成共同行为模式的精神元素。它可以用来指导处理企业与社会及个人价值准则之间的一系列重要关系，并由此来约束、激励全体成员的行为。特别是核心价值观，它更是企业运行中价值判断的根本原则，是企业在发展中如何处理内外矛盾的核心准则。

2. 行为子系统

价值观对行为有决定作用。价值观的变化常常能直接反映在行为上。价值观念得到成员认可后，会逐渐被强化形成牢固的认识。这些认识最终会渐渐演变成理所当然的行为，从而表现为成员自然地会在认同企业价值观念的支配下，开展相应的生产经营活动或管理活动。

在明确价值观对行为起决定作用的前提下，还应该同时看到行为的改变不仅需要价值观的指引，还要有一个环境影响和逐渐固化的过程。从这个角度来看，也许可以更好地理解“知易行难”。这就需要人们对于企业文化建设不能抱着一蹴而就的心态，而是要密切监控价值观影响行为的进程。事实上，价值观对于行为的影响，也是一个持续且有反馈活动的过程。在反馈中，不断修正价值观对行为影响的方向和强度。

3. 结果子系统

结果子系统是在价值观子系统统一认识和行为子系统规范行动的基础上，得以有效开展而取得的。从一些企业文化的成功个案中不难发现，这些成功的企业大都会发展出一套行之有效的工作结构方式、生产管理流程、信息系统等。这些都属于企业文化结果子系统中的内容，是企业文化管理获得的成效。那些对企业和成员都显著有效的结果，常常会加强企业和成员对企业文化价值观的信赖，有利于企业开展更深层次的企业文化管理工作，从而形成良性互动。如果按照结果的行为主体分类，可以将结果分为员工行为结果、企业行为结果和外界反响三类。

4. 反馈子系统

企业文化反馈子系统是人的意识与观念借助于物的形式作用于企业管理的过程。企业文化反馈子系统以企业文化结果为基本依据，对前面各环节（子系统）发生的行动进行评估总结，针对各环节的问题提出优化方案，从而为企业文化下一阶段的价值提升、行动改进做好必要的准备。

反馈子系统是把价值观子系统、行为子系统、结果子系统有机结合为一体的关键系统。它关注的是如何评价各子系统，并从中找到偏差加以修正。它是企业文化动态循环的一个阶段性结点，同时也是下一循环的起点，起着承上启下的特殊作用。

因此企业文化系统的生成、发展和作用发挥有赖于企业文化运作机制。企业文化也因此可以看做一系列子系统的运动过程。它是在企业内外环境的共同作用下逐步形成的。只有在动态中不断地维持和改善企业文化系统中的各要素及其机制，才能使发展中的企业与变化的环境相适应。

除了心理视角下的运作机制、系统视角下的运作机制外，企业文化系统中还存在一些机制，如企业文化的生成机制、变革机制、创新机制等。

案例分析：安然公司的倒闭与企业文化功能

美国安然公司成立于 1930 年，最初是以得克萨斯州为基地的天然气管道运输商，于 1986 年以 24 亿美元收购了另外一家公司，并改名为安然公司。在更名后的短短十几年中，安然公司迅速成长为世界上最大的能源供应商和交易商，其业务范围还涉及商品运输、化工、宽带、水务、纸业、塑料，以及金融管理服务等多个领域，雇佣两万多名员工，其业务遍布欧洲、亚洲和世界其他地区。1996 年安然公司的收入是 133 亿美元，到 2000 年时总收入则达到 1 008 亿美元。它的收入增长速度在美国几乎是最快的。在 2001 年《财富》杂志全球最大的 500 家公司排行榜中名列 16 位，在全球能源行业中排名第 1 位，公司价值和规模一直排在美国的第 7 位。在 2001 年美国 50 家增长最快的企业中，安然公司排在第 30 位。安然公司曾连续 6 年被《财富》杂志评为“最具创新精神”的公司，连微软公司也赶不上。在评选的美国最适宜工作的公司中，安然公司经常名列其中。例如，2000 年美国最适宜工作的 100 家公司中，安然排名 22 位。由于安然公司向人们呈现了高速增长的业绩，备受业界关注，一度成为各类财经报纸杂志中出现频率最高的公司之一。借着新经济科技的光环，安然作为科技股新星受到众多投资者的追捧，安然股票是所有的证券评级机构都强力推荐的绩优股，寄托了无数人发财的希望，安然股价的历史最高水平为每股 90.56 美元。安然的成功一直作为 MBA（master of business administration，即工商管理硕士）教学或咨询公司的经典案例来学习研究，安然公司在战略和管理方面的创新，如业绩分级考核评分方式、独特的企业文化等，也深受业界推崇。

在内部管理上，安然公司认识到脱胎于旧经济环境的企业大多等级森严、层层把关，官僚繁复的管理体制严重阻碍了企业的创新。为了改变这种情况，安然公司进行了压缩精减，实现组织结构扁平化，将公司13级管理层压缩到5级，加快了信息流动的速度，提高了信息的质量，从而在很大程度上提高了管理效率。同时，安然公司还从根本上改革了公司的绩效考评机制，加大了人员升降级力度，把属于相同管理层面的员工强行归入5个考评类别。这样业务部门专业分工更加清晰，保障和赔偿责任更加明确，员工对企业的发展目标都能做到心中有数。1990年，安然公司还发起了一项大力推动后备分析和助理人才的锻炼和培养的计划。每年吸纳一些人才，然后再花两年时间让他们在公司内部3个业务领域轮岗实习。两年后，将他们定岗在某项具体工作上，并按他们各自的业绩表现逐步向上提升。

在经营模式上，安然公司前瞻性地认识到了互联网时代经营模式的转变问题。它认为传统企业在发展过程中往往通过纵向整合形成庞大的价值链体系。在互联网时代，得益于互联网、计算机技术和通信技术的强大优势，价值链各环节的互动协作变得越来越简单，也越来越经济。因此，企业再也不需要完整地拥有整个价值链，企业经营模式应进行相应的转变，对传统的价值链体系予以“纵向解体”。安然将自己的经营战略模式定位为产品、服务一揽子供应商，即公司不必介入生产过程，不必拥有输送管道，甚至不必有自己的分销渠道等。公司要做的就是想办法确定客户的需求，然后把他们需要的东西整合起来。

内部管理和经营模式的创新使安然公司发展迅速，同时也使公司的控制力严重缺失。具体表现在忽视主业核心竞争力的稳健提升。20世纪80年代末之前，安然公司的主业还是维护和操作横跨北美的石油天然气输送管网络，从事能源及其相关产品的买卖交易。但安然公司的首席执行官（chief executive officer，CEO）肯尼思雷不愿意承认自己是能源贸易公司，不顾自身资源和实力，力图迅速做大，主要采取以下做法：迅速扩张业务领域，不仅从原来的天然气、石油的开发与运输扩展到包括发电和供电的各项能源产品与服务业务，而且还经营纸浆、煤炭、化工、风力、水力、投资、木材、广告等；不仅从提供贸易服务扩展到提供有关能源输送的咨询、建筑工程等服务，而且还向客户提供金融、风险管理及在线交易服务，涉足金融证券和高科技领域；为实现从“全美最大能源公司”变成“全球最大能源公司”目标，大举进行国际化扩张，在英国、印度、菲律宾和其他国家纷纷投资设厂，包括建设玻利维亚到巴西的天然气输送管网络。

此外，由于在财务管理方面出现问题，安然公司不得不运用大量的造假手段来掩盖其业绩，具体表现在以下方面：①通过关联交易，掩藏债务。从20世纪90年代中期以后，安然公司不断地使用和完善金融重组技巧，建立复杂的公司体系，其各类子公司和合伙公司数量超过3 000个。利用“金字塔”式多层控股后，安然母公司可以用最少的资金控制最多的子公司，而且控股链层数越多，实现控股需要的资金就越少。安然依靠众多关联企业与集团子母公司之间隐藏着的多种复杂的合同关系，在与关联企业的交易中，不断隐藏债务与损失，达到隐蔽债务、避税，以及人为操纵利润的目的，管理层则从中非法盈利。②虚报销售收入。③信息失真。就这样，安然公司一步步偏离正常的经营模式，直至轰然倒下。

（资料来源：福克斯 L. 安然沉浮[M]. 何玉杰，隋宇童，华宇虹译. 北京：机械工业出版社，2004.）

讨论题：

（1）公司的倒闭因素有很多种，企业文化在其中扮演什么样的角色？

（2）在肯定企业文化的积极功能的同时，我们是否应该要关注企业文化的消极功能？

（3）从安然公司的倒闭，分析企业文化的消极功能是如何显现出来的。

第五章　企业文化与企业竞争力

引例　新奥集团的企业文化激励

1989～2015 年，总部位于河北廊坊经济技术开发区的新奥集团股份有限公司（简称新奥），从 100 万元起步，发展到如今拥有 3.5 万多名员工和 945 亿元资产的以清洁能源开发利用为主要事业领域的大型民营企业集团。新奥何以如此超常发展，为什么会打破民营企业“长不大”的铁律？可以说，这是因为新奥人巧妙地运用企业文化的激励功能来激发员工积极性和创造性的结果。

1. 新奥的“企业基本法”

有学者说，中国的制度成本是全世界最高的，其原因就在于缺少心理契约。企业文化激励就是通过价值观认同来建立员工之间的心理契约，依靠内心的自省、自觉来实现。新奥的企业纲领就是新奥与员工之间建立起来的心理契约。有了这个心理契约，不管制度是否存在，领导在不在，员工都会自觉工作，这样制度成本就降下来了，工作效率也提高了。

《新奥企业纲领》的编制，实际上是新奥人共同参与，总结其创业经验教训，从企业文化的高度，将创业者的闪光价值观和思想理念提炼、升华为成文的“企业基本法”，从而形成新奥员工共识的过程，也是新奥与企业员工共同建立心理契约的过程。在这个过程中，新奥强调员工的共同参与，强调企业纲领必须由新奥人自己来谱写，达成共识、达成默契，最后作为新奥人共同奋斗的方向和准则。从这个意义上说，《新奥企业纲领》也是新奥的文化纲领，《新奥企业纲领》的编制过程同时也是新奥企业文化的传播过程。只有让员工人人参与《新奥企业纲领》的编写，才能使新奥的文化实现从形式到思想的转化，然后再从思想转化为符合企业发展利益的行动，成为员工的凝聚力，成为共同创造新奥奇迹的不懈动力。

2. “明、快、严、实”的企业作风

“明、快、严、实”是新奥人在长期实践中形成的企业作风，也是新奥特有的工作态度和行为方式，对新奥的发展起着很重要的作用。这里，“明”就是要目标明确，责任清晰，信息共享，管理透明，凡事都要做到心中有数，胸有成竹；“快”就是要加强协同，优化流程，快速响应，雷厉风行；“严”就是严格标准，自觉自律，恪尽职守，超越自我；“实”就是实事求是，少说空话，多干实事，讲求实效，无论是做事还是做人，都要实实在在。

新奥董事局主席王玉锁说：“很多人羞于说发展中的失误、挫折，而我把这些当做好事，甚至把别人的失败教训也引入新奥集团来。这样，企业就能及时修正自己、调整自己，不至于走向岔道，或者说进入岔道也不会走太远。”新奥一方面传承革命法宝，以批评与自我批评方式，上至总裁、总经理，下到一般员工，对工作中的失误都进行检讨、剖析，从失败中吸取教训，形成和谐、宽松、自由、民主的文化氛围。从新奥的内刊《新奥人》报和《新奥》杂志中经常可见新奥人批评与自我批评的案例。另一方面，及时发现工作中的不良现象，并以领导干部作风和民主作风整治为突破口，通过各种渠道和形式，使企业作风的强化由高层领导进入基层领导，再渗透到每一位员工，从而树立起良好的企业风尚。

3. 特色的价值观和企业精神

新奥梦想做一家“百年老字号”，其根基就是优秀的企业文化。企业文化是企业发展的灵魂。而文化的核心是基本理念，它是企业发展的引擎，新奥积累和总结了许多优秀的经营理念和管理模式，同时把企业家自身的许多思想和观念逐渐内化为无形的企业文化基因，潜移默化地指导和影响着所有新奥人的思想和行为。

1）核心价值观

新奥坚持以人为本的核心价值观，承认员工是企业之本，并把认同新奥企业文化、富有责任感、具有合作精神、善于学习和敢于创新的员工视为新奥的最大财富。新奥视人才为企业竞争力的源泉，并根据发展战略与竞争的要求不断开发员工的核心技能与专长，努力实现员工与企业共同成长。

在实践中，新奥坚持以人为本的价值观，并从以下两个层面做起：一是理念层。树立员工是社会人的理念，把员工作为新奥最重要的、最有增值潜力的资本，尊重员工、重视员工，理解并认同员工作为社会人的多方面需求。二是行为层。行为层包括以下两个因素：首先是保障因素，即根据企业目标实现情况，建立公平、公正的薪酬制度，满足员工的物质需求，同时改善工作条件，营造良好的工作气氛，使工作成为一种愉悦性的活动；其次是激励因素，包括敢于对员工委以重任，提供资源支持、设计员工职业发展规划，使员工获得自我成长和自我实现的机会，通过公正的业绩评价使员工拥有成就感。

2）企业精神

“负责、协作、学习、创新”的企业精神是新奥在长期的创业实践中形成的理想信念、道德风尚和行为规范的凝结，是新奥事业成长的结晶和发展的动力，是鼓励员工勇于负责、加强协作、努力进取、不断创新的不懈动力。新奥要求员工具有高度负责的精神，认为对工作负责就是敬业，对企业负责就是忠诚，对客户和合作者负责就是守信。新奥强调在充分发挥员工个人才能的基础上沟通与协作，提倡个人智慧服从集体目标、局部发展服从整体规划。新奥积极创建学习型组织，倡导比竞争对手学得更快、更好，比拼知识管理能力，提高员工终身就业能力。同时，鼓励员工的创新行为，努力营造民主、宽松、和谐等有利于创新的组织氛围与机制。新奥从家族式管理到股份制改造，从多业并举到现有以城市燃气、能源化工、能源装备和房地产开发为主的产业结构的确立，从建好廊坊根据地到外部拓展战略的制定与实施，从建立法人治理结构到运筹上市、收购威远生化，直至形成如今规模化发展的格局，可以说每一个步骤、每一个过程都离不开创新。创新是新奥事业发展的根本动力，是新奥企业文化的主流。

3）灯丝管理理念与电光经营理念

王玉锁结合自己多年的管理实践，总结出独特的灯丝管理理念和电光经营模式，这一理念和模式已成为指导新奥实践的重要思想武器。在灯丝管理理念中，新奥将员工视为灯丝，灯丝虽细，却能在不同的介质中发出不同的光彩，奉献自己的光和热。新奥要求员工具有灯丝意识，适应各种工作环境的要求，在任何岗位、任何行业都应该尽心尽职、优质高效地完成各项任务，以个体的优秀表现保证团队的高绩效。在电光经营模式中，新奥将企业自身视为给员工提供电流的电源，认为企业经营的关键就是要不断增强企业的“供电”能力，创造发光条件，激活员工潜能，获取最大的经营效益。通过组织结构优化和人员合理配置，构建企业的动力和压力传导机制，将目标“电流”层层传递到每位员工身上，最大限度地激活个体潜能；通过资源优势的综合运用，以有限的投入获取最大产出，实现永续经营。

在新奥的企业文化中，无论是把员工比作“灯丝”的灯丝管理理念，还是把企业喻为“电源”的电光经营模式，最终目标都是最大限度地发挥每一个人的能量，激活企业的每一个细胞，使企业得以高效运营。

（资料来源：包晓闻，宋联可. 中国企业核心竞争力经典——企业文化[M]. 北京：经济科学出版社，2003.）

5.1　企业文化与竞争优势

自从20世纪70年代以来，竞争优势就成为战略管理的一个重要研究领域。因此，“竞争优势的源泉是什么”成为30余年来战略管理领域的基本问题。不同的学者从他们各自擅长的领域对其进行了不同的研究分析。美国哈佛商学院教授波特（1988）认为，行业结构将极大地影响企业战略，并通过战略影响企业绩效，行业结构要素是竞争优势的决定性因素。资源基础理论认为，如果企业拥有的资源很难被模仿或在短期内不会被模仿，那么这个企业在这段时间里就有竞争优势。能力理论则认为，企业所具有的这种整合资源的能力构成了企业的独特竞争力。诚然，资源和企业能力都是企业竞争优势的来源，但是企业的竞争优势在很大程度上取决于企业文化。一方面，企业文化本身所具有的难以模仿性、不可替代性等构成了企业宝贵的无形资源；另一方面，企业文化通过对各种有形资源和无形资源进行有效整合，形成了开发独特技术、独特产品、独特营销和独特管理等的能力。所以，企业文化是当今企业在市场竞争中获取竞争优势的重要来源。

5.1.1　竞争优势的内涵

企业竞争优势是指企业在特定的市场、特定的阶段、特定的地域，在为消费者提供有价值的产品或服务的过程中所具有的超越主要竞争对手、获得超过行业平均利润的能力或潜能。

竞争优势是一种特质。竞争力大或强的企业才有优势，那么这种优势就是独特的，否则它就不可能有更大或更强的竞争力。一般来说，只要竞争者在某些方面具有某种特质，它就具有某种竞争优势。因此，也可以说，竞争力是一种综合能力，而竞争优势只是某些方面的独特表现。之所以称之为独特表现或特质，就是因为它是不同于别的竞争者的东西。例如，企业的创新能力比别的强，那么它的新产品开发就快而准；又如，某企业的品牌有独特的魅力，能更多地吸引顾客，那么它就更容易开拓市场或扩大销售等。所以，竞争优势是某种不同于别的竞争对手的独特能力或潜能，这种能力或潜能难以观察和测量，但在竞争中能够比较明显地表现出来，也可以说能脱颖而出。竞争优势是在竞争中培育出来的，也是在日常工作中积累起来的，不过需要用心和智慧，而不是随意或自然就可拥有的，简单地说就是修炼的结果。

20 世纪 80 年代以来，竞争优势成为管理学领域研究的热点之一，形成了企业竞争优势外生论、竞争优势内生论等不同的观点和流派。

1. 竞争优势外生论

竞争优势外生论以产业结构理论和迈克尔·波特的“市场定位”理论为代表。产业结构理论侧重于从企业外部市场环境视角进行分析，把企业竞争优势界定为企业的一种比较优势或企业在市场中所处的地位，强调在比较优势的基础上企业对产业竞争结构的适应。迈克尔·波特的“市场定位”理论使竞争优势外生论得到进一步发展。他认为企业的竞争优势源于企业外部——产业结构。该理论将产业作为研究对象，认为公司的竞争优势是产业环境和公司市场定位共同作用的结果，通过更好地把握环境机会和回避外部威胁来取得竞争优势，市场地位可以通过一定的策略手段，如一体化、合谋和市场定位等得以实现，并受到各种形式的进入壁垒的保护，通过设置进入壁垒来实现持续竞争优势。

2. 竞争优势内生论

虽然产业结构理论和定位理论很好地解释了外部行业因素在构成竞争优势时的地位，但是处在同一行业、面临同样环境的企业，其盈利能力相差很大，用迈克尔·波特的“市场定位”理论很难做出科学合理的解释。因此，研究者将探索企业竞争优势的着眼点转移到了企业的层面上，深入企业内部寻找竞争优势特殊源泉的思想已渐渐明朗，产生了众多的理论，其中包括以资源为基础的企业观点和以能力为基础的企业观点。

以资源为基础的企业观点可称为“资源基础论”，其核心观点是，企业是由一系列资源束所组成的集合，企业的竞争优势源于企业所拥有的资源，尤其是一些异质性资源。外部的市场结构与市场机会会对企业的竞争优势产生一定影响，但并不是决定性的因素。以能力为基础的企业观点可称为“企业能力理论”，该理论认为，以资源为基础的企业观点把竞争优势的源泉定义在具体的作为物的资源上，完全脱离了企业中人的因素，造成了资源与资源配置者之间的分离。正如“核心竞争力”概念的提出者哈默尔和普哈拉所指出的，决定企业竞争优势的能力是企业多方面的资源、技术和不同技能的有机组合，而不是单纯的企业资源。企业中的能力要想成为企业竞争优势的来源，必须符合以下三个条件：一是必须异质性地分布于产业内部；二是不可能在要素市场以低于其实际边际价值的价格进行方便的买卖；三是难以被复制或复制成本很高。此外，随着市场环境的快速发展变化和理论研究的深入，也有学者提出企业知识观基础论和动态能力理论，分别从企业内知识的储备和适应环境的能力方面来解释竞争优势的来源，使竞争优势理论得以不断发展和完善。

5.1.2 企业文化对经营绩效的影响

企业的长期经营业绩是企业在市场竞争中是否占有优势的一个量化指标，也是企业是否具有竞争力的一个外在表现。人们虽然并不否认企业文化对企业绩效的作用，但许多人又认为企业文化对企业绩效的影响是间接的或不可度量的，从而更重视那些表面上直接对企业的绩效起作用的因素。但实际上，企业文化对企业绩效的影响甚至大于企业管理研究和经营策略研究的文献资料中经常涉及的那些因素，如组织经营战略、企业组织结构、企业管理体制、企业财务分析手段等。美国哈佛大学的科特和赫斯科特深入研究了企业文化与企业长期经营业绩之间的相关性。他们在《企业文化与经营业绩》一书中指出：企业文化对企业长期经营业绩有着重大作用。我们发现那些重视所有关键管理要素，重视各级管理人员领导素质的公司，其经营业绩远远胜于那些没有这些文化特征的公司。1992～2003 年，前者总收入平均增长 68.2%，后者则仅达 16.6%；前者公司股票价格增长为 90%，而后者为 74%；前者公司净收入增长为 75.6%，而后者仅为 1%（蔡昆，2007）。可见，对于一个企业的成长来说，企业文化虽然看起来不是最直接的因素，但却是最持久的决定因素。那么究竟是哪些企业文化因素或哪些类型的文化对企业经营绩效的提高有促进作用呢？

1. 有利于提升绩效的企业文化类型

企业文化分为不同的类型，不同类型的企业文化对企业绩效具有不同的作用。有利于提升企业绩效的企业文化大体有以下三种类型：①强力型企业文化，即企业中几乎所有的经营管理层的人员有基本一致的价值观念和经营方法，他们习惯于协调一致，通力合作向某一经营方向努力；②策略合理型企业文化，即与企业环境、企业经营策略相适应的文化；③灵活适应型企业文化，即能够使企业适应市场环境变化并在这一适应过程中领先于其他企业的企业文化。

2. 有利于提升绩效的企业文化构成

强力型理论、策略合理型理论和灵活适应型理论存在着一定的局限性，不能使人十分满意，这两种企业文化中的任一种都可能导致企业绩效的增长，也都可能导致企业绩效的下降。但是从中我们可以看出能够提升企业绩效的企业文化具有以下两个共同点：一是企业家的经营指导思想必须同适应于市场经济环境的价值观念相一致；二是要有一个能够适应企业所处市场经营环境，并能够带来经营成功的企业经营策略，从而使这位企业家（他或她的经验思想）在特定的消费者群体中具有极高的信誉程度。综合上述三种观点，我们生成了有利于提升绩效的企业文化的构成模式，如图 5-1 所示。

5.1.3 企业文化对竞争优势的影响

我们已经知道，好的企业文化确实能够提升企业的经营绩效，那么是不是经营绩效的提升就代表具备竞争优势了呢？答案是否定的。经营绩效不能等同于竞争优势。竞争优势是一个整体概念。在激烈的市场竞争当中，所有市场参与者都会在无数次的竞争较量中，一次或数次地在创新、成本、营销或人力资源等某一个或几个方面有过超常的优越表现，但这并不能确保企业整体上的竞争优势。市场竞争中获得的某一方面的优势可

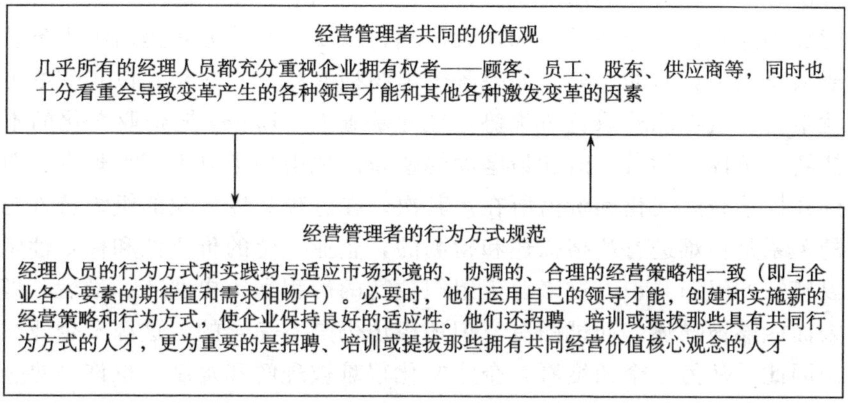

图 5-1　有利于提升绩效的企业文化的构成模式

能被另外的劣势所抵消，今天获取的某种优势也可能明天就不复存在。因此，真正的竞争优势存在于企业整体的范围与长时期的时间跨度。企业竞争优势的表现在于持续获得高于行业平均水平的超额利润。既然是这样，那么企业文化是否对竞争优势有显著影响呢？这种影响又是怎样产生的呢？

1. 企业文化是竞争优势的源泉

在 20 世纪 70 年代，询问任何一位美国公司的总裁“公司内扮演最重要角色的是什么”这个问题时，大多数的回答都会是指挥者、决策者和战略家。20 世纪 90 年代，哈佛商学院进行的一项调查结果却表明，那些业绩最好的领导者，把自己首先看做某种特定文化的塑造者和支持者。他们认为，优秀的企业文化是公司领先于竞争对手的一种独一无二的关键性力量。正如《美国企业精神》的作者劳伦斯 · 米勒所说的，“公司唯有发展出一种文化，这种文化能激励在竞争中获得成功的一切行为，这样的公司才能在竞争中成功”。可见，企业文化与企业在竞争中能够获得成功的能力，即竞争优势密切相关。

企业文化的这种作用，受到企业界的高度重视。美国西北航空公司以强烈的幽默和个人责任的文化著称，没有人比美国西北航空公司的创造者和前任 CEO 哈伯更强调企业文化的优势和独特功效了。有人认为企业文化并非那么重要，只要在航线上提供良好的服务，使成本最低就可以获得成功。哈伯非常生气，他说：“文化无处不在。你的一切，竞争对手明天就可以模仿，但他们不能模仿你的文化。”美国通用电气公司的 CEO 杰克 · 韦尔奇提出要用快捷、简易和自信引导企业文化，通过人的力量来实现主产率增长与竞争优势，从而使美国通用电气公司在这种文化的指引下通过 18 年的努力成为拥有 1 000 亿美元的巨人公司。

此外，理论界也对企业文化的这种作用进行了深入研究。彼得斯和沃特曼在他们所著的《追求卓越》中就论证了优秀企业的组织文化特征，并建立了一个备受争议的“卓越理论”；Denison(1984) 对企业文化进行了基于调查方式的测度，证明可感知的组织或人员的参与和投入有利于组织当期和未来的财务表现。然而，最富有成就的研究还属 Baney(1986)，他在《组织文化：能否成为持续竞争优势的资源》一文中，提出文化成为持续竞争优势的来源必须满足三个条件，即具有价值性、稀缺性和不可完全模仿性。组织必须能够提高销售、降低成本或扩大盈利，以及用其他方式提高组织价值。对文化稀缺性的要求反映了竞争的需要，如果各个组织拥有相似的文化，以相似的方式参与竞争，那么就不会有组织能获取竞争优势。在此基础上，Baney 把企业文化的不可完全模仿性作为持续竞争优势的最有效和最坚固的壁垒。他引用了以下三点理由：首先，个人很难观察到并描述企业文化的价值所在。其次，在这种高度主观的组织特性与组织竞争优势之间的关系是很难进行严格描述和检测的，企业文化的价值性和稀缺性常常是难以言说、难以感知的组织共识，这来源于组织独特的历程和历史遗产。最后，即使企业文化的有关方面能够被描述，而试图有意识地模仿仍是不完全的，这源于企业文化拒绝变革的惰性。因此，从另一个角度看，企业文化很难被理解和复制，也许是对企业竞争优势的最佳保护，远比任何制度保障更优越。

因此，企业文化作为组织的一种非常重要的无形资源，确实能够给组织带来竞争优势。但是竞争优势的诞生却不是企业文化这种无形资源所直接带来的，而是通过某些过程提升组织的绩效，进而带来竞争优势。那么企业文化如何影响竞争优势？这些企业文化又有些什么共性呢？我们将在下面的内容中予以回答。

2. 企业文化如何影响竞争优势

优秀的企业文化，能够创造一个良好的企业环境，提高员工的道德和科学文化素质，对内形成企业的凝聚力，对外提高企业的竞争力，成为企业发展不可缺少的精神纽带和道德纽带，并从各个环节调动并合理配置有助于企业发展的积极因素。其整体性与不易模仿性，更使企业文化成为孕育企业核心竞争力的土壤，支撑企业现在与未来的竞争优势。

1）共享价值观有助于增强企业员工的凝聚力

价值是任何企业文化的基石。作为赢得成功的企业哲学，价值为所有职工提供了共同的方向，并指导他们的日常工作。每个成功的企业都有其独特的“核心价值”，用简洁的、甚至平凡的语句抓住组织中人们深信不疑的精髓。其含义可以是广泛的，如“进步是我们最重要的产品”；也可集中于一点，如“杰出的保险事业”；可迎合人们的想象，如“第一个爱尔兰跨国公司”。若这些信念是强烈的，那么它们能吸引每个人的注意力，组织也能从共享价值中获得强大的力量。因为，如果企业员工了解企业的观点，明了自己应该坚持什么样的标准，他们很可能做出决定来支持这些标准，他们更有可能感到自己是组织的一个重要的组成部分。企业的生活对他们来说是富有意义的，因而他们深受激励。《追求卓越》一书也提道：“一个伟大的组织能够长久生存下来，最主要的条件并非结构形式或管理技能，而是我们称之为信念的那种精神力量，以及这种信念对于组织的全体成员所具有的感召力。”

共享的价值观决定公司的基本特征，以及区别它与其他公司对内、对外的态度。对组织中的人来说，会有一种个性感，会感到与众不同。尤其重要的是，价值不仅要存在于高级管理人员的脑子里，而且要深深“内化”于企业员工心中。曾任联合航空和控股公司（简称联合航空）的董事长和最高主管的卡尔森，就非常重视员工的认同。他认为：“一个公司的总裁就像政治家一样有他的选民。一个公司的选民就是员工，他们不一定真的会去投票，但是每一位员工可以‘选择’把自己的工作做得更好或是更坏。组织中每一阶层的人一定要了解你的‘政见’。否则你就得不到他们的支持，那么不论你控制得多么紧，都无法把工作做好。”正是在这种观念的指引下，联合航空高层主管的流动率很低，十分稳定，如许多主管都在联合航空服务 20 年以上，这充分显示了文化的感召力有利于保持文化的延续性，从而形成良性循环。众多大公司都十分重视精神的力量、价值的认同感。松下公司在对新员工的培训中，不但进行基本技能的培训，还包括对松下精神的培训，使新员工能够很快融入松下的大家庭中。甚至在众多大公司的人才招聘中，即使个人能力十分出众，也仍要考察其与公司是否“适合”，看其对公司的价值观等是否认同。这使众多大企业十分偏爱初出茅庐的学生，他们虽没有工作经验，但较易接受公司的观念，刻上公司的“烙印”。人们选择了某一企业，实际上就等于选择了一种生活方式，文化以强有力但又微妙的方式形成他们的反应，他们的言行举止都会为文化所制约。

2）企业文化的制度层有助于激励和约束员工的行为

企业文化不但在精神层面作用于全体人员，把人们凝聚在一起向共同的方向努力，而且决定着组织的结构、管理制度及生产方式等一系列行为层面的建立与改造，形成为企业文化生存、发展发挥最大效用的企业环境。ITT（International Telephone and Telegraph Corporation，即国际电话电报公司）的季宁、松下电器的松下幸之助和联合航空的卡尔森，他们的管理方式的一个共同之处就是都利用正式的组织结构来达成目标，都利用制度——尤其是计划、控制和金钱奖励制度，在既定的结构内指导员工的行为。组织的结构及制度等会随着外界环境的变化而发生相应的变化，变化的方向也要与企业的精神相一致，且成为精神、价值观念不断发扬的支撑力。IBM 的信念之一是“为客户提供世界上最佳的服务”，同时秉持着“任何事都要尽力做到尽善尽美”的理念。当 IBM 实行按照人数规模划分客户类型，由不同负责部门提供服务的时候，由于划分不清造成信息传递的混乱，有的公司会收到来自 IBM 不同客户服务部门的传真，造成资源浪费与服务效率的下降；而且，客户服务地点的差异，使服务成本递增。IBM 及时改变这种混乱景象，按照理念的指引，认真分析，将客户按照区域分类，并将组织的部门结构进行相应改变，从而使客户能够得到“最佳的服务”。另外，在将创新视为企业生命力的公司中，为鼓励创新，在组织部门中设立内部风险企业部。母公司一般会在内部风险企业开发的新产品或新技术投入市场以前，发行一批只能在公司内部流通的股票，吸引研制人员参加内部风险企业的投资，把他们的经济利益同企业效益联系起来，与公司共担风险、共享收益。风险企业部也成为鼓励和推动个人创新活动的重要组织部门。

精神引发员工发自内心的认同与信任，产生组织的向心力；同时，管理人员凭作风与技巧为结构、制度等硬性因素注入了生命力，从外在的角度激励和约束员工的行为。而员工一旦知道组织对他们行为的确切期望，就只需要花费较少的时间来决定在给定情境下该如何行事，如何加强彼此的信赖与沟通，提高工作的效率与效益，从而带动企业整体效率、效益的提高。

3）深厚的企业文化有助于造就企业的品牌优势

品牌优势能够为企业带来竞争中的成功，品牌中同样凝结着企业的文化。从这个意义上说，品牌是企业文化的一种外显的标志。它也是企业与消费者（或客户）之间的桥梁，顾客通过认识、认知、信赖等一系列详程建立起对品牌的忠诚度，从而成为企业在竞争中取胜的法宝。这一系列微妙心理过程的转变，是由顾客与相关品牌的产品、服务和企业员工接触中逐渐形成的；文化也在此间传递，将品牌由单一的标识塑造成有血有肉、赋有灵魂的个体，具有与其他品牌相区别的独特的个性。

例如，麦当劳的企业文化在全球的饮食服务业中最具特色与魅力，“Q、S、C＋V”是雷·克罗克经营麦当劳以来一贯遵循的企业精神。这一精神淋漓尽致地体现在产品、服务等各个方面，才将“麦当劳”这一品牌深植人心，使人潜移默化地受到其文化的感染产生对麦当劳的信任与支持。为实现“品质上乘”，麦当劳实施科学的食品标准化，对产品生产流程制定具体的操作规程和细节。产品超时不卖，并非因为腐烂变质或有缺陷，而是恪守“不卖味道差的食品”的经营方针。消费者品尝味道鲜美的汉堡包时，这一文化自然而然地传递到消费者心中，为品牌抹上了一缕绚丽的色彩。处于亲切微笑、窗明几净、舒适优雅环境中的顾客享受着不时的价格优惠、变换口味的新产品、设计独特的宣传标语等，每一分、每一秒都体验着麦当劳的文化魅力。当顾客眼前出现那熟悉的金黄色拱形标志——红底黄字的“麦当劳”及笑容可掬的麦当劳叔叔时，眼中的视觉品牌形象不断被强化，品牌与文化在消费者心中融为一体。

因而，不同的品牌在消费者心中被赋予了不同的文化内涵，可口可乐象征“真实、可信”，其竞争对手百事可乐则代表着年轻一代的选择，青春、动感、活泼。两家企业利用品牌个性吸引到自己的忠实消费群体，形成差别竞争，也形成各自独有的优势。

品牌的文化特色不仅可以在顾客与产品、员工等层面的接触中感知，还可由市场传播来直接传递，更加直观、清晰明了、易于接受。宣传品牌的历史、借助名人表现品牌人性化的一面、赞助能加强品牌个性的活动等都可以使品牌的个性更加鲜明。万宝路的西部牛仔形象使其品牌成为“粗犷、男子汉气概”的代表；可口可乐的神秘配方故事为其添上一丝神奇光环，而“泥阿福”更增添了中国消费者的亲切感。然而，值得注意的是，外部传播的信息要与企业内部的文化核心相统一，并且各种传播手段也要协调一致，否则传递的信息混乱，会损害品牌的认知与信任度，使品牌形象不鲜明、不清晰，不利于形成差异化的优势。

企业文化是品牌个性形成的基础，而企业文化也正是通过品牌优势为企业争取更大的市场份额和信誉价值，带来实实在在的而非“虚拟”的经济效益。伊莱克斯在中国市场表现不俗，其中国区总经理刘小明谈他的“锦囊妙计”时提道：一是产品贴了伊莱克斯的品牌，二是好的企业文化。品牌凝结着伊莱克斯长期沉淀并遵循的文化，含有极高的附加价值。而利用伊莱克斯的企业文化来改造中国并购的企业，推行价值观，改变旧有的体制，人的潜能被挖掘。正如刘小明所言，中国企业不缺人才，企业缺少的是把人才挖掘出来的体制。只有文化与品牌融合，迸发出巨大的能量，才能使企业稳步前进。

3. 优秀企业文化的共性特征

企业文化以内外两方面的作用揭示着其与竞争优势的密切联系。不同企业的企业文化千差万别，即使同一个企业的不同时期企业文化也有不同的特征，但是具有持续竞争优势的企业在企业文化上表现出一些共性。正是有优秀的文化做支持，企业员工在创新能力、学习能力及其他方面才会有好的发展，企业才得以建立竞争优势，实现企业的持续发展，下面就来简单描述一下这些企业在企业文化上的一些共性。

1）有清晰的核心思想或理念

核心思想没有对与错的区分，重要的是能否始终如一地坚持。核心思想的存在不需要理性的或外在的理由。它们一旦形成，就不随环境的变化而变化，甚至不受市场状况的影响。IBM 的前总裁小托马斯·沃森曾说过，任何公司要想生存下去并不断取得成功，就必须要有一套可靠的信念，并把这套信念作为所有政策和行动的前提。公司成功的最重要的单一因素便是遵守这套信念，并把信念作为政策、行动和目标的前提。

2）拥有不断进取的精神

进取精神是发自人心底的一种冲动——一种渴望探索、创造、发现、获得、改变和改善的冲动，它从来不等外界说“是改革的时候了”或“是改进的时候了”，这一点使它既表现出高度的自信，又表现出很强的自我批评意识。这种自信使大公司能够制定大胆的目标，并采取有胆识、有魄力的行动，有时甚至违背企业界的流行做法和谨慎战略；另外，自我批评使公司能够在外界还没有认识到其必要性之前主动进行变革，因此，其本身是最严厉的批评者。总之，进取精神不是要等到外界环境需要变革的时候才进行变革，而是发自公司内部的一种改变、改善的意愿。

3）鼓励大胆尝试、对错误宽容

《企业不败》的作者在研究目光远大的公司的历史进程中，惊奇地发现：这些公司竟然不是通过实施详细的战略计划，而是通过反复试验、犯错误、碰运气，说白了是通过一些偶然事件来采取其最佳行动。事后看来深谋远虑的战略往往是碰运气试验或“有目的的偶然事件”的副产品而已。1890 年，著名的强生公司因为一位医生抱怨病人用了某种医用胶布后皮肤感染，于是公司迅速地给他寄去了一包用于皮肤止痛的意大利爽身粉，从而进入了为强生带来 44%的收入的婴儿爽身粉业；1920 年，该公司的一位雇员因为妻子经常在厨房切菜时切破手指，发明了一种现成的绷带，由此而发展成为响当当的邦迪牌创可贴。这些看似偶然的现象背后是强生公司鼓励个人主动创新、尝试并允许员工试验新设想的氛围。

4）可持续发展的企业往往都有一些近似狂热的做法

1985 年出版的《美国最值得干的 100 家杰出公司》把 IBM 描述成“一个以教堂方式使其信仰制度化的公司，有些人把加盟 IBM 同参军和加入教会相提并论，如果你了解海军陆战队，那么你就会理解 IBM”。目光远大的公司都有对核心思想的灌输和适应制度，通过培训、企业赞歌、奖惩等实实在在的方法来灌输，不适应公司核心思想的人会像病毒一样被清除。

5.2　企业文化与企业战略

凡是成功的企业，不仅有其优秀的企业文化，也有能够不断适应经营环境变化的企业战略。然而，在企业内部，其自身的文化与战略也需要相互适应和相互匹配。随着企业的发展，企业文化会不断趋于稳定和固化，而企业战略却需要根据内、外部环境的变化而进行不断的调整。企业文化如何对企业战略的制定和实施产生影响？二者之间如何更好地相互适应和匹配，从而促进企业的健康发展？这些是本节将要研究的问题。

5.2.1　战略管理的内涵

1. 战略的含义

“战略”一词的希腊语是 strategy，意思是“将军指挥军队的艺术”，原是一个军事术语。在我国古代，“战略”一词的最早解释仅是有关战斗的谋划。“战”即战争、战斗，表示对抗双方的争斗，“略”即谋划，谋划出奇制胜的良策。20 世纪 60 年代，战略思想开始运用于商业领域。这时战略的意义也由原来的通过一定的谋划去实现或赢得战争胜利的目标扩展为对重大的带有全局性问题的谋划。战略之所以引起了当今富有远见的管理者的重视，是因为它注意到了组织正面临着越来越不确定的环境。战略为组织在这样的环境下提供了一条途径，通过战略，组织不但可以辨明实行的变革可以达到最终目的，而且也可将这些变革付诸实践。

从本质上讲，战略是一种管理的思维过程。战略思维通过组织所处的外界环境对组织加以考察；它旨在描述清晰的目标和目的；它试图脱离常规的管理任务，而以系统的方法审视组织变化前景的长期情况。战略着重于一种根本性的观点，即给组织以正确的定位，以面对未来日益增长的不确定性。

2. 战略管理的含义和构成要素

所谓战略管理是指企业确定其使命，根据组织外部环境和内部条件设定企业的战略目标，为保证目标的正确落实，并实现进度谋划，依靠企业内部能力将这种谋划和决策付诸实施，以及在实施过程中进行控制的一个动态管理过程。一般来说，战略管理包括以下四个关键要素。

1）战略分析

战略分析是指深刻认识那些对组织生存与发展有关键性影响的因素，从而对组织的战略地位形成一个概括性的判断。企业的内外部环境有哪些变化？企业具有哪些优势和劣势？企业面临哪些机遇和威胁？这些因素对企业的发展产生怎样的影响？这些问题都必须由战略分析来问答，其结果就是确定企业当前的战略目标。

2）战略选择

战略选择就是在根据战略目标的要求所提出的若干各选方案中，按照一定的评价标准，选择最优的战略方案。在这个过程中，决策者需要重新审视组织的最终目标，评价组织运行的情境，从而对组织的备选战略做出评价和选择。

3）战略实施

战略实施是通过建立和发展行动的能力和机制，将战略规划转化为现实绩效的复杂过程，主要包括战略发动、制订行动计划、组织准备、资源准备、战略实验、全面实施和战略控制等环节。

4）战略评价与调整

战略评价就是通过评价企业的经营业绩，审视战略的科学性和有效性。战略调整就是根据企业情况的发展变化，即参照实际的经营事实、变化的经营环境、新的思维和新的机会，及时对所制定的战略进行调整，以保证战略对企业经营管理进行指导的有效性。包括调整公司的战略展望、公司的长期发展方向、公司的目标体系、公司的战略，以及公司战略的执行等内容。

上述四个要素可以被进一步划分为战略制定和战略实施两大阶段。企业战略管理的实践表明，战略制定固然重要，战略实施同样重要。一个良好的战略仅是战略成功的前提，有效的企业战略实施才是企业战略目标顺利实现的保证。另外，如果企业未能完善地制定出合适的战略，但是在战略实施中，能够克服原有战略的不足之处，那也有可能最终导致战略的完善与成功。当然，如果对于一个不完善的战略选择，在实施中又不能将其扭转到正确的轨道上，就只有失败的结果。

5.2.2　企业文化对战略管理的影响

企业在战略制定和战略实施两大阶段中，必须充分考虑企业文化的因素。一方面，企业文化的核心价值观决定着企业战略的定位。企业战略是在一定的企业经营哲学指导下产生的，也就是说，有什么样的企业经营哲学，就有什么样的经营战略；反之，有什么样的经营战略就需要什么样的经营哲学来引导。另一方面，良好的企业文化氛围是实现企业战略的重要保证。实践表明，优秀的企业文化一旦被广大员工所认知，并内化为行动，就会成为一种力量，促进企业战略决策的顺利实施。

1. 企业文化在战略制定过程中的作用

企业文化对战略决策制定起引导作用。首先，企业文化是企业广大员工所共有的价值观念和行为方式的总和，而企业使命则描述了企业的愿景、共享的价值观、信念及存在的原因。企业使命为企业发展指明了方向，是企业战略决策制定的前提。企业战略决策的制定不能脱离企业使命，也离不开企业使命背后体现出来的企业文化。其次，文化的形成过程是漫长的，文化的变革也是相当困难的。如果企业制定的战略目标与现存的企业文化格格不入，那么这个战略至少在短期里很可能得不到有效实施。例如，在具有追求创新、强调结果、工作环境相对松散等企业文化特征的公司推行强调效率和规范的低成本战略就是相当困难的。以至于有一种说法认为，当企业文化和企业战略发生冲突时，如果没有足够的把握和耐心，最好改变战略，因为企业文化的改变不是一朝一夕就能做到的事情。可见，在制定企业战略决策的时候，必须清楚地了解当前的企业文化，才能保障战略目标的实现。

2. 企业文化在战略实施过程中的作用

企业文化对战略实施的影响主要体现在三个方面，即导向、激励和协调。文化的导向作用是指企业共同接受的价值观念引导企业员工自觉选择符合企业长期利益的决策，并在决策的实施过程中自觉表现出符合企业利益的行为；文化的激励作用主要是指员工在日常经营活动中自觉地根据企业文化所倡导的价值观念和行为准则调整自己的行为；文化的协调作用主要是指在相同的价值观和行为准则的引导下，员工选择的行为不仅是符合企业长期或短期利益的，而且是相互协调、相辅相成的。

企业文化是以企业精神为核心，凝聚企业员工归属感、积极性和创造性的人本管理理论。在以知识经济为主导的21世纪，人们头脑中的知识和智慧成为企业获取竞争优势的重要资源，而这种看不到、摸不着的资源是不能仅仅依靠规章制度来开发和管理的。企业必须在员工中建立共同的价值观，从根本上调动员工的积极性和责任感，才能激发员工的热情，统一全体员工的意志，将他们的行为引导到共同的企业发展目标和方向上来，为战略决策的有效实施努力奋斗。

企业的成功往往是因为企业的价值观能够被员工所认同，并且能和员工个人的价值观所融合。这样，员工在为企业努力奋斗的同时，也会认为是在为自己的理想目标而奋斗，从而对企业产生强烈的归属感。这种归属感为企业带来的效益是巨大的。美国著名管理学家彼得斯和沃特曼在《寻求优势——美国最成功公司的经验》一书中指出，在经营得最成功的公司里，居第一位的并不是严格的规章制度或利润指标，更不是计算机或任何一种管理工具、方法、手段，甚至也不是科学技术，而是企业文化。成绩卓著的公司能创造一种内容丰富、道德高尚而且被大家接受的文化准则，这使员工情绪饱满，互相适应和协调一致；使员工热爱企业产品，产生提高服务质量的愿望，以及对企业高度的责任感和归属感，为战略决策的有效实施提供保障。

例如，英特尔通过更换标识实现了战略由内到外的转变。

英特尔公司是全球最大的半导体芯片制造商，它成立于1968年，具有长达40余年的产品创新和市场领导的历史。1971年，英特尔推出了全球第一个微处理器。这一举措不仅改变了公司的未来，而且对整个工业产生了深远的影响。微处理器所带来的计算机和互联网革命，改变了世界。

英特尔彻底弃用了37年的旧标志“dropped-e”（下沉的e）及intel inside，发布全新品牌标志和宣传语。新标志中包括了英特尔公司新的宣传标语“intel. Leap ahead”（超越未来）。英特尔前首席运营官保罗·奥特里尼表示，新商标更有动感，而围绕“Leap ahead”字样的弧线同样动感纷呈。新的商标将向全世界表达英特尔的真正内涵和目标。英特尔此次不再强调可靠性这一特点，而是强调公司产品所拥有的生命力和冲击感（图5-2）。

图5-2　英特尔的新旧商标

英特尔之所以换商标，主要是因为公司的业务范围已经不仅仅局限在处理器领域，英特尔希望借换商标向外界表达英特尔不再是单一产品的提供商，而是向平台化解决方案供应商的角色靠拢，并进行了一系列包括组织架构、产品线在内的调整。

5.2.3　企业文化与战略模式的匹配

选择能与公司现行文化中的“不可侵犯”或“不可改变的”部分相匹配的战略是战略制定者的责任。战略一旦选定，变革阻碍战略执行的文化就是战略执行者的责任。

1. 变革有问题的文化

改变现有的文化且使之与战略相匹配是最困难的管理任务之一，因为人们长期持有的价值观、习惯和对旧事物的眷恋会对改变造成很大的障碍。用健康的文化代替不良的文化或剔除一些没有价值的行为，灌输支持战略的行为方式需要很长的时间。高层管理者的能力是导致文化变革成败的主要因素。重大的文化变革需要有很大的影响力才能完成，而高层管理者往往拥有很大的影响力。企业文化改变的启动应该采用以下几个步骤：首先，确定有问题的文化并解释其为什么阻碍新战略的执行和目标的完成；其次，管理者必须明确界定战略执行需要的新行为模式，并详细说明他们想建立的文化的关键特征；再次，管理者必须直接地对相关人员公开说明为什么新行为可以提高企业绩效，以及如何提高绩效；最后，要使每个人都理解修正文化的行动是在培育更适合战略的新文化。

管理者可以运用以下一些方法来变革有问题的文化。

(1) 用一个强制执行的事例来说明为什么公司的新方向和文化氛围是符合公司最大利益的，同时说明为什么个人和团体应该支持这种文化的变化。可以通过以下方式说服怀疑者维持现状是没有任何优势的：第一，针对公司现状提出最基本的问题。例如，我们为顾客提供的商品能满足其需要吗？我们为什么不能争取到竞争对手的顾客？为什么竞争对手的成本比我们的低？我们如何才能制定更有竞争力的价格？为什么不能使商品的上市时间缩短一半？为什么我们不能更好地使用互联网及电子商务技术？怎样才能使我们的收入增长率从10%提高到15%？如何才能提高我们的决策速度，缩短响应时间？第二，组织一次使所有管理者听取抱怨的活动，听取来自生气的顾客、不满意的战略联盟者、持不同意见的员工和不支持公司战略的股东的抱怨。

(2) 抓住每一个机会重复宣传文化变革对公司相关利益集团（尤其是顾客、员工和股东）有利。有效的文化变革的领导者很善于向组织成员传播新的价值观。

(3) 公开表扬和激励提倡新文化规范并积极实践的个人。

(4) 改变激励机制，奖励那些执行战略所需要的文化行为，惩罚那些拒绝变化的个人。

(5) 雇用拥有变化所要求的价值观的新管理者和员工，并让他们成为学习的典范。

(6) 撤换那些对旧文化依恋太深的关键执行者。

(7) 修正政策和程序，以便更好地进行文化变革。

2. 实际的文化变革行动

除了推动新的行动模式，以及解释采取新方式的原因以外，战略实施者必须说服所有利益相关者，这些努力绝不仅限于表面。言语和计划必须以实际行动作为补充，并且采取的行动必须是可信的、高度透明的、能够显示管理层对新战略和文化变革的承诺。有几种方法可以达到上述几种效果，一是策划一些文化变革活动，通过这种变革为利益相关者带来利益，并且使这些活动迅速取得成功，这样可以激发利益相关者对变革的热情。但是，迅速的成功，通常并不如创建一个能积极推行战略的、稳定的、能形成有能力的团队的目标和耐心重要。管理层支持新文化的最显著的标志包括以下内容：以新培养的经理代替旧文化中的经理，改变那些长期失调或阻碍新措施实施的政策和实践活动，通过重组使结构与战略更加匹配，把激励制度直接与衡量战略业绩的新标准相联系，把物质资源从最初战略的项目和计划转移到新战略的项目和计划中。二是建立文化变革领导小组。领导者团队是成功实施文化变革的重要力量。为了推动变革，有必要成立文化变革的领导小组，用以引导和指挥文化变革。小组成员应多样化，包括拥有不同权利和不同智慧的人，这有利于变革的成功。组长要引导小组成员把“有利于整个企业的发展”作为文化变革的出发点，而不是把目光仅仅盯在局部利益甚至个人利益上。领导小组要负责确立新的价值观和文化变革的战略计划，并与全体员工沟通这个价值观和战略计划，努力使它得到员工的认同。文化变革必然引发部分人的担忧和不安全感，因此这个小组要致力于促进上下级之间建立起相互信任的关系，设法增强员工队伍的信心，并组织员工按照确定的变革方式去采取行动。三是选择合适的领导小组负责人。文化变革的战略计划能否顺利实施，很大程度上取决于领导者的能力和素质，鉴于此，领导小组的负责人应具备这样几个条件：来自高层，有较大的权威；了解员工，那些根本没有融入日常运营的领导者根本不可能对企业的文化变革产生决定性的影响；坚持以实事求是为基础，这是实现文化变革的关键；确立明确的目标和实现目标的先后顺序，这是文化变革正常进行的关键；专注，必须能够严肃对待和时刻关注文化变革；对完成具体任务的员工，能主动给予相应奖励；提高员工能力和素质，对下属进行指导也是顺利完成文化变革的重要组成部分。

创建和维持支持战略的文化是整个管理团队的工作，变革需要很多人的大力支持。高层管理者、部门领导、中层管理者必须反复重申其价值观，并将所希望的核心价值观和业务准则运用到日常的实践中。另外，战略实施者必须获得一线监督员、员工的意见和领导人的支持，使他们认识到在组织的最底层实施和强化文化规范的重要性。即使在大部分员工参与新文化活动并认同新文化的基本价值观和规范后，在灌输新文化和加强战略与文化的匹配关系方面仍然有大量的工作要做。

使文化与战略匹配并不是一项短期工作，新文化出现并占据优势需要一段时间。组织规模越大，使文化与战略匹配而进行文化转换的难度就越大，需要的时间就越长。在大型公司中，对企业文化进行重大变革至少需要 3 年。实际上，重新改造深入人心的、与战略不匹配的文化通常比在全新的组织中从零开始培育支持战略的文化更困难。有时高层管理者成功地改变了一部分管理者甚至整个部门或分公司人员的价值观和行为，但随着时间的推移，这些变化会逐渐被组织中其他人员的行为同化。那些固守旧文化的大多数人交流、赞扬、支持和反对的思想和行为方式削弱了新文化，并阻止了其进一步发展。虽然高层管理者准备了一系列行动来改变有问题的文化，但是如果很多员工对公司的新方向和文化变革成果持怀疑态度，高层管理者所提倡的行为和经营方式往往会失败。这就是为什么管理者必须抓住每个机会来说明进行文化变革的必要性，以及告诉他们新的态度、行为及经营方式如何使公司的利益相关者获益。

3. 象征性的文化变革行动

使文化与战略相匹配既需要实际的管理行动，也需要象征性行动。象征性行动的价值在于可以向人们传播关于战略实施者希望的各种行为模式和业绩，最重要的象征行动是高层领导人采取的并视为榜样的行动。例如，企业想成为行业中的低成本制造商，高层管理者就必须在行动和决策中勤俭节约，如领导人办公室内没有奢华的装饰、节俭的费用支出和娱乐开支、精减办公室职员、详细审查预算及降低领导人津贴等。如果文化的变革是为了更快地响应顾客需求和取悦顾客，CEO通过要求所有员工每个星期必须花一定时间与顾客交谈以了解其需求来强调对顾客需要及时响应的重要性。

另一类象征性的行动包括晋升和奖赏按照新文化的要求办事的人员。许多大学每年都奖励优秀教师来表示对杰出的教育工作者的尊敬，许多公司每月都设有员工奖，军队对榜样性的人员颁发奖章和奖状。玫琳凯化妆品公司为实现销售目标而为美容顾问设立了一系列奖品，奖品包括奖章和汽车等。

最好的公司和最好的领导人能熟练运用标志、榜样、仪式性场合和机会来加强战略和文化的匹配。低成本战略的领导者沃尔玛和纽克钢铁公司等因其设施简单、领导人节俭、杜绝浪费和成本控制而广为人知。纽克钢铁公司的管理者去机场时，宁愿选择乘出租车也不愿坐豪华轿车。在促进战略与文化相匹配时，领导人对于促进战略与文化的匹配非常敏感，他们经常习惯性地出现在仪式性场合并表扬遵守计划的个人和群体；他们给遵守文化规范的个人以荣誉，并对取得重大战略业绩的人进行奖励；在进行员工训练时，强调战略的优先性，以及价值观、道德原则和文化规范；把每次集会都视为宣传价值观、表扬好人好事、强化文化规范和促进有助于战略执行的变革的机会。敏锐的领导人要保证组织成员对当前的决策和政策变化的理解与公司新的战略方向相一致，并且支持战略执行。

5.3　企业文化与组织学习

自20世纪80年代以来，随着科学技术的飞速发展和经济全球化程度的不断加深，人类社会正处在从工业社会进入知识经济时代的转型期，知识的生产、传播、交换和利用将是经济增长的重要推动力量。知识经济是继劳动力经济、资源经济之后以对知识的占有为决定因素的全新经济形态。在传统经济形态中，决定企业生存、发展的关键是对劳动力、资本等有形资源的占有，而在新的经济形态中，决定企业生死存亡的关键是其所占有的知识的质与量。正如美斯特（1998）所言，如果现代企业没有对学习进行很好的投资，很可能会导致其无法跟上产业中科技进步的速度，同时也难以满足顾客的需求，从而丧失市场上的竞争优势。因此，现代企业为了能在知识经济条件下健康发展，对组织学习理论予以了空前的关注，众多企业积极开展了学习型组织创建的实践。

企业在组织学习研究和学习型组织创建的过程中，不论是理论界还是企业管理者都逐渐认识到，企业文化是决定组织学习的一个重要的影响因素。企业文化通过影响雇员的行为和心智模式进而影响组织运作，因此，只有建立有利于组织学习顺利开展的企业文化——学习型文化，才能进一步提高企业的学习能力，增强企业的创新能力和企业绩效，真正使企业在市场上保持可持续的竞争力。

5.3.1　组织学习的内涵

组织学习的概念是从人的学习概念中引申出来的。心理学家认为个人学习是由经验引起的相对持久的变化，也就是说，学习必然导致主体产生某种行为上的变化，这种变化能相对持久地保持，而且这种变化是由个体与环境的相互作用产生的，即后天习得的。然而，关于组织学习的相关研究是分散的，不同学者从不同的角度对组织学习予以定义，很难形成较一致的结论。一些学者对组织学习的定义见表 5-1。

表 5-1 一些学者对组织学习的定义

学者	年份	对组织学习的意义
Argyris 和 Schon	1978	组织学习是寻找并非改正错误的过程
Morgan 和 Ramire	1983	组织学习是面临相同问题的组织成员，以共同学习的方式解决问题
Shrivastava	1983	组织学习是发展和丰富组织行为知识的过程
Fiol 和 Lyles	1985	组织学习是通过较好的知识和理解来改善行动的过程
Stata	1989	组织学习是以过去的知识和经验为基础，分享见解、知识和心智的模式
Huber	1991	组织学习是通过信息处理的模式来改变潜在的行为模式
Garvin	1993	组织学习是组织创造、获得与转移知识，并进而修正其行为以反映新的知识与洞察力的过程
Slater 和 Narver	1995	组织学习是指发展能够影响行为的新知识或洞察力
Gherardi 和 Nicolini	2000	组织学习是指在特定的社会文化环境中通过人际关系互动而学习的结果
Muholletal	2001	组织学习是指组织成员在其工作环境中，通过经验的积累而逐步学习的过程，表现为成员在工作中与同事合作

在前人关于组织学习的定义中，不同的学者从各自不同的研究角度提出了自己的概念，林林总总，不可胜数。其观点可大致分为以下几类。

(1) 组织学习的过程观。Argyris 和 Schon (1978)、Fiol 和 Lyles (1985)、Garvin (1993) 都认同组织学习是一种过程的观点。他们从过程的角度讨论组织学习的概念，认为组织学习的过程中涉及信息的获取和传播、知识的记忆和运用，并伴随着组织适应性和组织效率的提高。

(2) 组织学习的能力观。Meyers (1982)、野中郁次郎和竹内弘高 (2006) 把组织学习定义为组织的一种能力，从组织是否具备知识的传播、应用和创新能力，是否具备应对内外部刺激的能力等条件来界定组织学习的概念。每个组织通过学习达到的效果不同，这是因为存在组织学习能力上的差异。圣吉 (1990) 也认为，学习是一个加强能力的过程。学习是为了培养新的能力，学习归根结底要为行动服务。

(3) 组织学习的结果观。Gherardi 和 Nicolini (2000) 认为组织学习是组织达到的一种状态。组织不是为学习而学习，而是为了实现组织目标而采取的行动，如为了提高管理效率而制定制度规范。

(4) 组织学习的系统观。还有一些学者认为组织学习是一个系统层面的问题。组织学习系统包含了组织学习的过程因素及促进因素等组成部分。

在组织学习研究领域中公认的最具代表性的人物要数哈佛大学教授阿吉里斯和熊恩，以及《第五项修炼——学习型组织的艺术和务实》的作者彼得·圣吉。

1978年，阿吉里斯和熊恩的经典著作《组织学习：行为视角理论》的出版，标志着组织学习研究达到了一个新的水平。他们把人们口头信奉的价值观和行动背后隐含的价值观进行比较研究，发现了一个核心概念——心智模式——一种根深蒂固的思维方式和价值观在经常地、无形地影响着人们的行为和决策。阿吉里斯因此被誉为“组织学习之父”。

彼得·圣吉基于系统动力学理论，并吸收了阿吉里斯和熊恩关于“心智模式”的概念，从而形成了学习型组织的“五项修炼”的基本框架。他的《第五项修炼——学习型组织的艺术和务实》一书的出版更是为组织学习的研究推波助澜，使组织学习成为一个热门的研究领域。他认为：“许多团体中，每个成员的智商都在120以上，而整体智商只有62。”这是因为组织的智障妨碍了组织的学习和成长，要想获得持久的竞争优势，必须通过自我超越、改善心智模式、建立共同愿景、团队学习和系统思考，“五项修炼”将组织变成学习型组织。“五项修炼”是相互关联的整体，只有“五项修炼”都修炼成功，才能成功构建学习型组织，任何一项失败都导致其他修炼的失败，因此学习型组织特别强调“五项修炼”的整合。

由上述各学者对组织学习的诠释可以看出，组织学习不仅是一种改进的程序，可以提高例行性工作效率及改进技术，也是一种改进的结果，是组织知识的累积，可让组织适应外部环境的改变。我们可以概括出以下几点组织学习的本质特征：①组织学习的主体是整个组织，而不是个人；②组织学习的客体围绕信息和知识；③组织学习的目标是改善组织绩效。

本书从知识的角度定义组织学习，认为组织学习是组织为适应环境的变化，通过知识获取、扩散和创新，不断改变自身行为和文化的过程。

5.3.2 企业文化对组织学习的影响

组织学习作为一种组织行为，必然与企业文化相联系，一种企业文化是否适应或支持学习将对组织学习产生重要影响。

1. 企业文化对组织学习的促进

关于企业文化对于组织学习的重要性已经引起了很多学者的关注。包括Slater和Narver（1995）、Leonard（1997）、Gold等（2001）等在内的学者都认为，文化是组织对有效的组织学习最显著的投入，它可以鼓励或阻碍知识分享和学习，并最终影响决策制定。Delong和Fahey（2000）通过对50多家公司的观察发现，许多公司的管理者认为虽然他们在组织学习和知识管理中付出了艰苦努力，却很难达到预期目的，究其原因，最大障碍来自企业文化。Fiol和Lyles（1985）认为，组织的文化（信仰、意识形态、价值和规范）能够决定学习的质量和数量。

IOI公司是马来西亚第二大种植园公司。当IOI公司面临分崩离析的时候，CEO杰瑞和马莱尔提出了以建立学习型组织为核心内容的重振计划，并制定了学习条例从上至下地规范学习行为，重新定义了核心竞争力并据此制定了一套评估员工技能和个体发展的体系，通过改变企业文化扭转了企业的命运。从IOI公司大量的组织管理实践来看，没有企业文化的改变，就很难在组织内形成持续学习、思考、实践、创新的氛围。

具体来讲，企业文化对组织学习的作用体现在三个方面，即指导、激励和共享。企业文化按照所期望的方式行为，指导企业按照所期望的方向发展；企业文化通过激发员工需要、树立奋斗目标，使员工以饱满的热情、高昂的情绪投入工作；企业文化提倡企业内部共享资源，且其本身就是共享的资源，优秀的企业文化还提倡企业借助外部资源。组织学习更重视无形规则即文化的作用。组织成员的价值观、思维和行为方式在很多时候对其行为的影响是在无明显思考的状态下进行的。在既定的价值观念和思维方式的引导下，组织成员往往不必对问题进行详细的考虑和判断，就会自觉或不自觉地采取行动。因此，创建适宜的企业文化会对组织学习起到内在的促进作用。

2. *克服组织学习中的文化障碍*

为了保证知识顺利地向团队和组织流动，实现组织学习的目标，组织必须解决以下两个问题：一是组织成员积极获取信息和知识，并愿意使个人信息和知识向组织流动，即解决“成员个人层面”的问题；第二是组织必须创造条件使组织成员的信息和知识能够顺利地在组织内流动，实现知识共享和创新，使个人知识能够向组织知识转化，即解决“组织层面”的问题。

对于企业来说，要解决组织学习过程中“个人层面”的问题面临以下两方面的挑战：一是员工个人目标与组织目标的差异，如果两者差异过大或不能整合，员工就没有“释放”自己知识的动力；二是员工之间的竞争关系，如果员工之间竞争激烈，由于知识与技能决定竞争优势，员工“释放”自己的特长和专有知识就将削弱自身的竞争优势，这将导致员工的知识“保守”和垄断。

解决组织学习过程中“组织层面”的问题，主要与企业的核心价值观、领导方式、组织技术条件、组织结构等方面的特点有关，这些方面是否能够为促进组织成员的个人信息在组织成员之间的流动及知识流动过程中的知识创新创造必要的氛围和条件。企业应该结合自身特点，拓展员工之间信息和知识的交换、共享渠道，激励员工不断进行知识创新，以保证组织学习目标的顺利实现。

但是由于组织内部各种权力和关系的冲突，组织学习过程中知识的流通和创造是“不透明的”，这把创造知识的社会条件“严密地封锁起来”，这种情况下就形成了组织学习障碍。组织学习的障碍可能来自于组织学习系统层面中的任何一个层面，而其根本性的障碍则来自企业文化层面，是由组织精神、价值取向、行动理念、行动定位等反映出来的组织文化障碍。组织学习的文化障碍主要是不能提供合适的企业文化促使组织学习顺利进行，主要表现在以下四个方面：一是对错误的不宽容，组织很少奖励那些敢于承认错误的人，致使员工不愿意去试验或承认错误，组织很难从过去的经验中吸取教训；二是不根据问题的实质来做判断，而是根据政治利益、个人利益或个人的喜恶倾向做判断，这使人们在交流过程中不坦诚，从而影响组织学习的顺利进行；三是组织学习过程中的不平等地位；四是组织对学习的不重视。

5.3.3　学习型文化的培育

文化在组织中发挥着两个关键作用，即内部整合和外部适应。内部整合，意味着组织成员形成一种认同感，并知道该如何相互合作以有效地工作，正是这种文化指导日常的工作关系，决定人们如何在组织内相互沟通，并了解什么样的行为是可接受的而什么样的行为是不可接受的，以及如何分配权力和地位。外部适应，则是指组织如何达到目标、如何应付外部因素。

文化指导雇员的日常活动以实现一定的目标文化，帮助组织迅速地对顾客或竞争对手的行动做出反应。企业文化的这两个作用可以较好地解决组织学习过程中“个人层面”和“组织层面”的问题。

企业文化是组织学习成败的关键。为了保证组织学习能顺利实施，组织应该建立学习型文化。但是，“学习型文化”到底是怎样的一种企业文化？这样的文化的构成如何？这些问题无疑是企业管理者和从事理论研究的学者关注的焦点。

1. 学习型文化概述

学习型文化的概念是从文化观的学习型组织理论中发展出来的。在一个组织中，学习的性质和它发生的方式是由组织的文化或亚文化决定的，文化的塑造对于学习型组织的建设至关重要。

但是，目前对于学习型文化还没有一个明确的定义。

Daft（1998）认为，塑造学习型组织必须先着力打造一种强势的组织学习文化，这种学习型文化具有如下的价值观：整体比部分更有价值，边界最小化；强调共同体，同情和关心支持他人。

Tracey 等（1995）将具有强大的持续学习的文化作为学习型组织的重要特征，他们认为学习型文化是指组织成员相信学习是对工作生活中重要部分的知觉和期望，这些知觉和期望构成组织的价值观、信念，并且受到诸如挑战性工作、支持性社会、报酬、发展系统、创新和竞争性工作环境等因素的影响。

我国学者马庆喜和方淑芳（2005）认为，学习型文化是指组织中客观存在着的支持员工学习、合作与知识共享的软环境，它不仅影响着企业中各个成员的思维模式与行为方式，也决定着企业中学习活动的开展情况与实际效果。结合组织文化的概念，通俗地讲，学习型文化应该是组织鼓励和促进知识分享与创造的价值观念、指导信念和思维方式。具体而言，学习型文化区别于传统企业文化的地方在于以下三个方面：第一，它是信任、坦诚、平等的企业文化，以员工主动、自觉参与来实现组织的学习、交流；第二，它是知识共享的企业文化，是使隐性知识显性化的途径，它直接制约着知识的生成和交流，更关系到知识的管理和效果，对组织核心竞争力的培育起着重要作用；第三，它是能在组织内部形成统一价值观的企业文化。在这种由诚实和信用基础上建立起来的组织关系中，个人和组织都以诚实的态度相互对待，并在毫无保留和掩盖的方式下进行讨论，知识和信息可以在广阔的范围内自由流动。

2. 培育学习型文化

培育学习型文化是保证组织学习顺利进行的关键，研究学习型文化培育的途径和步骤，就是要紧紧围绕学习型文化的内涵，通过正确的途径实施学习型文化创建工作，为顺利实现组织学习目的提供保障。

1）培育学习型文化的价值观

树立学习型价值观是学习型文化建设的第一步，也是最重要的一步。正如彼得·圣吉在《变革之舞》中所说："如果我们的思维方式没变，那么，任何变革的投入都会徒劳无功。"这种价值观使员工达成学习的共识，树立把企业建设成学习型组织的价值追求，使学习成为每一名员工的自觉行为和习惯。例如，一汽集团培育的"一切为了用户，为生存学习，我为一汽奉献汗水和智慧"以及"学习、抗争、自强"的企业文化就体现了企业为了组织的生存和发展而学习的价值取向，从而使学习成为这个企业员工共识化的行动。具体来说，应在员工中倡导以下价值观念和行为取向：员工对学习有浓厚的兴趣和执著的追求，把学习看成企业发展的保证和员工人生发展的基点及杠杆；时刻保持强烈的竞争意识和学习能力；善于吸收信息和知识，掌握行之有效的学习方法；勇于适应变革，不断更新和积聚知识，把学校学习、教育的观念转变为终生学习、教育的观念；善于交流合作，互助互学，不断提高学习能力；敢于冒险，勇于创新，使组织和员工在动态的环境中持续学习和成长。

2）创建有利于学习的人文环境

环境对组织学习的重要性已得到人们的普遍认可。在学习型组织的企业文化建设中，创建一个有利于组织和员工学习的人文环境是至关重要的。

首先，企业要树立终生学习的理念。中国有一句古话：活到老，学到老。这里面就包含了终生学习的意义，对于企业来说，必须使员工认识到学习对于企业和个人的重要性，使学习成为人们的自觉行动和终生追求，成为整个组织密不可分的职能。同时，要引导员工树立自我实现的目标，通过自觉学习，增进自我导向学习的能力与动力，从而保证人的素质不断提高和企业不断进步。其次，企业要营造一种有利于知识共享的文化氛围。由于企业间的竞争往往取决于组织整体的学习创新能力，因此，企业必须把集体知识的传播、共享和创新视为赢取竞争优势的途径，在企业内部营造一种平等、民主、自由和谐的气氛，形成一种高度信任、有利于知识传播和共享的人文环境，促进企业员工的相互学习和共同学习，以及团队和组织的持续学习，提高整个企业的学习能力和竞争力。

3）构建与学习型文化相适应的组织结构

首先，要做到人员精减。在组织中创建学习型文化，要使组织成员尽量做到一专多能、一岗多职。对多种知识和技能的掌握，以及对其他工序的了解，可以使员工融合多种知识，在了解相关工序要求的情况下不断改进工作或进行知识创新。其次，使组织结构呈扁平化趋势。在传统组织中，一级主管受到管理幅度的限制，因此为了完成一定的任务，必须设定较多的层次，这延长了信息在组织中流动的时间，从而影响了决策的及时性和正确性。扁平化意味着组织层次的减少，就是借助现代信息技术，增大一级主管的管理幅度，减少管理层次，缩短信息在组织内的流动周期，使决策及时、正确，从而增强组织的适应能力。最后，确保尽量多的知识向一线员工流动。创建学习型文化，就是要激发员工学习的积极性和主动性，使每个员工成为被知识充分"浸泡"的行动者，从而提高知识的使用效率和创新效率。

4）领导者角色的转变

培育学习型文化的关键在于领导。要成功地把传统组织改造成学习型组织，要求领导者先要成为学习型的领导者，领导班子要成为学习型的领导班子，为全员学习、组织学习起到表率作用。仅仅这样做还不够，在学习型文化创建过程中，领导者还要充当以下角色。

第一，领导是学习型组织的设计师。在学习型组织理论的相关文献中有一个形象的比喻，如果把一个企业比作一艘船，领导应是什么角色？船长、领航员还是轮机长？都不正确，应该是船的设计师。因为只有设计师才从根本上影响船的性能。

企业领导要通过战略策划工作对企业的各个要素进行组合，不仅设计企业的结构、政策，更重要的是设计企业的理念，领导者要设计学习的过程。

第二，领导是组织运作的教练。正如一个足球教练一样，他不是交给队员一招一式，而是重在部署战略思想，在战略思想的指导下，每个队员充分发挥自己的技术水平，这样才能取得比赛的胜利。在学习型文化创建过程中，企业领导重在引导观念，引导人们对组织发展和运作的思考，启迪人们对重大问题的思考、设想。海尔集团的领导就较好地充当了教练的角色。他们善于出主意，不断向年轻的经理提出建设性的意见，并听取这些经理的意见，使年轻经理能自由进行试验，勇于面对失败。

第三，领导是实现愿景的仆人。罗伯特·格林里大在其著作《仆人领导》中认为，"仆人领导首先是作为仆人……从一个想服务的自然感觉开始，服务第一。这种意义上的选择给予了领导人一个期望。这种领导与以发号施令为第一的领导截然不同，也许是因为要获得非同寻常权力的驱动与获得实质上的所有之间的区别。"仆人领导的角色表现出对实现愿景的使命感，能够自觉地接受愿景的召唤，并带领员工朝企业的愿景不断努力。

建设学习型组织，培育学习型文化的具体措施可以从莱芜钢铁集团有限公司（简称莱钢）如何构建学习型组织的实践中窥见一斑。

莱钢始建于1970年1月。经过40余年的建设发展，现已成为拥有控股莱钢股份、鲁银投资、齐鲁证券等25个子公司（其中11家已完成改制），拥有总资产准870亿元，拥有职工3.9万名（本部钢铁主业2.6万人），具有年产1 400多万吨钢综合生产能力的大型钢铁企业集团，钢产量居全国前十名。莱钢之所以能取得如此成就，离不开其一直大力开展的学习型文化建设。莱钢将企业文化作为核心竞争力的重要组成部分，大力开展创建学习型企业，建设学习型企业文化，推动了企业持续快速和谐发展。

2001年12月14日，在莱钢集团公司九届二次职代会上，李名岷总经理在工作报告专题中提出了"积极创建学习型企业，培育独特的企业文化"的要求，确定总的目标是把莱钢从传统的"等级权力控制型组织"改造为"学习型组织"，通过创建学习型企业，持续不断地提高学习动力，提高员工的素质和技能，最终提高莱钢的核心竞争力。莱钢先后下发了《关于进一步深化创建学习型企业的实施意见》等一系列文件和规定，指导各单位开展创建。全集团形成了学炼钢经验、创学习型组织的浓厚氛围。集团公司多次召开深度推进会议，不断深化学习型组织创建，取得了较为显著的效果，在国内赢得了"南有江淮，北有莱钢"的美誉。

莱钢在创建学习型企业的实践中，逐渐形成了"学习是基础，改善心智是关键，创新是核心，持续发展是目的"的创建理念，结合企业自身实际，注重改善职工与组织的心智模式，培育积极的心态，提升组织的创造力，在促进企业快速、高效、持续发展的同时，形成独具特色的学习型企业文化。“学习，超越，领先”的企业精神，以及“共赢共享，直到永远”的企业信条等价值理念被广大员工认同，并付诸实践。

首先，在学习中升华生命的意义。

创建学习型企业贵在学习。莱钢把企业精神确定为“学习、超越、领先”，把学习作为一种精神，而不仅仅是一种手段，使广大员工在学习中体会到生命的意义。

（1）树立全新的学习理念。在学习上，莱钢强化了这样几个理念：一是强化职工培训，拓展职工学习的途径，把企业办成一所大学校，突出“培训是职工最大的福利”的理念。二是创新“行动学习”的模式，倡导“工作学习化，学习工作化”的理念，引导广大职工将工作当成学问来研究，使“上班要做三件事——工作、学习和创新”成为职工的座右铭。三是突出团队学习，拓展团队学习的途径和方法，并将各级组织的讨论、交流、策划、攻关、总结等活动赋予团队学习的内涵，突出“成果共享”的理念。四是突出人的自身完善和提高，不局限于一般意义地获得知识和信息，更侧重于组织与个人健康品格和心态的培育，侧重于组织和个人良好学习习惯的养成和能力的提高。

（2）构筑适应企业发展的学习体系。莱钢相继制定出台了《优秀技术技能人才选拔管理办法》《关于加强高技能人才队伍建设的意见》《一专多能管理办法》等制度，为人才的健康成长营造了良好的环境。2009～2014 年，从国内大学聘请专家教授 400 多人次到莱钢给管理、技术干部讲授前沿管理和专业知识。建立了博士后工作站，与清华大学、武汉大学、北京科技大学等多所院校联合，建立了硕士研究生培训基地。每年都选派优秀人员赴国外留学深造。仅 2006 年，莱钢就举办各类培训班 270 多个，培训两万多人次，荣获“国家技能人才培育突出贡献”奖。

（3）促进知识的良性转换。不断深化学习的深度，建立知识管理体系，注重形成信息与知识的收集、交流、整合、流转、分享的管理平台，建立反思、反馈、共享的信息与知识管理机制，建立多种渠道，挖掘企业各个专业、各个层面形成的隐性知识，将其显性化为组织的知识积累，促进企业内外部信息与知识的优化整合，实现隐性知识和显性知识的良性转化。

其次，改善心智模式，塑造员工优秀品格。

莱钢在创建学习型企业的实践中，高度重视员工心智模式的改善，大力倡导新理念引导员工换个眼光看世界，让企业固化下来的文化理念在实践中转化为员工积极的心态、积极的行为模式。

（1）培育大家庭的情怀，熔铸团队精神。莱钢大力倡导“大事业的追求，大舞台的胸怀，大团队的精神，大家庭的情怀”，让“做强做大莱钢，把莱钢建成令人向往的地方”成为员工共同的心声，营造了干事创业、兴建家园的人文环境，并将广大员工被充分激发出来的创造性激情转化成自我超越的能量，使莱钢的劳动关系形成一种良性的和谐互动状态。“在工作中感受生命的意义”，成为莱钢员工新型的工作观。

（2）倡导自省精神，培育积极心态。过去，在企业内部形成了一种传统的不良习惯，这就是出了问题、有了麻烦，总是过多地强调客观，推诿扯皮，甚至把推脱责任看做一种能力。通过建设学习型企业，强化“不归罪于外”的理念，使这种状况发生了根本性的变化。

(3) 坚持系统思考，学会“更聪明、更有效地工作”。“系统思考”这一带有深刻哲理的思维方式被广泛应用于企业管理，成为莱钢分析问题、进行决策的主要思想方法，使莱钢发生了深刻的变化。得益于系统思考的思维方式，各级管理人员由习惯于找“症状解”，转变为寻求“根本解”，学会了从复杂的现象中分析事物的内在联系，找准系统链条中的关键环节，掌握解决问题最有效的方法。

(4) 强化“不自我设限”的理念，促进自我超越。以前大家对于没有做过的事情，没有达到的指标，习惯上的反应就是做不到、不可能，这种自我设限的心态，制约了干部职工潜能的发挥。粒煤喷吹是当今世界喷煤方面的先进技术，这项技术节能效果好、占用场地小、工艺流程短、建设速度快，目前只有少数的国家掌握使用。很多人认为粒煤喷吹在中国行不通，不适应我国的高炉，要求上粉煤喷吹。经过改善心智模式，大家树立敢于挑战、勇于超越的理念，反复进行试验，对 20 多个参数进行了细致研究和分析，掌握了一套适应莱钢高炉生产的操作规律，在半年多的时间里，使粒煤喷吹在中国不但成功了，而且达到了吨铁 100 千克以上。

最后，建立鼓励创新的机制，让创新“飞入寻常百姓家”。

学习型企业文化的本质是创新。学习的效果最终要体现在创新能力上。莱钢为创新重新定位，打破创新的神秘感，让员工认识到：创新并不是高不可攀的事物，也不是专家、学者的专利，人人可创新、事事可创新，只要能有效地改善工作、改进工艺、提高效率、创造价值，就是创新。在企业内着力营造尊重知识、尊重人才、尊重创造的浓厚氛围，促使职工在创造性的活动中充分拓展自己的潜能。建立、健全创新机制。注重人才的培养和使用，把那些创新意识强、善于思考、勇于探索的技术和管理人员放在重要岗位上；加大对创新成果的奖励力度；建立创新成果的推广应用机制；建立集决策、研发、生产、销售、用户研究于一体的现代化技术创新体系，形成人人创新、事事创新、时时创新的良好局面，使创新贯穿于企业生产经营建设和管理的全过程。

尊重群众首创精神，把群众作为创新主体，不断激发群众的创造激情，使创新融入每一名员工的工作、学习、生活。群众性经济技术创新蓬勃开展，小发明、小创造层出不穷，每年都涌现出大量一线工人自己总结的先进操作法、“绝技绝活”等。

5.4　企业文化与技术创新

在企业的一项重要经济活动——技术创新过程中，企业文化起到了什么样的作用？这一问题已经受到了学者的重视。实践也证明，不同的企业文化特征对企业的技术创新作用不同：当前世界 500 强企业出类拔萃的关键就是这些企业具有优秀的企业文化，它们令人瞩目的技术创新、体制创新和管理创新其实是根植于其优秀而独特的企业文化。由此可见，企业文化在企业技术创新中的作用已经逐步被广大管理专家和学者认可，企业文化在企业技术创新中发挥着越来越重要的作用。

5.4.1　技术创新的内涵

创新是美籍奥地利经济学家约瑟夫·熊彼特于 1912 年在《经济发展理论——对于

利润、资本、信贷、利息和经济周期的考察》一书中提出的一个经济学概念。约瑟夫·熊彼特认为，创新就是把生产要素和生产条件的新组合引入生产体系，即建立一种新的生产函数。他把创新活动归结为以下五种形式。

(1) 引入一种新的产品或提供一种产品的新质量标准。

(2) 采用一种新的生产方法、新技术或新工艺。

(3) 开辟一个新的市场。

(4) 获得一种原料或半成品的新的供给来源。

(5) 实行一种新的企业组织形式。

继约瑟夫·熊彼特之后，西方经济学家在发展创新理论的过程中把创新区分为技术创新和制度创新。

目前，关于技术创新的定义，被广泛认可的主要有以下几种。

经济合作与发展组织（Organization for Economic Co-operation and Development，OECD）：技术创新包括新产品和新工艺，以及原有产品和工艺的显著技术变化。如果在市场上实现了创新，或者在生产工艺中应用了创新，那么创新就完成了。OECD 的定义强调了新产品、新工艺，以及它们的“显著技术变化”，同时也隐含着创新与技术创新是两个概念的思想。

美国经济学家 Mansseld（1998）认为，一项发明当它被首次应用时可以称为技术创新，技术创新是指一种新产品或新工艺被首次引进市场或被社会所使用。产品创新是 Mansseld 的主要研究内容，他把产品创新视为以企业对新产品构思为开始、以新产品的销售和交货为终结的探索性活动。Mansseld 对技术创新的定义为后来学者认可并采用。

美国学者缪尔塞（R. Mueser）认为，技术创新是以其构思新颖性和成功实现为特征的有意义的非连续性事件。这个定义表达了以下两方面的特殊含义：一是活动的非常规性，包括新颖性和非连续性；二是活动必须获得最后的成功实现。将技术发明所阐明的技术新思想转变成可以投入市场的产品和工艺，在此基础上，通过功能、结构、市场三方面的分析，将技术原理上的可行性转变为具有一定市场占有的可行性，完成这个过程就是技术创新。

虽然定义有所不同，但有一个共性就是技术创新在于强调技术的新颖性和成功的实现性，即它是一个典型的融科技与经济于一体的系统概念。所以我们将技术创新理解为一个从产生新产品或新工艺的设想到市场应用的完整过程，它包括新设想的产生、研究、开发、商业化生产到扩散这样一系列活动，本质上是一个科技、经济一体化的过程，是技术进步与应用创新共同作用催生的产物，它包括技术开发和技术应用这两大环节。这样理解的技术创新的最终目的包括了技术的商业应用和创新产品的市场成功两个方面。

优秀企业在技术创新方面各具特色。例如，三星电子在产品开发上遵循这样一种战略原则：开发周期要比日本同行快 3～6 个月，比中国同行快半年。几年下来，许多日本公司放弃同三星电子的竞争。海尔也非常重视技术创新。小小神童洗衣机、能洗地瓜的洗衣机，这些产品创新都是技术创新的成果。海尔在促进企业创新中，坚持整个公司分享技术。虽然开发产品的责任是落在每一个部门的，但是技术是属于整个公司的。每个部门都可以获取整个公司的技术，但同时也负有与其他部门分享用户技术需求的责任。

5.4.2　促进技术创新的文化因素

企业文化和技术创新虽然在表面看起来，是两种不同的行为方式，但技术创新工作的顺利开展需要良好的企业内部环境，而企业文化建设对于内部环境的塑造发挥了基础性作用。从技术创新的内涵中可以看出，技术和市场是技术创新的主要影响因素，但是有时候同行业中具有类似技术能力，且市场条件也相同的企业在技术创新上却大不相同，究其原因，是企业文化这一第三维度在起作用。

1. *构建技术创新的文化动力*

企业文化是企业发展最为持久的动力，良好的企业文化对技术创新的促进在于为技术创新提供某种内在动力，主要表现在以下三个方面。

1）自我激励

人的发展首先在于满足其不同阶段的需要，人们在追求其需要的过程中，实现自身价值，这样就产生自我激励。人的发展是企业文化的根本主题，只有人发展了，才能说企业取得了发展。从根本上说，技术创新是人的创新。因此，人的创新与人的需要乃至人的发展是统一的。企业文化激励人的发展，人的发展激发人的创新行为，进而促进技术创新的实现。也就是说，企业文化通过人的发展为技术创新提供一种内在需求的动力。在企业环境中，企业文化把其发展落在每个人的需求上，而人在技术创新活动中，通过追求技术创新的实现，人的发展价值和意义得以充分表现。

2）追求卓越

追求卓越是许多企业文化的一个重要主题。美国管理学家米勒在《美国企业精神》一书中指出，卓越并非一种成就，而是一种精神。这种精神主宰了一个人或一个企业的生命和灵魂，它是永不休止的学习过程。追求卓越是一种永不满足的追求出类拔萃的进取精神，它使企业家大胆开拓，不断创新。

按照约瑟夫·熊彼特的创新理论，创新是一种创造性的破坏，它创造出一个新世界，同时也要破坏一个旧世界。要进行技术创新，就要冲破传统；要冲破传统，就要克服来自于传统的各种因素的制约。这些制约因素有即成性，容易使企业发展满足于现状，接受现状，养成一种惰性，失去批判精神，失去创新的精神。技术创新在于否定其过去，而非否定现状，以现在的起点重新再来，这不仅是如何克服传统制约因素的问题，更重要的是勇气问题，企业需要有创新精神。追求卓越就是一种否定现状，追求创新的精神。这种精神使企业时刻意识到自己的处境，明白自己在社会发展中的地位，从而使企业不断地走向技术创新之路。

3）敬业精神

敬业精神是企业文化的一个重要方面。敬业精神传承于价值观念，它体现了企业对自己发展的信念、倾向、主张和态度，对企业行为起到导向、评价、选择的作用。从这个意义上说，它成为促进技术创新的文化动力。作为一种文化动力。敬业精神提供了一种价值规范，为技术创新的决策直到创新产品的销售都提供了一种合理的观念，把创新者的情感融入技术创新之中。敬业精神使人产生一种情感冲动。当技术创新作为企业发展的出路时，敬业精神就为技术创新行动提供精神动力和合理的依据。敬业精神体现了企业成员对企业发展的一份责任感。作为企业的成员，每个人都有责任、有权利、有义务来为企业发展出谋划策。这不是企业领导的事务，而是企业所有成员的事务。敬业精神在于把心思投入企业发展中，并不局限在为个人谋取利润、赚钱的层面上。谋取利润、赚钱当然是必要的，但这并不是企业发展的全部，而是要按照敬业精神的力量，形成一种积极向上、团结一致的观念，促进技术创新深入，带动企业发展。其实企业发展的许多工作并不一定有经济利益，只能通过企业文化，才能真正把这些工作落到实处，把技术创新落到实处，使技术创新有持续发展的力量。

2. 塑造有利于技术创新的企业文化

在企业技术创新中。企业文化主要发挥着以下两个方面的作用：一是防止伴随企业的成长而形成的企业文化上的惰性，这种文化惰性使企业不能适应急剧变化的环境，造成技术创新动力不足；二是积极塑造企业文化，引发创新潮流，推进持续的技术创新过程，主要从以下几方面着手。

1）以企业家精神作为企业组织文化的基石

约瑟夫·熊彼特于 1912 年在《经济发展理论——对于利润、资本、信贷、利息和经济周期的考察》中提出创新理论时，就把职能是实现新组合（创新）的人们称为企业家。他指出，发展就是执行新的组合。他把企业家精神——首创精神、成功欲、征服的意志、甘冒风险，看做经济发展最主要的动力。企业家精神对塑造企业文化至关重要，是企业文化的“灵魂”。企业家精神应该在企业中营造不断创新的氛围，并成为主导企业的潜意识，成为合适的企业行为的意识。

2）塑造能够激发创新性，推动技术创新的企业价值观和规范

价值观和规范是群体形成的，是对组织可接受的态度和行为的期望。对技术创新企业文化进行管理，其目标就是要激发创造性、推动技术创新，这就要求在企业中形成能够促进创新和变革的价值观和规范，以此指导人们的行为，包括支持冒险与变革、允许失败、强调沟通与合作、发挥团队作用、以人为本、信息共享等。尽管从技术创新的角度讲，这些价值观和规范具有共性，但对具体的企业来讲，在设计时要表现出企业自身强烈的个性，使企业与众不同。

例如，长虹集团就是用企业文化来支持技术创新的。

长虹集团是 1958 年建立的军工企业，它的前身是国营长虹机器厂，是我国“一五”期间 156 项重点工程之一，是我国唯一的机载歼击火控雷达生产基地，至今仍承担着国家重要的军品生产的任务。改革开放以来，长虹面临着极其艰难的外部环境。与许多军工企业一样，需要从军工向民用转移。应当说，长虹“军转民”的过程是相当成功的。

随着“军转民”过程的开展，长虹公司也开始了它的技术创新历程。此时，长虹的技术创新主要是把军事技术向民用技术转移。长虹结合自身的特点，把军工企业巩固国防、保卫祖国的传统理念和崇高使命同市场经济服务社会结合在一起，导出其企业哲学，即必须将公司的生存与发展和国家利益、社会利益结合在一起，以此为依据制定出

公司的目标体系。

根据其企业哲学，长虹确立起以产业报国、振兴民族工业为己任的最高价值目标。这个目标为企业发展确立起了一种敬业精神。在这种敬业精神的引导下，在十几年的发展过程中，长虹始终坚持把文化精神的动力注入其技术创新的方方面面。长虹的技术创新注重加速企业的技术进步，把技术进步放在企业发展的关键地位，走内涵式的发展道路，既着眼于其先进性，又着眼于其经济性。

为了使技术创新能够延续下去，长虹从保持技术领先入手，以敬业报国为理念，投入巨资建立国家级的技术开发中心，配置先进的研制、试验设备，直接从事研究开发的人员达 2 000 人，具有强大的技术开发和新产品研制能力。长虹每年把自留资金的 60% 用于技术创新。在技术创新链条中，长虹确立起了“生产一代、研制一代、储备一代、开发一代”的理念，每年的新产品销售收入都要占当年销售收入的 50%以上。

与此同时，长虹还实施了以敬业精神为核心的人才战略，实行“尊重知识、博览人才、竞争上岗、优胜劣汰”的人才选拔机制。长虹 1995 年就投资 2 000 多万元建立了占地近 80 亩（1 亩≈666.67 平方米）的全功能现代化培训中心。同时，长虹还通过接受国家计划统分的双优生、公开向社会招聘人才等，吸纳了大批人才。长虹还与日本东芝公司签署了《长虹东芝合作协议书》，与荷兰的飞利浦公司签订了长期技术合作协议，与德国的西门子公司，以及美国的多家公司进行了若干技术合作。这样一来，长虹便可以及时吸取当今世界技术潮流前沿的最新成果，为技术创新提供强力支撑。

自从 1985 年引进第一条彩电生产线和彩电技术以来，长虹一直从企业文化的角度把技术创新深入下去。长虹不仅完成了由单一的军品生产到军民品结合的战略转移，由生产型过渡到生产经营型，而且还以创世界名牌为战略目标，通过技术开发、市场开拓、科学管理、股份制改造、资本运营，使企业的经济指标每年均以 50%的速度递增，从而成为集设计开发、生产制造、经营管理为一体的紧密型电子企业集团。

长虹是国家首批一级企业、中国最大的彩电基地，独家荣获“中国彩电大王”殊荣。“长虹”已成为中国驰名商标，长虹产品几乎囊括了国家颁发的各种荣誉，长虹被世界银行组织誉为“远东的明星”。因此，长虹的成功不仅仅是经济的成功，更是企业文化的成功。

3）及时变革、重塑企业文化

及时变革、重塑企业文化，使之适应引发创新流、推进持续的技术创新过程的需要。从技术创新动态过程模型可知，每次创新浪潮都有其流动、转换、特性阶段，都经历由产品创新率达到顶点、主导设计出现，然后逐渐衰退，紧接着是工艺创新的起伏。在特性阶段，产品创新和工艺创新率都很低，之后，下一次创新浪潮出现，重复上述过程。从长期看，一次次技术创新浪潮形成了持续不断的创新流，并不是每个企业都能够经历这些阶段并得到发展的。对企业来讲，不能进入创新的下一阶段，不能进入下一次技术创新浪潮的原因可能有很多，但从企业文化的角度来分析却有一些共性，那就是企业在发展中缺乏沿着变化和进步方向转移企业战略和竞争态势的思想准备。实际上，创新浪潮的每一阶段、每一次产品的更新换代都需要相应的，或完全不同的战略、结构、文化和领导技能，企业需要密切关注技术和市场的变化，追逐变化，并在变化到来之前进行企业文化的变革，消除因以往成功而带来的文化上的惰性，清除组织及思维与行动方式上的障碍，塑造具有学习和适应环境变化能力的企业文化，为技术跳跃做准备。

4）创建学习型组织

企业文化的形成是一个长期的、渐进的过程，要在技术创新中发挥企业文化的作用，最根本的是建立学习型组织。通过不断的、开创性的组织学习，形成创新的不断学习机制，改变人们的认知结构，提高组织的创造力。

5.4.3 企业文化与技术创新的匹配

技术创新是企业提高竞争力和获得竞争优势的主要源泉，文化作为维持竞争优势的一个源泉，对技术创新方式有着重要的影响作用。实际上，不同企业在技术创新上有不同的表现，这归根结底是由企业间的文化差异造成的，而文化差异是不同类型的文化之间差别的具体表现。因此，研究不同企业文化类型对技术创新的影响具有重要意义。

关于企业文化的分类，Wallach（1983）清楚地定义了三种独立的、可以测量的企业文化，即官僚文化、创新文化、支撑文化（表 5-2）。该文化分类针对管理者对权力、从属关系的需要，以及对工作成就的预期、满足感，还有离开企业的倾向都有影响。

表 5-2 Wallach 的企业文化分类

分类	特征及特点
官僚文化	有明确的责任和权利，高度的组织性，分类明确，系统性强。信息与权力的流动具有等级性，依赖于权力的控制 特点：有等级区分、程序化、结构鲜明、基础牢固、谨慎和有权力倾向
创新文化	工作环境极富创造性，只有接受挑战与冒险才能接受这种变化。工人经常受到激励 特点：冒险、成果显著、创造性、挑战性、有进取心和有动力
支撑文化	提供了一种宽松和谐的环境，工人之间平等互助 特点：鼓励、诚信、公平、安全、关系亲密和互相合作

对技术创新的分类，根据创新路径的不同，可以从不同的角度对技术创新进行不同的分类。本书从参与主体的角度将技术创新分为两种基本类型，即自主创新和合作创新。自主创新是指企业通过自身的努力和探索产生技术突破，并在此基础上依靠自身的能力完成技术的商业化并获取商业利润的创新活动。对于企业来说，由于没有其他企业的参与和介入，自主创新可以有效地防止技术专长的泄露，这对于企业的核心技术是一个很好的保护。更重要的是，自主创新为企业提供了独特的知识与能力积累的良好环境，能够有效地提高企业的研究开发能力，增强企业的核心能力优势，并由此带来一系列的优势。合作创新是指经济和法律上独立的经济行为主体，以技术合同为基础，依照各自的优势分担技术创新不同阶段所需投入的资源，组织技术创新活动，按照合同事先确定的方式分摊创新风险，分配创新收益的合作过程。

1. 官僚文化与技术创新

20 世纪初，马克斯·韦伯（Max Weber）创立了著名的官僚组织理论。按照马克斯·韦伯的理想类型观点，官僚制结构具有如下特征：公务运行具有一贯性和持续性，存在固定的、安排有序的规则；职务的等级和审级原则；形式主义的非人格化特征；职务工作的专业化和技术化；“公”和“私”的严格区分。由于官僚组织的特点，所以官僚化会阻碍创新，主要是由于中层监督部门或下层专业化操作人员凭借其私有信息或共同利益组成利益集团，对上层管理者的决策及其对下级绩效的评价产生影响，并且通过单边合约，形成共谋，共同操纵传递给上层管理者的信息，从而产生严重的创新阻碍效应。所有的官僚公司基本都是成熟的、稳定的和相对谨慎的。官僚文化具备以下特征：有等级区分的、程序化的、结构鲜明的、命令的、有规律的、基础巩固的、团结的、谨慎的和有权力倾向的。而创新需要相当的成本，官僚文化基于其内部特征不鼓励创新，官僚文化较难以容忍创新过程中存在的模糊性。官僚组织中谨慎的认知及行为，对于创新的风险性总是过高估计，任何创新都会遭到依赖既有知识的员工甚至管理者的反对。因此，官僚文化对自主创新和合作创新都是不支持的。

2. 创新文化与技术创新

一个明确的创新目标不但可以引导技术创新任务的完成，而且较高的明确的目标能提高参与者的创新能力从而促进创新的实现。创新文化的一个表现就是企业员工喜欢追求挑战性的工作，从而促进企业的技术创新。创新文化是一种压力承受型的企业文化，在创造型的文化下企业愿意承受较大的环境压力，并且会在环境的压力下寻求技术创新。与组织内部因素对创新有着重要影响一样，外部环境也极大地影响着组织的技术创新。而有压力的环境会使企业通过以下两条基本途径促进技术创新：一是通过对环境进行扫描，从客户、供应商、竞争对手处获取信息，并获取有关的市场与技术发展趋势的信息；二是与外部组织合作以获取创新必需的但企业自己又缺乏的资源。所以，创新文化将促进企业内的自主创新，从而提升技术创新能力。

合作创新中存在着两类基本的风险，即技术不确定性与合作关系的不确定性，这使创新联盟天然地处于风险和不稳定之中。基于资源的观点认为，技术不确定性越高，企业间建立技术联盟的可能性越大，这种观点是建立在不考虑企业文化风险倾向的基础之上的，相关的研究表明，企业文化的风险回避性越强，面对高风险时企业寻求建立技术联盟的倾向就越高。然而创新企业文化的风险倾向较高，就使即使面临一定的技术创新风险，企业寻求建立技术联盟以进行合作创新的意愿也要小得多，因此创新文化不利于企业合作创新关系的建立。

3. 支撑文化与技术创新

支撑文化提供了一种宽松和谐的环境，工人之间平等互助。在支撑文化下，员工之间平等互助，充分地交流信息，这就加强了组织中的非正式沟通，有利于形成一些非正式的团体，在企业中合理妥善地利用非正式团体的力量解决管理过程中的问题，往往会达到事半功倍的效果。从创新过程来说，非正式沟通形成的文化网络有利于企业进行创新过程中信息的收集、检验和反馈，有利于加强企业内各元素的联系，解决创新过程的内部矛盾，有利于保证信息的畅通，为企业的运转注入活力。从冲突管理、参与管理和企业沟通方面来看，在支撑文化下能够更好地解决或缓解创新过程中遇到的冲突问题，为有效地实施员工参与管理提供了良好的氛围，能够增强创新过程中信息的交流。因此，支撑文化通过促进企业的正式沟通与非正式沟通，为企业的创新提供了一个良好的平台，有利于自主创新项目的实施。

此外，支撑文化倡导平等、开放、合作和信任，注重交流。在支撑文化的企业中，员工之间以及员工与企业经营者之间是友好、公平和互助的。公司以人性化原则为基础来建立社会交往与协作的氛围，崇尚个人的自由与成员间相互尊重的价值观。支撑文化的这些特征决定了支撑文化将有利于克服合作创新中存在的问题。首先，支撑文化的企业在合作创新时，易于在合作创新治理模式中建立起支撑型的合作创新组织文化；其次，支撑文化的合作和信任特征将降低合作创新过程中的谈判成本，而注重交流必然降低合作创新中的沟通成本及交易成本；再次，支撑文化体现出的信息交流和互相合作，对于降低合作失败的风险十分重要；最后，由于知识的有效传递更依赖于合作各方自身的努力和能力，而支撑文化的特征之一就是注重交流、倡导合作和信任，因此，支撑文化有利于知识的有效传递。

总之，官僚文化既不利于企业的自主创新，也不利于企业的合作创新；创新文化有利于企业的自主创新，但不利于企业的合作创新；而支撑文化既有利于企业的自主创新，也有利于企业的合作创新。不同的企业文化特征影响着企业的创新方式。因此，企业在进行技术创新时，应注重构建合理的文化方式并选择适合于企业文化的创新方式，从而有助于企业技术创新能力的提升。

当前，在我国改革开放体制转换的时期，传统文化与现代文化、东方文化与西方文化的碰撞表现得很明显。企业内，人们传统的价值观、文化习俗、思维方式、行为规范、道德准则受到西方文化和现代文化的猛烈冲击。经济主导型文化、现代型文化、竞争型文化和理性文化在逐步取代过去的政治为本型文化、伦理型文化、保守型文化和非理性文化的主导地位。各种文化的冲突、交融，在未达到有序之前，表现为一片混沌。企业经营者必须目光敏锐，站在历史潮流的前头，明辨各种文化的积极作用和消极影响，以中华民族优秀的传统文化为本，并融其他一切优秀文化为一体，积极倡导进取、开拓、创新、求变精神，抓住时机，努力塑造一种有利于企业技术创新和企业变革的企业文化。

案例分析：阿里巴巴的核心竞争力——阿里巴巴文化

从刚开始的艰苦创业，无人理会，到环游演讲，宣传企业文化，从原来被认定的“谎言、骗子”到被称为“信息高速公路之父”，从十几个人挤在一个房间起早贪黑，到阿里巴巴在香港上市，马云让“一个帝国平地而起”。他大声地向世界诉说自己的理想。西湖论剑，进军C2C（consumer to consumer，即个人与个人之间的电子商务模式）市场，收购中国雅虎，阿里巴巴正向着“让天下没有难做的生意”这个使命挺进。

1. 阿里巴巴的企业文化

（1）远景目标：成为一家持续发展102年的企业；成为全球十大网站之一；只要是商人就一定要用阿里巴巴。

（2）使命：让天下没有难做的生意。

（3）阿里巴巴“六脉神剑”的价值体系。

第一，客户第一。关注客户的关注点，为客户提供建议和咨询，帮助客户成长。

第二，团队合作。共享共担，以小我完成大我。

第三，拥抱变化。突破自我，迎接变化。

第四，诚信。诚实正直，信守承诺。

第五，激情。永不言弃，乐观向上。

第六，敬业。以专业的态度和平常的心态做非凡的事情。

2. 企业文化的贯彻自上而下、由里到外

在中国的本土企业，企业家想打开国际市场的心理是迫切的，而获得这种效果最直接和简单的方法就是跨国并购。从几年前联想合并 IBM，到 2010 年的吉利收购沃尔沃，这些跨国的并购案例说明，整合的实现困难重重，但马云做到了。在 2000 年，互联网“泡沫”到来的时候，马云从 GM 挖回了首席运营官（chief operation officer，COO）关明生，开始了整顿，重新重视企业文化，并进行了三件大事，即“延安整风运动”“抗日军政大学”“南泥湾开荒”，这就是为什么在碰上“非典”的时候，被隔离的全公司成员依然能保持热情，积极地在家通过线上联络进行正常的办公。也许，SOHO（small office home office，即家居办公）一族就是这样开始流行的。这样坚定在所有员工心中的企业文化，就是后来“雅巴联姻”进行企业整合时的基础。“如果文化有冲突，如果意见不一致，即使能力再强，都请离开。”这是马云说的话。一种文化整合另一种文化，同性质再强，也不是一件容易的事情，但是，只经过一两个星期，原雅虎的员工就开始了新的工作。

3. 极具“江湖情怀”的西方运作管理模式

阿里巴巴有一个流传很广的管理理念，就是“东方智慧，西方运作”。马云认为东方人有深厚的智慧积淀，但在商业运作能力上有所欠缺。西方很多东西用制度来保证，而中国用人来保证。因此，在公司的管理、资本的运作、全球化的操作上，马云均毫不含糊地“全盘细化”。阿里巴巴有一个规定，要想担任主管职位以上的人，必须在海外受过 3～5 年的教育，或工作过 5～10 年。除 CEO 马云自己以外，首席技术官（chief technology officer，CTO）吴炯、首席财务官（chief financial officer，CFO）蔡崇信都是有海外工作经验的高级人才，而就在 2005 年 12 月，阿里巴巴高层发生了人事变动，马云的妻子张瑛也宣布退任。

“我始终认为企业最值钱的是人才。但为了保持企业的竞争力和一支优秀的员工队伍，我们会坚持实行‘末位淘汰’制，将最后 10%的员工淘汰，因为我们不淘汰他们，市场和股东就会淘汰我们。”马云始终坚持着这种简单而有趣的管理机制，促进企业所有员工积极努力地工作。阿里巴巴需要超高的技术人员，但同样需要有能力的管理人才，分两条线进行提升，并将所有的提升等级划分清楚，这也是“东方智慧，西方运作”的精髓之处。

4. 进攻就是最好的防守

当电子商务领域需要建立诚信体系，他们就建立了诚信通服务；需要交易市场，他们就建立了阿里巴巴和淘宝网；需要安全支付，他们就打造了支付宝；需要方便找到信息，他们就收购了中国雅虎；而在他们看到，很多中小型企业生意越做越大，需要软件来管理自己的企业时，他们同样开始了阿里巴巴的软件征程。这就是马云坚持的“进攻就是最好的防守”。

但曾经，当王峻涛说：“未来的中国有可能是C2C发展的市场。”马云极力反对，坚持自己的B2B（business to business，即企业对企业的营销模式）才是中国的未来。而在几年之后，马云也潜入B2C（business to customer，即企业到用户的电子商务模式）、C2C的领域中。世界在发展，不能用原有的计划束缚自己，应该以变应变。当eBay坚持着付费上架，在严格控制买卖双方的联系时，阿里巴巴却开发出了阿里旺旺，打着“上班用旺旺，下班用QQ”的旗号。他们从不想着怎么把顾客口袋里的5块钱赚到手，而是想怎么才能让顾客赚到钱，同时获得自己应得的。敢于最先，勇于突破，以顾客第一为指导自己前进的价值观。阿里巴巴战胜了世界C2C巨头eBay，成功地扩张了自己的“版图”。

阿里巴巴的“六脉神剑”着实像一条绳子，将企业的所有成员捆绑在一起。正因为如此，和马云一起创办阿里巴巴的十八罗汉一直到现在也没有一个人离开。他们共担风险，共负盈亏，共同努力，造就了阿里巴巴辉煌的今天。

（资料来源：王乾龙. 阿里巴巴的企业文化[M]. 广东：深圳海天出版社，2010.）

讨论题：

（1）结合案例谈谈阿里巴巴企业文化的独到之处。

（2）结合案例分析阿里巴巴文化是如何转化为核心竞争力的。

第六章　企业管理与企业文化

引例　西安杨森：文化是魂

西安杨森制药有限公司（简称西安杨森）是目前我国医药工业规模最大、品种最多、剂型最全的先进技术型合资企业之一。合资中方为陕西省医药工业公司、陕西省汉江制药厂、中国医药工业公司和中国医药对外贸易总公司，以陕西省医药工业公司为代表，外方为美国强生公司的成员比利时杨森制药有限公司。

强生公司是当今世界上规模最大、产品最多元化的生产消费者护理品、处方药品和医疗专业产品的企业，截至1999年强生在世界50个国家拥有168个子公司，并向150个以上的国家销售产品。截至2010年，强生公司在中国有7家合资、独资企业。比利时杨森公司创办于1953年，1961年加入美国强生公司。截至2010年，比利时杨森已成功研制出80多种新药，成为世界上开发新药最多的制药公司之一。

比利时杨森是以发明新药为主的公司，创始人杨森博士一生的主要追求是将更多更好的新药介绍给更多的人。他对中国怀有好感，说“如果我发明的新药不能供占全世界人口1/4的中国人使用，那将是莫大的遗憾”。于是，在中国改革开放之初，比利时杨森公司就主动到中国尝试进行合作。

经过3年的谈判，1985年10月，西安杨森制药有限公司成立了。总投资19亿元，注册资本比例为外方占52%，中方占48%，合资期限50年。

1. 严格管理，注重激励

合资企业的工人和中层管理人员是由几家中方合资单位提供的，起初，他们在管理意识上比较涣散，不适应严格的生产要求。鉴于此，合资企业在管理上严格遵循杨森公司的标准，制定了严格的劳动纪律，使员工逐步适应新的管理模式，培养对企业和社会的责任感。

他们通过调查研究发现，中国的员工尤其是较高层次的员工，价值取向表现为对高报酬和工作成功的双重追求。优厚的待遇是西安杨森吸引和招聘人才的重要手段，而不断丰富的工作意义，增加工作的挑战性和成功的机会则是公司留住人才的关键所在。在创建初期，公司主要依靠销售代表的个人能力，四处撒网孤军奋战，对员工采用的是个人激励制度。他们从人员——职位——组织匹配的原则出发，选用那些具有冒险精神、勇于探索、争强好胜又认同企业哲学，并对企业负责的人作为企业的销售代表。他们使用的主要是医药大学应届毕业生和已有若干年工作经验的医院代表。这两类人文化素质较高，能力较强，对高报酬和事业成就都抱有强烈的愿望。另外，西安杨森大力宣传以“鹰”为代表形象的企业文化，他们这样解释：“鹰是强壮的，鹰是果断的，鹰是敢于向山巅的天空挑战的，他们总是敢于伸出自己的颈项独立作战。在我们的队伍中，鼓励出头鸟，并且不仅要做出头鸟，还要做搏击长空的雄鹰。作为企业，我们要成为全世界优秀公司中的雄鹰。”

2. 注重团队建设

在培养“销售雄鹰”的同时，他们还特别注重员工队伍的团队精神建设。在1996年年底的销售会议中，他们集中学习并讨论了关于“鹰的启示”。

“……当每只雁展翅高飞时，也为以后的队友提供了向上之风。由于组成V字队形，可以增加雁群71%的飞行范围”；启示是分享团队默契的人，能互相帮助，能更轻松地到达目的地，因为他们在彼此信任的基础上，携手前进。“当某只雁离队时它立即感到孤独飞行的困难和阻力。它会立即飞回队伍，善用前面同伴提供的向上之风继续前进”；启示是我们应该像大雁一样具有团队意识，在队伍中跟随带队者，与团队同奔目的地，我们愿意接受他人的帮助，也愿意帮助他人。

经过大力的企业文化建设，员工的素质得到了不断的提高，员工对公司产生了深厚的感情，工作开展得更加顺利。特别明显的是，在20世纪80年代后期困扰公司的员工稳定问题得到了很好的解决。当时由于观念原因，许多人到西安杨森工作仅是为了获得高收入，当自己的愿望得不到满足时就产生不满，人员流动性曾连续几年高达60%，如今，他们已使员工深深认同公司的企业文化，喜爱公司的环境和精神，1996年和1997年人员流动率已降至6%～10%。

3. 充满人情味的工作环境

西安杨森的管理实践，充满了浓厚的人情气息。每当逢年过节，总裁即使在外出差、休假，也不会忘记邮寄贺卡，捎给员工一份祝福，在员工过生日的时候，总会得到公司领导的问候，这不是形式上的、统一完成的贺卡，而是充满领导个人和公司对员工关爱的贺卡。员工生病休息部门负责人甚至总裁都会亲自前去看望，或写信问候。员工结婚生小孩，公司都会把这视为自己家庭的喜事给予热烈祝贺，公司还曾举办过集体婚礼。公司的一些活动，还邀请员工家属参加，一起分享大家庭的快乐。西安杨森的内部刊物，名字叫《我们的家》，以此作为沟通信息、联络感情、相互关怀的桥梁。

（资料来源：代凯年. 管理案例博士点评[M]. 北京：中华工商联合出版社，2000.）

6.1 企业领导与企业文化

企业领导是企业文化建设过程中的关键影响因素之一，良好的企业文化是许多代领导者持续倡导的结果；另外，优秀的领导者是在一定的企业文化环境中塑造出来的。企业领导者与企业文化密切相关，它们之间是相互作用和相互影响的。

6.1.1 企业领导对企业文化的能动作用

有人说“企业文化就是企业领导文化”。企业领导的确在企业文化的形成、根植与创新中具有重要的影响。沙因认为企业领导对企业文化的影响作用主要体现在以下环节。

第一，重视、调节、控制企业文化。企业领导传递信仰的最好办法是一贯重视。这里的重视是指注意和评论事物，经常对某些事物进行调节、控制和奖励，即使是那些只适合某一方面的偶然建议和意见也能像正式的控制方法和措施那样有效。如果领导者意识到这个过程，那么，一贯重视某些事物就是传递某种信息的一种强有力的影响。另外，如果领导者没有意识到这一过程的力量，或者他们所重视的事物不一致，那么员工就要花费大量时间和精力来理解领导者行为的真正含义。按照这一思路，企业领导通过他们倾向性的选择、情绪、关注、评论来传递他们的价值观，就会产生强烈的效果，这些信息往往反映在会议上，也反映在制订计划的活动中。当员工违反了自己的价值观时，他们要及时做出调节和控制，保证员工正确理解和执行自身的价值观。

第二，对重大事件和危机做出反应。在企业面临危机时，企业领导处理危机的行为方式创造了新的规范、价值观和工作程序，并显露了一些重要的潜在价值观。例如，当企业面临销售额急剧下降、库存增加、技术老化和随之产生的为削减成本而需要解雇职工等方面的危机时，企业领导怎样处理这种危机显露了他本人的价值观。如果企业领导面对这种危机不是去解雇职工，而是通过缩短工作时间或减少所有员工和管理人员的工资，在不减少人员的情况下降低成本。这就表示企业领导对员工关心，他们希望员工对企业保持长期的忠诚。

第三，角色示范、教育和培训。企业领导的公开行为对于向员工传播价值观有着非常重要的价值，所以每个企业领导者都应该争取成为企业的英雄。领导者只有在员工中树立起高大的形象，才能被广大员工衷心敬爱、拥戴和崇拜，他们所倡导的价值观才会真正被广大员工接受和认同。

第四，制定分配薪酬和提升员工的标准。企业员工都从自己的提升、工作绩效评价，以及与上级领导讨论问题的经历中认识到企业重视和惩罚什么样的行为和现象，从而也就能理解上级领导的倾向、价值观。如果企业领导分配薪酬时把多劳多得、员工对企业的贡献作为依据，员工就会努力工作，以获得较高的薪酬；如果企业领导分配薪酬时没有具体的标准，让全体员工吃大锅饭，这样就会挫伤他们的积极性。企业领导提升员工时如果论亲疏远近，就会使一些有发展潜力的员工流失；如果辛勤工作、做出贡献的人能得到提升，那么员工努力为企业工作的积极性就会调动起来，企业的向心力、凝聚力就会得到增强。

第五，招聘、挑选、提升、退休和解雇职工。企业挑选新成员是内化和渗透企业文化最好的时机，实践证明也是最有效的。一般情况下，企业总是根据应聘人员的价值观念和行为方式是否与自己企业的文化相吻合来决定是否聘用。如果拟雇佣员工在风格、价值观方面与企业格格不入，那么他是不会被雇佣的。通过谁是否被提升，谁提前退休和谁被解雇等标准进一步增强基本的文化建设。例如，在一个硬汉胆识型文化的企业中，企业员工必须保持一种不屈不挠的英雄姿态。一位新雇员打听为了成功需要学些什么，一名老员工回答道："学会不要在公开场合哭泣。无论怎样伤心，回到你的办公室里独个儿哭去。"要在这种文化中生存，就必须要有拼搏精神，能忍受全胜或全输的风险，否则将会被淘汰出局。

另外，企业领导还可以通过企业的组织结构设计、企业的制度和程序；物体的空间、外表和建筑物的设计；重大事件和重要人物的故事、传说、神话和寓言；企业宗旨、纲领和章程的正式说明等辅助方法来塑造企业文化。这些方法只有与上述五种方法一致时才能产生作用，在两大类方法保持一致时，企业的思想体系才开始产生，企业文化才能最终形成。

总的来说，企业领导在企业文化塑造过程中发挥着核心作用，并扮演着以下三种角色。

第一，企业价值观的缔造者。企业价值观是企业在经营管理、追求成功的过程中，逐步建立起来，并为员工所推崇、奉行的一种共同的价值取向、心理势向和文化定势。作为企业核心的企业领导，他的价值判断和事业追求必然通过企业的市场定位和发展战略等体现出来，这些通过经营管理过程影响员工的思想观念，最终形成具有特色的企业价值观，如惠普公司的比尔·休利特和大卫·帕卡德。他们的一整套企业经营管理思想后来被称为“惠普之道”，由此催生出一种强力型企业文化。这种企业文化之所以形成，是因为比尔·休利特和大卫·帕卡德在公司创立之初就怀有一些共同的核心价值观。另外，惠普拥有今天的文化，还因为两位创始人聘用、选拔了具有共同价值观的员工，为其经营策略、经营思想奠定了坚实的基础。

第二，企业观念转变的带头者。随着经济的全球化，企业面临着迅速变化的环境，企业领导必须克服惯性思维，把观念调整、转变到适应市场经济和时代发展的高度上来。企业观念的转变带来企业机制的更新，企业领导带领全体员工不断打破僵化的和固有的旧机制，在动态中追求开放的和富有生机的新机制。同时，企业文化必然随之做出调整和更新。在韦尔奇执掌通用电气公司的 19 年中，带领着他的公司一路前进，并因此连续 3 年在美国《财富》杂志“全美最受推崇公司”评选中名列榜首。他的最成功之处在于从根本上改变了通用电气公司的经营观念：一是将通用电气公司从制造商变为服务商；二是定位企业“生产”的是人才，韦尔奇自身也认为他一生中最大的成就莫过于培育人才。通用电气公司正是凭借观念的转变，改变了整个公司的文化，使这个最大最复杂的公司具有持久的生命力。

第三，企业文化的实践者。企业领导是企业文化的龙头，领导的行为是一种无声的号召，对员工起着重要的示范作用。企业领导只有在自觉地实践企业文化的过程中，将这份集体智慧的结晶与员工一起分享，号召大家共同学习和探讨，才能让员工感到企业的亲和力、向心力和凝聚力。只有领导和员工共同融入企业文化的实践中，企业文化才会逐步完善、定型和深入。日本企业管理大师土光敏夫的名言是“没有沉不了的船，没有垮不了的企业，一切取决于自己的努力，员工要三倍地努力，干部要十倍地努力”。在玛氏公司则有这样一个故事：公司领导人弗雷斯特·马尔斯在仲夏到一个巧克力工厂去视察。他走上三楼，最大的巧克力机就在那里，楼内闷热难当。他问工厂的经理，“你们怎么不在这里装上空调呢”，经理说他没做预算。马尔斯并未多说，而是走到附近的一架电话机前，给楼下的维修人员拨了个电话，请他们马上到楼上来。他说：“我们就站在这里，请你们到楼下把经理办公室里所有的东西，包括桌椅等都搬到这里来好吗？请你们把那些东西放在这台大巧克力机旁。”他然后对经理说：“空调什么时候装好，你就什么时候搬回自己的办公室去。”玛氏公司领导人的这种种行为，深刻地向公司的员工展示了公司重视员工的文化内涵。

6.1.2　企业文化对企业领导的培育和塑造作用

企业领导塑造企业文化，反过来，企业文化又培育和塑造了企业领导。

第一，企业文化培育了企业领导。企业领导既是企业的主要管理者，又是普通一员。他与企业员工一起受到企业文化的熏陶，接受企业文化的培育，从而接受了正确的企业价值观念，树立了坚定的信念，形成了优秀的品质。同时，在他接受企业文化教育的过程中，认识到企业文化的功能，并运用这种功能去培育和凝聚企业的员工，带领员工前进，从而提高了企业领导自身的素质与能力。在企业文化潜移默化的熏陶中，企业领导逐渐成熟，具备了一个企业家应具备的个人素质、优秀品质、凝聚能力和决策水平。

第二，企业文化促进了企业的成功，为企业领导向企业家的转变创造了条件。企业家经营的企业必须是成功的、兴旺发达的，这是企业家之所以称为企业家的基础和必要条件的。企业文化的发展培育了一支优秀的员工队伍，这支队伍的力量凝聚在一起，发挥积极性、创造性的作用，促进企业目标的实现，使企业从一个目标转向另一个目标，从而推动企业的不断发展，造就企业的成功。企业的成功和繁荣，为企业领导向企业家的转变准备了必要的前提条件。因为只有成功的企业才有可能产生企业家。

第三，企业文化塑造了企业领导的形象。任何一个企业领导都根植于他所经营的企业，他的品质、素质、能力、作风都带有该企业的明显特征。他的价值观念、经营哲学都深深地烙上了他所在企业的印记。企业家的个性特征、经营风格、形象特点等也明显地具有他所经营的企业的特色。这些事实说明，企业文化塑造了企业领导，也塑造了他们的形象特征。企业文化形成以后，企业为适应自身发展的需要，按照自己的价值观和信念大力宣传企业领导，宣传企业家精神，这实际上是通过对企业领导形象的塑造来宣传该企业文化特定的价值观。

第四，企业文化影响着企业领导有效的领导过程。这主要体现在以下三个方面：它能够影响企业领导是否去挖掘并培育具有领导潜力的人才；它决定了企业是否鼓动具有领导才能的人发挥领导作用；它有助于确定一家企业是否具备非正规关系网络，以凝聚各方面的领导积极性来满足企业发展的需要。如果一个企业冒险启用人才并极力拓展他们的潜力，即使未能奏效，也不将他们“一棍子打死”，这一定是企业文化在起重要的支持作用。除了对招聘和培育具有领导潜能的人才产生影响外，企业文化亦能影响雇员，决定他们是否尽力发挥领导作用。要在竞争激烈的商战中赢得胜利，就需要在企业组织的各个层次都具有精明能干的领袖人物。造就这样的领袖人物必须要有共同的价值观念和协作精神。

6.1.3　企业领导与企业文化适配特征分析

在领导与企业文化相互作用的过程中，领导者既要接受企业文化的影响，同时又要对企业文化产生能动作用，在企业文化发展的不同阶段，领导者可以操纵组织中的各种资源，塑造与其领导行为相适应的企业文化，从企业文化发展的不同阶段来看，领导与企业文化的关系呈现不同的形态。而企业文化有支持导向型、革新导向型、规则导向型、目标导向型四种，领导可分为交易型和变革型两种，且交易型领导有权宜奖励、积极的例外管理和消极的例外管理三种特征维度，变革型领导有德行垂范、领导魅力、愿景激励和个性化关怀四个维度。我们通过深入分析企业文化和企业领导两者的特征，进而得出两种类型的领导与企业文化各维度的特征匹配关系。变革型领导关心每一个下属，重视个人需要、能力和愿望，耐心细致地倾听，以及根据每一个下属的不同情况和需要进行区别性的培养和指导。这时变革型领导者就像教练和顾问，帮助员工在应对挑战的过程中成长。这一领导特征与支持导向型文化强调参与、协作、以人为本，注重群体凝聚力及个人成长，常采取口头的、非正式的方式沟通、交流并做出决策，鼓励员工表达对工作及他人的看法，重视每位员工对组织认同与企业文化特征是相匹配的。

变革型领导为下属提供清晰的、有感染力的、能产生激励作用的目标和愿景，并领导和教育员工，培养一种具有创新性和成长性的文化，而不是保持现有的标准；革新导向型文化强调在外部环境中搜集新的信息，对变革的开放性，常采取非正式的、朝着各个方向的方式进行沟通，在管理上期望员工对工作及组织目标的认同和参与，这种企业文化特征与变革型领导的愿景激励具有高度的适配性。

规则导向型文化强调对权威的尊重、过程的合理性、工作分工及规范化，组织结构具有等级特点，常采取自上而下的书面沟通方式。在交易型领导下，组织通常会制定各种需要实现的经营目标，如财务目标的实现、顾客满意度与忠诚度的提升、市场占有率的提高等，并根据任务完成情况向员工提供相应的激励和奖励。交易型领导的有效实施依赖于完善的奖惩体系，更适应这种稳定的、规则化的文化环境，即规则导向型文化，以保证其能够按照相关规定和程序来安排任务并相应给予奖励，这会直接导致组织员工对易于实现目标的关注，从而实现组织绩效目标。

目标导向型文化强调理性、目标管理、目标设置、信息的选择、功能性绩效及情境性报酬，其实质是在考虑外部环境的过程中，以一种合理的方式实现组织目标。这一文化特征与交易型领导的例外管理方式不谋而合，通过设置目标、情景性报酬来激励员工的行为，一般情况下不会对员工的行为加以干涉，使员工充分发挥其主观能动性，只有当员工遇到困难或出现失误的情况下，领导者才会出面进行管理，保持员工目标与组织目标一致，从而实现组织任务。

从以上分析可以看出，企业文化的规则导向型和目标导向型文化与交易型领导的特征维度适配性比较高；变革型领导与革新导向型和支持导向型企业文化存在特征适配性。

6.2　员工行为、企业文化

员工群体是企业文化建设的基本力量，员工行为也是企业文化建设的关键影响因素之一。在企业文化建设过程中，如何将企业文化理念有效地转化为员工的实际行为，实现对员工群体行为的塑造，对企业文化建设工作的顺利开展和推进起到巨大的支撑作用。

6.2.1　员工是企业文化建设的基本力量

员工是推动企业生产力发展的最活跃因素，也是企业文化建设的基本力量。企业文化建设的过程，本质上就是企业员工在生产经营活动中不断创造、不断实践的过程。

员工身处生产经营第一线，他们在用自己勤劳的双手创造物质文明的同时，也创造着精神文明。企业文化不仅体现着企业家的智慧，更体现着员工的智慧。在企业中，个别员工也许不是最有智慧的，不一定比得上高层管理者和企业家，但他们作为一个群体，集体的智慧是最强大的，正是集体的聪明才智不断丰富着企业文化，促使企业文化不断地革新与进步。

员工不仅是企业文化的创造者，而且也是企业文化的“载体”，是企业文化的承载者和实践者。正是靠全体员工在工作和生活中积极实践企业所倡导的优势文化，以一种正确的行为方式和行为规范、一种优良的工作作风和传统习惯、一种积极向上的精神风貌，爱岗敬业，做好本职工作，才能生产出好的产品，推出优质的服务，创造出最佳的经济效益，真正产生由精神变物质的积极效应。从这个角度看，企业文化建设过程就是在企业家的引导下，员工积极认同、自觉实践的过程，员工实践的好坏，直接决定着企业文化建设成果的优劣。

从上述企业文化的创造和实践两个环节看，企业员工都起到关键性作用。人创造文化，文化也改造人：员工创造并实践企业文化，企业文化作为员工成长和发展最重要的环境，反过来也改造并提高员工思想素质、道德素质和文化素质。企业文化与员工素质在相互推动中得以共同提高。

6.2.2　将企业文化理念转化为员工行为

一般来说，员工形成了一定的价值观，这种价值观一旦达到理想的境界，就会激发员工的行为动机，从而引发出一定行为。但是，价值观和理念与实际行为不完全是一码事，两者之间不能简单划等号。真诚地接受、认同企业价值观，而不能在行为上始终完全体现企业价值观的员工，恐怕也不乏其人。由精神的价值观向实际行为的过渡是个极其复杂的过程。行为的顺利完成，需要一系列客观和主观条件。

1. 文化理念转化为员工行为的主观条件

1）员工对行为情境的判断能力

任何行为都是一定情境中的行为，是人们依据这样或那样的情境所做出的行为选择。对情境的判断在前，对行为方式的选择在后，行为选择的依据是对行为情境的判断。

人们对行为情境的判断，就其主要方面是价值判断，即怎样的情境是有利的，怎样的情境是不利的。价值判断的依据，对员工来说，自然就是他们认同的价值观。然而，价值观是概括的、抽象的，而需要评量、判断的情境是具体的、复杂的，甚至是瞬息即变的。因此，人们要成功地对情境做出判断，不仅需要具备灵活应用价值观的能力，而且需要具备对行为情境的洞察力、理解力和一定的预测能力。缺乏这些能力，便无法对行为情境进行迅速、正确的判断，从而也就丧失了正确抉择的前提。

2）员工的行为技能和技巧

任何一种行为方式都是由若干个别的动作构成的。这些动作因组合不同，而构成不同的行为方式。所谓行为技能就是指把个别动作组合、编制成一定行为方式的本领。而这种本领熟练化了，“熟能生巧”，技能就变成技巧。

掌握行为技能、技巧，对于价值观向行为的过渡十分重要。价值观作为人们行为的规范，只是对人们的行为做出质的规定，即规定什么样的行为是正确的、善的、美的，而什么样的行为是错误的、恶的、丑的。并且这种质的规定是原则性的、概括性的，甚至是模糊的。企业价值观，就是一组概括化了的判断行为的原则。仅凭这些原则，人们仍然无法采取行动。若要有效地采取行动，则必须掌握行动的技能和技巧。

3）员工的行为习惯

行为习惯就是固定不变的、习惯了的行为方式。习惯带有惯性，带有自动的倾向。人们养成了某种习惯性的行为，就产生了对这种行为方式的强烈依赖，在一定的情境下，只有按习惯方式行为，心理上才能满足。否则，人们心里会不满，会感到若有所失，甚至不知所措。

企业的习俗，就是企业群体所养成的习惯。习俗建立于个人习惯基础上，同时对个人习惯的养成起到促进作用。如果个人养成了按企业价值观要求而行为的习惯，并汇聚成整个企业的习俗，那么，企业行为就获得了体现价值观、忠实于价值观的巨大动力。

由价值观转化为人们判断行为情境的能力，转化为人们行为的技能、技巧和行为习惯，并不是自发地、自然而然就实现的，它离不开人们的价值实践，也离不开对员工有意识、有计划、有组织地培养和训练。优秀企业的经验表明，下列措施有利于人们行为技能、技巧和习惯的形成：①编制员工日常行为指南手册，把企业价值观分解成对员工日常行为的具体要求。②发动员工共同制定行为公约和守则，并采取上下结合、定期与不定期结合的形式，对员工执行情况进行检查、评价和奖惩。③选择具备典型意义的人和事，进行行为分析，并着重揭示由价值观到行为的转化历程。④组织员工交流价值实践经验，促进员工互动。⑤开展专题行为模拟训练，如交往行为训练、合作行为训练、参与决策行为训练，以及协商、调停、仲裁矛盾和冲突的行为训练。对每项训练要设计好行为情境、行为模式、行为技能和技巧；对参与训练的成员要分派角色，明确角色规范，对员工的练习行为要给予及时评价。⑥对行为困难者和问题行为者，以咨询方式进行个别辅导以使其尽早摆脱困扰或矫正其失范行为。

2. 文化理念转化为员工行为的途径：价值观强化

价值观作为行为动机是可以得到强化的。强化是行为主义心理学的中心概念。行为主义心理学所揭示的人类行为模式是 SOR。其中，S 代表刺激物，O 代表人的行为动机，R 代表人的实际行为。三个变量之间的关系如下：在一定刺激物 S 的刺激下，人的行为动机 O 得到了加强或削弱，从而导致行为 R 的持续或中止，刺激物对行为动机所起的作用就是强化。强化分正强化和负强化。正强化是指对行为动机的加强作用，会使人们的行为持续下去；负强化是指对行为动机的削弱作用，会使人们的行为中止。引起行为动机加强的刺激叫奖励或报偿；引起行为动机削弱的刺激叫惩罚或剥夺。也就是说，要加强员工的行为动机——价值观，并使其与价值观相符的行为持续下去，就要给员工一定的奖励或报偿；而要削弱或纠正员工的某种错误观念，并使其错误观念相应的错误行为中止，就要给员工一定的惩罚或剥夺。

实验结果表明，奖赏优于惩罚，表扬优于批评。因此，在引导员工形成价值观，养成良好行为习惯的过程中，一定要以奖赏为主，辅之以惩罚。滥用惩罚，过多诉诸负强化，会损伤员工自信心和自尊心，不利于价值观的接受、认同和外化。奖赏就是给员工以一定的满足。可以满足员工的东西是多种多样的，既有物质的满足，也有精神的满足，还有社会性满足和心理的或生理的满足。以什么东西去满足员工，要视企业的条件和员工的不同需要而定。千篇一律的物质满足，并不一定能强化员工对企业价值观的认同和良好行为习惯的养成。相反，还可能诱发员工不健康的价值取向，导致行为的混乱和失范。

实验结果还表明，及时强化优于延迟强化。人们都有及时得到评价的心理倾向。一件事情做完了，是对还是错，是价值大还是没有价值，都希望从组织和他人那里得到反馈信息，以便确定继后行为的方向、方法和方式。因此，不论采用正强化或负强化，都要及时、迅速而准确。错误的价值观和行为，如果不及时给予负强化，就会持续并蔓延；正确的价值观和行为，如果不给予及时正强化，也会退化、中止，甚至转向选择错误的价值观，而导致企业在价值方面的混乱。

6.2.3　员工群体行为的塑造

员工是企业的主体，员工的群体行为决定企业整体的精神风貌和企业文明的程度，因此，员工群体行为的塑造是企业文化建设的重要组成部分。

员工群体行为的塑造至少包括以下三方面的内容。

第一，激励全体员工的智力、向心力和勇往直前的精神，为企业创新做出实际贡献。美国最优秀的 100 家企业之一的信捷公司，它对员工提出了这样的行为规范：在工作中不断激发个人的潜能，积极主动地为自己创造一种不断学习的机会，尽管工作是日常性的，但工作的全部内容应当提升到与成就个人事业相联系的位置上，以便为个人的成长提供动力。

贝尔研究所拥有 9 000 名具有博士和硕士头衔的员工，他们坚持每月举办系列学术讲座，并鼓励不同专业的人员互相交流，所有员工，上至企业家、管理学家，下至各类专业人员、计算机专家、化学家、物理学家、心理学家和普通职员，大家共同探讨，交流各自的看法，在企业中形成一种勤于学习和善于钻研的好风气。

第二，把员工个人的工作同人生目标联系起来。这是每个人工作主动性和创造性的源泉，它能够使企业的个体产生组合，即超越个人的局限，发挥集体的协同作用，进而产生“1＋1＞2”的效果，它能唤起企业员工的广泛热情和团队精神，以达到企业的既定目标。

当全体员工认同企业的宗旨、每个员工体验到在共同的目标中有自己的一份时，他就会感到自己所从事的工作不是临时的、权宜的、单一的，而是与自己人生目标相联系的。当个人目标和企业目标之间存在着协同关系时，个人实现目标的能力就会因为有了企业而扩大，把这种“组合”转变成员工的个体行为，就会有利于员工形成事业心和责任感，建立起对企业、对奋斗目标的信念。

第三，每个员工必须认识到：企业文化是自己最宝贵的资产，它是个人和企业成长必不可少的精神财富，以积极处世的人生态度去从事企业工作，以勤劳、敬业、守时、惜时的行为规范指导自己的行为。

6.3 组织环境与企业文化

企业是一个开放的系统，企业不能离开环境而生存。组织环境就是指各种相互依存、相互制约、不断变化的因素组成的一个系统，是影响企业组织决策、经营行为和经营绩效的现实因素的集合。企业文化在形成过程中，会受到组织内外部环境的影响，并随着环境的变化做出相应的调整。因企业所处环境的不同，企业文化各有特色。

企业文化需要组织环境的支持，并推动组织环境的建设。企业文化既需要企业内外部环境的支撑，也要以适应或影响内外部环境的要求为目标。如果把企业看做一个有机体，每个企业都生存在一定的外部环境下，那么每个企业都需要从外部环境输入资金、原材料、机器设备、劳动力、信息等资源，通过企业机体内部的优化组合和生产制作的转化过程，生产出产品或劳务，再输出给外界环境。企业文化就是在这个不断反复的生产循环中发展的。

组织环境影响企业文化，与企业文化共同进化。一个好的企业，它良好的环境，会不知不觉地影响到生活在这个群体里的每一个人，它对人们的思想观念、举止行为有着直接的约束力或潜在的影响力。这种直观的、生动的存在，具有很大的说服力和感染力，久而久之，形成了良好的企业文化。而良好的企业文化又会进一步推动组织环境的与企业文化共同进化。

6.3.1 组织外部环境与企业文化

没有一个组织能脱离外部环境的影响而在一个封闭系统中求得生存和发展，管理者在建设企业文化时需要无时无刻地考虑环境的变化及其对企业文化的影响，要对企业文化进行不断地调整，以适应环境的变化。

1. 经济环境对企业文化的影响

企业的任务是从事经济活动，因此它同经济环境有着密切的联系。如果把任何一个组织看成一个系统，就能看到它在从经济环境中输入各种资源的同时，也向外界输出商品或提供劳务。在经济环境中有许多要素是作为生产经营的必须投入物或材料而被引进一个组织内部的，而组织的产出物也受外界环境中经济因素的影响。

企业在不同的经济环境中得以生存，实质是文化上的契合与适应，同时经济环境通过资本、劳动力、价格水平、生产率和国家的经济政策等对组织产生重要的影响，从而也自然影响了组织文化的形成与演变。

2. 技术环境对企业文化的影响

在任何一个组织的外部环境中，技术状况都是影响组织的关键因素之一。它的主要影响体现在设计、生产、分配和销售商品和劳务的方法上。没有哪个组织的经营与效果不受技术与技术进步的影响。例如，技术变革可使组织在货运和客运方面控制时间与距离的能力增大，使体力劳动过程机械化或自动化。组织想求得生存和发展，必须紧跟其产品、劳务和经营方法适用的技术，并不断地采用新技术。而技术的引进和更新意味着组织结构需要做相应的调整；对员工的素质和技能也提出新的、更高的要求；员工在组织内的行为方式也需要有相应的变化。技术对管理也有一定的影响。组织机构的人员配备和领导者的领导方式在一定程度上是随技术的不同而不同的。组织处在不同的技术环境中，因其内部在产品设计、生产、分配和销售商品方式上的不同，企业文化中有关产品的生产、经营理念和服务理念也有所不同，对员工的素质和技能要求也不同。又因为新的管理工具的引进和使用，管理效率会有很大提高，企业文化中有关效率的内涵也会有所不同。

3. 社会环境对企业文化的影响

社会环境由一定的集体或社会中人们的处事态度、要求、期望、智力水平与受教育程度、信念与习惯组成。

管理者所要面临的是社会的态度、信念与习惯，如员工对工作的态度、员工的个人价值观、员工的生活和工作习惯。而社会态度、信念与习惯在不同的国家有所不同，管理者应自觉地以某种方式去适应它。

随着社会的进步和生活水平的提高，人们对工作的态度发生变化，对组织的要求和期望也发生变化。例如，在20世纪初，员工到组织内工作多数是为了获取薪金以满足生存需要，而如今许多员工的工作需求是追求工作中的责任感和使自己的潜能得到发挥，并要求享有更多的自由。由于员工工作需求的变化，员工对组织的要求也从提供良好的工作条件变为提供发挥潜能的机会，以及提供参与决策的机会。这就要求企业文化随之调整，即从以保证任务完成为主转变为以挖掘员工潜力为主。

4. 政治环境对企业文化的影响

政治环境是指经常在不同程度上影响着各种组织的法律、规章、政府机构及其行为的混合物，它随着社会需要和社会信念的变化而改变。

在不同的政治环境中，社会成员的行为受其特有的法律、法令和规章制度的约束。组织内的规章制度必须与政治环境中相关的法律、法令一致，同时，管理者还应使组织内员工的行为适应政治环境的要求和法律的限制。所以在建设企业文化时，一定要注意组织内的规章制度与国家法规的协调，随着国家法规的变化，组织内的规章制度也应做出相应的调整。

5. 文化环境对企业文化的影响

不同的组织处于不同国家的不同地域，不同的国家有其特殊的民族文化，即有被人们普遍接受并见之于行动的各种行为准则。

在建设企业文化时，首先，要考虑它是否与组织所在地的当地文化相融合。其次，组织内部的员工可能来自于不同的地域，而不同的地域又有其特殊的地域文化，所以管理者还要考虑企业文化是否能被拥有不同文化背景的员工所接受。如果能将企业文化与民族文化、地域文化相结合，则可以大大增加员工对组织的适应性，从而增强企业文化对员工的影响。

6.3.2 组织内部环境与企业文化

企业文化的形成，不仅受组织所处外部环境因素的影响，而且还受其自身的内部因素的影响。企业内部环境就是指与企业发展相关的内部各种因素的总和及其相互作用。组织内部环境对企业文化同样具有重要意义。

1. 企业家的个人品格对企业文化的影响

企业文化的主要发起者是企业家，他们依靠自己的洞察力、想象力、创造力和威望，在其视野、认识、经验、知识和境界的变动下，不断地推进企业文化的发展和完善，使企业文化体系不断丰富：首先，企业家对一个新企业有自己的构思；其次，带领一个或多个追随者，形成一个核心团体，一起分享共同的目标和价值观；再次，这个团体齐心协力创造出一个组织；最后，更多的新成员加入企业中，并开始塑造共同的企业历史。

在组织创建初期企业家对于如何界定与解决其外部适应与内部整合的问题有着显著的影响力。基于他们本身的文化历史和个性，他们对于如何实现自己的构思有自己的观点和行动。

由于企业家心理特质不同，不同企业的企业文化会或多或少地打上企业家的个性烙印。在企业创立初期，企业家的个性特质是企业的一种文化财富，企业文化或多或少会反映创立者的个人特点。在企业以后的发展过程中，这些特点会由企业家和高层管理者不断丰富和发展。

2. 管理者的管理理念及管理方式对企业文化的影响

一般来说，管理者管理方式的选择是基于他对组织中“人性”的认识。管理者对组织中人性的认识不同，就会采用不同的管理措施，制定不同的规章制度，最后导致形成的企业文化也不同。管理者如果把组织中的人看成 *X* 理论所描述的，管理的重点就是提高劳动生产率，激励的方法就是用金钱，即“胡萝卜加大棒”的方法，不需要考虑员工的感情问题。如果以 *Y* 理论作为管理的指导思想，则管理的重点是营造一种适宜的工作环境和工作条件，使员工能够在这种条件下充分挖掘自己的潜力，充分发挥自己的才能。如果把组织内的人看成社会人，管理的重点应放在关心人和满足人的社会性需要上，管理者应重视员工之间的关系，培养和形成员工的归属感和整体感，激励制度应倡导集体奖励，管理者应在员工和上司之间起联络人的作用：对复杂人的假设，会使管理制度灵活多变，因人而异，因事而异。

3. 组织内部员工素质对企业文化的影响

企业文化主要是通过企业的核心价值观对员工的态度和行为产生影响，使员工的行为朝着企业所期望的方向发展，以保证组织目标的实现。员工对企业文化的理解、领会会影响到他们对企业文化的接受程度，从而影响到企业文化发挥作用的程度。而员工的理解、领会及接受程度又受员工素质的影响。所以，在建立企业文化时需要考虑员工素质水平的高低，主要包括以下几个方面。

1）员工的受教育水平

员工的受教育水平反映了员工的知识水平高低。一般而言，受过良好教育的员工，具有较好的分析问题、解决问题的能力，领悟能力也较强。反映在组织的管理活动中，员工能较快地理解和接受管理者下达的任务指令，并能较正确地执行任务，较好地完成组织目标。如果组织中的大多数员工都受过良好教育，企业文化的任务就不是以指导员工正确接受指令、完成任务为中心了，而是以如何更有效地完成任务为重心。

2）员工的工作技能水平

技能是指员工掌握的用以完成工作任务的技术能力，它是指一种操作能力。工作技能高低与一个员工的工作经验有很重要的关系。工作技能水平高的员工一般能快速有效地完成任务。如果组织中大多数员工掌握相当高的工作技能，那么组织中管理者的工作就不是以培训员工技能为中心了，而是激发员工高层次需要，以发掘潜能为中心。

3）员工的需要层次

员工的个人需要从低到高按一定顺序排列，凡是同生活物质需要有关的被称为低层次需要，凡是同精神需求有关的被称为高层次需要。员工的需要与社会生活水平有一定的关系。

当社会生活水平低下时，组织内大多数员工的需求会停留在较低水平上，管理者用物质激励的方法就可以达到调动员工积极性的目的；当生活水平普遍提高后，组织内大多数员工的需求会向高层次发展，表现出员工追求工作中的责任感、成就感，要求实现自我价值。这时组织内原有的以物质奖励为主的激励手段就会失效，管理者必须采用新的以精神奖励为主的激励方法和手段，即给员工创造各种机会，满足他们的高层次需求。

4）员工的态度倾向

员工加入组织是为了借助组织的力量来实现个人力量无法实现的需要。而组织内的员工来自于不同社会背景，其所在家庭、社会阶层对其态度的形成有很大的影响作用。所以在组织内部，员工的态度倾向可能同组织的价值取向一致，也可能不一致。如果一致，员工更容易接受企业文化对他们的影响；如果不一致，员工可能对企业文化有抵触心理，从而导致企业文化不能如期发挥作用。

另外还需注意的是，员工的态度形成后并不是固定不变的，随着新的经验和知识的影响及环境的变化，员工的态度倾向也会发生变化。当员工的态度倾向发生变化时，企业文化也应做出适时的调整，以顺应变化。

4. 组织形成背景及发展过程对文化的影响

企业文化还应与组织所处的发展阶段和规模相适应。组织处于不同的发展阶段，其经营战略也不相同，新的战略可导致企业文化发生变化。组织在建立初期，规模较小，结构较为简单，组织面临的重大战略是如何扩大规模，这时需要组织内部的文化是鼓励激进和积极进取的；随着组织规模的扩大，为了有效管理，要求组织内建立较稳定的组织结构、较规范的制度，这时的企业文化应是鼓励稳定和较保守的；但随着规模的进一步扩大，组织发展成跨地区、跨行业的大型组织，墨守成规的企业文化显然已不适应组织的需要，组织需要建立具有跨文化特点的企业文化，即需要把组织原有文化同当地文化相结合，形成一种更新的文化。

不同的组织具有不同的发展背景，其企业文化也各具特色。靠点滴积累缓慢成长起来的组织，其文化底蕴深厚，文化内涵丰富多彩；借助技术进步，抓住机会快速成长的组织，其企业文化观念新颖，讲求变革。不同行业的组织，其文化也各具行业特色，如服务业和制造业因其经营的业务不同，服务对象不同，组织内部工作流程不同，企业文化的内容也有所不同。

如何适应组织内外部环境的变化，是企业文化建设过程中永远的课题。企业文化在新的环境中将会有越来越多的新的内涵，对于组织而言，重要的是不断积累、不断创新和不断前进。

案例分析：修身齐家立业助天下——郭广昌解析复星飞速发展的奥妙

谁能想象，一家民营科技企业，在一位年轻人的带领下，经过短短10年的实践，将10万元演变成了198亿元，创造了一个近乎不可能的传奇神话。这个神话的创造者就是年仅35岁的全国政治协商会议委员、中华全国青年联合会委员、上海复星高科技集团（简称复星）董事长郭广昌。同时，复星“多做事，少说话，甚至不说话”的低调作风，更使这个神话扑朔迷离，至今令人生奇。

日前，记者带着探求复星神话的好奇，走进复星，走进复星领军人——郭广昌，这使我们有机会从不同的角度审视、揣摩这个传奇企业，听郭广昌解析复星的奥妙。

1. 企业成败在于人

郭广昌依靠科技创业，1992年11月，在上海创建了一家民营高科技企业。多年来，已形成生物医药、地产开发、文化信息和商贸旅游等产业群，拥有多家跨行业、跨地区、跨所有制下属企业，成为资产规模过百亿的大型民营控股企业集团。卓越的经营成就使郭广昌先后荣获“全国优秀民营企业家”、上海市“劳动模范”、“十大杰出青年”称号，并被誉为“上海的比尔·盖茨”。

“人是企业管理的核心，也是企业成败的关键。”郭广昌如是说。他的言谈中充满“书卷气”，更有哲学家的理性思考。他说，企业就是经营资源的组织，通过企业家的杰出组织，产生“1＋1＞2”的效益。

经过多年的实践，郭广昌深刻认识到，企业的竞争归根到底是人才的竞争。他强调：“青年人最需要的不是个人英雄主义，而是集体英雄主义。我们这些人能力上可能每人只能打七八十分，但是我们要做能力的加法和乘法。在复星，我们最大的愿望，是培养一批志同道合的青年企业家群体和一个朝气蓬勃的青年创业团队。”据此，复星构建了一套“以发展吸引人，以事业凝聚人，以工作培养人，以业绩考核人”的用人制度。正是这样一种企业精神和团队创业的氛围，吸引了来自全国乃至海外学成归来的硕士、博士，并印证了郭广昌常说的那句话：“企业的发展像一条河，每一个人正像河中的一滴水，无论是在上游、中游，还是下游，都能找到自己汇入的位置。”

2. 以事业为载体回报社会

走进郭广昌的办公室，“修身、齐家、立业，助天下”九个大字格外醒目。这正是复星的企业理念。

一个高科技的现代企业，何以要提出这样一个听上去“传统味”十足的企业理念？郭广昌说：“复星这个群体以事业为载体来实现创造财富、回报社会的理想，来获得个人价值的实现。”因而，他用哲学家的思维，将先贤的名言改成了复星的“座右铭”，这也是复星企业文化的核心。

对此，他进一步解释说，当今社会的经济细胞不再是家，而是企业。在实现中华民族伟大复兴的新世纪，知识分子实现价值的选择是立业助天下，即产业报国。对于企业和个人来说，“修身”就是要通过不断反省，全面审视自身的优势与不足，通过反省修正，不断提升，最终实现自我完善，进而达到超越自我的更高境界；复星将“助天下”作为企业经营的理想目标，通过创造财富贡献社会，通过创造品牌服务社会，通过参与公益事业造福社会。

3. 学习创新无止境

着眼飞速发展的形势需要，为了更好地规划和发展知识经济型企业，郭广昌立足于高起点，着眼于建天立现代企业制度，致力于培养创业型群体。他说：“企业家经营的过程，其实就是一个不断找老师的过程；复星这些年能够快速发展，在于我们老师找得多，找得准。”现在，“带泥土移植”的借“脑”增力已成为复星超越发展的“妙方”之一。

郭广昌成功了，但依然谦逊、执著，“我最大的敌人是我已经取得的成绩，我最大的目标是设法超越自己，事业无止境，学习创新无止境”。

（资料来源：张德. 企业文化建设[M]. 北京：清华大学出版社，2009.）

讨论题：

（1） 郭广昌是如何塑造复星集团企业文化的？

（2） 在复星集团企业文化形成过程中，郭广昌起了什么作用？

（3） 你从复兴集团企业文化建设当中感触最深的是什么？

第七章　企业文化的冲突与变革

引例　腾讯文化面对的冲突与挑战

腾讯公司作为中国本土成长起来的互联网企业，是联网综合服务提供商之一，也是中国服务用户最多的互联网企业之一，在1998～2014年所取得的成就我们有目共睹，推动其成功的动力是其优秀的经营理念和年轻的企业文化。

腾讯企业文化经历了从无到有，再从1.0版本到2.0版本的变革和提升历程。这其中有着无数的探讨和摸索，最后形成目前的企业文化，并成功推广，给管理带来了实际的效益，实现了企业文化的管理功能。在这些历程中，腾讯文化也面对着各种冲突和挑战。

1. 个体差异

随着公司的发展，毕业生不断涌入，越来越多“80后”的年轻人进入腾讯，众所周知，很多“80后”的年轻人由于个性突出，自我意识强烈，尤其关注自己感兴趣的事情，对周围的意见一般不予采纳，因此这一批员工不仅在社会上属于特殊人群，对于腾讯来说也属于特殊员工。随着越来越多的年轻人的进入，企业的这种个体差异的现象也越来越突出。如何使这些新新人类认同腾讯的企业文化以减少相互之间的冲突？如何使他们团结互助？这给腾讯的管理出了一道道难题。

2. KPI与文化执行冲突

关键绩效指标（key performance indicators，KPI）是腾讯公司的业绩考核指标，这里存在一个问题，即“是重视短期的效果、效益，还是重视长期发展”。毫无疑问大家都会说长期发展很重要，但是重视短期的效果、效益还是重视长期发展，需要辩证地看。大家手头上有不少的KPI，这些短期效益都是可见的，而某些长期效益事实上很难用数字表达，因此，很容易出现公司内部有些产品部门着眼于短期效果和效益，甚至追求一些对长期效益无用、不利于长期效益的事情，这是一种很难取舍和解决的矛盾。当为了短期利益，出现一些与文化执行相冲突的问题时，情节严重的需给予一定的惩罚，但是这又让制定KPI的管理者有些难以取舍。

3. 领导者的内敛风格与文化推行的冲突

腾讯的创业者内敛的风格与文化推行的要求之间的冲突，也是企业文化建设的一道障碍。虽然，文化内容是根据企业领导的特点提炼而来的，但是，文化的推行也同样需要他们的积极参与，而事实上，由于领导者风格内敛，对于很多事情愿意在幕后做着规划，不喜好出头露面。腾讯公司在过往的文化建设中，过多地依赖一支建立在人力资源部门之下的文化建设项目团队，依靠他们来推动文化的实施，依靠他们帮企业领导想一些发言稿，企业最高领导所做的事情仅仅是用这支团队写好的稿子，将做好的视频音频效果推给全公司的同事，这样的渲染力和效果是可想而知的，大家感受到的仅仅是一纸冷漠的文字，虽然那上面的文字有可能是行文非常流畅的，但是那并不能直接代表企业领导的语调。作为整个企业的领导者，对企业倡导的文化、理念、愿景、使命，如果能够以最高领导的姿态，经常性地站出来发表自己真实的看法，以实际行动和日常持续的语言来营造一种文化执行的感染力，那么效果将截然不同。

（资料来源：董晓常. 腾讯：超越模仿[J]. 互联网周刊，2007，(Z1)：46-47.）

7.1　企业文化的冲突

5冲突是人类社会发展所不可避免的，任何领域都存在着冲突与矛盾，企业也不例外。在企业讲求协同发展的今天，谁也不愿意遇到冲突。但正如月有阴晴圆缺一样，冲突是企业发展中无法回避的问题，甚至可以说，冲突是一种常态。如何正视企业文化冲突，并加以合理分析以找出解决途径，是每一个企业面临的一项艰巨任务。

7.1.1　企业文化冲突的概念

企业文化冲突是企业文化发展过程中不同特质的文化在相互接触、交流时产生的撞击、对抗和竞争。企业文化冲突的产生主要是由不同类型、不同模式、不同行业、不同区域、不同历史阶段的企业文化的不同特质所构成的基本价值观之间的过分悬殊的差异造成的。企业文化冲突并不能简单地理解为企业文化之间的冲突，企业文化冲突实质上是人与人之间、群体与群体之间、组织与组织之间在价值观和行为上的冲突。为了正确对待企业文化冲突，企业首先需要明确企业文化冲突的特征。企业文化冲突的特征主要表现在以下几个方面。

（1）非线性。文化冲突是世界各民族之间、本民族内部各派系之间、人与人之间的普遍冲突。不同的文化像不同的水域，几片或多片水域的冲突与交融常常表现出错综复杂的状态，因而具有非线性特征。企业文化冲突也类似于社会文化冲突，冲突存在于思维的深处，是精神上的差异所导致的，企业文化冲突的核心是价值观的冲突。

（2）间接性。企业文化冲突除了在特殊情况下表现为直接的经营管理或人员之间的对抗外，一般都存在于心理、情感、思想观念等精神领域中，所以企业文化冲突的结果只有通过较长的历史阶段，才能得到可视的内容，因而，文化冲突具有间接性特征。

（3）持续性。企业文化冲突是文化不断发展的表现，没有冲突的企业文化如同一潭死水，企业也不会趋向于共同的最真实的价值目标。企业文化冲突不像政治冲突、军事冲突、利益冲突那样，随着一方获胜另一方失败或双方和解很快地结束或转化，企业文化冲突似乎无休无止地进行着，在跨区域经营企业中，文化冲突贯穿在整个经营管理过程中。

（4）渐进性。企业文化冲突起初是表面的、浅层次的，但持续不断的冲突使高势能的文化向低势能的文化中心不断推动、加深，从而使低势能文化成分得到改变，同时深入进去的高势能文化也会被低势能的文化部分地改造。企业文化之间的冲突也有类似的情况。

（5）全面性。企业文化是一个包括经营管理思想认识、企业价值观、企业伦理等多种内容的观念体系，也包括被这个不断发展着的观念体系物化了的和正在物化的一切。

因此，企业文化冲突是在企业内部甚至对外部的全面冲突，企业文化冲突不仅是外在的，而且是精神上的；不仅是行为习惯、管理制度上的，而且是价值观念、思维方式各个方面和各个领域的全面冲突。

（6）内在性。文化是以思想观念为核心的，因此文化的冲突最根本地表现在思想观念的冲突上。心理、情感、思维、行为方式、道德信仰是人与人联系或冲突的内在决定因素，各种文化现象所引起的外在冲突是由人的内在因素引起的。企业里的利益冲突、价值冲突、管理冲突、人员冲突等，归根结底都是企业文化冲突。

（7）客观性。管理冲突、生产冲突从某种程度上来讲可以由人控制，但企业文化冲突的规模、程度等是由各种文化的内在生命力及所有相关因素决定的，各种文化冲突积在一起，是任何个人或权威都无法控制的。企业文化始终按照“自身的逻辑”在发展变化，而不以人的意志为转移，人们只能够顺应其规律。

（8）自发性。对于企业文化冲突何时开始，何时结束，如何发展变化，人是无法把握的，这一点是从客观性中派生出来的，是由文化外在客观条件和内在因素变化引起的。

（9）交融性。企业文化冲突与企业文化融合始终相互交叉，相伴而行，冲突之中有融合，融合之中仍有冲突，这说明了企业作为组织文化，并非绝对界限的文化性质。

7.1.2 企业文化冲突的类型

企业文化冲突的类型可以分为企业传统文化与现代文化的冲突、企业主文化与亚文化的冲突、群体文化与个体文化的冲突。

1. 企业传统文化与现代文化的冲突

传统文化与现代文化的冲突就是指企业的新思想、新观念与传统思想和传统观念的冲突。从企业内部来看，经过了若干年的发展，已经形成了具有本企业特色的文化体系，对已有的文化已经习以为常，甚至形成了习性，特别是老员工、企业的创始人，总是沿袭自己已经习惯的工作方法和思维模式，不肯轻易接受新的东西。而新员工、新的管理者，尤其是对现代企业经营比较了解和熟悉的管理者，则认为老的办法、过去的经验和传统的思维模式，已经与时代的发展相脱节，如果一味地因循守旧，则不利于企业的发展。双方在做事风格、考虑问题、管理思路、决策模式等方面产生了较大的分歧。

2. 企业主文化与亚文化的冲突

企业主文化与亚文化的冲突是指企业居于核心地位的、正统的文化与企业处于非核心地位的、非正统的文化，以及企业整体文化与企业亚文化的冲突。这种文化冲突有以下两种性质或两种可能：一是价值观引起的正统与异端、新与旧之间的冲突和对立；二是整体和局部因利益、观念或其他原因所引起的文化冲突。对于第一种情况，主要体现在以下三个方面。

（1）企业主文化已变成病态文化，它或者是由于以往企业的主要领导者固执己见、刚愎自用，或者是由于企业文化环境系统发生变化造成的。在这种情况下，企业主文化就必然与企业自身出现或存在的代表着健全的、常态的甚至有可能是优良的企业亚文化发生冲突。企业主文化往往拼命压制企业亚文化，阻止企业亚文化对企业主文化的替代可能。

(2) 企业主文化已达到健全的、优秀的、高度成熟的状态，不过这种文化已经经过了企业文化成长的几个阶段，在其慢慢地失去优势的同时，有可能代表企业未来价值观、未来文化范式的企业亚文化却在一步步地发展、壮大。这种新的企业文化的成长，不可避免地会受到仍具有强大统治力的企业主文化的压制、阻挠。这种文化上的冲突会通过主文化和亚文化代言人及其阶层的语言、思想、行为上的交锋而表现出来。

(3) 企业主文化已演变成过时的、陈旧的、衰败的文化，企业亚文化在企业陷入深度危机的情况下仍旧没有适当的机会击败企业主文化，因为企业整个大权仍旧握在旧有企业文化信奉者的手中。这种情况下的企业文化冲突往往直接通过企业的低效、衰败的加速而表现出来。事实上，加速一种文化共同体的衰败和解体来促进企业文化的大转折，是不得已而为之但行之有效的办法。

3. *群体文化与个体文化的冲突*

良好的或健全的企业文化总是一种使企业群体行为与企业个体行为、企业群体意识与企业个体意识、企业群体道德与企业个体道德大体上保持和谐一致的企业文化。但这不等于说优势的企业文化从未有过企业群体文化与企业个体文化的冲突，也不等于说它们总是能够轻而易举地解决这两者间的冲突。事实上，无论是基于个人主义基础上的西方企业文化，还是基于家族主义基础上的东方企业文化，均不可避免地包含着企业群体文化与企业个体文化间的冲突。

企业群体文化与企业个体文化之间的冲突除了由社会文化传统、社会制度与体制等因素造成之外，还存在着诸多其他原因导致的企业群体文化与企业个体文化的冲突，主要表现在以下几个方面。

(1) 外来的文化个体在尚未熟悉企业文化、尚未被企业文化共同体认同时的文化冲突。一般来说，这种文化冲突只表现为外来文化行为个体心理上的冲击和失衡，通常的解决办法也只是个体对群体的趋近和适应。

(2) 在同一个企业文化共同体内，并非意识、观念所致，而是利益要求造成的企业个体文化与企业群体文化的冲突。这种文化冲突可能是群体文化规范过于忽视个体利益所致，也可能是个体自我意识过强或极端的个人主义所致。

(3) 在同一个企业文化共同体内，并非利害关系、利益冲突所致，而是观念、认识造成的企业个体文化与企业群体文化的冲突。每个行为个体都有自己的认识角度、认识能力、认识水平，他们的知识储备、知识结构、情报来源、信息处理与变换能力与企业群体绝不会是完全一致的。这一认识上的差距，有可能导致两种文化的冲突。

(4) 企业群体文化落后、保守、陈旧、过时，从而使企业群体文化已远远不能适应活跃的、先进的企业个体文化需要。一般在社会剧烈变动及其后的一段时期里，会出现这种文化冲突。

(5) 企业个体文化完全基于个人意愿、偏好，无视企业整体利益、他人利益，从而形成与企业群体文化的对立和冲突。这种文化冲突与第二种、第三种企业文化冲突不一样，因为造成这种冲突的根本原因完全在于企业文化共同体内个别人的文化个性和错误观点。

（6）企业个体因对企业群体代表或企业群体象征的不满和反感，引起对企业群体文化的反感和不满，导致企业个体文化与企业群体文化的冲突。这是一种地道的情感思维造成的文化冲突。因为，这种文化冲突的背后不存在逻辑的、理性的力量，这种文化冲突是人们的情感和直觉意识的冲突和对立造成的。

7.1.3 企业文化冲突的形成及管理

对于一个企业来说，如果企业内部没有文化冲突，静如死水，则其企业文化多半已经进入半衰期，这样的企业文化是没有生机的，迟早要被淘汰。但是，企业文化冲突的存在，也会导致不良后果。因此，企业需要对企业文化冲突进行有效的管理，而在管理企业文化冲突之前，有必要对企业文化冲突产生的原因、冲突的过程及冲突所带来的后果有一个清楚的认知。

1. 企业文化冲突的原因

企业在其较长时期的发展过程中，因所处社会环境、文化环境发生变化，以及企业内部在文化层面、制度层面及个体价值观层面的差异而引起了文化冲突。企业文化冲突的原因主要有以下几个方面。

（1）外部环境因素。企业文化作为一种亚文化必然存在于特定的社会环境中，不可避免会受到社会制度、民族文化、风俗习惯及地理环境等外部因素影响，这样企业文化就呈现出很大的差异性。美国企业文化与日本企业文化的迥然不同，很大程度上与东西方文化本质差异紧密相关。即使在同一国家不同地区（如中国的南方与北方、东部与中西部）也存在着很大的地区文化差异。

（2）价值观差别。价值观的差异是产生文化冲突的根本原因。每一个民族甚至每一个群体都有自己的价值体系。每一个人都有不同于别人的价值观，强烈的种族优越感使一些人往往认为自己的价值观体系是优秀的，不愿接受甚至是强烈抵制别的优秀文化，从而产生文化冲突。

（3）地位差别。就群体而言，由于企业中处于优势地位的文化为了维护其主体地位，总要遏制处于劣势地位的文化的发展，从而引发企业文化之间的冲突；就个体而言，由于人们在企业中所处的地位、职务级别不同，在文化认知方面也会产生分歧，极易引发冲突。

（4）个体差别。企业文化的核心是“人”，而人总是有个体差异的。人成长的环境和所受教育程度不同，因而不同的个体对文化的理解度和敏感性也不尽相同，从而引发文化冲突。

（5）沟通误会。沟通是人际或群体之间交流和传递信息的过程，但是许多沟通障碍，如人们对时间、空间、事物、友谊、风俗习惯、价值观等的不同认识，造成了沟通困难，导致沟通误会，甚至演变成文化冲突。

2. 企业文化冲突的过程

企业文化冲突是由不同形态的企业文化（即企业文化差异）而导致的企业组织中人群之间的心理和行为对抗。人们遭遇企业文化差异时，并不是马上就发生企业文化冲突，也不是一直处于文化冲突中，而是在不同的阶段，表现出不同的企业文化冲突水平。

Mirvis 和 Marks（1992）提出，企业中的文化冲突一般会经历以下四个发展阶段：①感知差异（perceiving differences）。正如其形象比喻"文化类似于呼吸，直到它受到威胁时人们才会想起它"，在日常生活和工作中，人们并没有过多关注文化，但当并购发生后，文化问题就凸显出来。双方员工很快注意到两个企业在领导行为、经营方式、员工特征、产品信誉甚至其他细微方面的差异，这就是文化冲突的初始阶段。②放大差异（magnifying differences）。随着时间的推移，双方员工感知到的差异越来越多并逐渐呈现尖锐化趋势，一些表层文化的差异反映了价值观和经营理念等深层次文化的根本分歧。③典型化（stereotype）。一方员工认为对方员工的样子、做事方式甚至其他所有方面都很相像，于是用一些简短术语来刻画对方及自己一方的典型"形象"，由于主观色彩很浓，每一方对自己和对别人的概括都表现出不同。④压制（oppression）。处于劣势一方的文化被压制，而另一方以胜利者自居并试图迫使对方无条件接受自己的文化，被认为是劣等文化和失败者的一方则采取抵制行为来拒绝对方文化的"入侵"，文化冲突就会爆发。

根据 Oberg（1960）对文化冲突的研究，文化冲突通常要经历以下四个阶段：①蜜月阶段。发生于人们刚刚开始遭遇不同形态的企业文化时，所有的一切都令人感到新奇和兴奋。这个阶段相对来说通常时间较短，人们只会看到新的不同形态的企业文化，因而感到激动和愉快。②冲突阶段。蜜月并不会永远持续，在几周或几月内，新奇感和兴奋感很快就会消失，问题就会接踵而来。人们的期望落空，逐渐意识到企业文化差异的存在，并且发现差异越来越多，产生认知失衡，伴随着不良情感反应，并通过行为表现出来，从而成为人们继续合作和交往的障碍。③适应阶段。这是一个经历过冲突并逐渐恢复的阶段。随着对不同形态的企业文化的深入了解和理解，人们逐渐适应了不同形态的企业文化差异，一些企业文化事件开始变得有意义，行为方式逐渐变得适应并可预期。企业文化差异逐渐减少，与不同形态企业文化的组织成员合作和交往也变得不再是一件难事。人们对企业文化差异的认知敏感性降低，不良情绪情感反应逐渐减少，情绪情感逐渐趋于正常。一切都变得自然和有条不紊。④稳定阶段。这一阶段意味着组织成员完全或接近完全适应于在不同形态的企业文化中合作和交往。以前难以理解的其他企业文化现在不但能够理解而且能够欣赏。当然，这并不代表所有与企业文化差异有关的问题都解决了，适度的冲突仍然存在，只是此时人们已经习惯了，不良的情绪情感反应消失，良好的情绪情感反应在逐渐增加。

Oberg 对文化冲突过程的阶段划分，指出了在企业文化冲突过程中，总是伴随着人们的情绪情感反应。当企业文化冲突加剧时，人们的不良情绪情感反应变得越来越强烈；而当企业文化冲突减少时，人们的不良情绪情感反应随之减少，而良好的情绪情感反应则随之增加。这进一步说明了企业文化冲突是人与人之间的冲突，是人们因企业文化差异而导致的心理和行为对抗。

3. 企业文化冲突的后果

企业文化冲突是企业客观存在的现象之一，不可避免。企业文化冲突有积极的影响，也有消极的后果。如果能够把企业文化的冲突控制在一定的范围和程度内，并有效妥善地处理企业文化的冲突，那么会增强企业内部活力和创造力，使企业更加多元，更能适应外部的环境。如果企业当中的一系列文化冲突不能得到有效解决与防御，必将给企业的经营和管理造成多方面的不利影响，导致不良后果。

（1）决策低效率。文化冲突会使组织的决策效率降低，由于各方都有自己的价值观、思维方式和行为方式，很容易凝结成某种“秉性”，当碰到问题时，很自然地就按自己的价值观、思维方式去分析、判断和评价，做出决策。所以要把各方的分析、判断、评价协调起来，需花费较多时间，有时甚至难以做到。在这样的条件下进行决策，其效率可想而知。

（2）极度保守。文化冲突影响了跨区域经理与当地员工的和谐关系，经理也许只能按照呆板的规章制度控制组织的运行，而且对员工疏远；与此同时，员工则对工作变得不思进取，经理的行动计划实施起来也十分艰难。结果双方都变得保守，最终也不会有所作为。

（3）组织涣散。使组织各项工作散乱，无法形成集中统一、标准化、规范化的管理。形成不同的价值观和行为规范，在日常工作中往往容易各行其是、各自为政、各级效仿、各成体系，使组织不能处于正常状态。整个组织犹如一盘散沙，管理者不能将其统合起来。

（4）沟通中断。由于各方的价值观、思维方式和文化背景各不相同，所以彼此之间能够相互理解是非常困难的。当经理与员工的距离大到一定程度时，自下而上的沟通便自然中断，结果经理无法了解实情，因此双方在不同的方向上越走越远。

（5）非理性反应。当双方在不同的方向上越走越远时，经理如不能正确对待文化冲突，就会感情用事。这种非理性的态度很容易引起员工非理性的报复，结果误会越多，矛盾越深，对立与冲突越激烈。

（6）怀恨心理。对于发生的冲突结果，冲突双方如不耐心地从彼此的文化背景中寻求文化“共性”，而一味地抱怨对方的鲁莽或保守，结果只会造成普遍的怀恨心理。经常性的冲突，会使组织中各方相互猜疑，产生偏见，遇事首先从消极处考虑，使大家丧失合作信心，甚至认为选错了合作伙伴，导致关系紧张，引起组织心理上的失衡。

以上的这样一些情况，都将会使组织陷入文化冲突与文化困惑。

此外，企业文化的冲突，有时并不能成功地在组织中确立一种文化，往往在此之前，组织已经由于在竞争中处于不利地位而被淘汰掉了。

4. 企业文化冲突的管理

企业文化冲突所带来的后果，引起了人们对如何管理企业文化冲突的思考。只有有效管理企业文化冲突，才能避免企业文化冲突所带来的不良后果，从而使企业因为文化冲突的存在而变得更有活力。此处主要介绍 Mirvis 与 Marks（1992）提出的企业文化冲突管理和南希·爱德勒（Nancy Adler）的观点。

在对冲突阶段进行划分以后，Mirvis 与 Marks 建议按照以下三个步骤来管理文化冲突：一是重视双方文化。为了避免或缓解文化冲突，并购双方应对自己，以及对方企业的经营历史、管理风格、员工特征及企业形象等方面有一个清楚的认识。明智的领导者应该在并购之初就能以敏锐的眼光观察到双方的文化差异，预见潜在的文化冲突，并以谨慎的态度对待差异问题。二是明晰双方文化。造成文化冲突的另一原因是双方认识偏差或理解有误，如果能在并购双方建立有效的信息渠道、加强员工之间的沟通与交流，无疑将增进理解、修正错误认识，从而大大降低文化冲突的概率。三是促进相互适应。在重视双方文化和明晰双方文化的基础上，通过双方经理和普通员工传授关于对方文化的知识，建立相互适应、相互尊重和理解的关系。

按照加拿大著名的管理学者南希·爱德勒的观点，解决企业中的文化冲突有以下三种方案：一是凌越（dominance）。所谓凌越是指组织内一种文化凌驾于其他文化之上，扮演着统治者的角色，组织内的决策及行为均受这种文化支配，而持另一种文化的雇员或外部成员的影响力则微乎其微。这种方式的好处是能够在短期内形成一种“统一”的组织文化，其缺点是不利于博采众长，而且其他文化因遭到压抑，极易使其成员产生强烈的反感，最终加剧冲突。二是妥协（compromise）。所谓妥协是指两种文化的折中与妥协，这种情况多半发生在相似的文化间。妥协是指不同文化间采取妥协与退让的方式，有意忽略、回避文化差异，从而做到求同存异，以实现企业组织内的和谐与稳定，但这种和谐与稳定的背后往往潜伏着危机，只有当彼此之间文化差异很小时，才适合采用此法。三是融合（synergy）。所谓融合是指不同文化间在承认、重视彼此间差异的基础上，相互尊重、相互补充、相互协调，从而形成一种你我合一的、全新的组织文化。这种统一的文化不仅具有较强的稳定性，而且极具“杂交”优势。这种方案认识到构成组织的两个或多个文化群体的异同点，不是忽视和压制这些文化差异。融合与妥协的不同之处在于对待这些差异的态度，妥协只是暂不考虑不同点，而融合则把不同点统一地纳入组织文化内。

7.1.4　企业文化的整合

美国的组织管理学家福列特（2007）提出了建设性冲突的观点，冲突从本质上而言是不可避免的差异，通过对差异的整合可以实现冲突的建设性。企业文化整合是指企业文化在发展过程中将相异或矛盾的文化特质在相互适应、认同后形成一种和谐、协调的文化体系。整合不是联合，更不是混合，而是摒弃自己文化的弱点，吸取其他文化的优点。企业文化是企业在长期的实践中逐步形成的具有企业特色的共同价值体系，它具有个性化、一贯性和隐含的控制性等特征。因此企业文化整合相对企业其他方面的整合更加软性，同时也是一个更复杂的过程。它不仅体现于企业的发展战略、经营思想、管理哲学等方面，也深深渗透在企业员工的精神风貌、行为准则、对企业认同感等方面。

1. 企业文化整合内容

企业文化整合不是将两个或多个企业的文化简单地叠加和拼凑，而是将其优秀的部分进行融合和升华，是在共性认识的基础上建立起的具有连续性和一致性的新文化，是对两种或多种不同文化进行整合重塑的过程。企业文化整合的主要内容包括以下几个方面。

1）经营宗旨的整合

企业整合后，它的生产能力、产品种类等都已发生变化，经营宗旨也应当随之更新。它应显示新企业发展的方向和轨迹，反映企业今后长期的经营追求，代表企业经营发展的未来，应具体地体现在企业的经营战略中，使全体员工认同。

2）企业精神的整合

企业精神是企业文化的高度概括和浓缩，由于并购中不同企业会带来不同的价值观，因此并购后应加强宣传动员，将原来不同文化背景下员工的价值观、处世哲理和行为方式规范为一种适应新企业、新文化的统一的价值观体系，并给员工以心理上的约束和行为上的规范，这比确定企业经营宗旨要复杂得多。企业精神的整合是企业整合的核心和关键，又是文化整合中难度最大的问题。因为，如果新企业的员工在价值观上存在很大分歧，就无法达到优势互补、协同合作的目的。

3）道德行为准则的整合

它实际上是企业整合中的一种意识立法和行为立法。在企业整合中，需要对原来各自的经营管理制度和规章制度，根据新企业的特点进行调整或重新制定，形成新的员工行为准则。这些制度规范是价值观整合的具体体现，新制度的设立不宜过繁，烦琐的规章制度只会束缚员工的积极性和创造性。但是制度一旦确立，便要严格执行。

4）组织机构的整合

组织机构的整合虽然不完全是文化整合的内容，但却是文化整合的保证。企业整合是否能顺利进行，在经营宗旨、价值观念、道德行为准则确定之后，还有赖于组织机构的质量和效率。组织机构既是文化整合计划的制订者，也是其执行者。

5）物质文化的整合

首先，企业整合必然涉及资产重组、产权变更，在物质上表现为资本结构的变更与调整、员工的增减、产品甚至行业的变化、设备的更新等企业有形资源的整合；其次，企业整合还会带来员工结构的变化，由此员工的工作条件、福利待遇、文化生活等都会发生相应变化。为了稳定人才，必须制定一系列积极的人力资源政策，出台一些具有实质意义的激励措施，尽快使员工的角色定位。

6）企业形象的整合

并购后企业要对技术形象、公司形象、经营者形象等进行整合设计，以便给社会公众和内部员工形成一种新的印象和风貌。

2. 文化整合的基本原则

尽管企业面临的具体文化整合情况可能千差万别，但应遵循以下基本原则。

1）相互尊重原则

当不同文化的企业或组织结成利益共同体时，这个利益共同体的牢固程度强弱取决于文化整合的成功与否。企业文化的主体是人，只有得到员工认可的企业文化才能发挥凝聚、导向、辐射等管理功能。因此，不管企业采取什么样的整合模式来进行文化整合，最基本的一点就是要在文化整合过程中体现平等待人、尊重对方的人文精神，避免以战胜者的姿态歧视对方员工。

2）平稳过渡原则

企业文化整合涉及思想观念的转变和行为方式的调整，这往往会给不同企业文化双方尤其是弱势企业文化一方员工的心理带来较大的震动，甚至使其产生抵触情绪。为此，在文化整合过程中，要辅以较强的舆论导向，注意文化整合的技巧等，以降低文化整合过程中的文化风险与震动幅度，实现企业文化的平稳过渡。

3）充分沟通原则

沟通是指可理解的信息或思想在两个或两个以上人群中传递或交换的过程。充分、全面和有效的沟通能够有效化解文化冲突，促进相互理解与尊重。只有通过充分有效的沟通，不同企业文化的双方才能够增进相互之间的了解，才能够取长补短，不断融合，从而很好地实现组织的目标。

4）专人负责原则

企业不同文化之间的整合是一项极其复杂和艰巨的工作，它要在尽可能短的时间内完成对不同文化要素的重新配置和优化组合，并使大多数员工能够理解和认同企业的基本价值观、领导风格、企业目标和做事方式，从而使企业能够在有序的文化框架下运作。要做到这一点，需在企业确定企业文化整合之初就明确指定由专人来负责文化整合工作，并在内部形成系统的分工与协作。整合工作者的作用是在不同文化的双方之间建立纽带联结，帮助并购双方增进了解，并在此基础上制订并实施系统的整合计划。

5）求同存异原则

企业文化就像人的个性一样千差万别，而企业文化的历史延续性和稳定性特点也使完全改变一个企业的文化变得相当困难。尽管从企业盈利和发展的角度来看，企业文化有优劣强弱之分，但不存在一种百分百完美的企业文化，弱势文化也有其可取之处。因此，在文化整合过程中，不能简单地将自己的企业文化强加给对方企业，即使是采用注入式的文化整合模式，也应讲究技巧，应在获得对方员工认同的基础上进行。而文化注入的结果，也不可能像“硬件”设施一样丝丝入扣，分毫不差，其中必定加入了员工自己的理解和原有文化的干扰。因此，我们还应秉着求同存异的原则，在努力寻求文化共性的同时也以正确的心态看待文化差异。

6）系统整合原则

文化整合是一项系统工程。以并购企业时文化整合为例，高效的文化整合工作开始于并购前对双方企业文化的审查，在充分了解自己文化和对方文化异同的基础上，根据并购战略类型、双方文化特点、领导者的权力风险偏好以及双方模式选择偏好等因素，恰当地选择企业文化整合模式，并制订具体可行的文化整合计划，逐步实现对原有企业文化的调整与变革。在文化整合初步获得成功后，还要加强防范意识，通过反复监督、强化来巩固已有成果，防止倒退现象的发生。

3. 企业文化整合模型

在企业文化整合过程中，既有原有的企业文化不断抗争直至消失的过程，又有新企业文化战胜、同化直至完全取代原有企业文化的过程。因此，要有效地整合双方企业文化，建立起新的企业文化，就要通过认识双方文化→制定整合目标→确定企业文化整合模式→制订企业文化整合计划→新文化的推进与实施→企业文化整合的测评这样一个程序来完成最终的文化整合，企业文化整合模型图如图 7-1 所示。

1）企业文化整合分析

模型中企业文化整合的前三个阶段，即认识双方企业文化、确定企业文化整合模式、制订企业文化整合计划是企业文化整合的分析阶段，在这个时期应当全面地考察并

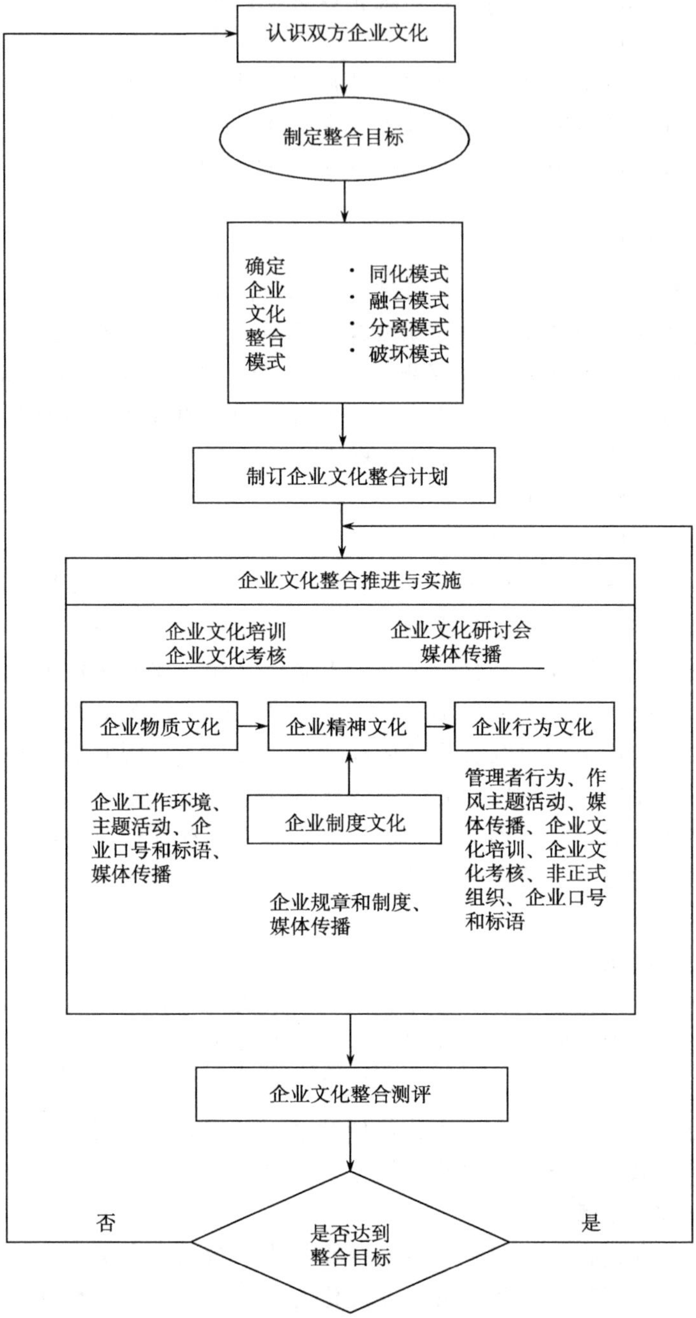

图 7-1　企业文化整合模型图

购双方原有的文化状况、分析双方的企业文化差异及冲突的可能，充分地认识到促进和制约新企业文化形成的各种力量，小心地勾画出新企业文化的特点，科学地制定文化整合的合适模式。

总的来说，企业文化整合模式主要有以下几个方面。

（1）同化模式。同化模式主要是指一个文化群体自愿地完全接受或采用另一个文化群体的个性、文化和实践的过程。在同化条件下，一个企业将放弃它自己的文化和组织实践而成为另一个企业的一部分。同化并不是一个强制的过程，同化的前提是一方愿意接受另一方的文化。

（2）融合模式。文化融合涉及两种或多种文化相互一体化的进程，它需要双方或多方互动地做出一体化的决定，通常会让双方或多方获益，同时也要求双方或多方做出一定牺牲。通过融合模式而新产生的企业文化，由于是站在几种文化的肩膀上，因而具有其中任何一种企业文化所无法比拟的优势，能更好地推动新企业的发展。

（3）分离模式。这一文化整合模式是指几个不同企业在文化上依然保持相对独立性，每种文化变动都较小。Shapiro 等（1992）、Peters 和 Waterman（1982）都曾分析过这种整合模式的可行性。他们认为，从理论上讲，选择分离式文化整合模式需要满足以下两个前提：一是企业不同的部分均拥有优质强文化，企业员工不愿放弃原有文化；二是不同部分的员工接触机会也不太多，文化不一致不会引起太大的矛盾冲突。

（4）破坏模式。破坏模式造成文化个性的破坏，又拒绝采用新的文化。在这种情况下，被收购企业可能不再作为一个文化和组织实体而存在，相反，“大量的集体和个人混乱、孤立感、个性损失和所谓的文化适应压力”会同时出现。

在以上四种文化整合模式中，破坏模式可能导致最高水平的风险，因而可能是最难管理的。

2）企业文化整合推进与实施

在企业文化推进与实施的过程中，企业可以通过多种多样的途径来整合企业文化，在实施过程中需要注意每个渠道对于文化整合的作用不尽相同，大概有以下途径：一是企业文化培训传播；二是企业文化考核；三是企业文化研讨会；四是主题活动；五是非正式组织传播；六是媒体传播；七是将企业文化用语录、标语、标记、口号、雕塑的形式表达出来；八是管理者的意识、行为、作风、要求，他们的个人示范作用和对下属的要求，构成企业行为文化整合过程中的重要途径；九是企业考核、晋升制度等制度规章，这是企业制度文化整合的重要通道之一；十是企业工作环境的设计。

3）企业文化整合测评

企业文化整合测评是企业文化整合的重要一环，直接指导着企业各阶段的整合工作。测评应该围绕整合前制定的整合目标，抓住企业文化的五个要素，即价值观、行为规范、环境适应性、企业形象、文化网络来进行。同时，评价手段应多样化，可采用问卷调查、员工行为方式考察、公司业绩分析、企业员工评价等方式，但最后总评时应注意各种考察方式权重的分配。如果测评结果未达到整合目标，则应该重新考察双方企业文化，思考企业文化整合模式是否合适、企业整合计划是否需要调整、推进过程是否有失误，最后调整整合失误之处，重新推进企业文化的整合。若达到整合目标，则应该在对整合途径的重要性排序进行微调的基础上，重复企业文化推进与实施的过程，直到新一次企业文化整合的开始。

企业文化整合是一个动态、复杂的过程，整合的目的是使新的企业精神文化、物质文化、行为文化、制度文化在目标企业中的和谐统一，同时需要注意以下方面：整合先从物质文化、行为文化、制度文化开始磨合，然后才是精神文化的磨合；而在具体实施的时候，应根据这种特性注重企业物质、行为、制度文化的整合，并利用它们的整合促进精神文化的整合，最终使企业精神文化被目标企业的员工接受。

7.2 企业文化的变革

当企业原有的文化体系难以适应企业内部发展及外部经营环境的变化而使企业经营陷入困境时，变革原有的企业文化，创建一种适应形势发展要求的新文化，就成为一种必然。企业文化的变革，有着一系列的推动因素，但文化在相当长的一段时间内看起来是牢固和不易改变的，即便当环境中的一些变化给企业的发展带来一些麻烦时，人们也不太会从根本上去反思文化，或者因为文化已经深入人心，动摇企业文化的根基意味着挑战企业传统和权威，会遭到很多成员的反对。

7.2.1 企业文化变革的动因

影响企业文化变革的动因极其复杂。企业外部的政治、经济、技术、人口、行业文化等都是影响企业文化发展变化的外部环境因素。影响企业文化变革的企业内部因素则有企业自身的经营危机、成长的推动、战略的改变或领导人的更替。企业文化的变革是企业外部因素和内在因素共同作用的结果。

1. 企业文化变革的外部因素

1）政策和法律的改变

国家的一些关于经济发展政策的转变以及法律的调整，都可能给企业带来有力的甚至是强制性的文化变革。例如，我国经济发展的两个转变的战略、国有企业的“三改一加强”改革方案、私民营企业的地位合法化的政策、公司法、消费者权益保护法等一系列的以市场为导向的政策和法律出台，成为企业文化变革的推动力之一。

2）经济环境的变化

迅速增长的经济背景可能给企业带来不断扩充的市场，而整个国民经济的萧条则可能降低企业产品的购买能力，国家税率、利率和汇率等方面的改变也可能通过市场对企业文化变革施加影响。经济全球化和一体化的趋势正在加强，企业生存环境的不稳定性随之增加。例如，中国加入世界贸易组织，给现有企业文化带来巨大的冲击，为了提高企业竞争力，企业文化变革也是势在必行。

3）技术的变化

社会技术的进步，深刻地影响企业生产设备和技术的改进及企业的发展，使企业的生产率明显提高，从而影响人们的工作态度和工作方式。例如，随着生产自动化和办公自动化技术的发展，特别是当前以网络技术为代表的高新技术的迅猛发展，使企业的经营理念和管理思想都发生了深刻变化。信息技术的迅速发展和普及运用，企业管理的信息化程度的迅速提高，都将给传统的企业组织模式和企业的人际关系带来深刻的变革。

4）人口的变化

未来的劳动力市场呈现多元化的趋势。企业员工在年龄、性别、教育程度、民族、技能水平、出生地等方面的差异越来越大，这给企业文化的管理带来了新的挑战。例如，传统的“熔炉”（假设不同的人会在某种程度上自动地同化）方法来处理企业的文化差异已经不合时宜，企业不得不改变他们的管理哲学，从同样对待每个人转向承认差别和适应差别；又如，针对合资企业和跨国公司管理中的文化差异，跨文化管理的热潮正在兴起。

5）行业文化的变化

行业文化是在一个行业内形成的行业精神、行业规矩、行业术语、行业典范和行业内各企业和员工共同遵守的行业道德规范，是行业内各企业在经营管理、生存发展过程中形成的思想成果。行业文化既有国家、民族文化内涵所赋予的共性，又有其地域、行业的个性。由于各个行业在生产特征、管理模式和服务要求上存在很大的差异，所以文化形态也必然存在很大的差异。因此，行业发展的整体态势，尤其是行业中竞争对手的力量对比的变化，都会要求企业文化的变革，即使是“百年老店”的企业文化，也是随着行业环境的改变而不断变化的。此外，竞争对手、供应商、代理商的某些方面的变化也可能引发企业文化的变革。

2. 企业文化变革的内部因素

1）企业经营危机

企业经营危机往往使企业文化成为危机根源的候选对象，因为企业陷入的重大危机，除个别是不可抗力或偶然的重大决策失误造成的以外，多半都有深刻的根源，这种根源就与企业的旧文化联系起来，并使管理者认识到，危机是文化冲突的结果。而且企业经营危机的结果使企业的所有人受到心灵的震撼，危机的直接、可怕，甚至是灾难性的结果使企业的全体成员认识到，企业文化与企业和个人的前途命运密切相关，这为新文化的形成提供了心理基础。

2）企业成长推动

企业的发展如同一个人的发展，在不同的生命阶段需要不同的文化牵引、规范和支撑，一些企业文化的发展往往跟不上企业财务和组织的成长，这就需要企业及时地变革文化，否则，昨日的成功经验和制胜法宝将成为今天成长的陷阱。20 世纪 90 年代前半期，巨人、三株、亚细亚等企业的财务和组织迅速扩张，而企业文化滞后不前，没有及时进行企业文化变革，使企业发展走向滑坡、衰败的方向。而华为、TCL 等企业在 90 年代中后期，及时地提出“二次创业”的口号，发动了企业文化变革，引导员工更新经营管理理念，进行经营管理的创新，使企业进入了可持续发展的良性循环阶段。

3）企业战略的转变

企业文化是为企业战略服务的，企业战略的转变必然要求企业文化随之变革，否则，滞后的企业文化必然制约企业战略的实施。曾经在 IBM 和微软公司任高级主管的吴士宏深有感触地说：“企业文化不会因个人感情好恶而改变，只有当企业的战略改变而原有企业文化不能配合的时候，它才会发生改变。”

4）企业领导人的更替

企业领导人是企业文化的缔造者和管理者，企业文化是企业领导人的人格和思想的外在表现，不同类型的领导人可能需要和创造不同的企业文化。企业领导任命新的高层管理人员可能预示着一场重大的文化变革将要发生。如果公司新上任的领导人能够提出另一套核心价值观，这可能比危机状态下的反应更为有效。

企业文化对于企业的发展起着重要的作用，但在上述多种因素的影响下，企业文化并不是一成不变的。企业只有适时合理地变革企业文化，并创新经营方式和管理模式，才能使企业文化不断符合企业发展战略变化的要求，使企业永葆青春。目前，海外的一些老牌企业如IBM，它经历了百年的社会变迁，如今仍然健康发展。还有一些新兴企业如微软、宏基，它们虽然历史不长，但已经能够领导当今的商业潮流。它们的历史，不仅是技术的创新史，更是文化和管理的变革史。

7.2.2 企业文化变革的阻力

"江山易改，本性难移"，企业文化也是企业的内在本性，这种本性也植根于企业各个成员的骨子里，要改变是痛苦与艰难的。阻挠文化变革的障碍主要表现为以下几个方面。

1. 改革观念

联想集团原总裁柳传志在谈到中国民营企业的问题时曾这样说道，"鲁迅曾说：在中国搬个桌子都要流血。是桌子沉吗？不，是观念问题。孔乙已既考不出名堂又四体不勤，端着读书人的架子端到惨死。是他身体弱吗？不，还是观念问题"。应该承认：人们最大的问题就是旧有观念对创新思维的制约。文化变革的首要障碍也是观念问题。很多人否认变革，排斥变革，一般都是基于以下几方面原因。

1）认为变革不必要

有些人会说，企业运转得好好的，为什么还需要变革？或者就算企业亏损，也将原因归于外界环境的变化，从不会居安思危，也从不从深处分析企业亏损的主观原因。事实上，许多成功的企业在开始变革时是处于一种健全的状况，发起变革的领导人觉察到某些迹象，从而采取主动来防止将来的危机。

世界著名管理顾问公司——德勤国际集团的原CEO Jim Copeland曾说，"面对未来，我们唯一能确定的是：未来是不确定的"。这句话说明企业面对的一切都将发生变化。面对变化，企业唯一的应变对策就是变革。尤其是在以网络科技和知识管理为特征的新经济下，变革已成为企业管理中最重要的方面。事实证明，那些根据环境的变化时刻变革的企业才是商场上永远不败的企业，变革是企业永恒的主题。

西尔斯公司是美国也是世界最大的私人零售企业。它拥有30多万名职工，仅印刷在商品目录上的连锁商店就有1 600多家，另外还有800多家供应契约商，其子公司遍布欧美各大城市。西尔斯公司由理查德·西尔斯于1886年创建，如今已有100多年的历史。它经历了美国社会生活的几次大变革，跟上了潮流，并稳步增长和发展，成为美国经营最成功和最赚钱的企业之一。它虽然在采用尖端技术领域并无令人瞩目的贡献，但它对美国消费者的购物及生活方式都产生了很大影响，在西方商业界享有"零售业科学院”之誉。西尔斯这个“百货王”历经百年而不衰，其主要成功经验是绝不墨守成规，而是随着形势变化而变革。但在20世纪90年代后期，在商业后起之星——超级市场的紧逼下，陷入困境。

2）认为变革会自行发生

假如文化变革会带来好处且是必要的，那么文化问题会自行解决，这种想法是错误的。文化的变革和树立是自上而下的，从来没有自下而上的成功范例，这是因为企业文化自身具有极大的反弹阻力，变革需要巨大的权力推动，没有强大的推动力，变革不会发生。变革不是毛毛雨，不会凭空从天而降。

3）害怕变革

“变化”这个词本身和与它有关的定义就能使人感到害怕，因为变化“意味着一种本质上的差异，有时这种差异会失去原有的特性，或达到一种事物替代另一种事物的程度”。不可否认，变革最终会引发一部分人权利和利益的调整。当权者一般会担心自己的利益受损、权力丧失、对新文化中的不适应，这使他们对变革一开始就持否定态度，员工由于对变革是否对自己有利看不清楚，因而不会给予变革十分的支持，这就导致变革很难被推动。

2. 价值观

价值观是人们对于客观对象的总观点、总看法，即对客观对象意义的认识。它具有持久性和稳定性。如果一种企业价值观已深入人心，成为员工思想和行动的准则，那么，员工对工作、对自己的信念均根植于此。在这种情况下，一旦这种价值观遭到挑战，员工往往会产生反抗、沮丧和失落的心理。

例如，“不求有功，但求无过”是很多人的行为准则，如果一个企业的价值观转变为“但求有功，不求无过”，这种变革必然会受到争议、抵触、反抗，甚至排斥，即使人们表面上服从和认同了这种价值观，其内心也未必真正了解和接受。所以这种认可是不稳定的，一旦爆发一个偶然事件就会被误认为是必然结果，新的价值观再度成为争议的话题，最终因无法继续贯彻实施而恢复原状。

3. 惯性

企业文化具有一种惯性，这种惯性是由企业内所有成员的习惯积累而成的。而习惯则是广大职工在多年的工作中，经过观察、尝试，经过自我判断所形成的，是在一定情境下无意识的惯性行为。习惯一旦养成，就会在一定刺激下引发相应的行为，而无须任何深思熟虑。

这种内在反应机制决定了它的根深蒂固性，任何尝试改变习惯的行为，都难如登天。可见，改变文化的旧习绝非易事。

传统的企业文化让人感到安稳、省心、平和、寡欲、按部就班，尽管它已明显落伍了，人们已厌烦它了，却并不想彻底改变它，这是习惯陷阱的魔障。大多数变革企业文化的努力最后都失败了，失败的原因就在于不能战胜惯性。例如，变革企业文化的典型做法是制定“应该有的行为”，并且审慎地制定控制办法。但这种控制通常只有三分钟热度。最糟的情况是企业领导让下属觉得他对这种变革很热衷，通常需要召开很多会议。一段时间后，人们会发现他们花太多时间在无聊的会议上，这种变革的努力也就无果而终了，老的习惯再度抬头，企业一切运作又依然如故。

4. 领导的态度和行动

“以身作则”“上梁不正下梁歪”，这些成语都昭示着“上”与“下”之间紧密的联系。在文化变革中，企业的领导人员一方面要以坚定的意志来领导文化变革，充当企业新理念和新行为的倡导者；另一方面又要以身作则、言行一致，扮演新的价值观念及新的管理方式最忠实的执行者。

日本许多优秀企业的高级主管都比较重视以身作则。他们认为，高级主管的一言一行都是下属的表率，是推动企业价值向前迈进的重要因素。所以，领导者要求员工做什么之前，自己一定要先做到。员工看到领导者怎么做，就会模仿。“像我说的那样去做，而不要像我做的那样去做”是没用的，领导者的行为会比说的话更有说服力。所有的经理都会讲“顾客至上”，但当他们将全部的时间花在会议和投资者身上而非顾客身上时，他们的话就不可信了。

5. 时间和耐力

做任何事情都需要一个过程，在这个过程中，需要消耗实施者的时间、耐心，也需要其不懈的努力。同样，企业文化的变革也需要时间、耐心和不懈的努力。它不会一夜之间就获得成功，它也不同于追逐短期收益和季度利润这种自然的企业本能。大量的研究说明：一家企业要真正实现从旧文化向新文化的转变需要 5～10 年。长期的坚持和不懈的努力需要毅力，很多企业不能成功变革就因为坚持不下去，犯急躁的毛病，像古人拔苗助长一样，种下小秧苗没几天就急着把它连根拔起，查看秧苗的增长情况，结果欲速则不达，连秧苗也夭折了，更不要谈收获了。

6. 理论的指导

企业文化变革如同大海行舟，对于没有多少经验的企业文化变革倡导者与执行者，急需一盏航灯指引方向。指引企业文化变革的航灯，就是理论指导。企业文化变革在必要的理论指导下，才会少走弯路及错路。

7.2.3 企业文化变革的内容

企业文化的变革应该是企业所有变革中最深层次的变革，因为它涉及对企业成员从认知到行为两个层次上的改变。具体来讲，主要包括以下这些方面。

1. 企业价值观的变革

这种变革既涉及对企业整体的深层把握，也涉及对企业环境变化的重新认识。在企业价值观中，管理哲学与管理思想往往随着企业的成长和对外部环境的不断适应变化。以海尔为例，在海尔全面推行其国际化战略后，其价值观中，创新或者说持续不断创新成为最主要的经营哲学，在海尔的宣传中，也可以看到以“海尔永创新高”（Haer and higher）代替了海尔发展早期的“真诚到永远”。

2. 企业制度和风俗的变革

企业制度和风俗变革包括员工和管理者行为规范的调整，以及企业一些特殊制度和风俗的设立与取消。例如，有些企业在建立学习型组织的过程中，制定了从员工到管理层的学习制度。当然，这些都是为了体现核心价值观的变化，是核心价值观的行为载体。

3. 企业标识等物质层的变化

企业标识等物质层的变化多数是为了建立企业文化的统一形象，并树立个性鲜明的企业形象和品牌形象。例如，早在19世纪，当时的北京日化二厂就对企业的“金鱼”系列产品的包装盒标识进行了重新设计，使原来混乱的品牌标识得到了统一。2003年春，联想公司对沿用多年的标识“LEGEND”进行了调整，改为“LENOVO”，以强调创新的内涵。所以物质层的变化也是为了配合核心价值观的调整。

总的来讲，企业文化变革的核心是精神层面的改变，包括核心价值观、经营哲学和经营思想的变革，制度层和物质层的变化是配合精神层变化的，是精神层变革的外在表现，这是在实施企业文化变革中需要特别注意的地方。

7.2.4 企业文化变革的方式

企业文化伴随着企业的发展过程传承，当企业文化与企业自身的发展情况不相适应时，文化的变革就成为进一步发展的必要。根据企业的具体情况不同，企业文化变革的方式也存在差异，这些方式可以划分为企业文化整合、企业文化移植、企业文化重塑三种，分别适应不同的情形和需要。

1. 企业文化整合

企业文化的产生源于不同文化倾向的整合，其中潜在的文化优势并不会自动形成并发挥作用，而需要创立一种整体文化，也需要进行企业文化整合。而一个企业经过大规模的改革或创新活动之后，也必须经过企业文化的整合，才会具有更强的竞争力。

企业文化整合，关键是如何有效吸取其他文化的优点。张玉峰出任方正集团总裁后做的第一件事就是进行由组织到文化的整合。在他看来，只有相互尊重和相互制约，才能保证方正的市场拓展和学术探索不会迷失方向，由此将公司的研究开发部门与北京大学计算机科学技术研究所合并，成立方正技术研究院，与公司实现一体化运作，待遇同等，分配透明。同时将“求真务实、兼容并包”的“北大精神”引入方正，由此实现了技术开发和市场开发两个业务板块的文化整合，从而推动了方正的超常规发展。方正集团有效地吸取了“北大精神”的“求真务实，兼容并包”，从而成功地实现了企业文化的整合，促进了企业的发展。

2. 企业文化移植

企业文化移植就是把优秀的企业文化核心要素移植到新的企业中，经过培育，使其像种子一样在新企业里逐渐发芽、开花，最终结果，建立起一种新的企业文化，也可以说是利用某种特定的企业文化来重塑原有的企业文化的过程。企业文化移植如同电子不断地扩散和漂移，形成新的物质，特别是在企业并购的过程中，只有当移植方的文化向被移植方正向扩散，以及被移植方的文化向移植方反向漂移，两者达到一定平衡，真正双向融合后，才能形成被大家接受的、新的企业文化。

企业文化移植的要领在于具体问题具体分析，切忌“一刀切”式的照搬照抄，不然就有可能发生“淮南的橘子移植到淮北”的现象。例如，当日本索尼公司收购美国哥伦比亚电影公司后，把在日本执行得很成功的企业文化及管理方式等搬到美国使用，可执行了一两年，问题就凸显出来了。索尼公司的日本高管怎么也搞不明白：公司为美国员工提供和日本员工一样优厚的待遇及福利，怎么员工的离职和跳槽事件依然持续不断地发生呢？经过大量调查研究，结果发现，这并不是自己公司的企业文化或战略本身有问题，也不是自己企业的管理和提供的待遇、福利有问题，而是美国人的习惯使然。美国员工习惯于在一个企业或一个岗位干上两三年就换工作或换企业，并且这种行为在美国文化中没有任何对企业侮辱或否定的成分，也没有对员工否定或侮辱的成分，而是一种正常的社会现象，是一种好比中国人习惯用筷子吃饭一样的习惯。在这种情况下，索尼只好调整自己的战略和制度，逐渐适应了美国文化，对索尼在日本的企业文化和战略进行了本土化的扬弃，最终站立在美国市场的是一个美国版本的索尼，它具备美国化的战略、管理和习惯，最终获得了成功。

3. 企业文化重塑

通常所说的企业文化重塑或重构，实质上是一个企业的现有文化已不适应社会发展要求，不适应企业发展步伐，甚至阻碍企业发展，重塑和重构都是汲取原有的企业文化精华，并加以创新，以便更好地为企业发展服务。沙因在《组织文化与领导》一书中对企业文化演进理论有以下三个阶段的描述。

年轻的成长型公司总是试图创建和扩展自己的一种文化，把它看做企业成功的基础。文化是企业认同的主要源泉，与企业唇齿相依。很典型的情况是企业仍然处于创始人的控制之下，这意味着文化或多或少地反映了创始人的信念和价值观。在这一阶段，对已形成的任何企业文化要素的挑战，都相当于对企业创始人或所有者的质疑。这些文化要素是难以撼动的。这一阶段企业文化的演进更多的是文化的形成和文化要素强制推行的结果。

当公司处于发展的中期阶段，企业已历经几代职业经理人，他们通常是由代表各股东的外部董事会任命。这时企业更有可能演进成基于业务、产品、市场或地域的多重部门，这些部门很可能发展出各自的亚文化。此时企业的文化重塑问题包含以下三个方面：一是怎样维护那些继续适应并与企业的成功相关联的文化要素；二是怎样整合、混合或者至少是调和各种亚文化；三是随着外部环境和情况的变化，有一些文化要素的功能可能会越来越失调，在这一阶段怎样识别和改变它们，需要非常准确的文化评价以维护文化的某些部分，同时改革其他部分。组织还需要一些见识和技巧，以促使某些文化要素进行有序变迁，并保持核心的稳定。由于一些旧的文化要素必须摒弃，所以这一阶段的文化演进主要表现为文化转型。

当公司进入巨型或衰老阶段，如果它们不再演进、修正和变迁自己的文化要素，就会变得越来越不合时宜，文化会成为学习和改革的严重障碍。缔造了成功的文化使组织很难察觉到已经变化了的环境要求新的回应，文化便成为战略的绊脚石。衰老公司的文化进行规模转型，通常是在巨大的时间压力下避免严重的经济崩溃。转型的过程基本上与健康的中期公司一样，但时间的紧迫和变革的规模需要迅速转型，即迅速忘掉和抛弃过去珍视的东西，而这对员工来讲太困难了。要么他们会离开企业，要么企业把他们开除，因为他们太强烈地抵制文化重塑。如果文化重塑的努力失败了，组织可能会破产，一切从头再来，依靠新管理层来创建新文化，或者被收购，寻找一种新文化套在自己头上。

从沙因的上述观点中我们不难看出，企业文化重塑主要发生在企业发展的后两个阶段。企业文化重塑的目的就是改变原有文化的不适应状态，形成新的能适应企业发展需要的企业文化，促使企业不断发展。例如，1999年，卡洛斯·戈恩在效益连年下滑的困境中出任日产公司CEO，他一上任就立刻发现日产公司处于混乱中。戈恩的诊断如下："日产公司缺乏明确的利润导向，对客户关注不够，过于注重与竞争对手攀比，没有一种跨越职能、国界和等级界限而进行合作的企业文化，缺乏紧迫感，观点不一致。"于是，在接管日产公司后的第二个星期，戈恩就着手改造日产公司的企业文化。他的这一大胆举措不久就得到回报：日产公司濒临破产的下滑趋势得以扭转，重新走上盈利的发展道路。

7.2.5 企业文化变革的流程

企业文化变革是企业为了适应形势的变化，而对原有的企业文化进行革新，是一项异常复杂的任务。对于企业来说，如果没有一个可操作的模型，变革就会复杂且难以实施。这里将针对这种情况提出文化变革的四步流程。

1. 文化变革的诊断流程

1）诊断现有文化

文化变革应从诊断文化现状、评估现有文化是否符合战略开始。这里不但需要对文化整体进行评估，同时也需要对文化在各部门的状况进行评估。进行评估时围绕认同、公正、平等、共识、发展、团体动力、内化等因素提出相应问题，对文化进行客观的评价，同时分析目前的文化与期望中的文化之间的差别。

2）对内外部环境进行分析

围绕市场反映、产品组合、财务、技术水平、当前客户结构等相关因素运用各种方法分析和确定内部状况。通过对外部经济环境、国家宏观政策、竞争对手、行业和市场的根本性变化等因素对外部环境进行分析，找出影响企业的外部因素。

通过以上分析，可以明确企业为什么需要进行文化变革，需要全面的文化变革还是需要在某方面变革或加强。这样做的原因是文化变革中基础性的一步就是要明确企业的核心价值观。核心价值观是企业的灵魂，是企业文化的核心，在很长的时间里它是不变的。一旦决定进行彻底的文化变革就必须重新确立价值观，而新价值观的认同和内化不是一朝一夕能够完成的。美国学者杰里·波勒斯和迈克尔·柯林斯提出："高瞻远瞩的公司能够奋勇前进，根本因素在于指引、激励公司上下的核心理念，即核心价值和超越利润的目的感。这种理念在很长时间里一直相当固定。"他们的研究成果表明，那些持久发展并保持繁荣的公司都具有适应能力和前瞻眼光，而且是建立在一些"宝贵的核心价值观"的坚实基础之上的。同时，杰里·波勒斯和迈克尔·柯林斯认为，不要轻易对核心价值观进行修补，除非明显地需要改变和重写。

2. 文化变革的人员流程

在文化变革的过程中，无论是对外部环境、内部环境及文化现状的判断、根据判断制定相应战略，还是将这些战略付诸实施，人的因素都是至关重要的。如果人员管理流程出了问题，那么企业在文化变革过程中便不能充分发挥自己的潜力。

1）建立文化变革领导小组

领导者团队是成功实施文化变革的重要力量。为了推动变革，有必要成立文化变革的领导小组，用以引导和指挥文化变革。小组成员应多样化，包括拥有不同权力和不同智慧的人，这有利于变革的成功。组长要引导小组成员把“有利于整个企业的发展”作为文化变革的出发点，而不是把目光仅仅盯在局部利益甚至个人利益上。领导小组要负责确立新的价值观和文化变革的战略计划，并与全体成员沟通这个价值观和战略计划，努力使它得到员工的认同。文化变革必然引发部分人的担忧和不安全感，因此这个小组要致力于促进上下建立起相互信任的关系，设法增强员工队伍的信心，并组织员工按照确定的变革方式去采取行动。

2）选择合适的领导小组负责人

文化变革的战略计划能否顺利实施很大程度上取决于领导人的能力和素质，鉴于此，领导小组的负责人应当具备这样几个条件：来自高层，有较大的权威；了解员工，那些根本没有融入日常运营的领导者根本不可能对企业的文化变革产生决定性的影响；坚持以实事求是为基础，这是实现文化变革的关键；确立明确的目标和实现目标的先后顺序，这是文化变革正常进行的关键；专注，必须能够严肃对待和时刻关注文化变革；对完成具体任务的员工，能主动给予相应奖励；提高员工能力和素质，对下属进行指导是顺利完成文化变革的重要组成部分。

3）适当的人员调整

一般来说，个体的价值观与企业的价值观的关系有以下四种，即一致、相近、无关系和相对。当个体的价值观与企业的价值观相对时，个体是很难融入企业文化的。持相对价值观的员工大部分时间不是在工作，而是在抱怨，而且对他们的培训成本大、周期长、见效慢，最糟糕的是他们会阻碍其他员工对组织文化的认同和内化，尤其是在企业文化变革的特殊时期，其负面影响更为严重。因此，人力资源部门在文化的变革过程中，应着重做好以下几项工作：录用人员时，应当有意识地以个体价值观与企业价值观的一致程度为标准；人事部门在对员工培训时，应着重加强员工对文化认同和内化的培训；多录用有变革精神，并且个人价值观与企业价值观相同或相近的人员；对于那些持有相对价值观的人员，应使其离开。

4）将文化变革与工作绩效挂钩

价值观的认同和内化是一种心理的累积过程，这不仅需要很长的时间，而且需要给予不断的强化。人们合理的行为只有经过强化和肯定才能再现，进而形成习惯稳定下来。因此，要想让员工认同和内化价值观或接受文化变革，就必须让他们相信这样的价值观或文化变革能够给他们带来绩效。可以是薪酬，也可以是个人发展空间。

3. 文化变革的战略流程

1）战略计划的制订

所谓的战略计划就是在文化变革中希望采取的行动。价值观是企业文化的核心，为了内化价值观，以及实现全体成员所认同的共同愿景，保证文化变革顺利完成，必须制订一个清晰合理的战略计划，而该战略计划的制订必须遵循以下原则：适应内外部环境的实际情况；职能人员可以帮助收集信息，但文化变革小组的负责人和其他高层领导人员必须亲自负责战略计划的核心部分，因为只有他们才了解企业所处的状态；一定要在坦诚对话的基础上，制定出能够执行的文化变革战略；必须具有阶段性目标，因为内外部环境是不断变化的，所以战略也应该适时调整，如果没有完成文化变革的阶段性目标，领导者就必须考虑战略计划是否正确；短期和长期之间保持平衡，文化变革是一项长期过程，但是制定文化变革的长期目标时，必须考虑短期任务，在短期或中期获得阶段性成就是实现长期目标的重要保证。

2）战略评估

召开战略评估会议，把文化变革的总体战略和各部门的文化变革战略拿到会议上讨论。这应该是测试和验证一项战略的最有效方式之一，也是在计划实施之前的最后一次补救机会。这同时也增加了各部门在实施计划时的协调性。因此，在战略评估会议上应该尽可能地把文化变革过程中的各种问题都考虑在内，与会人员应当畅所欲言，将所有可能出现的问题一一列举出来。这次会议应该让更多的人参加，这样会有更多不同的观点。无论如何，战略评估会议上的讨论必须回答这样几个关键问题：这些计划是否合理、是否前后一致、各部门是否具备必要的执行能力。

此外，战略评估结束后，要给各位领导发送备忘录，主要目的是确认此次讨论所达成的共识，并将其作为战略实施的进程指标。

4. 文化变革的运营流程

战略流程只是定义了文化变革的方向，人员流程定义的是战略实施过程中的人员因素。而运营流程则为人员开展工作提供了明确的指导方向，为文化变革确定了目标，为实现目标制定了具体的工作步骤。

1）运营计划的制订

召集各部门领导及其直接下属、部门执行人员等，针对制度、员工的培训和教育、员工的行为规范等细节问题展开一次积极公开的对话，对整个企业情况进行一番了解，包括各部门的联系；根据得到的信息，各部门经理与各自团队经讨论确定的运营计划。运营计划应该包括认同、公正、平等、共识、发展、团体动力、内化等因素所要达到的程度目标，这些目标应该是在清楚地认识企业和部门所处境况的基础上制定出来的，应该是按先整体、后局部的顺序制定出来的，同时还应该包括实现这些目标所采取的手段和方式等。

2）将运营计划转变为行动计划

制订计划后，应给每个与会人员发送一份备忘录，列出大家在会议上达成的所有细节性信息。然后定期对运营计划的实施情况进行评估。运营流程的作用就是明确具体地定义出希望实现而且能够实现的文化变革目标。因为这些目标建立在最符合实际的前提基础之上，而且管理层已经对实现这些目标的方式进行了详细的讨论。

处在不同的内部与外部环境中的企业，其文化特征也会有所不同，随之产生的行为规范、思维方式和行为方式也不同，因此文化变革不可能千篇一律。但是，文化变革的流程应该是相同的，其作用和目的就是让企业对文化变革有总体、深刻的认识和清晰的思路，从而制订出符合实际的计划，并且认真地贯彻和执行。

案例分析：海尔的 SBU

张瑞敏正在做这样的探索：他把 1 个海尔变成 3 万个海尔。如同本来就神通广大的孙悟空，刹那间又会有无数个“小悟空”一样。前人的无限遐想正在变成海尔的商业传奇。

张永劭就是这样一个“小悟空”。按海尔独创的管理理论，他是海尔 3 万名员工组成的 3 万个 SBU（strategic business units，即策略性事业单位）中的一个。截至 2003 年，20 岁出头的张永劭加盟海尔不过两三年，然而，海尔物流系统里的钢板采购业务却是他一个人“独掌大权”，一年下来，海尔钢板采购业务涉及金额达数亿元。2002 年，全球钢板价格上扬，张永劭不但保证了集团的生产需要，而且在同行业中仍具备很大的价格优势。2003 年，他又自主雇了两个人，形成“三人帮”。

2002 年 12 月 26 日，海尔度过了自己的 18 岁生日。和 1984 年相比，海尔的营业规模增长了 2 万倍，达到年营业额 723 亿元。在 1998 年，海尔的年营业额接近 200 亿元，当时张瑞敏就在思考这样一个问题：如何推倒企业内部的“墙”，让每一个员工都像他一样充分感受到市场的压力。那一年，张瑞敏引用了一句很著名的话：“战战兢兢，如履薄冰。”

1998 年 9 月 8 日，张瑞敏开始在海尔内部推行“内部模拟市场”，让上道工序与下道工序之间进行商业结算，使下道工序变成上道工序的市场。他打破原来的管理框架，至 2002 年年底，他先后调整组织结构竟达 40 余次。2000 年，张瑞敏将“内部模拟市场”的概念探索成为“SBU 理论”。他的企业管理理想是到 2008 年把每一名员工都变成一个合格的“小老板”——就让这些“小老板”亲身感受市场的压力吧。

2001～2003 年，张瑞敏先后应邀登上瑞士洛桑国际管理学院、美国沃顿商学院、日本“亚洲的未来”论坛、日本生产革新综合大会等一流商学院或顶级经济论坛，讲解“SBU 理论”。虽然这些西方的专家和企业家可能在心里并不认为海尔的商业地位可以与西方的企业并驾齐驱，但他们确实认为张瑞敏的管理理论是一种新的探索，因此都表现出浓厚的兴趣。沃顿商学院教授马歇尔·迈尔说：“如果海尔能够成功，在全世界将是独一无二的。”日本能率协会高地先生说：“海尔如果能将 SBU 经营好，不仅对海尔，对整个人类都将做出巨大贡献。”

全世界的企业目前都面临着“流程再造”的困境，而张瑞敏的 SBU 理论等于给“流程再造”提供了一个很好的路径。目前洛桑国际管理学院、沃顿商学院都把海尔的 SBU 列为典型管理案例。上述这些虽并不能证明海尔在管理方面做到了领先，但是，如果海尔获得了成功并迅速跻身世界 500 强，SBU 或许就会成为一种方向，带动管理上的巨大革命。张瑞敏所有管理变革的原动力都来自于市场。市场的风云变幻使他坚信“不管信息时代多么发达，都代替不了领导者的御驾亲征”。张瑞敏认为自己在海尔的地位就是一个“大 SBU”。其实，海尔的战略基础也是市场，包括他们的名牌战略和国际化战略等。

（资料来源：张忠. 再造海尔——访海尔集团首席执行官张瑞敏[N]. 经济观察报，2013-03-24.）

讨论题：

（1）你认为海尔推行 SBU 是企业文化的变革吗？

（2）在推行 SBU 的过程中，需要什么样的企业文化的支持？海尔原有的企业文化可以完成这个任务吗？

第八章　企业文化测评

引例　中国银行的企业文化测量

中国银行上市以后，银行的外部经营环境发生了深刻的变化：一是流动性过剩，导致银行必须进行负债结构调整；二是资本市场发展迅猛，股市炽热，导致银行储蓄存款搬家；三是宏观调控趋紧，导致银行贷款规模受到控制；四是金融脱媒，企业通过发行短期债、长期债或直接上市融资，导致对银行授信依赖性减弱。在此背景下，中国银行北京分行开展了深入的企业文化测度和企业文化建设，并在此基础上设计了中国商业银行企业文化测度模型。

在这次测量中，中国银行北京分行依据瑞士洛桑国际管理学院教授 Denison 的组织文化测量模型，形成了包含 10 个大项题目 20 个小项的量表问卷，对问卷调查结果进行假设检验和因子分析，最后确定的 29 个小项被划分为四个维度八个因子，四个维度是使命感维度、持续性维度、相容性维度和适应性维度，八个因子是价值观、改革创新、风险管理、内部控制、团队协作、员工素质、客户定位和公司治理，上述四个维度和八个因子分别对应 29 个问题，并设计了测量重点。

根据企业文化测度实施步骤的要求，对分行企业文化的测度工作分为以下几个阶段进行。

（1）模型设计阶段。通过查阅大量的国内外企业文化研究文献资料，经过对国内外若干影响较大的企业文化测度模型的对比分析，最终选定 Denison 企业文化特质模型作为该研究的蓝本。同时结合与分行的基层员工、中高层管理人员进行访谈，然后经过征求专家意见，从备选的问题中挑选出适合中国商业银行企业文化测度的内容形成问卷，进而设计了该研究的测度模型。

（2）预测度阶段。为了更好地验证测度模型的通用性，先进行了预测试。预测试样本从性别、年龄、学历、入行时间、职位和所在单位等几个层面选取，不同区间的比例分配与分行总体情况基本一致，保证了统计分析结果的代表性。

（3）正式测度阶段。正式的企业文化测度最好的方式是在确定全部样本名单后，统一时间地点进行一次性统一测度，以保证测度对象的一致性。

（4）统计分析阶段。将正式测度的问卷回收以后，首先经过认真的筛选将不符合填写要求的问卷予以剔除，确保样本的可靠性。其次运用 SPSS 等专业统计分析软件对统计数据进行分析，结合企业文化相关理论和统计学理论，得出企业文化测度的结论。根据测度结果对分行企业文化现状进行诊断和评估，在此基础上对分行企业文化建设提出有针对性的建议。

测量结果表明，中国银行北京分行在各个重要的文化因子上都已经超越了一般水平，没有出现“短板”效应。通过进一步分析企业文化的八个因子与分行经营绩效指标的相关性，发现价值观、公司治理、风险管理三个因子在中国银行北京分行的经营业绩中发挥着重要的作用，这与分行“审慎经营、持续发展”的核心经营理念是一致的，说明分行企业文化建设收到了明显的成效。与此同时，团队协作、内部控制等因子则需要进一步加强。

（资料来源：赵士刚．中国商业银行企业文化测度研究——基于中国银行北京市分行的实证研究[D]. 大连理工大学博士学位论文，2007.）

8.1　企业文化测评概述

8.1.1　企业文化测评的基本概念

在企业文化测评研究的进程中，出现过不同的测评理念、方法和模式。它们对应着相应的测评概念，如企业文化测量、企业文化评价、企业文化评估等。这其中的差异，并不仅仅是概念表述上的不同，更是缘于测评模式的不同。因而，下面将通过介绍这些内容涉及的基本概念和其所对应的模式类型来了解企业文化测评。

企业文化测量是该领域中一个常见的概念。测量的原意是指通过实验的方法将被测量（未知量）与已知的标准量进行比较，以得到被测量大小的过程，是对被测量定量分析的过程。企业文化测量主要受到来自于起步较早的管理心理学和组织行为学领域的测量模式影响，它一般是通过开发的量表测量目标企业现有企业文化的典型特征，而后通过与常模的比较，发现目标企业的企业文化优势与劣势，有些还会根据特征进一步来确定企业文化的所属类型。

在企业文化测量中，还有一些重要的概念需要介绍。常模主要是借鉴了心理测验中的概念，原意是指用于比较和解释测验结果时的参照分数标准。它实质上是一种供比较的标准量数，由标准化样本测试结果计算而来，即某一标准化样本的平均数和标准差。在企业文化测量中，常模用来代表群体内（如属于某个行业或某一阶段的企业）差异情形的分数架构，可以作为解释个别分数的标准与依据。此外，在编制量表的过程中，需要注意的概念是，作为编制测量题目依据的测量尺度（scale）、作为保证测量结果可靠性与适合性的信度（reliability）和效度（validity）。在一般的数理统计和问卷设计中，这些概念也是较为常用的。

企业文化评价和企业文化评估是相对近似的概念，有时还可以混用。评价的原意是指通过详细的研究和评估，确定对象的意义、价值或者状态。评价的过程是对评价对象进行判断的过程，是一个运用标准对评价对象特定方面进行比较分析的过程。评估的本意则有评价和估量的意味。在企业文化测评领域，人们常常根据划分的企业文化层次结构，对相关要素进行评价，进而对企业文化形成一个总体的判断，这是一种综合评价企业文化的模式。这种模式中的评价，对应的英文表述是“evaluate”。那些出于一些诸如评比等目的的专项评价，也属于“evaluate”的概念范畴。此外，英文中关于评价和评估还有一个词叫做“assess”，有学者指出英语体系中的“assess”，是指搜集证据并对是否获得某种能力进行判断的过程。沙因历来主张文化应该深入基础假设的层面加以探查，评价企业文化就应该先识别企业的文化假设，进而才能解释这些假设与一些文化特征的关联，这属于探查式的评价或评估。

以上对企业文化测量、评价或评估等做了初步的介绍，下面通过比较它们间的差异，对这些概念及其所反映的测评模式做进一步的阐释（表 8-1）。在表 8-1 中，将企业文化评估并入企业文化评价中一起介绍。

表 8-1　企业文化测量与企业文化评价研究的比较

类别	对象	主要目的	典型方法	测评效果
企业文化测量	企业的文化特征	(1) 判断企业文化所属类型 (2) 预测组织或员工的有效性 (3) 揭示企业文化对经营绩效的贡献	采用定量方法。 借助量表设计问卷施测，并转化为数据指标，比较常模，确定文化的类型或特征	(1) 能够揭示企业文化的一些表象和表达的价值观 (2) 方法相对简单，对操作者要求不高，利于大规模测试和比较 (3) 被测者所提供数据的客观性和科学性有时遭到质疑 (4) 特定量表的局限性难以展现组织文化的全貌
企业文化评价	企业文化的层次和要素	(1) 了解和破译企业的文化 (2) 评价特定企业文化的优劣	定性方法、定量方法均有采用。 (1) 通过个人和小组面谈的过程来评测，探查企业的文化，特别是文化深层次的潜在假设 (2) 选定评价要素集（指标体系），给定各要素（指标层）权重，确定评价等级集，通常运用综合评价方法进行定量评价（给企业文化打分数）	(1) 访谈研讨法 ①能探查企业文化的深层假设，描述企业文化的全貌 ②能结合企业特定问题或专题展开，提出配套的文化变革方案 ③访谈效果对操作者的专业能力依赖性强，对操作者要求较高，同时也不利于横向比较 (2) 综合评价法 ①通过综合评价对总体打分，利于评比和比较 ②受评者主观感受影响，评价结果存在较大主观性 ③虽然能形成整体性评判，但不利于系统地提出诊断和改进方案

通过这种比较，可对企业文化测评的特点从以下三个方面加以总结。

(1) 测评对象。测评对象是企业文化。在特定的测评中，因视角不同，测评对象还会在企业文化的特征、层次和要素上有所差异和侧重。

(2) 测评目的。测评目的呈现多样性。这些不同的目的可以大体分为解析企业文化、评价企业文化优劣、判断企业文化类型、预测组织有效性、提供文化变革方案等。

(3) 测评效果。一般而言，测评效果能基本实现对企业文化的整体性评判（描述文化特征和评定综合分数），但难以把握文化本质和指标客观性两者之间的平衡，在系统地提出诊断和改进方案方面也显得不足。

8.1.2　企业文化测评的类型

如上所述，企业文化测评包含企业文化测量、企业文化评价等多种模式。在类型划分上，可以根据测评模式的不同加以区分，也可以以测评方法定性和定量的不同性质为依据。例如，定性测评方面，以沙因为代表的学者，主张通过面谈等方法进行定性评价。定量测评中，以奎恩为代表的学者，主张通过量表和问卷进行客观的测量。这两种划分方式是相通的，测评模式与方法的性质有一定的对应关系。下面以测评模式为划分依据，来进一步了解企业文化测评的不同类型（图 8-1）。

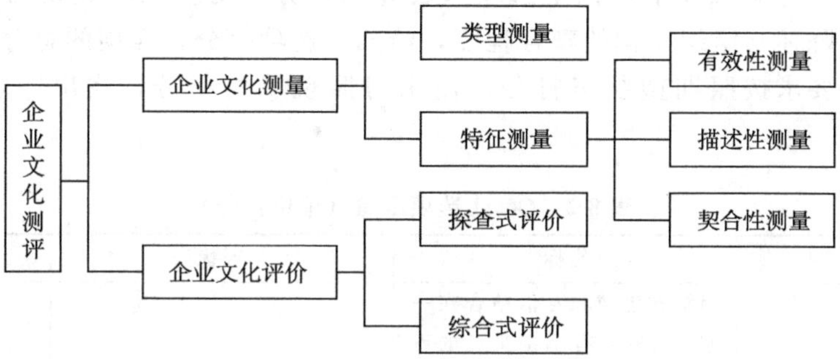

图 8-1　企业文化测评类型示意图

企业文化测量可以划分为类型测量（typing survey）和特征测量（profiling survey）两类。类型测量是指使用标准化工具来判断企业文化的系列类型，每种类型通常会较为详细地描述所对应的行为方式和价值观。通过这类测量，如借助量表 OCS（organizational culture survey，即组织文化测量量表），可以判断特定的企业文化属于何种类型。特征测量是指通过测评组织成员信念和价值观的优势劣势来描述组织文化的特征。这类测量，如借助 OCAI（organizational culture assessment instrument，即组织文化评价量表），通常要凭借不同维度上的得分来勾勒出组织文化特征。特征测量又可以进一步细分为以下三类：一是有效性测量，评价能带来组织高绩效的文化的价值观；二是描述性测量，测量价值观但是不评价组织的有效性；三是契合性测量，测量个人与组织在价值观上的一致性，如借助 OCP（organizational culture profile，即组织文化概评量表）进行的测量。

企业文化评价可分为探查式评价和综合式评价。探查式评价以了解和破译企业文化深层假设为目的，使用访谈和诊断的方式形成评价结果。综合式评价以评价特定企业文化的优劣为目的，一般使用综合评价的方式算出评价结果。

8.2　企业文化测量

目前还没有一种量表和测量模式，可以用来描述和解释企业文化的全部现象，但是借助测量确实可以为分析和把握企业文化的关键要素及其特征提供帮助。特别是一些已经被证明的相对成熟的量表，为诊断企业文化提供了科学的分析框架。类似于心理测验，企业文化测量的专业性也比较强，因而本节将主要结合对一些代表性成果的常识性介绍，来分析企业文化测量的基本原理和主要内容。

8.2.1 组织文化评估量表

Cameron 和 Quinn（1999）构建的组织文化评价量表，是在对立价值框架基础上开发出的直观便捷的组织文化测量工具。组织文化评估量表从组织有效性的影响因素中提炼出六个维度来评价组织文化，即主导特征、领导风格、员工管理、组织凝聚、战略重点和成功准则。每个维度下设四个选项（表 8-2），分别对应四种类型的组织文化，受测者按照选项陈述与组织文化的契合程度，给四个选项打分，四项的总分为 100 分。同时，每项还被要求按照期望状态打分，用来对照现状的得分，找出薄弱环节和发展方向。

表 8-2 OCAI 选项示意（单位：分）

题号	指标	现状	期望
1	组织靠忠诚和互信粘合在一起，大家具有承担义务的责任感		
2	组织的凝聚力来源是对革新和发展的追求		
3	组织的凝聚力来源于取得成功和完成任务，进取和求胜是我们共同目标		
4	组织用正式的规章制度把大家有序地组织在一起，强调组织的平稳运营		
总分		100	100

对特定组织来说，它在某一时点上的组织文化是四种类型文化的混合体，通过 OCAI 测量后形成一个剖面图，可以直观地用一个四边形表示（图 8-2）。在图 8-2 中，实线表示现状，虚线表示期望，两相对比可以直接反映出成员期望的文化变革方向。Cameron 和 Quinn 指出，OCAI 在辨识组织文化的类型、强度和一致性等方面很有效，尤其在组织文化变革测量方面实用价值较大。后人的研究表明：OCAI 具有良好的区分和会聚效度，有较强的效标关联度。

8.2.2 组织文化的调查量表

Denison（1995）的组织文化调查量表也是基于对立价值框架开发出的代表性成果。不同于 OCAI，组织文化调查量表是运用扎根理论对 5 家组织进行的定性研究，揭示出 4 种文化特质和组织有效性的关系，从而建构一个能够描述有效组织的文化特质理论模型（theoretical model of culture traits）。然后再以 764 家组织的 CEO 为样本，进一步通过实证研究验证假设。

类似于对立价值模式，文化特质理论模型被两对维度（内部整合-外部适应和变化-稳定）划分为四个象限，分别对应四种文化特质，即适应性（adaptability）、使命感

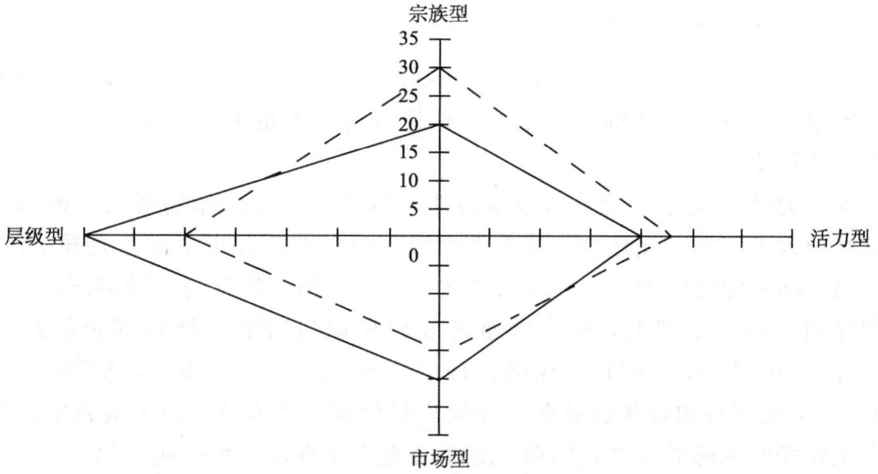

图 8-2　OCAI 测量示意图

(mission)、连续性 (consistency) 和相容性 (involvement)。每种文化特质进一步地对应三个方面指标，从而构成了四象限 12 个指标的测量模型（图 8-3）。每个方面指标又由 5 个更加具体的条目来衡量，这样最终形成了以 4 种文化特质为核心，12 方面指标为中间环节，60 个具体条目为最终考察对象的测量体系。测量体系还根据 500 多家组织的调查结果建构常模，受测对象可对照常模得到百分位数，进一步转化为四分位数，从而使受测对象组织文化的相对优势和劣势可以很直观地反映在所形成的模型中。

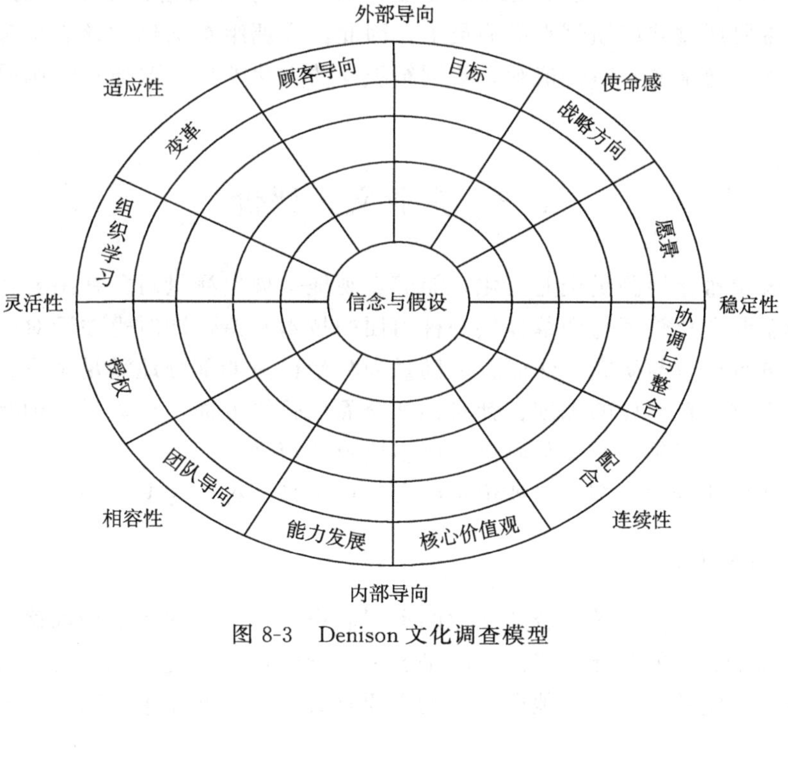

图 8-3　Denison 文化调查模型

8.2.3 多维度组织文化测量

Hofstede（1997）的文化测量模式，并不是针对组织有效性的问题而设计的，而是通过其在国家文化研究的基础上提出的。他通过对文献的回顾提出了组织文化层次结构，进而设计了测量维度。

Hofstede 是跨文化管理领域的学术泰斗，他开创了对工作场所文化的研究，找出了能够解释导致大范围内文化行为差异的因素。他总结并提出了文化差异的五个维度，即权力距离、不确定性回避、个人主义与集体主义、男性特征与女性特征，以及长期导向和短期导向。在此基础上，他和同事开发出用以进行文化测量的价值观调查量表（values survey module，VSM），相继出版了 VSM 82、VSM 94 和 VSM 08。特别是 VSM 94，在文化测量领域久负盛名，并被广泛使用。由于 VSM94 量表中涉及的题目多数与在工作场所的感受有关，因而，它也经常用于直接测量企业文化。

Hofstede 认为组织文化由价值观和惯例（practice）两个层面组成，其中价值观居于内核，而惯例层由表及里可以分为象征（symbol）、英雄（hero）和仪式（ritual）三个要素。他们用 57 个题目测量价值观（包括一般价值观、工作目标等），用 74 个题目测量惯例（包括象征、英雄和仪式等），通过因子分析，发现价值观层面的因素可以大致分为三类，即安全需要、关注工作和权力需求三个维度；惯例层面则显示出过程导向-结果导向、人际导向-工作导向、本地化-职业化、开放系统-封闭系统、松散控制-严密控制和重规范-重实效六对维度。这为企业文化测量提供了基本的测量维度，特别是在惯例层面。

他们的研究还表明：价值观更多的是受人口学指标（国籍、年龄和教育）的影响，领导者价值观要通过共享惯例来影响员工。因此，强调组织文化的核心是对惯例的认知和共享，而不是通常的共享价值观，不同组织间的文化差异主要通过惯例层面的六个维度来反映。

8.3 企业文化评价

借助量表定量化地测量企业文化，能够直观地呈现出测量对象在主要特征方面的基本情况，为企业文化管理与变革提供一种简便的技术支持，同时也便于对企业文化在科学规范层面进行探讨与研究。然而，借助量表测量也只能部分地满足企业文化描述、测评和诊断的需求。在测评的深度、针对性和全面比较等方面，作为另一种测评方式的企业文化评价则可以提供企业文化测量力所不能及的帮助。

在企业文化评价中，探查式评价和综合式评价是两种较为典型的评价方式。

8.3.1 探查式评价

探查式评价以了解和破译企业文化的深层假设为目的，使用访谈和诊断的方式形成评价结果，属于定性的测评方式。沙因是这一领域的代表人物，同时也是对企业文化测量方式最旗帜鲜明的批判者，他所依据的主要是其对企业文化本质和层次的基础认识。

1. 企业文化的本质与基础假设

沙因认为文化是深层次的、广博的和稳定的，对待文化的最大危险就是过分简单化。多数测量企业文化的调查问卷都围绕着组织内部的人际关系，涉及团队工作、上下级关系、员工感知到的自主权或授权程度，以及员工所展现的创造性或创造力水平等问题。这些的确是企业文化中引人注意的问题，但它们只是覆盖企业文化的一小部分问题，而且往往停留在文化的浅层，忽略了文化的深层本质。

沙因在文化表象和价值观没有契合的地方，发现起着决定性的作用的更深层次的要素。在他看来，这些要素就是深层次的文化假设。虽然这些假设不易认知，但却是文化在操作层面真正起作用的推动力。从这个意义上讲，企业文化的本质就在于这些深层的基础假设，这些假设也有助于形成基础性的认知。这些主要可以分为以下几大类。

1）人与自然的关系假设

人在自然面前，是具有被动性的地位，还是支配性的地位，抑或与自然是共生性的关系。这是文化的最基本假设之一。在企业中，这种假设依然是重要的推动力源泉，会影响到每个个体或组织的价值观与行为。例如，它可以表现为对组织和市场环境关系的认定，反映在战略上，是争做市场的领导者，还是做市场的跟随者；面对环境的变化应该采取何种态度，是采取适度超前的引领态度，还是积极适应的跟随态度，抑或是我行我素的漠视态度；等等。

2）人性的假设

人性是本善，还是本恶，抑或是其他；人是难以改变的，还是可以改变的。这些都是最基本的人性假设所关注的问题。人性的基本假设在企业文化中有着直接体现。例如，企业中的激励和控制系统体现了对员工的信任还是不信任；管理者是倾向于选择培养员工，还是直接通过招聘或解雇的手段来选择合适的员工。关于人性的基本假设渗透到日常经营管理的每一个环节，是难以回避的重要话题。

3）人际关系的假设

在一个组织中，遵循的是集体主义，还是个人主义；如果个人利益与集体利益发生冲突和抵触的时候，应该如何平衡，或希望哪一方做出牺牲；在某种特定的组织关系（如上下级、对待客户等）中持有怎样的情绪，是中性的，还是有激发情绪的存在，抑或是被压抑的；人与人之间的关系，应该是竞争的，还是互助的；等等。这些都属于人际关系假设的范畴，组织中的人在这些方面应该达成共识，这是组织顺畅运转的前提和基础。这些所形成的共识沉淀在文化的底层，平日难以被人们所觉察，只能当其中的某些假设受到挑战时，才会引起人们的注意，但这些共识却时刻在发挥着作用，支配着组织的运转。

4）现实和真理的本质的假设

作为组织文化的基本假设，必然还会涉及什么是真实的，真相如何判断，是自愿或被发现等。如果人们相信某件事情，并定义它即为真实的，则对这个组织来说，它就是真实的。它可能来源于某些经验，也可能是权威人物的言论或科学理论，还可能是一种宗教上的信仰。管理之所以复杂，企业决策之所以难下，原因往往就在于成员可能没有共同的方式来解读发生的事情，而且成员获取信息的渠道，以及验证事实的标准也存在差异。

5）时间和空间的假设

时间和空间是人类社会存在的基本背景，文化的基本假设也必然与此有关。人们对于时间的知觉与经验常常是不同的，具体到企业文化中，可以发现很多有趣的现象。有些企业只考虑目前，对历史没有感觉，也不在意未来会如何，该怎样去准备。在有些企业，一个时间段里被要求只能做一件事情，而有些人却习惯同时做几件事情。有些企业认为计划的时间单位应该是年度，而没有必要是月度。在有些企业，迟到一刻钟是可以接受的，而在另外一些企业则可能被认为是不尊重他人的行为。

空间也像时间一样，可以体现组织秩序的安排，还会显露个体的地位和组织的意图。在有些企业，会通过布置办公格局给予领导者很大的专属空间，以彰显领导者的身份和在组织中的地位。而有些企业则会将办公区域布置成开放式的格局，管理者与普通成员间没有明显的隔断，以营造一种可以高度沟通的团队氛围。此外，企业地点的选择、管理者是否有专用的餐厅或停车位、会议室内格局的布置等，也都会反映出特定的空间假设。

2. 企业文化的评价方式

Cameron 和 Quinn 在阐释其测量工具的研发背景时曾指出，企业在改变文化时面临的一个主要难题是没有固定的语言，没有确定关键要素，没有使交流继续下去的共同的看法，甚至连对话都无法开始。因而，他们所提出的框架及其相关的后续工作，就是为此提供一个直观、简便的分析方法。沙因也意识到相同的情况。但有趣的是，在沙因看来这种情况所引发的结果却是不同的。他认为这种关键要素难以确定，不知道该问什么的状况，恰恰说明了企业文化测量问卷难以揭示企业文化的本质。因为即便可以设计上百个问题，但仍然弄不清楚哪些是组织中的重要维度。而且，对于特定组织来说，其独特的文化假定的某个方面都不可避免地被一种标准化的问卷所漏掉。这种被问卷漏掉的文化假定，很可能是特定组织文化中起重要作用的要素。测量学派的专家也已经意识到测量方式的这种局限性，特别是在文化的深度和独特性方面。

沙因主张借助定性研究方法进行评价，他认为文化不能通过问卷调查来测量。这其中的理由，一方面就是上面所提到的不知道应该问什么，无法确定测量结果的效度；另一方面，面对问卷调查，被调查对象很难说出深层的价值观和基本假设。对于基本假设的认识，不仅需要意愿，还需要足够的能力。这方面往往需要围绕一些敏感问题，在专家的指导下，逐层深入地来了解和挖掘，就好比人们进行心理咨询的过程。此外，还必须承认的是，被调查对象清晰描述深层基本假设的主观意愿也影响着问卷测量的可行性。在面对问卷时，人们出于利益、习惯等因素，并不一定愿意描述他们所知道的，有时是敷衍了事，甚至还可能根据自己的意愿做出虚假的回答。最后，在问卷中员工可能会集中抱怨一些事情，如授权、晋升机会等。这些价值观问题在测量中可能会被如实反映出来，但若仅仅从所反映的问题表象上来回应，往往是无法根本解决的。问卷测量所能达到的效果对于改变企业文化来说很可能只是浅层次的，无法在根本上从深层次予以回应，测量方式对于测评企业文化来说深度不够。

沙因所倡导的定性评价，主要是通过对个人和小组访谈来完成的，特别是那些围绕着组织中具体问题而进行的小组访谈。这种方式是高效的，往往半天就可以完成这一看似复杂的过程。评价者把核心团队组织到一起，公开讨论企业中实际起作用的那些价值观和共同假设。

在这种讨论过程中，评价者可以根据团队成员对相关话题的反馈，实时地给予回应和引导，以消除过程中成员可能出现的误解和戒备心理等不利影响，帮助他们更准确地进入主题。经过小组讨论之后，一些似是而非的事情通常会得以澄清，纷繁的信息会得到甄别，变得更为准确而有效，一些涉及问题核心或本质的关键所在会逐渐显露出来。针对文化的访谈可以涉及一切相关的方面，因而有可能造成访谈漫无边际。因而，在一些企业中，企业文化的访谈和诊断成为一项极为浩大的工程。事实上，文化评价如果能够针对组织的具体问题，就会变得高效而有价值。例如，企业调整了战略的发展方向和重点，那么结合战略转型来评价文化是否匹配的访谈，就树立了一个思考和评判的标准，从而更好地聚焦成员的种种想法，同时也更容易激发成员的兴趣，甚至将平日看起来敏感的一些问题拿出来讨论，这样往往更能触及文化本质的东西，从而使评价变得深刻而有效。

3．企业文化的评价步骤

沙因建议评价企业文化的步骤如下：组建一个包括组织成员和专家的小组；提出企业存在的问题，聚焦于可以改善的具体领域（问题）；确保小组成员理解文化的层次模型；确定企业文化的表象，如可以问一下新成员最初的感受，他们关注的表象；识别企业的外显价值观，外显价值观通常是已经被印刷出来的，要确保它们和表象区分开；研究价值观与文化表象的匹配度，从不匹配处探查深层次的潜在假设；如果探查效果不理想，重复以上步骤，直到理想为止；评价最深层的共享假设，发现哪些假设有助于或不利于目标问题的改善。

在这一系列的步骤中，有几个关键环节需要做进一步说明。

通过比较价值观与文化表象的不匹配的地方从中探查深层假设，就是极为关键的一个环节。评价者通常可以收集那些被企业所公开的行为（动）、政策、规则和实践等（表象），并将其与愿景宣言、政策和其他管理沟通形式等规范表达的价值观（外显价值观）相对照，在比较中找出两者不一致甚至存在矛盾冲突的地方。而后推测出究竟是什么推动着公开行为和其他的表象，这些往往就是文化基础假设的线索所在。梳理这些线索，进一步确认这种不匹配的规律性，从中逐一确定文化的潜在假设。将发现的潜在假设专门区分标示出来，然后察看它们是否能解决文化中的大部分表象，并探寻它们之间可能存在的关联和隐藏的规律。

如果上面环节取得的效果还不够理想，那么就可以启动下一个小组的讨论，以达到预期的效果。结合具体问题评价深层共享假设，是要定性地看待它们在具体问题中所起到的影响。在这个环节要客观地评价，而不是听取某些人的片面之词，必要时还需要通过其他方式加以验证。最终，不仅要形成定性的认识，还要分析出这些假设是怎样起到帮助或妨碍作用的。

8.3.2 综合式评价

在我国，企业文化综合式评价也是一种常见的评价模式。这是一种根据所给条件对评价对象的全体采用一定的方法计算综合评价值，再据此择优或排序的评价模式。它期望通过综合评价和比较，帮助受评企业找到自身的差距，以便及时采取措施，进行改进。

该模式通常会先选定评价要素集，给定各要素权重，然后确定评价等级集，最后运用综合评价方法进行定量评价（常以给企业文化打分的形式出现）。其中，评价要素集的确定是重要基础，它一般是相对容易把握的企业文化现象的结构要素。表 8-3 就是一个根据企业文化内容构成所设计的评价指标体系（已做简化处理）。在该指标体系中，设计了“精神文化-制度文化-行为文化”三个基本维度，并逐级分解成企业文化内容构成的总体框架，它相当于模式中的评价要素集。

表 8-3　民营企业企业文化构成指标（简表）

一级指标	二级指标	三级指标
精神文化	企业家及职工价值观	对待社会的责任感
		……
	英雄人物认知	对人际关系好的人的认可程度
		……
	企业凝聚力	员工的共同理想
		……
制度文化	企业制度	薪酬制度的合理性
		……
	工作倾向	对员工的关心过问程度
		……
	客户导向	产品和服务的最终评价标准
		……
	企业民生	上级考虑下级意见的充分性
		……
行为文化	领导者作风	领导的倡导和示范
		……
	组织学习	学习作为工作内容的重要性
		……
	社会责任	环保意识
		……

在企业文化评价指标体系中，由于各指标的影响因素各不相同，有些指标可以通过统计方法获得，而很多指标只能采用专家评价法。因而，综合评价中经常运用模糊数学

的方法，即模糊综合评价法，以得到较为客观的结论。此外，在评价中也常会用到模糊层次分析法（fuzzy analytic hierarchy process，FAHP）和指标的无量纲化处理等技术方法或手段。

案例分析：上海移动企业文化的测评与分析

上海移动通信有限责任公司（简称上海移动）成立于1999年，前身是上海移动通信公司，2000年公司在美国纽约、中国香港注资上市，成为中国移动（香港）有限公司下属全资子公司，主要经营上海地区的数字蜂窝移动电话、IP电话、互联网接入业务及相关的信息服务、技术开发和技术服务等业务；拥有全球通、动感地带、神州行三大家喻户晓的客户品牌。近年，推出了手机导航、手机短剧、随E行、语音短信、彩铃、彩话等新业务，赢得了较好的反响。作为上海移动通信市场的主导运营商，自上市运营后，上海移动一直保持着超常规的发展态势。2004年，上海移动业务收入111.02亿元，净利润达30.31亿元，上缴税收15.45亿元，员工总数为2 424人，人均劳动生产率接近500万元。

在上海移动的快速发展中，上海移动的企业文化工作发挥了重要作用，先后经历了萌动探索、构建导入和提升发展阶段，形成了独具特色的文化体系，不仅较好地承袭和体现了中国移动通信集团公司的理念体系，还立足自身特点，提出了自身的理念体系，培养了企业文化建设的队伍，编写了《上海移动企业文化白皮书》《员工行为规范——我的承诺》等企业文化内部宣传材料。

进入新的发展时期，一方面，新的战略对文化提出了新的要求，另一方面，需要对过去的文化积淀进行科学的认识和分析，进一步有效提升公司文化管理水平和效率，上海移动决策层决定对公司的企业文化建设情况进行全面的审视和梳理，为此，2005年年底，上海移动聘请中国企业联合会、中国企业文化测评中心等专业机构，系统地展开对本公司企业文化建设现状的评估工作。

评估工作由中国企业文化量化管理和系统管理理论的奠基人刘孝全先生亲自主持，历时一个多月，覆盖了公司的各个部门和下属一线生产机构，包括全部高层领导、80%左右的中层干部和20%左右的基层干部和员工。内容主要包括企业文化与战略关系评估、企业文化与利润的关系评估、企业文化战略发展趋向、企业文化理念作用导向评估、核心价值观、文化领导力、文化环境及个性文化等几大部分。主要采用北京长青基业管理咨询公司研发的定性和定量相结合的科学方法。

（1）定性的分析方法。主要通过与绝大部分企业高层领导、部分中层干部、少数基层员工的深度访谈、座谈探讨、文献梳理、观察体验等方法，了解企业的发展历程及它们对企业文化和企业经营战略等方面的具体看法。

（2）定量的分析方法。主要通过企业文化理念体系导向分布、文化战略、核心价值观、文化领导力、文化环境及个性文化六个模块的定量测评，科学地分析企业文化的现状、发展方向、基本规律、主要资源的优劣性及其相互之间的适应性、冲突性等特征。

通过对上海移动企业文化在战略趋势、理念导向、价值观、文化领导力、文化氛围和个性文化六个方面的分析，对上海移动企业文化发展的趋势、规律，以及企业文化功能、价值、内在结构及文化资源的状态形成了科学系统的认识，主要结论有以下几个方面。

(1) 上海移动企业文化整体上呈现出较为成熟的市场型特征。

第一，文化体系形成了以“市场导向”为中心的科学、完善、独特的结构。首先，从文化体系的来源看，体现出价值与战略驱动的特点。其次，从文化体系的变化来看，体现出针对性特点。再次，从文化体系的结构来看，体现出务实的系统性特点。最后，从文化体系的元素来看，体现出稳固的主题性特点。

第二，以“市场”为导向的文化内涵已经趋于成熟。上海移动以“市场”为导向的文化内涵已经完成了向理念导向、价值观、文化领导力方面的渗透，并逐步对文化氛围、员工个性文化及需求产生了影响，初步步入成熟、稳定的发展阶段。

(2) 上海移动在文化建设和管理方面已经初步具备了“文化管理”模式的雏形。上海移动的企业文化工作包括企业文化建设和初步的管理工作，经过由无到有，由浅到深，由粗到细再到精的发展阶段，已经初步走出以“建设”为主的初级阶段，开始尝试迈入以“管理”为主的高级阶段，在不断完善“文化系统管理”的同时，逐步迈向真正意义上的“文化管理”模式的高级发展阶段。在这个阶段，上海移动的企业文化建设和管理工作表现出以下几个特征：①文化建设过程中，采取了与企业战略并驾齐驱的协同路线；②在企业文化渗透中，与企业管理紧密结合形成了多维的执行路线；③在企业文化效果中，与利润水平等紧密结合形成了清晰的价值路线。

(3) 上海移动企业文化应实现从“市场型”向“团队型”“创新型”“层级型”战略方向的微观转移。排除不可预期的干扰因素，按照可预期的结果，在2008～2011年上海移动的企业文化可能也应该出现以下一些变化。

第一，企业文化整体特征将会在“团队型”和“创新型”方面明显有所增加，在“市场型”特征方面将会有显著的降低，而“层级型”特征在保持数值变化不大的情况下，在结构上会有显著的优化。

第二，目前企业理念导向分布处于短板状态的“创新导向”、“和谐导向”和“进取导向”将会有显著的提升。

第三，企业价值观结构中，具有创新属性的“卓越”和“创新”，具有团队属性的“协作”和“人本”，具有层级属性的“诚信”等基本价值元素将会逐步在企业中得到理解和认同，认同的比例将会从15%左右提升到2011年的45%左右。

第四，管理层的文化领导力会得到进一步提升，尤其是在管理创新、管理未来、管理客户、开发人员四项领导能力上要有显著提升。管理层新的素质将会表现在以下方面：善于带领、鼓励并支持下属改进工作，为下属、部门或企业规划清晰而美好的未来；与客户有良好沟通、维护渠道好等。

第五，全体员工的个性文化和职业发展倾向结构在保持目前以“超越型”为主导特征的前提下，进一步消除内部的冲突和矛盾，员工的个性文化将会更加成熟，需求结构将会更加完善，在个人回报的需求上注重自我实现、自我发展，关注企业和部门前景的比重将会持续上升。

第六，整体文化氛围，上海移动的企业文化在保持较高的使命感氛围中，还会继续增加成就感的内涵。员工不仅能受到企业愿景的鼓舞，也同样会脚踏实地地从持续改善自身工作质量、不断超越自我做起。

（资料来源：刘孝全. 上海移动企业文化测评分析结论[EB/OL]. http://liuxiaoquan.blogchina.com/134460.html. 2006-04-09.）

讨论题：

（1）测评企业文化有什么方法？

（2）结合本章内容，分析上海移动是如何进行企业文化测评的。

（3）评价企业文化测评给上海移动带来的影响。

第九章　企业文化设计

引例　大河钢厂的分配制度改革

与其他国有企业一样，1978 年以前的大河钢厂一直实行国家统一的工资制度。到 20 世纪 70 年代末期，这种“大锅饭”式的分配制度已经难以起到调动职工劳动热情的作用，反而挫伤了广大工人的积极性，极大地阻碍了企业的进一步发展。改革势在必行！

1978 年之后，随着国家改革开放的步伐进一步加大，大河钢厂也开始了内部的改革。大河钢厂在实行承包制的同时，取得了在国家政策指导下自行制定企业内部分配方式的权力。从 1979 年开始，企业每年将自留利润的 20％用于提高职工的收入水平，经过充分调研、论证和实践，逐步建立了一套短期、中期、长期激励相结合的分配制度。

这一时期职工的收入由以下四部分组成。

第一部分，固定工资。主要根据每名职工所在岗位的重要程度确定其基本工资级别。

第二部分，月考核奖金。企业每月对每名职工承包任务完成情况进行考核，并根据考该结果发放月考核奖金。

第三部分，年浮动升级工资。企业每年给不超过 30％的职工浮动升级。职工在完成岗位责任承包制确定的任务的基础上有突出贡献，并达到上一级技术、业务标准，经严格考试、考核后，可以升一级工资，升级后浮动 3 年，考核 3 年，在此期间若始终没有出现“降级的过错”，则将此浮动的一级工资纳入职工固定工资之中。年浮动升级每年上下半年各进行一次。

第四部分，年挂率工资。每年职工本人和他所在的单位完成承包任务后都可以在原有工资（固定工资＋浮动工资）上增加一百分点。例如，1979 年钢厂八级工的月基本工资为 140 元，如果完成了岗位责任承包制规定的任务，企业总体效益目标也实现了，假如确定他的工资挂率为 10％，就在 140 元基本工资的基础上增加 14 元，工资变为 154 元；第二年若情况相同，该职工仍符合挂率条件而且挂率仍为 10％，则在 154 元的基础上增加 15.4 元，工资变为 169.4 元，以此类推。根据车间、部门及岗位的重要程度不同，完成任务的情况不同，每名职工的工资挂率多少是有差别的。

通过以上这样一整套长、中、短期激励相互关联、各有重点的分配方式，大河钢厂在 1979～1994 年较好地解决了内部利益分配这一焦点问题。职工收入逐年提高，激发出较大的劳动积极性。钢厂对社会优秀人才的吸引力也有所增强，1990～1993 年大河钢厂每年接纳的应届大学本科生、研究生都在 500 人以上。这一时期，大河钢厂每年创利累进 20％，钢材产量由年产 60 余万吨提高到 500 余万吨，多项经济技术指标达到或接近国际先进水平，并由经营单一钢铁产品的企业发展成为跨越钢铁、建筑、电子、运输等领域的大型企业，成为当时国内国有企业改革的一面旗帜。所以说在此期间，大河钢厂的分配制度是比较成功的。

随着企业的发展，分配制度的运行，它的不足之处也越来越显露出来。

首先，由于年挂率工资逐年纳入个人固定工资之中，而且挂率基数越来越大，挂率工资额越高，导致固定工资在职工收入中的比例越来越大。致使职工（特别是长工龄职工）即使平时工作不努力，但只要不犯大错，靠熬年头，凭每年的挂率工资收入，就可以获取较高的工资增长。这就使作为长期激励的年挂率工资的增长部分抵消了月考核奖金的作用，大大削弱了年浮动升级的效果，使长、中、短期激励明显失衡。此时这种分配方法已经不能有效地激励先进、鞭策后进了。

其次，这种分配制度没有充分体现出经销人员、技术人员和高级管理人员对企业的特殊作用和贡献。导致这部分对大河钢厂发展起着决定性作用人员的积极性严重不足，并继而发展到不满和消极应付工作的局面，最终造成大量管理人员、技术人员的流失，以致后来一度出现技术人员断档；同时在提拔中层以上管理人员时，本来要求大专以上学历，但因没有合适人选，而不得不降低标准。

最后，大河钢厂没有注意到当时社会上其他企业相应职位的收入水平的变化，这使大河钢厂员工收入水平的竞争力大大降低。

在出现上述现象的苗头之后，大河钢厂领导班子没能敏锐地认识到这些问题的性质及其消极后果，也未能及时对分配制度进行相应的改革。结果，大河钢厂经济效益连年下降，产品严重积压，1993～1995 年甚至多次因资金不足而被迫推迟发放工资、奖金，企业再次面临严重的发展危机。

1995 年年底，上级决定对举步维艰的大河钢厂领导班子进行改组。新上任的领导班子认识到原有分配制度的不合理之处，很快决定进行分配制度的新一轮改革。新的改革方案包括以下内容：保留原来的月考核奖金不变；在不增加总收入的前提下减少职工收入中固定部分比例；取消年浮动升级和年挂率工资制度。

在 1996 年年初推出“企业内部达标升级办法”，即各单位在一个考核期内（一般为一年）完成工厂下达的一系列指标（简称达标）之后，可以给每名职工升一级岗位工资；在此基础上再达到上一级指标，再升一级技能工资。

在 1996 年推出第四项措施后，由于职工能否升级不完全取决于个人能力，只要单位完成指标即可升级，而升级工资直接纳入固定工资之中又与减少收入中固定部分比例的做法相矛盾。此时，职工对收入分配制度改革开始持怀疑态度，并进而对新一届领导班子的能力产生了怀疑，逐渐发展为从心理上对此后的一切改革举措都有了抵触情绪。这一轮的分配制度改革不但没有给大河钢厂带来预期的效果，反而导致连续 4 年的经济效益下滑，人才流失也进一步加剧，结果这项进行了 4 年多的分配制度改革被迫于 2000 年终止。

2000 年的春天，大河钢厂又换了一届新的领导班子，他们开始着手研究建立以经营者年薪制为核心的全新的分配制度改革……

（资料来源：贾延明．从首钢分配制度的演变看合理的分配制度对企业发展的影响[J]．人口与经济，2002，(3)：97-98.）

9.1 企业文化的设计原则及途径

9.1.1 企业文化设计的基本原则

1. 重视企业人的培育

任何文化都离不开人，人既是文化的创造者，又是文化的享受者。在创立企业文化时，重视人的因素是成功的企业文化创建者的共识。

企业文化作为一种新型的企业管理模式，之所以区别于过去的模式，是因为它以全新的角度重新认识了人的因素。如果忽视这一点，就恰恰丢掉了企业文化中最精髓的部分。

安纳罗格公司有句名言："你可以用钱买到机器，但你不能用钱买到有知识的人，因此，对待人的基本态度是我们文化的灵魂。"人的因素对企业文化的整体形成至关重要，它直接影响到诸如企业精神的特质、企业文化层次的高低，以及这种企业文化能否保证在激烈的竞争中立于不败之地等。尊重人、关心人、理解人、爱护人是创立企业文化的核心。只有在个人的价值得到充分肯定、个人的主观因素能得以充分施展的企业，人才会认识到，他选择这项工作，无疑于是在选择一条人生的道路，是在接受一种生活方式。

在一个重视人的企业里，企业将从员工的身上获得同样的情感回赠。在坦德公司，人人知晓的信念是"坦德公司的成员、创造性的行动和乐趣是最重要的资源"，"公司哲学使坦德将人与计算机合二为一"。坦德公司的员工这样看待坦德公司："我不希望世界上有任何东西将危害到坦德的生存。我感到对我原来所在的公司早已人去茶凉，但我对坦德公司的感情却截然不同。""我总想花更多的时间去工作。这里有真正的忠诚，我们都在这个忠诚气氛中共同工作，在工作过程中共同奋力前进。我不是工作狂，但这儿是我喜欢的地方。""我的目标就是对公司目标的执著追随，它是我与公司所共有的。我认为人人都是这样想的。我们都希望看到它万事顺遂。"

2. 重视精神激励

企业文化的根本立足点，在于对企业全体成员精神的激励，使企业成员的精神力量在激励下转化为物质力量，转化为现实的生产。

美国学者理查德·孔斯在《成功之路》一书中这样指出："企业仅仅着眼于财务指标、销售额、股票收益率等，只能激起企业中最高层的几个人、几十个人的积极性，很难唤起基层成千上万的生产、销售和服务人员的热情。"这段话一方面说明了企业中激励文化建设应对准全体员工而不只是企业高层。另一方面也说明了在企业物质利益不足以分配的时候应加强激励的技巧。我们可以进行这样一个假设：一个企业将所有新创造的财富都用于鼓励企业人员的积极性，所有的人都得到应有的奖励。事实的结果并不会满足于我们的幻想，因为人的欲望难以用物质的形态得到完全满足，正所谓"欲壑难填"。因此，企业文化建设中的激励文化既要有物质利益，更要讲精神需求。

每一个人都有精神的需求，这种需求不仅仅表现在对物质的欲望上，还包括个人价值的实现，被人尊重、重视的程度，荣誉感等，精神激励就是为了满足企业人的精神需求，充分激发出企业人潜在的创造力。当然，强调精神激励，并不是对物质刺激这一手段的全盘否定，而是为了更好地体现企业文化的激励作用。

9.1.2 企业文化的创立程序和途径

1. 创立程序

每个企业创立企业文化都需要经过一定的程序，才可能逐步实现。综合考察企业文化创立的过程，一般分为六个阶段，而且这六个阶段之间存在着前后承继的关系，前一阶段是后一阶段的前提，后一阶段是前一阶段的文化发展的继续。每一阶段的工作并不独立存在，它可能与其他阶段的工作交叉进行，在空间上并存。同时，在这些阶段都存在着信息反馈，根据反馈信息，企业不断地修正自己，使整个文化创立工作处在良性循环之中。

1）调查分析阶段

企业文化的调查是以企业发展、企业生产经营为中心，对企业文化因素进行考察，为创立企业文化提供参考信息。它主要从以下几个方面进行。

（1）企业历史。每个企业都有自己的企业文化发展史和文化传统。企业在创立企业文化时，实质上都在自觉与不自觉地受到过去已有的企业文化的影响，新文化是在旧文化的基础上发展起来的。因此，创立企业文化需要总结过去，并根据时代的变化，赋予其新的内容。

（2）企业机制。企业文化生成与发展的核心机制是内在的对企业活动信息进行加工的机制。它的现实形态表现为企业的经营活动机制，这是创立企业文化调查分析的中心环节。

（3）企业价值观。企业价值观是企业文化的中心环节，是核心。对现在企业价值观的调查分析，是确定新价值观的基础。价值观文化是企业文化中最难确定的部分，其稳定性最大、影响力最大。因此，确定企业价值观是企业文化建设的首要任务。

（4）企业环境。企业文化的形成和发展离不开企业文化环境。企业文化环境是影响企业文化的外部因素。

（5）企业文化发展战略。调查分析企业文化的过去、现在的发展轨道，预测企业文化未来的发展道路。结合企业经营发展战略，将企业文化未来发展可能产生的影响进行战略性分析。将企业文化看做未来企业竞争的焦点，文化的力量决定企业竞争的力量。

（6）企业人的素质。企业文化是企业人群体加工企业信息后的产物。企业人是企业文化生成与发展的产物。群体素质的高低直接影响企业文化水平的高低。创立企业文化，必须调查分析企业人的素质。

2）总体规划阶段

创立企业文化是一系列的行为，需要制订总体的规划方案，总体规划建立在调查分析的基础之上，不是主观臆测的，必须讲求科学性和灵活性才能确保成功。总体规划方案是企业文化的倡导者根据企业文化现实和未来文化发展的设想，在调查分析的基础上制订的文化发展方案。这个方案有以下几个要点。

（1）提出创立企业文化的目标、宗旨及意义，从宏观上提出未来文化发展的走向，给本企业文化定位。

（2）提出高品位的文化价值观。科学、简练、明确地让所有企业人都正确理解企业文化价值观对他们的要求。

（3）依据企业的个性特色，以企业价值观为中心，提出企业精神、企业哲学、文化信念等精神文化目标。

（4）结合企业经营战略目标，明确物质文化将要达到的指标，提出有针对性、指导性的物质文化措施。

（5）提出切实可行的行为方案，强调企业人的文化自信力和自我约束力，依据企业人的素质来确定强化或淡化制度和规定的制约机制。

（6）对企业原有文化给予客观公正的评价，并提出需要继承和发扬的文化传统。

3）论证试验阶段

这一阶段是对总体规划进行论证考察，可以先在企业的局部区域内进行推行，从经验和实践两方面充分论证总体规划的可行性，通过论证与试验，寻找创立企业文化的突破口，以较小的代价获得理想的收益。这个阶段是创建企业文化的第一个实践，需要精心安排，小心实施。

（1）选择传播宣传工具，将总体规划渗透到企业基层，让文化假设接受检验。

（2）通过座谈会、抽样问卷调查、个别谈话、提合理化建议等形式，搜集反馈信息。

（3）确定实验区域，进行实地调查，记录数据和材料。

（4）集中所有的信息进行科学分析，总结出文化“闪光点”。

（5）修正总体规划中不符合实际的部分。

（6）将修正后的总体规划进行再一次的论证实验，直到被大多数企业人认可为止。

4）传播执行阶段

企业文化的传播执行是在总体规划经过讨论试验，并被大多数企业人认可以后，将文化计划变成文化现实的过程，这一阶段是最为复杂、最为多变的阶段，也是最为漫长的阶段。从创立企业文化的意义上讲，显然这一阶段是最为关键的，因为文化现实比文化计划重要得多。

5）评估调整阶段

企业文化的评估调整，就是根据文化特点、总体规划要求及客观执行状况，对总体规划、传播执行效果等方面进行衡量、检查、评价和估计，判断其优劣，调整目标偏差，避开文化负效应，保证正效应，使创立企业文化工作向健康、稳定和正确的方向发展。

6）巩固发展阶段

巩固发展就是在初步建立企业文化的基础上，稳定已取得的文化成绩，进一步突出文化个性，发挥企业文化的效能，以新的企业文化为动力，加入企业竞争和社会竞争。需要强调的是企业文化的创立程序不是截然分开的，它们有内在的联系，在空间上有时有几个阶段同时并存。我们将其区分为以上六个阶段，是建立在一种假设之上的，可以为我们创立企业文化做参考。在现实中创立企业文化时，需要以科学的态度和根据企业实际情况来对待。如何在每一阶段突出工作重点，如何合理配置人力、物力、财力，如何着手，如何充分调动企业人群体的参与意识，如何有效发挥组织者、管理者的作用等问题，都需要在创造性思维的指导下，灵活机动地处理。

2. 创立的途径

1）内在途径

企业自我完善是创立企业文化的内在动力。创立企业文化的主要工作由企业自身来完成，通过企业内部的各种活动，完善企业自身的机制，在企业里形成有利于文化“生长点”的土壤。这方面的工作包含许多内容，如设立组织机构、培育团队意识、开发企业素质、树立企业精神等。因此，企业需要进行的内部改造工作涉及企业的各个方面。

（1）设立组织机构。组织是人类有目的地进行集群活动的产物。它是人们为了达到特定的目标而使全体人员通力协作的人工系统。

企业设立以创立企业文化为目的的组织机构是十分必要的，它为企业文化提供了最初的组织保证。企业文化的组织机构不同于企业早已存在的生产、行政组织机构，它是为直接服务于企业文化而组建的专门机构。

这类组织机构可以是职能性的，如建立“企业文化指导委员会”“企业文化咨询委员会”。它也可以是学术性的，如“企业文化研究会”等。

设立企业文化组织机构时，除了重视企业新建机构的职能作用外，还要重视对企业原有文化组织机构的改造，尽快地将这类组织对企业旧文化的传播转变为对新文化的宣传教育；重视非正式小群体中的组织文化的存在，对它们进行引导、转化，为创立企业文化服务。不能简单地对待这类组织，因为它们对企业新文化有相当大的影响。

（2）培育团队意识。企业的团队意识是一种团队文化。所谓团队意识，即集体意识、集体观念。众所周知，日本人的团队意识是比较强的。日本人把公司叫“会社”，“会社”这个概念本身就具有一般日本人的社会心理，集团是“大家赖以生存的集团”的含义，是一个命运共同体、利益共同体。

在日本人的观念中，对自己所属集团的忠诚是一个人最应该具有的品德。可以说，日本人的这种道德观念是他们的“集团意识存在的重要文化根源之一”。

企业的团队文化就其本身来说，就是一种命运共同体文化。

团队意识，对于企业的成功壮大，是至关重要的，这就像系统论中“1＋1＞2”的“系统效应”。企业没有团队意识，就谈不上群体中成员之间的协同动作，更谈不上作为他们各个能力总和的“集体力”。

（3）开发企业素质。企业素质包括人的素质和物的素质两大系列，这里主要是指人的素质。企业素质中人的素质大致可分为三个基本类别：一是体力劳动者的素质；二是信息生产劳动者的素质；三是服务生产劳动者的素质。

（4）树立企业精神。树立企业精神的方法和途径很多，但万变不离其宗，目的在于让企业精神植根于企业人的心灵。企业比较常用的一种方式是利用事件树立企业精神。

例如，多米诺比萨饼公司的企业信条是“30 分钟内将货送到任何地方”。为了实现这一诺言，该公司不惜包租飞机将货物按时送到。但是，有一次，由于供应不及时，使一家商店停止了营业。事后，公司买来 1 000 多个黑袖章，让公司员工带上，表示哀伤。黑袖章给这个公司带来的震撼是非常强烈的。这次事件，使企业人永远也不会忘记公司的信念和他们所信奉的精神。

英国航空公司有一次因乘客不足，就让乘客改乘另一公司的飞机。所有乘客都同意并乘上另外公司的飞机，只有一位日本老太太，无论怎么说都不肯。于是英国航空公司就专门为这一位乘客飞越了这一航线。这一事件无论是对社会、对公司本身都影响巨大。英航公司失去的是物质损失，得到的是震撼企业员工心灵的企业精神的树立。

2）外在途径

外在途径，通过企业对外的传播活动，向社会辐射企业的影响，为创立企业文化提供良好的外部环境。这部分的主要工作是塑造企业的外部形象，让社会通过企业形象来了解企业，为创立企业文化提供条件。

（1）创造良好的外部环境。创建企业文化的外部环境包括民族文化环境、政治经济环境和市场环境。对于这些环境中的各种因素，企业要进行细致周到的分析，以便利用有利的因素，摒弃或改造不利因素。例如，通过了解市场环境，分清企业应顺应市场变化的因素是什么，企业应积极引导的市场因素有哪些，企业的竞争对手是哪些，自己有哪些优点与弱点，如何处理与对手的关系等。通过了解外部环境，采取措施，改造外部环境，为企业文化的创立提供良好的外部环境条件。

（2）塑造企业形象。所谓企业形象，就是社会公众和企业人对企业的整体评价和印象。企业形象建立在两个重要的基础上：一是建立在企业对社会和公众所做的贡献并被社会认同的基础上，它包括企业的标志、注册商标、产品设计、产品质量、装潢和广告，以及各种附属印刷品的设计。所有这些，都可以使人们对企业产生一种可以信赖的印象。二是建立在员工是否与企业荣辱与共、是否关心企业的经营和效益、是否珍视企业信誉的基础上，即企业必须使企业员工在工作中产生和企业同命运的信念，并且能够在统一价值观念的基础上团结一致，创造出宽松舒畅的工作环境，发挥每一个员工的创新意识和才能，不断推出新产品，扩大企业的社会影响。

3）基本办法

（1）捕捉价值“生长点”。企业在内外环境发生根本变化、行业竞争激烈、庸庸碌碌惨淡经营、规模扩大和迅速发展的情况下，如果要向前发展，则企业文化必须重塑，亦即企业价值观重塑，而这些重塑，核心是把握与开发必然生出的价值“生长点”，并加以倡导、弘扬，以使整个企业的方方面面在价值观上根本转轨变型，以带动整个企业文化系统的开发。

第一，在企业发展的重大事变、日常运行的重大事件中发现与开发。例如，一项（批）带来重大效益的产品打开销路并占领市场、带有根本性质的企业转产、主导产品的转型、企业组织体制的改组和重建等。例如，张瑞敏在青岛电冰箱总厂放弃旧品牌“瑞雪”转产“琴岛—利勃海尔”，就是企业新价值的生长点，从而引导整个企业迅速发展壮大。

第二，在企业英模人物先进事迹文化开发中发现与把握。对于这方面，在我国的传统企业精神培育工作中，已经这样做了。现在要更正确、更科学地从企业价值观上捕捉其生长点。

第三，从企业家的行为中捕捉与开发。企业家的行为本身即体现着企业精神与价值取向和企业风格、形象，优秀企业家有许多重要的价值生长点待捕捉和开发。

第四，从对企业发展史的反思与企业文化建设总结中捕捉与开发。

第五，从厂（店）内的各种重大会议、庆典、重大活动，以及组织群众性研讨或专家探索中，发现、开发生长点等。

（2）组织社会“认同”。企业人的价值从本质上讲，是在别人的、社会（企业）的，尤其是企业领导人和周围同仁的理解、肯定、赞赏中，即在被“认同”中实现的。因此，培育新的企业文化，组织社会认同便成了重要一环。

第一，明确基本形式。价值认同作为一种文化信息，可以表现为观念形态的或工作形式的，如说出口的表扬、赞美等，或未说出口的内心敬重等。态度上的尊重、珍视，以至于给予荣誉、职务、职称和地位等，则是更深层观念认同的体现。此外，它还可以体现在行为、关系、制度上。行为之美丑、关系之亲疏、制度之优劣等都反映着企业对某种价值认同的状况与程度，如“把顾客当上帝”的店风，24 小时把零件送到用户手中的制度等。实行认同时，要确定用哪种形式，以谁为主，并要配套。

第二，要分清实施层次。从覆盖面来说，有地方层次、企业层次、车间层次、班组层次等。

第三，具体方法要生动活泼，多种多样，有吸引力。

第四，要诚心诚意。这一条非常重要。

（3）讲究激励艺术。激励艺术是创建企业文化的一种管理方法。作为企业文化工程中的激励，其本质特征在于，它紧紧围绕企业价值体系的生长发育和整个企业文化建设，激发人的积极性。激励艺术的方法很多。

第一，目标激励：以科学、合理的企业目标激发人的积极性与责任心。

第二，民主激励：尊重并发动员工参与管理，激发其积极性。

第三，压力激励：在期望值概率适度的情况下，以一定压力催人奋进。

第四，表率激励：以领导身先士卒、模范行为激发群众积极性。

第五，榜样激励：通过树劳模、评先进，激励员工奋进。

第六，竞赛激励：以各种形式的竞赛激发员工的积极性。

第七，竞争激励：不断地给员工以市场竞争信息，造成其危机感、紧迫感，由此激发员工上进。

第八，用人激励：以用人的特长、爱好等，激励其拼搏精神。

第九，授权激励：给下属以适当的职权，激发其积极性。

（4）搞好示范效应。示范效应是指企业领导和英模的先进事迹和高尚行为。他们的这种行为集中、突出地体现着企业精神和价值观，能在员工中引起强烈反响，从而引发广大员工的热烈响应，激发企业员工团结和奋斗精神。我国企业在培育英模人物造成示范效应方面有很好的经验，也有值得注意的问题。例如，把榜样夸大为“高大全”完美无缺的典型；把他（她）当成一个模特、一个工具等。因此，一定要分清他（她）的事迹中，哪些是体现企业共同价值观的，哪些是个人的个性特征；要弄清楚他（她）个人价值追求在哪一点上，以及是如何同共同价值观挂钩的。

(5) 文化调适。风俗、习惯、传统、情绪等是调节人们观念，规范人们行为的“社会调节器”。企业内部长期形成的风俗、习惯、传统、情绪等，是不断调节员工行为的“企业调节器”。新的、优秀的企业文化的生成与发展，包含不断重构并调适这些“调节器”的任务。

(6) 网络建设。企业文化网络是指企业内不规范的和非正式的信息沟通、消息传播、企业行为解释这样一个传递、诠释、议论企业价值观和英雄事迹等的非组织性联系网络，它对企业的有效经营、企业文化的发展，是有重大意义的。在企业文化网络建设中，把组织联系同非组织联系结合起来；把有计划的业务关系同无计划的信息沟通结合起来；把作为同事的工作联系同作为朋友的生活琐事结合起来，把文化活动、节日家访、生日祝贺等形式作为建设企业文化网络的重要方法。

(7) 资信积聚。信誉是企业的生命。资本与信誉本身即是企业价值观的一个内容或表现形式。积聚——在培育的基础上不断积累和聚集，是企业文化构建工程的一个重要技术和方法。它包括以下内容：①名牌产品、高额的人均产值和利税等；②企业家的开拓精神、业务能力、个人魅力等；③英模人物、事迹如何；④企业公关、经营行为如何；⑤内外环境建设，公益事业贡献大小，以及获得的社会、社区评价；⑥厂（店）史展、厂（店）庆、各种文化活动、广告和对外宣传等提高知名度的工作做得如何。

9.2　企业文化设计技术

企业要增强竞争力，就必须树立适应企业发展的理念，必须从企业文化入手。企业文化是指企业在发展过程中形成的员工共有的理念信仰、价值观念和行为准则，以及作为外在表现的行为、管理风格和管理制度等所组成的有机体系。每个企业都有自己的文化，随着市场经济的发展，企业文化也要随之发展，并不断修整。

9.2.1　企业文化设计的关键环节

1. 对企业传统文化的扬弃

企业文化是一种亚文化，它生长在宏观文化的土壤里。各个国家和民族的传统文化是宏观文化的重要组成部分。设计企业文化，就应该深刻地认识其所在地传统文化的性质和特点。

中国的传统文化，具有 5 000 年的悠久历史和丰富多彩的内涵。作为东方文明的重要发端，中华文明不仅哺育了中华民族、大和民族、高丽民族等占世界人口 1/4 的黄种人，而且对整个人类文明产生了深远的影响，成为人类文明宝库的重要组成部分。正确地对其进行剖析和评价，对于建设有中国特色的优秀企业文化不仅有益，而且是必要的。

中华民族文化的内涵极其丰富，但是，我们认为，其中对中国企业文化建设有积极意义的主要是以下几种传统观念。

1) 入世精神

所谓入世精神，就是指积极地关心社会现实的人生态度。中国的传统文化，是积极入世的。作为中国主导文化的儒家思想，不论是先秦的孔孟之道，还是两汉以后的儒学，乃至程朱理学，其主旨都是经世致用、教民化俗、兴邦治国。其主要信条，如“内圣外王”，“修身、齐家、治国、平天下”，“正德、利用、厚生”，“要言妙道不离人伦日物”等所宣扬的都是这种思想。儒家思想的基本精神要求将内在的修养外化为积极的事功。道家文化，看似玄虚奥妙、消极遁世，而其实质却是注重积聚自身的力量，最终实现“以柔克刚”“以弱胜强”“以少胜多”“以后争先”的目的，以“不争”作为“争”的手段，“无为”的背后是“无不为”。至于法家文化，奖励耕战，富国强兵，厉行法治，德刑并用，强调积极地治理社会，大胆地追求功利，具有更明显的现实精神。总之，以儒、道、法三家为主体的中国“黄色文明”的传统，其精髓是积极的入世精神，正是这种积极的人生态度，几千年来激励着中华民族在艰苦的环境中，创造出灿烂的古代文化，锤炼出自尊自强的民族精神。

这种精神极大地影响着我国的企业文化，从20世纪50年代的“孟泰精神”，60年代的“铁人精神”，80年代的“二汽精神”（艰苦创业的拼搏精神，坚持改革的创新精神，永攀高峰的竞争精神，顾全大局的主人翁精神），到90年代的“海尔精神”（敬业报国，追求卓越）等，都贯穿着一条主线——不怨天，不尤人，发愤图强，艰苦创业，勇攀高峰，无所畏惧。这构成了我国企业文化拼搏向上的基调。

2）伦理中心

中国的古代社会，在意识形态上是一个以伦理为中心的社会。从春秋战国时期开始，孔子便提出了以“仁”为核心的思想体系。他说，“克己复礼为仁”。这里的“礼”，便是君君、臣臣、父父、子子的等级秩序。“礼”作为宗法等级制度，具有外加的强制性；而“仁”的学说，则是要把“礼”的约束建立在道德教育的基础之上。到了后来，则演变成“三纲五常”，即君为臣纲、父为子纲、夫为妻纲，以及仁、义、礼、智、信五德。“忠”和“孝”是维护“礼”的最重要的道德标准，而其特点则是服从。这种为封建等级制度服务的伦理道德，严重地束缚、压制了个人的主动性，泯灭了人们的平等意识，其消极影响至今犹在。在企业中，这种封建伦理道德的表现是各级管理干部与职工之间，随着在管理组织系统“金字塔”上位置的不同而产生的等级观念及其副产品——上对下的专横傲慢，下对上的盲从讨好。这成为我国企业文化建设的消极因素。

然而，这种伦理中心主义的传统，又有其合理的方面，即重视维系人际关系的伦理纽带，有利于社会关系的稳定与和谐。它要求人们把自己看做家庭、社会的一员，并且时刻意识到自己在其中的责任；它把个人、家庭和国家的命运较为紧密地联系起来，使爱国主义和民族的整体感有了坚实的基础，有助于中华民族凝聚力的加强，从而成为树立社会责任感、提高民族凝聚力、发扬民族精神、促进社会稳定、建设优良企业文化的有力思想武器。鞍山钢铁公司的企业传统和企业品格是这样表述的：“对祖国的无限热爱，对社会主义事业的坚定信念；爱厂如家，忠于职守，把个人命运同企业兴衰连在一起的主人翁思想；为国争光，拼争第一，开拓创新，勇攀高峰的进取精神；识大体、顾大局、同心同德、团结协作的高尚风格……”长城钢厂的企业道德要求：“为人民服务，尽社会责任，做‘四有’职工，当‘五爱’公民。”这是中华民族重视伦理的道德传统在社会主义企业中的突出表现，也是我国企业文化中的优势文化。

3）重义轻利

重义轻利的义利观，是中国几千年的传统观念之一。孔子说“君子喻于义，小人喻于利”，孟子进一步主张“仁义而已矣，何必曰利”，董仲舒则提出“仁人者，正其谊不谋其利，明其道不计其功”。

重义轻利的义利观，有其积极的社会意义。它提倡在物质利益面前要“克己”“寡欲”“见利思义，义而后取”；它鄙弃“嗟来之食”，不取“不义之财”。这在封建社会当然有其为封建统治服务的一面，但在今天，若将义的内涵更新为社会主义的道德规范，便值得大力提倡。当前，有些企业利欲熏心，卖假酒、假药，制作假商标、假广告，兜售黄色书刊、淫秽录像带，倒买倒卖，走私贩私，贪污受贿，干出一系列违法乱纪的事。为了消除这种见利忘义的腐败现象，除了严肃法纪外，在全社会，特别是在工业企业、商业企业、旅游企业中，大力提倡重义轻利的义利观，引导干部和职工树立比金钱更高尚的追求，也是十分必要的。四通公司的企业精神为“高效率、高效益、高境界”，就是一个很好的例子。

4）中庸之道

中庸是中华民族文化中一个十分重要、独具特色的观念。孔子说：“中庸之为德也，其至矣乎！”（《论语·雍也》）。可见，儒家把中庸看做最高的道德。什么叫“中庸”？孔子并没给“中庸”一词下过精确的定义。汉朝郑玄这样注释《中庸》的题义：“名曰中庸者，以其记中和之为用也。”朱熹说：“中者不偏不倚，无过不及之名，庸，平常也。”现代有学者研究认为，孔子的中庸，是对矛盾两极均为“非”的事物的三分法，即此类矛盾发展有三种可能，即过、中、不及。在这三种可能中，人们应该取“中”。所谓中庸，就是要经常地坚持常理、常规、理想状态、度。

我们认为，中庸之道有两重性：一方面，它反对过与不及，不走极端，重视和谐，有辩证法的因素；另一方面，它忽视对立面的斗争，主张维持现状，否定变革，因而又是反辩证法的。对中庸之道，不能简单地否定或肯定。在管理矛盾中，有的矛盾，其对立双方中的一方为“是”，另一方为“非”，对此，应该是非鲜明、坚持真理；而有的矛盾，对立双方均为“非”或“不完全是”，对此，就不能简单地肯定一方而否定另一方了，必须把双方协调起来，这就用到了“中庸之道”。后一类矛盾在现代管理中是十分常见的，如学习外国经验与坚持中国传统、物质激励与精神激励、赏与罚、严格管理与宽松管理等。因而，把握中庸之道的思想实质，对于体现管理的艺术性、建设优秀的企业文化是必不可少的。

中庸之道的积极一面还体现在群体观、社会观上，这就是与其相通的“和”的观念。所谓“礼之用，和为贵，先王之道斯为美”，“礼”是取得和谐的支点。“道之以政，齐之以刑，民免而无耻；道之以德，齐之以礼，有耻且格”（《论语·为政》）。儒家这种建立在制度约束和道德感化基础上的“和为贵”的思想，把和谐视为天底下最珍贵的价值，人世间最美好的状态。孟子则把这一命题发展为“天时不如地利，地利不如人和”，在诸多条件中，“人和”是处理人间万事之要，具有最高的价值。这里的“和”，不是无原则的一团和气，而是“和而不同”，求大同而存小异，顾大局，讲团结。当前，我们贯彻科学发展观，建设和谐社会，应该大力发扬“和”的哲学思想。

毋庸讳言，由于反对变革和更新，中庸之道在人们的思想上、在现实中也造成了极大的消极影响，这突出表现在维护旧制、反对变革上。作为一股巨大的历史惰力，它几乎成为世代相传的心理定势。“祖宗之法不可变”“先王之制不可变”“三年无改于父之道”等，被视为亘古不变的真理。这种因循守旧的思想，在今天仍然是改革所遇到的最大的心理障碍。任何改革措施的出台，都会遇到强大的抵抗。“没有先例”“风险太大”，常常成为拒绝改革的借口；“宁稳勿乱”“不为人先”，常常成为徘徊观望的理由。视传统为当然，视变革为歧途，这种心态一天不改变，中国的改革便一天难推进。

5）重视名节

与重义轻利密切相关的中华民族文化的另一个特点是重视名节，重视精神需要的满足。孟子有一段名言：“生亦我所欲也，义亦我所欲也，二者不可得兼，舍身而取义者也。生亦我所欲，所欲有甚于生者，故不为苟得也；死亦我所恶，所恶有甚于死者，故患有所不避也。”在中华民族的传统文化中，民族、国家的尊严和荣辱、个人的人格、信念和操守，被看得重于一切。这种思想，凝铸成中华民族的浩然正气。“人生自古谁无死，留取丹心照汗青”，文天祥的《正气歌》和他为国捐躯、视死如归的伟大精神，正是我们民族精神的写照。

这种民族精神，在日常生活中表现为珍惜荣誉，崇尚气节，讲究廉耻，高度自尊。时穷节乃见，在危难的关头，就表现为崇高的气节。“富贵不能淫，贫贱不能移，威武不能屈”，“士可杀不可辱”，为了捍卫自己的信念、节操和名誉，为了维护民族和国家的尊严，敢于蔑视强暴，甘愿忍受贫苦，甚至不惜牺牲自己的生命。今天，我们只要去掉其中封建思想的糟粕，把自尊、自爱、自强、重视名节的精神，建立在社会主义意识形态的基础之上，就会形成有利的心理环境。东方通信公司的企业精神“超越自我，兴业报国”，就有力地激发出员工的爱国之情。

重视名节向坏的方向发展，就是追求虚荣，大讲排场，死要面子。这种贪图虚名、奢侈浪费的不良习气，在当今仍存在着。有些企业，文过饰非，报喜不报忧，甚至花钱买荣誉，而不在实干上下工夫；有些企业，亏损严重，但在与上级主管部门或“关系户”打交道时，为了争本企业的面子，或者为了给对方面子，照样大摆宴席，花公款如流水。这种恶劣的社会风气，势必腐蚀企业的肌体，甚至把企业推向破产倒闭的边缘。

6）勤俭传统

勤劳节俭是中华民族的传统美德。黄河，狂暴的河；黄土，贫瘠的土。在如此严酷的自然环境里孕育的中华民族，依靠自己的勤劳和节俭，争生存，求发展。自古以来，我们民族就以勤俭为大德、奢侈为大恶，主张“克勤于邦，克俭于家”（《尚书》）。唐代诗人李商隐在《咏史》诗中道：“历览前贤国与家，成由勤俭败由奢。”这种克勤克俭的传统，在社会主义时代得到了最充分的弘扬，发展为艰苦创业的民族精神。勤劳节俭、艰苦奋斗精神，在鞍钢、大庆、一汽、二汽、首钢、攀钢等大型骨干企业的企业文化中，一直占有十分重要的地位。

然而，一些企业丢掉了艰苦奋斗的传统，在生产经营上不是千方百计地顽强拼搏，而是热衷于倒买倒卖、发不义之财，并且大吃大喝、公费旅游、住高级宾馆、坐豪华轿车……这种奢侈之风成为企业和社会的一种公害。在这种情况下，迫切需要恢复和发掘勤劳节俭、艰苦奋斗的民族文化传统。近年来，许多企业正式认定“勤奋”“俭朴”“艰苦奋斗”“艰苦创业”为企业文化的主要内容，大兴艰苦奋斗、艰苦创业之风，是十分明智的选择。

7）廉洁意识

在中国悠久的历史中，人们总是把官吏划分为清官与贪官，颂扬廉洁公正的清官，贬斥腐败昏庸的贪官。这种廉洁意识融进了民族的传统文化之中，具有十分深刻的内涵。古人云，“公生明，廉生威”，“公则民不敢慢，廉则吏不敢欺”。只要清除此话中以官治民的消极一面，我们便不难发现其中廉洁公正意识的历史价值。这种廉洁意识，在社会主义时代，与为人民服务的思想相结合，升华为一种高尚的公仆意识，注入企业文化的传统之中。例如，有些企业提出“四不争”——“不争名、不争利、不争功、不争权”，集中体现出廉洁奉公的公仆意识。针对当前社会上请客送礼、行贿受贿、以权谋私等腐败之风，迫切需要大力宣传和提倡廉洁作风。衡电兼并企业的主要经验是派得力干部去整顿被兼并企业，更新其文化，其中一个重要方面是“两正”——正派、正规。所谓正派，就是领导者出以公心，作风正派，廉洁自律；所谓正规，就是冲破关系网，堵塞“老鼠洞”，实行科学管理。

8）家庭观念

“黄色文明”发端于农耕社会，社会的基本细胞是家庭，这与“蓝色文明”的源头西方工业社会不同，在那里，社会的基本细胞是个人。因此，与西方国家意识形态上的个人主义传统相反，中国意识形态的传统是家庭观念。子从父、妻从夫，兄弟友爱、姐妹互助，这种家庭观念既包含整体感、骨肉情，又包含家长意识和服从意识。在中国几千年的历史中，家庭伦理是社会伦理的基础，家庭观念推而广之，渗透到社会关系的各个领域。皇帝叫“万岁爷”，官吏叫“父母官”，徒弟侍奉师傅严守“师徒如父子”的古训，百姓称呼众人常用“父老兄弟”的惯语。在企业里，职工的主人翁意识，往往借助于家庭观念的中介，以“爱厂如家”的形式表现出来。从鞍钢20世纪50年代的“孟泰精神”，到广州白云山药厂20世纪80年代的“白云山精神”；从广州第一橡胶厂“志在改革齐进取，爱厂如家当主人”的企业精神，到衡水电机的“和谐管理”，可以看出“爱厂如家”是企业凝聚力的源泉：它一方面意味着工厂像家庭一样温暖，领导像父母一样可亲可信，同事像兄弟姐妹一样团结友爱；另一方面意味着职工对工厂像对家庭一样关心爱护，与之融为一体，休戚与共，心甘情愿地为振兴企业而出谋划策和忘我劳动。应该说，这是中国企业文化内容中又一个独具特色的优势文化。

当然，家庭观念也有其消极的一面，那就是企业领导者的家长意识和职工的盲目服从意识。它不利于企业内部民主管理制度的完善和落实，也不利于企业主要负责人与职工之间的平等沟通，它往往造成命令主义的倾向，导致独断专行的恶果。在某些企业中，企业负责人的家长制作风，已经成为挫伤职工积极性的主要问题之一，这是根深蒂固的家庭观念消极一面恶性膨胀造成的，应该引起企业家足够的注意。

9）任人唯贤

由于伦理中心主义的影响及长期文官统治的历史，中国自古十分重视人事。“知人善任”历来被认为是“治国平天下”的必备才能。中国古代的人事思想十分丰富，是中国管理文化的重要历史遗产，其中一个核心内容是“任人唯贤”。

中国历史上一直存在着两种用人路线——“任人唯亲”和“任人唯贤”。尽管剥削阶级的本性使历代统治者难免掉进“任人唯亲”的泥坑，但从总体上看，大凡有成就的英明君主及其谋士，总是倡导“任人唯贤”的路线。《韩非子》中提出，“宰相必起于州郡，猛将必拔于卒伍”，主张任用有实践经验和成绩突出的人才，并指出，“术者，因任而授官，循名而责实，操生杀之柄，课群臣之能者也，此人主之所执也”，“诚有功，则虽疏贱必赏；诚有过，则虽近爱必诛”。用这种赏罚分明、循名责实的办法，造成任人唯贤的开明局面。三国时期著名政治家诸葛亮指出，“治国之要，务在举贤”，“唯官设人者治，为人设官者乱”，“赏赐不避怨仇”，“诛罚不避亲戚”。在改革开放潮流推动下，企业在各级主要干部的选拔任用上，普遍试行“招聘制”，海尔变“相马”方式为“赛马”方式，这是“任人唯贤”的表现。

10）辩证思维

“黄色文明”是龙的子孙在几千年与天斗、与地斗、与人斗的过程中形成的。复杂的斗争，成功和失败两方面的深刻启示，使中华民族逐渐形成了朴素的辩证思维方法，这在《老子》《易经》《孙子兵法》等典籍中有集中的表现。中国朴素的辩证思维方法，首先表现在思维整体观方面。中国人与西方人在思维上的重大差别包括以下方面：中国人习惯于从整体到个体，从整体中把握个体；而西方人则习惯于从个体到整体，从个体角度审视和对待整体。例如，在信封上写地址，中国人的顺序是国家、城市、区、街道、门牌号码，而大多数西方人的书写顺序则恰恰相反。又如，中国画以“写意”为主，即注重整体意味的把握，并不注重细节的真实，而西洋画则以“写实”为主（当然，印象画派等现代画另当别论）。再如，中医从人体的总体上进行分析，强调辩证治疗；而西医以人体解剖为基础，强调对症治疗。这种不同的思维方法在企业文化中也鲜明地表现出来，如华人的企业习惯于从国家和企业的总体上去考虑问题，包括个人的进退升降。

中国的朴素辩证思维方法，还表现在转化观上。“物极必反”“相反相成”的思想，在2 000多年前就已经形成和普遍运用于战争、政治斗争和经商活动中。《老子》中“以顺待逆，以逸待劳，以卑待骄，以静待躁”的后发制人思想；“以弱胜强，以柔克刚，以退为进”的斗争策略；“将欲弱之，必固强之，将欲废之，必固兴之，将欲夺之，必固予之”的欲擒故纵方法……《孙子兵法》中“知彼知己，百战不殆”，“得道多助，失道寡助”，“不战而胜，是为上策”的战略思想；“避实而击虚”，“因敌变化而取胜”的应变策略；“令之以文，齐之以威”，“令民与上同意”的带兵原则；“千军易找，一将难求”，“将者，智、信、仁、勇、严也”的人事哲学；以及三十六计的具体谋略……这些充满着对立面转化辩证思想的文化遗产，如今不仅成为治国、治军的锐利武器，也成为企业在激烈的市场竞争中制胜的法宝，成为制定企业发展战略、竞争策略、经营哲学、激励方法、干部标准、厂风厂纪的思想宝库。一些企业家把这些优秀的文化遗产同唯物辩证法相结合，运用在企业的生产经营活动中，取得了出色的成绩。衡电领导者“不奖就是罚”的内部激励思想，也是辩证思维的一个范例。事实证明，“黄色文明”中丰富的辩证思想，是形成中国企业的企业哲学、发展战略和竞争策略的宝贵历史遗产。

2. 对企业现实文化的升华

对企业文化进行升华，首先要对现有企业文化有一个较为清醒的认识。过去对企业文化的评价，多是从文化体系的具体内容出发，将文化分为先进文化和落后文化，或优秀文化和不良文化。许多国外学者通过大量调查，总结出许多优秀企业的文化特点。例如，美国学者托马斯·彼得斯认为，优秀企业文化应该具有这样的特征：贵在行动、紧靠顾客、鼓励革新、容忍失败、以人促产、深入现场、以价值观为动力、不离本行、精兵简政和辩证处理矛盾这十个特点。我们认为，既然企业文化是一套管理体系，就不该单纯地从内容上评价是先进还是落后，只有把企业文化与实际情况结合起来，才能判断它是否对企业发展有促进作用。

那么，如何对本企业的企业文化进行评价呢？评判企业文化最好的办法是从企业运行和经营结果来判断，没有一般意义上的好与坏。我们可以从以下三个方面来分析企业文化的建设情况，一是企业文化本身是否健全，二是企业文化对绩效是否有促进作用，三是企业文化对社会进步是否有积极影响。对企业文化本身的分析，主要集中在体系的完整性、结构层次的清晰性、内容的一致性、文字表达的艺术性等方面，通常的方法主要有访谈和资料分析。企业文化对绩效的促进作用，主要是分析企业文化对企业绩效的影响、对个人业绩的影响、对企业核心竞争力的影响、对企业氛围的影响、对客户满意度的影响、对员工满意度的影响等方面，主要的方法是财务分析、用户满意度调查、绩效考核档案、专项绩效调查、组织氛围调查、员工满意度调查等方法。分析企业文化对社会进步的影响，主要是从人类文明和社会角度来考察企业文化的社会进步性，主要从内外部调查、企业美誉度调查等方面来着手。

在对企业现状进行分析的时候，要全面、深刻、准确地分析，既要考虑战略的高度，又要深入分析，挖掘问题的根源。在这个过程中，企业家可以借助外脑协助分析，避免出现当局者迷的情况，还要善于运用群众的智慧。

一般的思考包括以下过程：分析企业的经营环境和特点；分析管理水平和特点；分析企业文化的建设情况和特点；逐项分析企业文化的内容并得出总体结论。在得出企业文化的分析结果后，要根据现有水平和未来需要，着手企业文化的设计和变革，在原有基础上提升企业文化水准。

以一些传统国有企业为例，一般来说，缺乏市场意识和竞争意识，许多企业普遍认同的是“一切以生产为中心”，重要性排序是“产、供、销”，全力为生产一线服务的思想比较盛行。在这种理念指引下，管理模式必然是典型的生产企业管理模式，围绕生产任务开展各项工作，责权比较清楚，但针对市场的快速反应并没有到位，大家的危机感和应变能力明显不足，人浮于事、大锅饭、关系网导致效率低下。在这种情况下，应该加强“以市场为导向”“以改革为动力”的理念变革，使大家对“市场是中心，效益是核心，竞争出活力”有所认识，以利于企业的长远发展。

企业目前的文化，是过去文化积淀的结果。因此，在分析文化现状时，不应割断历史，而应对企业过去的优良传统加以总结、继承和发扬，使它成为企业文化设计的重要依据。

3. 对企业未来文化的把握

对企业未来文化的把握，主要是指企业文化要与企业战略发展相一致，与社会发展相一致。公司战略的目标定位、战略选择都会对企业文化产生一定影响。例如，一种生产导向的经营理念，无法迎接日益激烈的市场竞争；一种纯技术路线，也很难在市场上立足。企业文化还需要企业家结合自身的战略目标和对未来竞争态势的判断，进行相应的企业文化建设。

企业文化的理念层是全体员工的基本信念、核心价值观、道德标准，以及企业应该提倡的精神风貌，它集中表明企业对未来的判断和战略选择，从这个意义上讲，理念层设计是企业文化体系的灵魂。从未来着眼是理念层设计的关键，站得高才能看得远。

例如，企业愿景也称为企业理想或共同目标，它表明企业全体员工的共同追求和长远的奋斗目标。它既是一切活动的目标，也是凝聚人心的根本，所谓“志同”才能“道合”。在企业愿景表达方面，立意要高，谋虑要远，仅仅表达出企业在经济方面的奋斗目标是不够的，还要有对企业社会价值的认识和对未来企业的定位，如“建国内一流企业，工业报国”，“打造世界知名品牌，为人类创造美好生活”等。

又如，企业核心价值观的设计。企业核心价值观是企业长期坚持的价值标准和基本信念，不会轻易改变。松下七精神、丰田纲领都存在了几十年；IBM 著名的三条核心价值——“尊重个人，最佳服务，追求卓越”延续了 70 多年，到 1994 年才进行了修改和完善。企业核心价值观的设计，建立在对企业本质和企业战略的深刻认识基础上，因此可以洞察历史，指引企业奔向未来。

一个企业的文化是连续的、发展的，因此也是相对稳定的，这就要求企业文化的设计必须高屋建瓴，面向未来，只有这样才会对企业有长期的指导作用。

9.2.2　企业文化设计的技术

企业文化是一个有层次的体系，其内部结构相对固定，但所含内容却千差万别，体现出不同企业的鲜明个性，这也是企业文化的魅力所在。在企业文化的设计中，要有所侧重，有所取舍。在整个过程当中，要注意一些核心工作和难点：一是理念各部分要有内在的逻辑关系，而不是一盘散沙；二是理念各部分要相互独立，不能相互交叉、相互重复。

1. 个性化语言的反复提炼

企业文化要防止照搬其他企业的理念，世界上没有完全相同的两片叶子，更不可能有完全相同的两套企业文化。海尔提出的“斜坡球体论”，以及联想提出的“茅台酒作二锅头卖”的经营理念都很有创意。企业文化的反复提炼，关键是突出企业的基本矛盾，用个性化的语言表达企业的经营理念。

一些企业在表述企业文化时，除了“团结”“求实”“进取”，就是“认真”“勤奋”“提高”，提不出自己的看法和个性化的语言。而另一些企业则不同，中国平安保险公司提出的“以心感人，人心归”的平安精英文化，方太厨具公司提出的“方为品质，太为境界”的方太文化，都很有企业的个性，既起到了对内统一理念的作用，也起到了对外扩大宣传的作用。

我们不妨举个例子，分析一下某塑料生产企业的企业愿景提炼过程（表 9-1）。最初的备选方案有五个，基本上都是将长远目标定位在国内一流塑料生产基地，以生产为主导，放眼未来。同时，还列出了一些目标，有远景目标，也有近期目标；有总体目标，也有分目标；既考虑前瞻性，又考虑现实性，形成了一套目标体系。

表 9-1　某塑料生产企业愿景的提炼过程

阶段	方案内容	说明
备选提法	安全化工、绿色化工、高效化工。建设中国最大的一流塑料基地，成为世界知名的塑料产品供应商，造福社会，回报国家	前面是对化工效果的描述，后面提出了具体的目标，要成为什么样的企业
	建一流基地，育一流人才。创世界知名品牌，做世界最有竞争力的企业	对企业、对员工发展都提出了要求，但后面的目标过高
	建全国一流的塑料基地，创国际一流石化企业	两个“一流”，用词重复
	“六力”企业：班子有团结力、职工有向心力、技术有开发力、市场有应变力、产品有竞争力、资产有增值力	从六个具体目标提要求，概括性不强
	建设出色的管理队伍，培养杰出的企业员工，提供完美的产品服务，创造最大的经济效益，使塑料厂成为国内一流、国际先进的塑料基地	既有分目标，又有总体目标。但没有反映社会目标
第一轮	建设中国最大的一流塑料生产基地，成为世界知名的塑料产品供应商，造福社会，回报国家，以我们的不断努力，为人类创造美好的明天	集中到“国内一流，世界知名”上来，强调为人类造福
第二轮	立志成为中国一流的塑料生产基地，成为世界知名的塑料产品供应商，依靠我们的不断地努力，回报国家，造福社会，为人类创造美好的生活	加了一些语言修饰
第三轮	建设一流塑料生产基地，打造世界知名塑料制造品牌，通过我们的不懈努力，回报国家，造福社会，为人类创造美好的生活	精简了语言

但理念体系的提法必须简洁、凝练。我们看到，在第一轮修改中，注重了这些方面。例如，对“中国最大”和“中国一流”的推敲。为什么要强调一流呢？因为一些企业往往是大而不强，在石化行业，这种“大企业病”还比较严重。今后公司的发展目标是强调质量和效益，而不是一味地追求规模和人数，也不是在经营范围方面求大求全，“最大”并不是企业的长远目标。

最终定稿则更加简练。为了与员工共勉，没有放弃“通过我们的不懈努力”这句话。通过几次修改和提炼，最终形成企业愿景的核心内容——“国内一流基地，世界知名品牌”。

2. *价值观念的准确概括*

文化管理不是用制度去约束职工，而是用价值观引导和教育职工。由于价值观是职工的一种共识，所以职工对于企业的管理也就有一种认同感。职工会自觉地遵循这种价值准则进行活动，而不会感到是它一种约束。因而能够在企业内部管理有序的基础上，激发职工工作的积极性。

美国著名的广告业奥美（Ogilvy & Mather）国际公司董事长、CEO谢利·拉扎勒斯（Shelly Lazarus）认为："营销的诀窍仅仅在于找到世界承认的核心理念。你找到这一普遍性的理念，然后就把它作为你所做一切的核心。"凯尔蒂·戈德史密斯国际咨询公司董事、加利福尼亚大学和剑桥欧洲管理学院的客座教授安东尼·F. 史密斯（Antllony F. Smith）、美国国家地理电视台总裁蒂姆·凯利（Tim Kelly）研究后认为：麦肯锡公司、沃尔特·迪斯尼公司、微软公司、戈德曼·萨基公司等以"保留优秀人才"作为核心价值观，并"在核心价值观上建立了自己的公司文化，因而避免了危机"。赫尔曼·米勒（Herman Miller）公司原总裁、CEO迈克·沃尔克玛（Mike Volkema）也说："优秀的领导者必须拥有一套不妥协的核心价值观，这些价值观使他们在最困难的时候能够做出正确的决策。"

由于核心价值观念是企业最重要的价值观念，在企业价值观念体系中居于支配地位，因此确立核心价值观就成为实行基于价值观的管理的第一步。那么，如何确立核心价值观，并以之为主导，形成企业价值观体系呢？通常是通过关键小组访谈或问卷方式进行初步调查，再根据企业发展的要求进行选择。价值观可以是一两条，也可以是一组系列观点。我们可以根据重要性，选择最具企业特色的价值观作为企业核心价值观。

我们不妨举例分析一下。某企业原本提倡过许多观念，如学习的观念、实干的观念、安全第一的观念、精益求精的观念、服从大局的观念、追求完美的观念等。经过调查了解，发现企业的管理者都是基层提拔起来的，十分务实。企业内部形成了崇尚先进的传统，经常搞一些评比活动，大家相互学习、争创一流的风气很盛。为了进一步引导员工向更高的目标迈进，企业领导决定把学习、务实、进取作为核心价值观。

但是，只用"好学、务实、追求完美"等词语来表达核心价值观，过于一般化。虽然可以产生亲切感，但缺乏震撼力和视觉冲击力，对广大员工来说没有什么新鲜感。于是，选择了《礼记·大学》中的一句话"强学力行，止于至善"来表达，效果很好。另外，还要注意，核心价值观及以它为主导形成的企业价值观体系，要根据环境、企业使命等不断进行调整和变革，如通用电气公司的价值观内容和表述就经过了若干次的修订，从1985年的五条变成了1999年以来的九条。

3. 行为规范的典型总结

所谓行为规范就是通过企业理念、企业制度和风俗长期作用形成的一种员工的自觉行为。这种共同行为将使内部沟通和协调变得很容易，对于增强企业凝聚力，提高企业运行效率都有很大帮助。一些企业看到了共性行为习惯的重要性，有意识地提出了员工在工作中的行为标准，即员工行为规范。它的强制性不如管理制度，但比制度更加具有导向性，容易在员工群体中形成共识，促使员工言行举止和工作习惯向企业期望的方向转化。

提出员工行为规范主要是出于企业发展的需要。例如，出于鼓励奉献精神而提出的"无私奉献""爱国爱厂"；出于塑造合作精神而提出的"和谐相处""坦言相告""真诚公正"；出于维护企业形象而提出的"每个人都代表公司"；出于产品质量要求而提出的"精益求精""追求完美"；出于鼓励创新思想而提出的"博采众长""兼收并蓄""不断学习”。这里既有对现有优秀员工行为的总结，又有对其他企业成功经验的借鉴，我们可以称它为“典型总结”。

典型总结的原则是着眼现在，放眼未来。具体工作可以从以下三方面入手：一是总结企业内部的优秀传统；二是总结成功企业的典型行为；三是总结传统文化的精髓。例如，同仁堂从生产人员的典型事例中，总结出生产员工的行为规范——严守“三真”信条，即下真料、行真功、讲真情，很好地体现了同仁堂“修合无人见，存心有天知”的古训。又如，中国平安保险公司从儒家文化中继承和总结了六个字——“仁、义、礼、智、信、廉”，作为员工的行为规范，用“仁”倡导和睦相处，用“义”宣传忠于职守，用“礼”规范举止言行，用“智”引导革故鼎新，用“信”建立客户关系，用“廉”倡议克己奉公。运用这种典型总结的方法，可以帮助企业找到适合自身实际的行为规范。

4. 领导与员工间的观念整合

美国最大的证券公司——美林（Merrill Lynch）公司名誉董事长丹·塔利说：“CEO应当做什么？在以往成功的基础上努力进取。在这一过程中，你要保持和发扬公司已有的核心价值观。”实行基于价值观的管理，关键在于塑造共同价值观，难点在于把企业价值观变为全体员工的共同价值观。

研究发现，不同的民族在对待权威、集体、规范、事业、长远利益等方面的态度存在差别，而一个人的价值观在他10岁左右时就已被潜移默化地大体上形成了。当他加入企业后，如果其价值观与该企业原有成员之间差别不大，则他会较快地接受该企业的文化，否则就容易产生文化冲突，造成管理上的困难。由于企业职工原有的价值观的改造需要长期的努力，故管理者一方面要善于协调不同成员在价值观上的差异，尽可能“求同存异”，另一方面则要善于用企业的价值观来统率各个职工的价值观，引导他们识大体，顾大局，为实现企业的战略目标而共同奋斗（成思危，2000）。企业价值观变为员工群体的共同价值观，最主要的方法就是进行教育和培训，海尔、通用电器等中外企业的实践，都证明了这一步骤的重要性。正如惠普（Hewlett-Packard，HP）公司总裁路易斯·普莱特所说：“我花了大量的时间宣传价值观念，而不是制定公司发展战略。谈论价值观与单纯管理的效果是完全不同的。企业文化管理才是公司管理中至关重要的一步。明确了这一点，其他事情就迎刃而解了。”

建立相应的企业文化，形成共同价值观的支持系统，这也是不可缺少的工作。企业制度对共同价值观的作用影响很大，存在决定意识，不同的制度强化不同的价值观。企业内部的管理制度，对员工来讲是外加的行为规范，它与内在群体价值观是否一致，可以说明企业家是否真正确立了文化管理观念。宝洁公司原董事长、CEO约翰·佩珀（John Pepper）曾说：“我们的原则和价值观就是我们的生活标准。但是在我们的事业中，还需要一种更快、更强、乐于冒险的精神。我们近几年的重组就是要构建这样一种文化。”美国美林证券公司名誉董事长丹·塔利和董事长、CEO戴维·科曼斯基曾说，“你的信仰就是你的经营哲学，你每天都要依靠它”，“我想提醒他们注意企业的文化。我想确信他们贯彻了我们的文化”。

9.3　企业文化三个层次的设计

9.3.1　企业文化理念层设计

企业文化设计的实质是构建企业的目标文化，并以之作为今后企业文化建设的方向和标准。

进行企业文化理念层设计，就是按照有关的程序总结、提炼或确定理念层次的各个要素并表达出来，使之构成一个完整的理念体系。由于理念层是企业文化的核心和灵魂，是制度层、符号层的统帅，因此，企业文化理念层的设计既是企业目标文化设计的首要任务，也是设计的重点和关键。

设计企业文化理念层，应遵循下述主要的原则。

(1) 实践性原则。企业文化的理念层次要素，不是企业领导者脑海中凭空臆造出来的，而是在借鉴企业外部先进理念的基础上对企业长期经营管理实践的经验总结和理论概括，是对具体实践的升华和超越。同时，企业文化理念层又必须用以指导今后的企业实践，并在反复、深入、具体的经营管理实践中经受检验，得以发展。脱离了企业实践，企业文化理念层将毫无生命力可言，必将被丰富生动的经营管理实践所抛弃。

(2) 个性原则。企业自身的特殊性决定了企业在群体价值观、经营管理方针、思考和处理问题的方式方法、团体风气等方面的特殊性，对这些特殊性总结、提炼的结果必然形成企业文化理念层的个性特色。没有个性的企业理念，必将导致缺乏活力的企业文化。突出个性，并不等于排斥对优秀企业文化观念共性的吸收，而是强调在共性基础上的个性。

(3) 持久性原则。企业文化理念层是企业经营管理实践的航标，应该在相当长一段时间内具有生命活力，而不是瞬间的、短暂的“昙花一现”。企业文化要有持久的生命力，就要求目标企业文化的理念层设计必须站在历史的高度、时代的高度，充分吸收当今一切最先进的社会思想文化观念，而且要能够把握社会前进的步伐，预见企业未来的发展趋势。纵览企业文化的浩瀚大海，可以看到许多老牌企业的企业理念历经数十载而依然光彩照人，原因就在于它能够经得起时间的检验，具有超越时代的生命力。

企业文化理念层的设计内容，具体包括设计企业目标与愿景、企业价值观、企业哲学、企业经营理念、企业管理模式、企业精神、企业道德、企业作风等。

1. 企业目标与愿景设计

目标是组织或个人在一个时期内通过努力而希望获得的成果。

企业目标是指在一定时期内，企业生产经营管理活动预期要达到的成效或结果。没有目标的企业是没有希望的企业。韩国现代财团创办人郑周永曾指出：“没有目标信念的人是经不起风浪的。由许多人组成的企业更是如此。以谋生为目的结成的团体或企业是没有前途的。”因此，设定和确立企业目标，是企业文化理念层设计的重中之重。

1) 企业目标的设计步骤

(1) 企业内外环境和条件分析。正如孙子所说的“天时、地利、人和”，在设定企业目标之前必须先弄清楚企业所处的外部政治环境、经济环境和文化环境等社会环境状况，竞争对手、合作者等利益关系者的情况，以及企业自身的现状和未来可能达到的状况。只有对这些决定企业生存发展的内外环境条件有一个全面、准确的把握，才能实事求是地确定可能实现的企业目标，做到“知己知彼，百战不殆”。

（2）设定企业的最高目标与愿景。企业最高目标是全体员工的共同追求，也是全体员工共同价值观的集中体现。只有确立了最高目标，才能够确定整个目标体系，确定企业的其他理念层要素。企业的奋斗目标，往往是企业最高决策层根据企业内外环境条件而提出的，是主要领导者和整个决策层的战略决心的集中反映。决策层提出的企业奋斗目标，还必须通过反复的宣传才能被全体员工认同，最终成为企业的最高目标。

（3）设计企业的多目标体系。只有最高目标，显然是远远不够的，企业还必须在最高目标下制定更详细具体的目标组合，形成完整的、可以逐步实现的目标系统。在企业最高目标下，一般分为若干目标组合。

第一，方向组合：企业是社会组织，任何企业的奋斗目标都不是单一的目标，而是由多个目标方向上的目标组成的目标体系。

第二，层次组合：按层次划分为战略目标、管理目标和作业目标。

第三，结构组合：按企业组织结构划分为企业目标、部门目标和员工个人目标。

第四，时间组合：按时间划分为长期目标、中期目标和近期（短期）目标等。

企业的各种目标组合就像通向山峰的一级级台阶，它们对最高目标的实现有着十分关键的保障作用。

2）完善企业的目标系统

在构建企业的多目标模式，实现方向组合以后，还应该在企业最高目标的统率下，结合企业发展战略，尽快设计完成不同层次、不同部门、不同阶段的子目标系统，形成企业目标在层次、结构、时间等方面的有机组合，使企业最高目标及长远目标、全局目标一步步成为现实。

海尔集团在经过10多年的发展后，成为家电行业的中国第一品牌和世界知名品牌，并在此基础上于20世纪90年代中期提出了争取进入世界500强的奋斗目标。海尔取得的业绩，与它确立了比较明确的企业目标系统是分不开的。

3）设计企业愿景

（1）愿景和共同愿景的定义。愿景译自英文“vision”，源于拉丁语“videre”一词，直译为“看见”。国内对“vision”有远景、景象等多种译法，但均不如“愿景”更能够贴切地反映“vision”的原意。愿景包含两层内容：一是“愿望”，指有待实现的意愿；二是“景象”，指具体生动的图景。在对愿景做解释时，有本西方教科书采用了一幅漫画，该漫画中一只小毛毛虫指着它眼前的蝴蝶说：那就是我的愿景。由此可见，愿景就是一个主体对于自身想要实现目标的具体刻画。

以此类推，共同愿景（shared vision）指的是被组织成员接受和认同的组织的愿景。共同愿景主要涉及三方面内容，即对组织存在使命的认识、组织未来发展的规划和组织达到目标的手段。美国的彼得·圣吉在其所著《第五项修炼——学习型组织的艺术和务实》中提出，为把组织改造成学习型组织，需要持续进行“五项修炼”，其中的一项就是建立共同愿景。

（2）企业愿景及其含义。企业愿景是指企业全体员工所接受和认同的共同愿景。

企业愿景与企业目标既有共同点，又不完全相同。对二者进行比较，可以更清楚地认识企业愿景的含义。一方面，企业愿景从根本上讲仍属于企业目标的范畴。正如台湾企业家张忠谋所提出的“阶段性愿景”，企业愿景实际上是企业的阶段性目标。以微软公司和 Intel 公司为例，它们初期的愿景并不明晰，等到公司达到一定规模时，愿景已经改了两三次。张忠谋认为，愿景的平均寿命为 4～5 年，如果太短，这个愿景就没有意义；如果太长，则会不实际也不易被人相信。另一方面，企业愿景同企业目标的一般含义相比较，又有所区别。企业目标通常是由企业决策层和管理层制定的，较少考虑员工个人目标；而企业愿景则建立在员工个人愿景的基础上，是个人愿景与组织愿景的有机结合，更好地体现了以人为本的现代管理思想。由于较多地考虑和包含了员工个人目标，加之刻画和描绘更加具体形象，因此企业愿景在贯彻实施管理和团结激励员工方面更具有优势。例如，中国大唐集团公司的愿景是“成为国际一流的能源企业”。

（3）设计和建立企业愿景。企业愿景的设计与建立，是一个密不可分的过程。这一过程往往包括以下要点。

第一，把个人愿景作为共同愿景的基础。

第二，按照自下而上的顺序。

第三，反复酝酿，不断提炼和充实。加拿大的创新顾问公司总裁 Bryan J. Smith 提出，建立共同愿景需要经历的五个阶段，即告知、推销、测试、咨商和共同创造。其强调的是，无论企业愿景是谁提出的，都应使之成为一个企业上下反复酝酿、不断提炼的分享过程。

第四，注意说服和沟通。当共同愿景和个人愿景确实出现不协调时，如果经过反复说服、沟通均无效时，则可请其重新考虑在企业中的前途，或请其“另谋高就”。这样做并不能视作对共同愿景原则的背叛。

当然，企业愿景的设计与建立没有统一的路径和步骤，应根据不同企业的自身特点和内外环境（如所在行业、员工状况、企业规模等因素）来设计。

2. 企业价值观设计

企业价值观，又称为企业共同价值观或群体价值观。企业价值观是在企业创业和成长过程中形成的，是企业经营管理者和员工群体特有的，对经营管理具有规范性作用的价值观念体系。

企业内部的群体价值观构成企业的心理氛围和文化氛围，随时随地影响着企业员工能动性的发挥。企业价值观是企业目标定位的坐标原点，也是引导生产经营及企业一切行为的无形的地图，因此它是构成企业文化理念层的一个最重要元素，对其他理念要素都有很重要的影响。设计和形成企业价值观，也就成为企业文化设计和建设的基石。

尚无明确价值观表述的企业，或者新开办的企业，在进行企业文化建设时，都面临设计企业价值观的问题。

1）设计原则

（1）与企业最高目标相协调。企业最高目标与企业价值观都是企业文化理念层次的核心内容，二者之间必须保持相互协调的关系。

（2）与社会主导价值观相适应。如果不能与社会主导价值观相适应，则企业价值观导向下的企业行为难免与周围的环境产生这样那样的冲突，从而影响企业的发展。

（3）充分反映企业家价值观。由于企业家价值观是企业（群体）价值观的主要来源和影响因素，因此如果不能充分反映企业家的价值观，势必导致企业经营管理活动的混乱。

（4）与员工的个人价值观相结合。企业价值观不能脱离多数员工的个人价值观，否则难以实现群体化，也就不能成为员工的行动指南。

2）设计步骤

（1）在分析社会主导价值观的基础上，根据企业的最高目标，初步提出企业的核心价值观表述，并在企业决策层及管理层和员工代表中进行反复的讨论。

（2）确定企业的核心价值观以后，进一步酝酿提出企业的整个价值观体系。

（3）把企业价值观（体系）与企业文化各个层次的其他要素进行协调，并进行文字上的提炼，形成全面、准确的企业价值观表述。

（4）在员工中广泛宣讲和征求意见，反复进行修改，直到为绝大多数员工理解，并得到其支持为止。

3）企业价值观示例

惠普公司的价值观包括以下内容：信任和尊重个人；追求卓越的成就与贡献；在经营活动中坚持诚实与正直；靠团队精神达到共同目标；鼓励灵活性和创造性。这五条价值观指引着这家跨国公司几十年来的健康发展。

中国移动的核心价值观是“正德厚生，臻于至善”，具有鲜明的民族文化特征，又很契合该企业的行业特点，具有长期的生命力。

联想集团的核心价值观是成就客户，创业创新，诚信正直，多元共赢。这与其“联想从事开发、制造及销售最可靠的、安全易用的技术产品”，“成功源自不懈地帮助客户提高生产力，提升生活品质”的企业定位是一致的。

大唐集团公司的核心价值观是人为本，和为贵，效为先。这可以说把制度文化、民族传统文化和现代企业先进理念有机地融合在了一起。

3. 企业哲学设计

哲学是关于世界观的学说，是自然知识和社会知识的概括和总结。企业哲学是从企业实践中抽象出来的，是关于企业一切活动本质和基本规律的学说，是企业经营管理经验和理论的高度总结和概括，是企业家对企业经营管理的哲学思考。也有企业把企业哲学称为企业思想、企业原则；由于企业的主要实践活动是生产经营活动，因此通常也称为企业经营哲学或经营原则。

企业哲学到底要回答什么基本问题？企业运行的基本的、深层次的、带普遍性的规律和原则有哪些？简言之，到底要把哪些东西作为企业哲学的内容？我们认为，企业哲学必须要回答的基本问题是“企业与社会的关系”“企业与人（员工、顾客）的关系”等，企业的答案就是企业哲学的内容。

企业哲学属于企业观的一部分。所谓企业观，就是关于企业的总的根本看法。企业价值观、企业发展观、企业道德观、企业社会观、企业系统观、企业资源观、企业人才观等是企业观的具体表现。企业领导者关于企业的看法如果加以系统化和理论化，就是企业哲学。具有怎样的企业观，反映了一个人对于企业的认知水平；是否具有系统的企业观，是衡量企业经营管理者是否成熟的标志；而企业观是否全面正确，则可作为衡量企业家水平高低的标志。

哲学对其他科学和人类的一切实践活动都具有很大的指导作用。企业哲学作为对企业经营管理基本规律的高度总结和概括，作为企业家对企业经营管理的哲学思考，必然对企业每一个方面的具体工作起到很大的指导意义，产生非常重要的影响。

企业哲学并不对企业每项工作做出具体规定。它对企业行为的指导作用，不是具体的规章制度，不是企业领导见诸书面或口头的要求，也不是强制性的措施，而是作为工作的最高原则和基本规律，被广大干部员工认识和掌握以后化为他们自己的思想武器和行动指南，成为他们思考问题、采取措施、开展工作时自觉遵循的原则和规律。对企业规律的正确认识和揭示形成了科学的企业哲学，可以给企业带来好的影响；反之，错误的认识导致企业哲学的谬误，给企业带来不良的后果。可以看到，有没有明确统一、本质深刻的企业哲学，企业哲学是不是被广大员工正确理解和掌握，对企业的经营管理状况的影响是大不相同的。

鉴于企业哲学对企业组织和员工一切行为具有的无形的、深刻的指导作用，因此对企业经营管理规律进行认真深入的总结和思考，并将其概括、提炼、升华为企业哲学，是企业文化理念层次设计中的重要一环。同时需要指出的是，企业哲学既然是站在哲学的高度，就不是表面的现象和一般的规律，而是企业运行的基本的、深层次的、普遍性的规律和原则。设计企业哲学是对企业运作内在本质规律的揭示，因此严格地讲，它不是企业主观的“设计”和规定，而是对客观规律的认识、挖掘、总结和提炼。

4. 企业经营理念设计

企业经营理念的设计方法包括以下内容。

1）确定企业经营理念的表达范围和重点

尽管采用狭义的概念，企业经营理念的覆盖范围仍然很广，而任何一个企业都难以面面俱到地把所有内容都加以阐述，因此设计经营理念时必须先明确表达的重点。也就是说，企业必须先确定经营理念的表达范围——是强调经营宗旨、经营发展原则，还是经营的政策方针，还是都包括在内。

一般来说，表达的内容越多、越全面，文字也就越长，重点就越不突出。江苏春兰集团的经营理念是“三个在于，一个必须”——春兰生存的空间在于整个世界，春兰的生命力在于适应市场，春兰的管理精髓在于不断挖掘潜力；春兰必须竭诚为社会提供优良服务，促使资产增值，造福于人类社会。该表述阐明了企业的发展观、发展原则和经营宗旨，应该说是一个覆盖面较大，但重点还是比较明确的经营理念。

2）确定企业经营理念的表达结构

企业经营理念通常还存在一个表达结构的问题。所谓企业经营理念的表达结构，按照日本企业家的理解，分为外在和内在两个方面。外在的经营理念表达方式主要是指企业的经营价值形象，日本企业家称之为“经营姿势”——就是企业对外界的宣言，目的是让外界了解企业或企业经营者真正的价值观。由于企业存在的意义是抽象的，因而作为“经营姿势”的企业理念应有较具体的表达形式，它显示企业实际运作的倾向性，以及企业的存在感和魅力。

内在的经营理念表达方式主要是指企业的经营行为规范，它是对企业经营理念的行为表达。应当指出的是，行为规范在经营理念表达结构中处于基础性地位。通俗地讲，如果企业员工没有一个经营理念统率下的行为规范，就不能在功能、成本和价值上体现出竞争力，那么，再好的“经营姿势”也只是姿势而已。

可见，经营理念结构的外在部分是企业文化理念层的内容，而其内在部分则是制度行为层的设计内容。

3）确定企业经营理念的表达内容

如何表达企业经营理念，让社会和内部员工清楚地了解企业的经营宗旨、方针、政策等，是企业经营理念设计的关键。尽管经营理念因具体企业不同而千差万别，但是它们仍有许多共同点。下面列举若干个企业的经营理念，以供参考。

日本优秀企业的经营理念的共性内容为面向公众意识、人本主义思想、不断创新的精神、珍惜信誉思想、明确使命思想、服务导向思想。通用电气公司韦尔奇的六条经营理念如下：①掌握自己的命运，否则将受人掌握；②面对现实，不要生活在过去或幻想之中；③坦诚待人；④不要只是管理，要学会领导；⑤在被迫改革之前就进行改革；⑥若无竞争优势，切勿与之竞争。

美国联合利华公司的经营理念——小即是美的。

海尔集团的经营理念——企业现代化、市场全球化、经营规模化。

大唐集团公司的经营理念——资源最优化、效益最大化。

南昌亚洲啤酒有限公司的经营理念包括以下内容。

（1）要有高度的社会责任感。这种责任感表现在以下方面：要确保产品质量，对消费者负责；要依法纳税，对国家负责；要保护环境，对他人和子孙后代负责；要赢利，创造的财富要大于消耗的财富，对资源和投资者负责。

（2）要有服务精神。向客户、消费者及业务伙伴提供积极、主动、周到、耐心、细致的服务，并将此摆在与产品质量同等重要的位置。

（3）要给消费者以关怀和精神享受。要努力创造名牌，创造美的形象、美的语言、美的纪念，不能不择手段地追求广告促销活动的轰动效应。

（4）有能力时，要支援社会公益事业。

（5）高品质的产品（品牌），来源于高品质的工作，而高品质的工作，来源于高素质的人，因此，不断地改进、完善自我，将南昌亚洲啤酒有限公司建设成由优秀人才组成的优秀集体。

事实上，每一个企业都有自己独特的经营理念。例如，日本松下集团的“给顾客们最想要的”，顾客至上的思想，就是松下集团的经营理念。被人们称为“日本经营之神”的松下幸之助，经常问他的员工：“若你是松下的客户，请问你会要求松下给你怎样的服务？”要求员工按照自己的回答，并去满足这些意见和想法，从而取得了松下集团的成功。美国的企业也有自己的经营理念，如康尼思的“IBM 就是服务”；通用电气的

“进步是我们最重要的产品”；杜邦化学的“以优良的化学产品提升生活质量”；惠普公司的“惠普之道”和“休-帕作风”[①] 所推崇的“宁愿不当第一，但质量超过第一”等。中国的企业也有自己的经营理念，如大庆油田的“三老、四严”精神，烟台人提出的“承诺服务”等。只不过有些企业已升华为用词语表示格言或口号，而另一些企业却只表现为某些领导人的思想、风格或局部认识。

5. 企业管理模式设计

企业管理模式的设计方法

1）管理模式的影响因素分析

不同的企业，之所以形成或选择不同的管理模式，主要在于它们在管理所涉及许多方面存在着差别。这些影响企业管理模式的因素主要有如下几个。

（1）企业价值观。企业价值观是管理模式的灵魂，而管理模式则是企业价值观的转化。其中，工作价值观对管理模式的影响最为突出。当企业价值观（特别是工作价值观）更新时，必然导致企业管理模式的变革。

（2）工作形式和劳动结构。企业的增值活动都是员工劳动的结果，因此工作形式（作业方式、不同工作之间的依赖程度，以及不同作业方式的比重）和劳动结构（如脑力劳动、体力劳动的比重，以及创造性劳动在整个劳动构成中的比重等）将直接导致管理模式的不同。

（3）员工的群体结构和差异性。员工群体的知识水平、能力素质、工作经历和经验方面的整体情况，以及员工个体在这些方面的差异度，都会对管理模式有较大的影响。其中，企业主要领导者的素质、能力、经验、作风等的影响尤为明显。

（4）企业的组织形式和一体化程度。组织形式具体涉及组织规模、组织结构类型层次、组织的内部联系等。

（5）管理职能中控制职能的比重和方式。

（6）分配方式和报酬标准。

（7）冲突的宽容度。

（8）风险承受度。

（9）系统的开放度。

2）企业管理模式的设计原则

以工作价值观为导向，从企业实际出发，是设计企业管理模式的基本原则。下面列出工作价值观的主要内容和两组极端的类型（表 9-2），企业必须在其中每一个方面做出选择，在每个方面选择的结果可能是某一种极端类型，也可以介于两者之间。

---

① 休-帕作风：生产电子产品的美国惠普公司推行了“休-帕作风”管理，具体做法是，很少采用指令式的管理方法，而更多地采用目标管理的方法。先由总公司制定某一阶段内利润、新产品研制、用户设想、发展计划等多方面所欲达到的目标规划，然后由各级人员根据这个规划尽可能详尽地制订自己的工作计划。个人计划一旦获准，员工在公司政策允许范围内便有很大程度的工作自由。这种做法也是员工参与的一种，实现了企业目标和个人自主的协调统一，发挥了员工的积极性和能动性。

表 9-2 工作价值观的主要内容

影响方面	工作价值观的两组极端类型	
管理导向	工作导向	关系导向
管理目的	效率第一	关系第一
领导作风	专制	民主
控制特点	严	宽
激励特点	物质激励为主	精神激励为主
权力倾向	崇尚职位权力	崇尚个人权力

3）企业管理模式的确定

对工作价值观所做的选择结果，构成了企业管理模式的基本内容。然而要最终确定企业的管理模式，还应做好下述工作。

（1）与企业文化理念层的其他要素进行协调。

（2）建立与之相适应的企业制度体系。

（3）接受企业管理实践的检验，并在实践中不断完善。

6. 企业精神设计

明确了总的设计思路，企业精神的设计就比较容易了。但是从方法的角度来讲，并无固定形式，下面介绍一些具体做法，以供参考。

1）员工调查法

把可以作为企业精神的若干候选要素罗列出来，在管理人员和普通员工中进行广泛调查，大家根据自身的体会和感受发表赞同或不赞同的意见并最好讲明理由，再根据员工群体的意见决定取舍。这种办法一般在更新企业文化时采用，缺点是需要花费较长的时间和较大的人力，观点可能较分散，但由于来自员工，因而有很好的群众基础，容易被大家接受。

2）典型分析法

每个企业都有自己的企业英雄（或先进工作者），这些英雄人物的身上往往凝聚和体现了企业最需要的精神因素，因此对这些英雄人物的思想和行为进行全面深入的分析和研究，不难确定企业精神。这种办法工作量较前一种办法小，也容易被员工接受，但在企业英雄不是非常突出时，选取对象比较困难，不易把握。

3）领导决定法

企业领导者由于站在企业发展全局的高度思考问题，加之他们对企业历史、现状的了解比较深入，因此由企业领导者（或领导层）来决定企业精神也不失为一种办法。此法最为高效快捷，但受领导者个人素质的影响较大，在推行的时候，宣讲工作量较大。

4）专家咨询法

将企业的历史现状、存在的问题及经营战略等资料提供给对企业文化有深入研究的管理学家或管理顾问公司，由他们在企业中进行独立的调查，获得员工精神风貌的第一手资料，再根据所掌握的规律和建设企业文化的经验，设计出符合企业发展需要的企业精神。这种办法确定的企业精神站得高，看得远，能够反映企业管理最先进的水平，但局限于专家对企业的了解程度，有时不一定能够很快被员工接受，因而宣讲落实的过程稍长。

以上这些方法各有优缺点，因此在实际进行企业理念层设计时常以一种办法为主，辅以其他一两种办法。例如，在使用专家咨询法时，如果把专家请到企业来进行一些实地考察和调研，设计出来的企业精神就比较完善。

7. 企业道德设计

一般来说，中国企业的企业道德体系不外乎由下述十个方面内容构成，这些道德都是企业制定道德规范体系时应该参考和借鉴的。

1）忠诚

忠诚是企业干部、员工首要的道德规范，它包括忠于国家、忠于企业、忠于职守。忠于国家是指处理企业与国家的关系时，以国家、社会为重；忠于企业是指处理员工与企业的关系时，以企业为重，以集体为重；忠于职守是指员工对岗位工作的态度，要热爱本职工作，认真敬业。不忠于国家的人很难忠于企业，不忠于企业的人很难忠于职守。忠诚这种高尚的道德对于社会上现存的那些为局部、眼前利益而损害国家和企业长远利益的不道德行为，是无情的鞭挞。

2）无私

无私是指事事出以公心，在个人利益与集体、国家利益发生矛盾时，自觉以个人利益服从集体、国家的利益。无私是做人做事最基本的道德规范，孙中山先生“天下为公”的美德受到广泛推崇。许多企业的企业道德、企业精神中所包含的“为公”“献身”“奉献”，都是对无私道德的倡导。

3）勤劳

劳动是人类生存和发展的基础，勤劳是人类共同推崇的基本道德。勤劳不仅是指体力的投入，而且包括脑力和感情的投入。但受长期计划经济体制下“铁饭碗”“大锅饭”的影响，某些企业员工丧失了勤劳的美德，整天无所事事、聊天看报混日子，这样的企业怎么能搞得好呢？

4）节俭

人、财、物是一切企业的主要生产因素，节俭就是节约人力、物力、财力，绝不为讲排场、摆阔气而任意浪费。节俭、简朴是中华民族的又一个美德，今天我们的国家还不发达，我们的企业还需要增强实力，我们又怎么能够放弃前人留给我们的节俭这一宝贵财富呢？邯钢能够振兴与其管理思想中“节俭”“节约”的道德标准有很大关系。

5）团结

“和”是中华文化的一贯传统，团结就是注重人际关系的和谐，集体同心同德。团结在企业中的具体体现就是强调“团结”“协作”“齐心”“和谐”。团结就是力量，如果一个企业内部拉帮结派，搞“窝里斗”，那么无论多么先进的设备、多么高明的管理方法都无济于事。

6）廉洁

廉洁是企业干部员工的共同职业道德是忠于职守的应有之义。廉洁的实质是在本质工作中划清公、私的界限，绝不假公济私、徇私舞弊。

7）自强

自强是企业和全体员工对待困难和挑战的积极态度，是顽强拼搏、开拓进取精神在道德上的投影。现在我国一些企业正处在改革的攻坚阶段，更需要这种自强的道德规范做激励，不等不靠，顽强地挑战市场。要使自强成为企业的道德意识，必须逐步形成“为旗是夺，无功即过”“自强则生，平庸则亡”“进取光荣，退缩可耻”的荣辱观。

8）礼貌

礼貌是人际关系的行为准则和道德规范。对于现代化的企业而言，无论是对内的人际交往，还是对外的公共关系，都日益频繁，实现有礼貌的交往，不仅是内求团结的需要，也是对外竞争的需要，更是搞好公共关系、树立良好企业形象的需要。中华民族自古乃礼仪之邦，中国的企业也应该成为礼仪之厂、礼仪之店，为社会主义精神文明建设做出积极贡献。

9）遵纪

纪律是胜利的保证。厂规、厂纪反映了社会化大生产的客观要求，是企业对员工外加的强制性的行为规范，遵守纪律是企业道德的重要组成部分。要使遵纪成为整个企业的道德规范，关键在于企业的规章制度健全，依法治厂、治企。

10）守信

在中国古人倡导的“仁、义、礼、智、信”五德中，守信是一个基本的道德规范。市场经济是法治经济，不是“骗子经济”。现代化的企业越来越实行开放式经营，甚至于实行跨国界的全球化经营战略，企业与外界建立了许多合作关系，自然使守信成为企业重要的道德标准。许多企业理念中都有“信誉第一”的内容，关键是怎么落实。

8. 企业作风设计

企业风气所形成的文化氛围对一切外来的信息具有筛选作用。不良社会风气（如极端个人主义思潮、奢侈浪费之风等）在企业文化贫乏、企业风气较差的企业里很容易乘虚而入，造成工作积极性下降、人际关系紧张、人心涣散、消极懒惰、讲排场摆阔气而浪费严重等恶劣后果；在企业文化完善、企业风气健康的企业里，员工群体会积极抵制其不良影响，主动与企业同呼吸共命运，爱厂如家，勤奋工作，保证企业的健康发展。企业风气通过员工的言行反映出来，成为影响企业文化理念层的一个重要因素。是否具有良好的企业风气，是衡量企业文化是否健康完善的重要标志。

企业风气的核心成分是它在企业经营管理工作中的体现，即企业作风。因此，设计良好的企业作风，是形成健康企业风气、塑造良好企业形象的需要。

企业作风设计的“三部曲”如下。

(1) 对企业风气现状做全面深入的考察，重点是要认识企业现有的主要风气是什么样的。可以通过调查问卷、座谈访谈进行普遍性的信息收集，也可以设计和安排一些试验，观察员工在对待工作和处理问题时的表现，通过个案进行了解。深圳华为公司有一年端午节早餐每人发两个粽子，公司有关部门就通过这个机会进行暗访，结果仅其中一个员工餐厅就出现多拿事件20起，从中发现了企业风气中存在的问题。

(2) 对企业现实风气进行认真区分。要注意区分其中哪些现象是个别现象，哪些现象有可能形成风气，哪些现象已经形成了风气，其中哪些风气是企业要提倡的优良风气，哪些是企业反对的不良风气，并分析这些现象出现、风气形成的原因。对于其中的不良风气，企业应针对性地提倡良好风气来加以克制，这是设计企业作风的关键。

（3）结合企业内外环境，确定独具特色的企业作风。考察社会风气和其他企业的作风，挖掘出本企业应该具有却尚未形成的良好风尚和作风，并结合前面两步，制定出本企业的企业作风表述。

9.3.2　企业文化制度层设计

企业文化设计和建设，不但要有先进的企业文化理念层，而且要将这些企业文化观念要素在实践中加以贯彻和实施——这就必须依赖企业文化制度行为层的保证作用。系统地设计企业文化的制度行为层，形成科学合理的企业制度体系和行为规范体系，是企业文化设计的一项重要任务。

企业文化制度行为层的设计内容包括企业的制度体系、企业风俗和员工行为规范。其中，企业制度体系由工作制度、责任制度和特殊制度三部分组成。制度行为层的设计，要坚持以下原则。

充分传达企业理念。做到符合国家法律；符合社会主义道德；有利于促进两个文明建设；充分体现"以人为本"的管理思想。

立足企业实际需要。根据企业需要来决定制度体系的构成，根据本企业员工的具体情况来拟定各项制度的内容，把企业实践作为检验制度有效性的唯一标准，注意充分反映本企业的管理特色。

由主及次分类制定。使企业制度体系做到系统性强，结构清晰，主次得当。

相互兼顾整体协调。充分体现唯一性（即每件事只能由一项制度来规范）、一致性（即所有制度应该保持一致，不能互相矛盾）、顺向性（即次要制度服从主要制度）和封闭性（即所有制度要尽量闭合，力求对每项工作都能予以约束）。刚柔相济，宽严有度，条理清楚，简明实用。

企业的一般制度包括企业工作制度和企业责任制度。

1. 工作制度

工作制度是指企业对各项工作运行程序的管理规定，是企业各项工作正常有序开展的必要保证。工作制度具体有法人治理制度、计划制度、劳资人事制度、生产管理制度、服务管理制度、技术工作及技术管理制度、设备管理制度、劳动管理制度、物资供应管理制度、产品销售管理制度、财务管理制度、生活福利工作管理制度、奖励惩罚制度等：工作制度对于企业的正常运行具有十分重要的作用，但由于其涉及的具体制度种类繁多，不可能做一一详述。设计工作制度时，应遵循以下原则。

（1）现代化原则。工作制度应该与现代企业制度相适应，体现科学管理的特征。对于股份公司，要建立规范的法人治理制度，包括规范的董事会制度、监事会制度和经理层制度。要建立规范的目标管理制度、财务管理制度、人力资源管理制度、技术管理制度、生产管理制度、购销管理制度等。

（2）个性化原则。企业的工作制度还应有鲜明的个性。国有企业应坚持党委会制度、职代会制度。工作制度应该体现出行业特点、地区特点、企业特点。这样的工作制度才具有活力。

（3）合理化原则。企业的工作制度应该切合企业的实际，对企业现在的发展阶段而言，具有可行性、合理性。

（4）一致性原则占企业的工作制度应该相互配套，形成一个完整的制度体系。这些制度还应与企业核心价值观、管理模式、企业哲学相一致。

2. 责任制度

大庆油田是新中国企业中比较早地建立岗位责任制的大型企业，他们的做法引起了许多企业的重视。后来，大河钢厂继承和发展了大庆油田岗位责任制的经验，创建了内部经济责任制，从岗位经济责任制、专业经济责任制，进而发展到纵横连锁的企业内部经济责任制网格体系，较好地解决了企业和员工的关系。目前，各种形式的责任制度逐渐成为中国企业加强内部管理的重要制度，是构成企业制度体系不可缺少的一个方面。是否具备完善合理的责任制度，已经成为衡量企业管理水平高低的一个重要标准。

1）企业责任制度的基本做法

企业责任制度的基本做法是按照责、权、利相结合的原则，将企业的目标体系及保证企业目标得以实现的各项任务、措施、指标，层层分解，落实到单位和个人，全部纳入“包-保-核”的体系。

2）企业责任制度的三要素

企业内部的责任制度，无论有多少种具体形式，都离不开“包”“保”“核”三个环节，故这三个环节又称为责任制度的“三要素”。

3）企业责任制度的设计原则

企业责任制度的设计原则包括以下方面。

（1）责任分解要科学合理、公正公平。责任制度将员工的切身利益与企业目标任务的实现紧密地联系在一起，既有利于调动员工的积极性，又能够有效地增强企业内部的凝聚力。发挥这样的作用，前提是目标、任务、指标在分解到每个单位、部门、岗位和员工时，要坚持做到科学合理、公正公平。如果单位之间责任大小不同，员工之间任务多寡不一，则必然造成他们之间的不平衡，结果只能是激励了少数人，伤害了多数人。

（2）注意发挥员工的主观能动性。如果一个人的所有行为都被严格地规定好，容易限制其主观能动性，进而滋长被动、消极的观念。为防止这种情况的出现，企业在内部实现经济责任制必须以员工民主参与为前提，必须制定具体的责任指标，必须通过各种渠道广泛深入地征求员工意见。这样，员工就不会产生被“管、卡、压”的感觉，而会产生贯彻执行责任制度的主动性和积极性。

（3）正确处理“包-保-核”的关系。这三方面都是企业责任制度必不可少的重要环节，其中“核”是关键。员工的责、权、利被明确规定，并有制度保证，严格考核、公正考核、奖罚兑现，就可以起到很好的作用。不少企业考核系统不健全，考核工作没有做到量化、标准化、程序化、制度化，结果造成考核不严、不公，以及拉不开档次，难以发挥应有的奖勤罚懒作用。

（4）正确处理责、权、利三者的关系。在责任制度中，“责”是核心和目的，“权”是确保尽责的条件，“利”是尽责的报偿。在企业执行各种责任制度的过程中，经常出现员工以“利”为中心考虑问题，甚至完全以“利”为追求的目标，利大大干，利小小干，无利不干。这种价值观不但与责任制度的目的不符，而且会把员工的需要导向低层次。

9.3.3　企业文化符号层设计

在企业文化的三个层次中，符号层（器物层）是最外在的层次。人们认识一个企业的企业文化，往往首先感受和了解到的是其符号层内容。

符号层在企业文化中具有重要作用，特别是它与理念层之间存在着辩证关系。一方面，符号层是企业文化的物质载体。正是由于有符号层的物质基础作用，人们才可以认识和了解企业文化的理念层和制度层。没有这种物质载体，企业理念就成了虚无缥缈、无法把握的东西。另一方面，符号层是企业文化的物化形态，是指从物质形态中折射出来的经营哲学、企业精神、工作作风和审美意识等企业理念，而不是具体物质形态本身。企业理念通过企业物质形态向外折射，就是企业理念的外化过程；而企业理念外化的结果，就是构成了企业文化的符号层。如果没有企业文化理念层作为核心和灵魂，符号层就像没有生命的躯壳，毫无生气。正确把握两者的辩证关系，是企业文化符号层设计的重要前提。

企业文化符号层的内容非常丰富，我们将主要介绍企业标识，企业名称，企业标志，企业标准字，企业环境，企业旗帜、服装、歌曲等，企业文化体育设施与活动，企业文化用品，企业文化传播网络九个方面。

1. 企业标识设计

企业标识通常是指企业名称、企业标志、企业标准字、企业标准色四个基本要素以及四种辅助设计。企业标识是企业文化符号层的核心要素，也是构成企业视觉形象的基础，应该集中体现企业文化理念层的要求，充分传达企业理念。

2. 企业名称设计

在计划经济体制下，中国企业名称主要分为以下五种类型：①以地名作为名称，如北京市百货商场、大连造船厂、成都飞机制造厂；②以数字编号作为名称，军工企业、三线企业基本是如此，如国营 853 厂、五〇五厂；③地名和数字结合起来作为名称，一般是地方国营企业，如天津第二制本厂、山东省生建八三厂；④带有浓厚制度色彩的名称，如红星拖拉机厂、人民机械厂、英雄金笔厂；⑤沿用新中国成立前老字号的名称，如同仁堂集团、商务印书馆。

当时，由于企业名称基本上都由上级决定，而且与生产经营并无关系（除最后一类外），因此企业名称几乎都是一个抽象的代号，基本上不传达企业信息。

改革开放以后，广大企业在经营实践中意识到企业名称对于树立企业形象、增强市场竞争力具有重要作用。从 20 世纪 80 年代起，不少企业在改革、改制的过程中纷纷更名，用富有内涵、个性鲜明的新名称代替旧名称，有力地推动了企业新战略的实施。

企业名称设计，不仅用于确定工商注册的名称，往往还要同时确定汉语简称、英文名称（及缩写），以及互联网域名等。

企业名称一般应具下列特点：个性、名实相符、民族性、简易。

3. 企业标志设计

企业标志是企业的文字名称、图案或文字图案相结合的一种平面设计。标志是企业整体形象的浓缩和集中表现，是企业目标、企业哲学、企业精神等的凝聚和载体。

企业标志的重要功能是传达企业信息，即通过企业标志让社会公众（包括员工、用户、供应商、合作者、传播媒介等）产生对企业的印象和认知。换句话说，当人们一见到某企业的企业标志时，就应该能够联想到该企业及其产品、服务、规模等有关的内容。因此，企业标志一经设计确定，应该相对固定，不应经常改变。

企业标志一般被运用在企业广告、产品及其包装、旗帜、服装及各种公共关系用品中。企业标志出现的次数和频度影响社会公众的接受程度，因此应该尽可能多地使用企业标志。

企业标志设计除应遵循企业名称设计时提到的个性、民族性、简易等原则外，还应坚持下列原则。

第一，艺术性原则。企业标志是视觉识别的重要内容，它要靠人用眼睛去感受，因此首要的原则就是要有艺术性，要有美感。讲究艺术性，应注意标志构图的均衡、轻重、动感，注意点、线、面的相互关系，以及色彩的选择和搭配，而且要特别注意细节的处理。好的标志，一般都是美观、耐看的，能够使人从中获得美的享受，激发对美的追求，从而能够建立起高品位的企业形象。如果一个企业标志算不上美观，又怎么可能给人留下好的企业形象呢？

第二，持久性原则。企业标志一般应具有长期使用的价值，因此不应单纯追逐时髦或流行，而要有超越时代的品质，这种“一百年不动摇”的要求实际上也反映了企业超越平凡、追求卓越的必胜信念。企业标志在各种场合被反复使用，经常出现在企业的各类广告、产品及包装，以及其他大众传媒中，如果经常变动，不利于形成稳定的企业形象，影响企业的经营业绩。试想，谁愿意与一个变来变去、显得很不可靠的人交朋友呢？

第三，适应性原则。标志既然代表企业的形象，就应该能够达到把单纯的平面的图案符号与企业理念、行为等有机联系起来的目的，这就决定了企业标志往往不是单独出现，而是经常和与企业有关的其他事物同时出现。因此，要求企业标志无论是形式还是内涵都应该适合它经常出现的环境，既能协调配合，又能相对突出，这就是本原则的含义。有的企业标志，在基本平面构成的基础上，还能随场合、位置等做适当的变化，而这种变化不会对人们进行标志的识别造成任何困难或麻烦，这也是适应性强的一种表现。

4. 企业标准字设计

标准字是指将企业名称或品牌名称经过特殊设计后确定下来的规范化的平面（乃至立体）表达形式。标准字与企业标志及商标一样，能够表达丰富的内涵。同样的企业文化理念层和制度行为层，如果借助不同形式文字的视觉识别，就可能使人产生有差别甚至完全不同的理解，即形象差异。因此标准字一旦确定，不能随意改动，企业要在各种正式场合和传播媒介中广泛使用，以树立持久鲜明的企业形象。

标准字设计，主要是确定它的书写形式。“写字”是一个看似简单的事情，但从企业形象设计的角度来讲，要“写”出反映企业特色的标准字却不是很容易的。为此，应注意掌握下述四条主要的原则。

（1）易辨性原则。字写出来就是要给人看的，如果标准字设计出来，大家都不认识或不容易看清楚，那就说明这是一个失败的设计。易辨性体现在以下三方面：一是要选公众普遍看得懂的字体，如果把长虹、联想的标准字换成甲骨文、秦小篆或是某种奇形怪状的字体，恐怕不会有几个人认识；二是要避免与其他企业，特别是同行业、同地区的企业具有相似的标准字面孔；三是字体的结构清楚、线条明晰，放大很清楚，缩小也很清楚。

（2）艺术性原则。对视觉要素设计来说，艺术性是很重要的，标准字也不例外。只有比例适当、结构合理、线条美观的文字，才能够让人看起来觉得比较舒服。

（3）协调性原则。标准字的字体要与它常常出现在其上的产品、包装等相适应，与企业产品或服务本身的特点相一致，也要与经常伴随出现的企业标志（或商标）等相协调。例如，儿童用品选用很严肃古朴的字体，妇女用品选用棱角分明的字体，就会显得很不协调。中国联通的标准字与其标志配合得就比较和谐，很富有中华民族特色（图 9-1）。

图 9-1　中国联通的标志和标准字

（4）传达性原则。企业标准字是承载企业理念的载体，也是企业理念的外化，这就要求标准字设计要能够在一定程度上传达企业理念，而不能把设计工作作为一项孤立的内容，单纯去追求某种形式上的东西。无论如何，熟悉和吃透企业理念，对于标准字设计都是有益的。

设计企业标准字，一般应依照下面的步骤进行。

第一步，调查研究。调查的目的是避免与其他企业的标准字雷同，以确定本企业标准字的一些基本特点。这一步常常是在整个策划的前期调查中进行的，而无须单独开展，以节省调研费用。标准字调查主要针对国际、国内知名企业和同行业的其他企业。

第二步，提出或征集不同的设计方案。标准字设计几乎都是与企业标志、商标设计一起进行的，这样便于保证设计出来的总体效果。如果委托专门机构进行设计，则最多只有两三个方案；如果是面向全体员工或社会公开征集，有时会收到成百上千个方案。

第三步，方案评估。这是最关键的步骤。评估的标准除了上述四条原则以外，有时还有企业自身的一些特殊要求。当设计方案数量较多时，需要经过初评、复评、终评几个回合。经过终评的 2～5 个方案再提交给企业最高层拍板，从中选定一个方案。有时对中选方案还需要做个别的细部修改，以使之更加完善。

这样就得到企业的标准字。这一设计的过程并不复杂，一般也总是与其他视觉要素的设计同步进行的。

企业标志、商标、标准字等最后选中的设计方案，除了效果图以外，通常还要设计出坐标图，以便今后制作。

5．企业环境设计

良好的企业物质环境，不但能够给置身其中的员工以美的享受，使他们心情舒畅地投入工作，而且能够充分反映企业的文化品位。因此，对企业物质环境的设计和改造，是企业文化符号层设计中不可忽视的内容。物质环境设计包括企业所处的自然环境、建筑布局和建筑风格、厂房（车间、办公楼、商店）的装修和布置、建筑雕塑等。

为兼顾以上设计目标，企业环境设计应力求符合下列原则。

（1）功能分区原则，即把厂区按功能划分为若干不同区域，将用途和功能相同或相近的建筑集中在同一个区域内，如厂区与生活区，厂区中的办公区、施工区，办公楼内的办公室、接待室、会议室等。在规划厂区与生活区时，要注意平面布局的方位，在化工、炼油、冶金等企业中一定要把生活区放在上风口，以减少厂区烟尘对生活区的污染。

（2）经济高效原则。建筑布局设计时，要尽量考虑工作环节的科学性和系统性，以提高生产效率，减少不必要的中间费用。例如，上下道工序的两个车间应该尽量靠近，这样可以有效降低中间产品在两个车间之间的搬运费用。

（3）整体协调原则。一方面是不同建筑之间、建筑与企业自然环境之间的协调，另一方面也要考虑企业的整个建筑与企业外部环境的协调。

（4）风格传播原则。建筑布局应力求体现企业的自身特点和风格，努力避免照搬照抄其他企业或与其他企业雷同。这种特点和风格，反映了独具特色的企业文化。

6. 企业旗帜、服装、歌曲等设计

企业旗帜、服装、歌曲等是企业文化符号层中最能引起人们注意，也最能够给人留下鲜明深刻印象的部分。重视企业旗帜、服装、歌曲等的设计，是建设独具特色的企业文化不可缺少的内容。

1）企业旗帜设计

对企业留心观察可以发现，除一些初创的小企业还没有自己的专用旗帜之外，多数企业都有专用的旗帜。企业旗帜，通常是指一家企业专用的旗帜，俗称厂旗、公司旗。就像国旗是一个国家的象征，企业旗帜也是企业的象征。松下在每天朝会升公司旗帜，表示新的工作日开始，随着冉冉升起的旗帜，员工对公司的希望和对美好未来的追求也同时在心中升起。

企业旗帜有以下用途。

（1）一般用于企业参加对外活动或内部会议、集会、活动时，起到引导、展示、宣传的作用，这是最主要的一个用途。

（2）作为企业的象征，在企业广场、大门等重要场所处每天悬挂，或在公司内部的重要场所、办公室日常悬挂。

（3）印在企业员工的工作衣帽上，作为标志。

（4）其他一些需要的场合。

2）企业之歌设计

国有国歌，军有军歌，奥运会有会歌，不少企业也有自己的企业之歌。

企业之歌，俗称厂歌，指一个企业专有的，反映企业目标、追求、精神、作风等的歌曲：一个企业通常只有一首企业之歌，其传唱的范围往往限于本企业内部。企业之歌是企业文化个性的另一个鲜明体现。它通常都是合唱歌曲，通过很多员工集体歌唱，不但能够培养员工对企业的自豪感和归属感，从而增强企业的凝聚力和向心力，而且往往能够激发员工的上进心和责任感，鼓舞他们积极进取，不断开拓创新。

企业之歌通常都是专门为一个企业而创作和谱写的，因此企业之歌的设计，也就成为企业文化符号层设计应有的内容。

3）企业服装设计

过去，企业服装由于功能单一，通常仅仅指工作服，往往被单纯地划入劳保和福利的范畴。例如，机械工人穿的蓝色夹克式工作服（“蓝领”一词就是由此而来），制药工人穿的白大褂，饭店招待穿的马甲，都给很多人留下深刻印象。如今，企业服装除传统的劳保和福利功能外，还增加了许多功能，特别是企业文化和企业形象的功能日益受到重视。这就使企业服装的设计被明确纳入了企业文化的符号层设计之中。

对企业服装进行适当分类，有助于进一步了解其功能，对设计有很大的帮助。按照功能，企业服装可以分为工作服（如传统的夹克式工作服、白大褂等）、礼服（如西服套装、中山装）、休闲服（如运动服、T 恤衫）。按照职业，企业服装可以分为不同的大类，如制造业、服务业、IT 产业的企业服装就有显著的区别。

4）企业之花设计

这里所说的企业之花，是与企业旗帜、歌曲、吉祥物等一样被正式确定为企业象征物的专门花卉。在工厂里，它习惯上被称为厂花。

一些企业之所以确定了自己的企业之花，是因为它往往受到多数员工喜爱，人们喜欢的不仅仅是它的色香味形，而且因为它代表着某种象征意义，从而在心理感情上引起了广大员工的共鸣，从而起到传达企业理念、增强企业认同感和凝聚力的作用。例如，梅花的傲雪凌霜，兰花的朴实幽香，牡丹的热情奔放，百合的典雅高贵，荷花的出淤泥而不染等。

由于每个企业所选择的花卉不同，其象征意义也不同，因此企业之花成为反映企业文化个性的一个生动载体。

企业之花的设计，就是通过选择比较，从若干种花卉中确定一种或几种（一般不超过两种）能够反映企业某种特征或理念的花卉作为企业象征物。

7. 企业文化体育设施与活动设计

文化体育设施是企业业余文体活动的载体，通过参与这样的活动，既可以促进群众性文化体育活动的开展，促进员工身心素质和文化修养的提高，又可以帮助他们加深对企业文化理念层要素的理解，增强对企业的认同感、归属感和自豪感。因此，企业的文化体育设施是企业文化理念层的物化载体，是企业文化符号层的重要组成部分。也正因为如此，许多有一定规模的企业都努力创造条件建设良好的文化体育设施。

体育设施是指企业开展群众性体育活动的场地、建筑和房间。

企业中常见的体育设施一般有田径运动场、篮球场（馆）、排球场（馆）、羽毛球场（馆）、乒乓球室、台球室、健身房、游泳池（馆）、棋牌室等（有的企业也把棋牌室作为文化设施）。体育设施的配备情况，在一定程度上反映了企业文化的品位。

体育设施的设计与文化设施设计的原则大体相同，要从企业实际出发，尽量做到多功能、群众性，提高其使用效率。一些规模较小的企业，虽不必设计和建设专门的场馆，但可以考虑配合一些小型的体育器械，如羽毛球、跳绳、排球等。对于一些技术含量较高的小企业，考虑到员工年轻、文化程度高、善于接受新鲜事物的特点，在走廊、办公室一角挂一个飞镖靶，或者放几件健身器具，都是很不错的创意。

与文化设施一样，设计体育设施时，突出安全要求也同样重要。保证员工在参与业余体育锻炼时的人身安全，也是企业文化应有的观念。

设计业余文化体育活动，就是确定活动的具体形式、周期、规模，并形成企业业余文化体育活动的体系。设计时必须坚持下述主要原则。

（1）有益于员工身心健康，这是开展文化体育活动的基本作用，也是企业设计业余文体活动始终不能背离的原则。例如，沙漠穿越、江河漂流、攀登雪山等较危险的活动，最好不要组织；而带有赌博色彩的活动、内容低俗的影视片，更是坚决不允许的。

（2）有利于企业经营管理，这也是企业开展所有业余活动都必须坚持的原则。为此，企业在设计业余活动时，需从实际出发，一方面不要过于频繁，以免员工在这些业余活动上花费太多精力而影响和干扰正常工作和经营管理；另一方面，在考虑员工爱好的同时，最好选择一些与企业制作相关性较大的活动，如促进团队建设的集体项目、促进员工学习提高的知识竞赛等。

（3）有助于企业文化建设，作为企业文化符号层一个组成部分的业余文化体育活动，要有利于促进员工对企业文化理念层、制度层和符号层等其他部分的理解、认同与贯彻，使整个企业文化成为一个和谐的系统。

8. 企业文化用品设计

企业文化用品主要指的是对外公务活动中经常使用的办公用品。企业名片、信笺、信封、画册、纪念品等，都是常见的文化用品。它们是企业文化向外界辐射的渠道，是符号层中非常重要的一部分。

9. 企业文化传播网络设计

企业文化符号层中，文化传播网络与企业文化的其他载体相比，具有更突出的传播功能。企业价值观、目标、精神、道德等理念要素主要是通过这一渠道传达给企业的全体员工，并辐射到企业范围以外。

在通常情况下，企业文化传播网络存在以下两种形式：一种是正式网络，如企业创办的刊物、报纸、闭路电视、有线广播、宣传栏、内部局域网等；另一种是非正式网络，如企业内部非正式团体的交流、小道消息。全面的企业文化传播网络设计，包括对前者的建立和维护，以及对后者的调控和引导。这里，我们主要介绍企业文化正式传播网络的设计要求和方法，以企业员工手册设计为例。

员工手册是由企业印制的、员工人手必备的日常工作资料。

第一，员工手册的主要内容。

一般来说，员工手册的内容主要有以下四个方面。

（1）企业概况，即关于本企业的发展历程、基本现状、组织机构、业务领域等的简要介绍。

（2）企业文化，主要是介绍和阐述企业理念以及企业文化的主要特点。

（3）员工行为规范，即企业对员工在仪容仪表、岗位纪律、工作程序、待人接物、环卫与安全、素质修养等方面的要求。

（4）与员工有关的其他各项政策、制度和规定。例如，薪酬、劳保、福利、培训、职业发展等方面的规定，都是手册中不可缺少的内容。

第二，员工手册的设计要求。

（1）反映企业文化。一名员工是否真正融入了企业，关键看他是否融入了该企业的企业文化。因此，必须把企业文化作为员工手册最重要的内容之一，让每一名员工从中了解和理解企业文化，并使之最终达到自觉用企业文化指导自己行为的目的。从这种意义上讲，员工手册就是一本企业文化手册。

（2）内容充实详细。员工手册可以说是广大员工在企业工作生活中的指南，因此凡是涉及全体员工的，与他们的言行、利益密切相关的情况、规定和要求，都应该尽可能收录其中。有的企业员工手册，多达数百页之厚。员工与企业之间的关系是双向的，充实、详细的员工手册也是尊重员工知情权的表现。

（3）要方便查询。这有以下两层含义：一是指内容方面，要求编排结构清晰，叙述清楚简明，文字准确易懂；二是指形式方便，要求版式设计合理，装帧美观大方，印刷字迹清楚。这两个层次加起来，就是内容与形式相统一。例如，有的企业用小开本来制作员工手册，方便员工随身携带和查阅，就是在设计时下了一番功夫的。

（4）及时补充和更新。任何企业的员工手册，编印工作都不可能一劳永逸。随着企业的发展，需要员工了解的内容和企业对他们的要求也会不断有新的变化。及时将新的内容增加进去，将有变化的内容进行修改和调整，是十分必要的。

案例分析：荣事达经营理念追踪

时代在变，荣事达也在变，有时甚至变得让人看不懂。例如，在当今商品供过于求的买方市场，厂长担心产品积压，一门心思抓销售，而荣事达却在高歌《企业竞争自律宣言》、《市场竞争道德谱》以及“和商”精神。这是否表明荣事达担心在竞争中处于劣势，才提倡以和为贵呢？冰箱行业的竞争本已十分激烈，荣事达于1999年又推出全能冰箱系列产品，“客串”到本已供大于求、强手如林的冰箱市场竞争中，这似乎都让人看不懂！

看来，有必要对走在市场竞争前列的荣事达的经营理念做一番探析。

1. 从“零缺陷”管理到白岸精神

如果时光倒退10年，我们不难发现，那时的中国企业质量意识是多么薄弱。当时，一些厂长对员工说：“谁砸企业的饭碗，企业就砸谁的饭碗！”但这并不意味着找到了抓质量的具体思路与方式，倒是荣事达人思考得更深一层，他们的“零缺陷”管理，创造了质量一流的产品。

“零缺陷”管理的思想是让员工认识到，每一道工序都是可以避免出差错的。而这种行为的总和，就是整机产品的“零缺陷”。于是，员工的思想进入一个新境界，即把以往视为“神话”的“零缺陷”付诸实践，变为现实。

可见，“零缺陷”管理的核心就是一种依靠员工主观能动性、一种以人为本的现代民主管理意识。

荣事达集团原总裁陈荣珍坚信，真正的管理变革要靠思想来推动。他说：“零缺陷”是严厉的，甚至可以说是苛刻的管理目标，然而，它又是必需的，可行的。之所以说“必需”，是因为面对买方市场，如果我们的产品、服务、信誉达不到零缺陷，就休想在市场上安身立命！之所以说“可行”，则是因为企业员工都有其主观能动性，只要企业管理者善于因势利导，充分激发员工的自主性和创造性，就能促使员工在每一道工序或工位自觉防范并消除差错，从而保证总体的“零缺陷”。

荣事达的《企业竞争自律宣言》包括自律总则、竞争道德、对内对外的行为准则，以及自觉接受社会舆论及消费者、竞争对手的监督等内容。这个《企业竞争自律宣言》和1998年公布的《市场竞争道德谱》都教育员工：绝不要存在任何以不正当竞争和投机取巧行为去竞争的幻想，而要以诚实的经营进行公平的竞争，去迎接市场优胜劣汰的挑战。

买方市场形成后，谁都或多或少地担心自己的产品积压，于是，互相诋毁的不正当竞争及低于成本价的价格大战，像流行感冒一样波及一个又一个产品和一个又一个行业。当时，作为洗衣机产品连续四年在全国同行业销售第一的荣事达，完全可以发动一场价格战，削弱弱小的竞争对手，然而，荣事达始终没有越雷池一步，而是稳健、有序地实施着结合市场行情和企业实际的市场战略。

这样做，并非不参与竞争，而是对竞争的理解不同：打价格战是一种着只眼于眼前的竞争，而荣事达却着眼于未来的竞争趋势。

荣事达的《企业竞争自律宣言》、《市场竞争道德谱》和“和商”理念，在社会上引起了巨大反响，被认为代表了中国优秀企业在法治化的市场经济环境下率先垂范并维护健康的经济运行秩序的行为导向。

2. “红地毯服务”与完美主义

正如陈荣珍所言：“倡导‘和商’精神，是为了创造和谐的企业内外环境，从而以德兴企，以义生利，以仁促智。”

讲究自律的荣事达人，将智慧用于创造完美的服务，他们创造了“红地毯服务”方式。员工去用户家维修产品时，进门要穿鞋套，带一块红地毯用来摆放洗衣机，不让一滴油沾染在用户家中；同时，服务中的言行举止遵守“三大纪律、八项注意”。一块微不足道的红地毯，就是一种象征，它表明荣事达创造完美服务的精神。

荣事达人追求完美，为此，他们不断创新。他们造出了中国第一台智能模糊洗衣机、中国第一台不锈钢内桶喷射喷淋水流洗衣机、中国第一台健康分洗式洗衣机、中国第一台搅拌式仿生搓洗洗衣机。1998年又推出集八项专利和多项国际最新技术于一身的全能冰箱。

荣事达人的创新能力，得到了国内外同行的公认，不仅产品销往世界30多个国家和地区，而且墨西哥最大的洗衣机公司于1998年还购买了荣事达的技术和设备，价值达1 000多万美元。

追求完善和不断创新的灵感来自何处？来自换位思考。陈荣珍经常告诫干部：换位思考，可以让你看到问题的两个或多个侧面，从而可以更系统、更客观地处理问题，并能以更高的标准来为消费者服务。

换位思考道理很简单，但却是一种现代经营的理念。未来学家指出，在知识经济的今天，已出现“产消合一”的趋势。所谓“产消合一”，是指消费者越来越多地参与企业的产品、商务程序，以及服务方式的设计，只不过这种参与在更多的时候是用间接的方式体现出来。只有善于换位思考的人，才会强烈感受到消费者的这种参与，才会把产品经营做得更好。荣事达人很懂得产品向消费者所传达的语言，正如有些员工在厂报上投稿所表达的那样：“我们不放过任何一处精巧的构思（设计），以此向用户流露‘细微之处见真情的温馨’”，“让产品变为消费的一种理想，成为用户‘梦中的新娘’……”这一切正如西方一位经济学家所说的那样：“企业无论生产什么样的产品，其实，它生产的都是无形的产品。”为了集中全体员工在民主管理中展现的创新智慧，公司合理化建议制度已坚持了 9 年，每年公司都会收集到几百条建议，公司还采取奖励措施鼓励这种创新行为。

3. 荣事达环保冰箱与竞争“大客串”

1998 年，荣事达推出新型双绿色全无氟冰箱，它和电热水器、微波炉等系列产品一起，成为荣事达家族中的新成员。这标志着素来主张“站稳脚跟，再出双拳”的荣事达开始了战略转变，即向产品多元化目标推进了。然而，这也带来一个疑问：荣事达冰箱跻身强手如林、渐趋饱和的冰箱市场有无必要？

这个问题应当放在当今的市场背景下去看。20 世纪 90 年代的竞争是“资源整合的竞争”，荣事达开发冰箱有它的道理。

所谓“资源整合”的竞争，即企业将内部、外部资源实现最佳组合的竞争，这种竞争，与以往在老产品基础上延伸、更新开发的竞争有很大的不同。前者的竞争势头很强劲。因为这种竞争集中了知识经济背景下多国、多学科的最新技术优势，再与人才、管理、信息、品牌、经营策略、售后服务网络等资源整合起来，体现出集中优势的竞争势头。投资 8 亿元的荣事达冰箱具有以下几项优势：一是集中了美、德、意等国家的世界一流的技术和设备，包括引进了世界销量最大的高效往复式压缩机，引进了制冷剂、发泡剂双无氟技术，引进了中国唯一一条平板喷涂线，以及箱门整体发泡技术等。二是美、德、意、澳等国家和地区的专家和中国优秀工程师聚合在一起，在先进的实验室里进行开发，整合了人才优势。三是荣事达企业内部采取竞争投标方式组建冰箱公司，从而显现了员工整体素质的优势。截至 1999 年该公司中层干部 80% 以上具有本科学历，平均年龄仅为 30 岁，其中高级工程师 10 多人，工程硕士、学士 60 多人，操作工清一色是技校的毕业生。四是这种冰箱不仅内部性能明显优越，而且外观更与众不同，同时，售价定在中高档的位置上，从而在竞争策略上创造了差异性。五是依托了荣事达的品牌优势与庞大的售后服务网络。

资源整合的竞争基于以下两个方面的原因：第一，在知识经济条件下，产品与技术的更新频率加快，企业若仅靠内部资源，几乎跟不上国际产品更新的节拍。另外，知识和其他资源都具有分散性，并不被一国和一个财团所垄断，因此它需要当代企业家显示出高超的资源整合艺术。陈荣珍深信：“企业家是什么？企业家就是优化配置资源的综合艺术家！”具有资源整合竞争实力的企业，往往想尝试“竞争大客串”的“螃蟹”。第二，全球管理一体化的背景及产、学、研相渗透的趋势，也为资源整合竞争提供了条件。

1998 年 10 月以来，荣事达冰箱在市场中初显身手即赢得了消费者的格外青睐。

4. “和商”理念与“竞合”战略

从模糊数学到模糊电路，再到荣事达在中国推出第一台智能模糊控制洗衣机——荣事达。学者把这种模糊现象列入管理，便有了从模糊科学中领悟经营上的“模糊哲学”“柔性管理”“隐性管理”“混沌管理”之说，这都是借助了模糊科学的原理。

陈荣珍很注意在企业规章制度之外引导企业员工的言行，如他倡导的“和商”理念。陈荣珍把“和商”理念总结为 32 个字，即“相互尊重、互相平等，互惠互利、共同发展，诚信至上、文明经营，以义生利、以德兴企”。其核心意义是以人为本，创造和谐的内外环境，减少人际内耗，以仁促智，最大限度地发挥人在事业中的主观能动性。

西方学者认为，在全球经济一体化的今天，不懂得合作，就不懂得当今的市场竞争，这就是所谓的“竞合意识”。但他们没有解释用什么样的实践去有效地与各个方面合作。而陈荣珍则是这样的思想者和实践者：当人们强调“质量是饭碗”时，他已经带领员工实践着“零缺陷”管理；当人们喊出“用户是上帝”时，他已让用户享受到国宾的礼遇——开展“红地毯服务”；当不正当竞争愈演愈烈时，荣事达公布了振聋发聩的《企业竞争自律宣言》，并率先垂范自律精神；当合作战略演变成一种经济思潮时，荣事达已经理性地首倡并实践着“和商”理念。

(1) 对商家的合作，陈荣珍以身垂范。出差在外，总不忘到经销商那里拜访，帮助他们解决遇到的困难；在产品调整价格时，都要和各地经销商进行商讨，注意听取他们的意见，维护他们的合理收益。有一次，贵阳一商场因水淹损失 20 多万元，陈荣珍决定对其受损严重的洗衣机全部无偿退货，零部件受损的一律免费更换，荣事达由此而承担的损失达 19 万元。

(2) 对待社会，荣事达仁至义尽。捐助希望工程、送温暖工程、对口扶贫、支持社会公益事业、支援市政工程……精神文明建设是企业的重要组成部分。1998 年夏天，荣事达在投放水灾地区市场产品损失达 600 万元的情况下，仍向灾区捐款 100 万元；同时，在湖北、黑龙江等抗洪一线，设立“荣事达洗衣站”，荣事达员工免费为抗洪军民洗衣，还免费修理受淹各种品牌的洗衣机。

(3) 对待投资合作者，荣事达以诚相待。每次合作总是先做出可行性分析，告诉合作者风险与收益在哪里，互惠互利，风险共担。为此，日本三洋公司领导曾感慨：“我考察过中国不少企业，但首先为我们做出投资可行性分析的，只有陈先生。”

迄今，荣事达合作的企业各式各样，有日商、美商，有本市、外市、外省的，有外资、有民企、有国企。荣事达的 13 个子公司，个个效益显著，尤其是让员工个人持有公司的股份，使员工主人翁意识大大增强。

成功的合作是以相互信赖为前提的，而得到他人的信赖是要用行动和时间来检验的。荣事达以值得他人信赖的“和商”精神塑造自己，必定会赢得更广泛的市场，为更大的事业发展奠定牢固的基础，可谓“群雄纷争看沉浮，得人心者得天下”，又可谓

"胸怀有多宽，事业有多大"。

（资料来源：荣意传. 激变之中显"和商"——荣事达经营理念追踪[J]. 中国乡镇企业，1999，(5)：12-14.）

讨论题：

（1）根据案例，请提炼荣事达的企业价值观。

（2）请概括荣事达的企业文化理念层并做出评价。

（3）荣事达"和商"经营理念对中国企业的文化建设有何启示？

第十章　企业文化实施

引例　信心药业集团内部企业文化建设

河南信心药业集团有限公司其前身为郑州市中药制药厂，是河南省规模较大的中成药制药国营一类企业，具有40多年中成药生产历史。主要产品有165个，能生产口服液、片剂、注射剂、丸剂、气雾剂、散剂等十多个剂型，下设三个附属厂。1990年被河南省政府命名为省一级先进企业，1988年在全国重点中成药工业企业主要经济指标排名中位居前21名，其中优质产品率居第8名，全厂拥有国优产品一个，部优产品两个，省优产品四个，产品除满足国内市场外，少量产品远销中国香港、马来西亚、新加坡等国家和地区。

1993年下半年以后，由于领导班子不力，内部矛盾激化，经营管理不善，最后资不抵债，终于在1996年4月29日，宣告破产。在此情况下，河南花园集团整体收购郑州制药厂。但对如何振兴该药厂，花园集团也面临各种困难，有专业上的问题，更有管理上的问题，特别是如何使涣散的人心合拢起来。企业被花园集团收购后，企业性质的变化叫职工一时难以适应，对收购方的猜测、疑虑，甚至由于不敢信任而产生的抵触也如一股涌动的暗潮。

花园集团为了使企业迅速走上正轨，聘请专家来协助实施“信心文化”工程，开展了一系列内部公关活动。

1. 项目调查

专家组在问卷调查分析的基础上，又深入厂子的每一个环节，同新老厂领导座谈，中层干部访谈，到各种类型职工家中去访谈，同老劳模和已转行干其他工作的同志访谈，得出如下结论。

第一，这个企业全体员工是非常优秀的，他们爱厂如家，具备种种质朴的美德，对工厂有着深厚的感情，即使是在破产期间，已经另谋生路的部分员工仍表示，一旦厂子恢复生产，他们还是愿意回到药厂上班的。

第二，这个企业的各届领导班子，大多数是好的，个别的出了问题。

第三，这个企业有巨大的潜力。

(1) 有拳头产品，有中华老字号，有国优、部优产品，也有百年历史的“肥儿丸”这种老名牌。

(2) 有具备相当实力的科技人员，特别是有全国排名第二位的被誉为“火眼金睛”的药材鉴定师。

(3) 具有以老劳模岳朝贤为代表的一大批任劳任怨的骨干，以及忠心耿耿的工人。

但是企业中也存在遗留下来的一系列严峻的问题：①领导班子不够团结；②思想观念跟不上时代发展，缺乏战略规划与有效手段，缺乏统一的理念；③管理水平下降，成本费用上升，非生产人员越来越多；④以前用人不当、分配不公的不规范行为，极大地挫伤了广大职工的积极性。缺乏规范的制度与手册。

2. 项目策划

1）具体的公关目标与策略

(1) 近期目标：通过内部公关稳定军心，重整旧山河，顺利完成破产后的机制转变，力争尽快恢复正常生产。

(2) 中期目标：通过构建信心药业的理念系统，推进企业文化工程，设计员工手册，凝聚那“一盘散沙”，统一思想，规范行为，以此为突破口，提高整体素质。

(3) 长远目标：通过近期、中期目标的实现，在以后工作中不断使企业强化，使整个企业洗心、革面、换脑、脱胎、换骨、腾飞，使员工成为用现代思想与观念武装起来的，同时又保留传统美德的新型群体，进而使企业成为中国药业的明星。

2）目标公众

(1) 信心药业的全体领导和职工。

(2) 花园集团的有关工作人员。

3. 项目实施

1）关怀与送温暖活动

针对当时企业破产后，大多数员工听说国有企业要被民营股份企业收购，有一种失落感，有一种怀疑和观望的心理，为尽快争取员工的支持信任，在临近中秋节和国庆节时候，花园集团拨出经费为每位职工送去了两斤（1斤＝0.5千克）月饼，一篮苹果，这在员工中引起极大的震动。作为下岗待业的破产企业职工，很久未能感受这种关怀了，尤其是此刻花园集团在尚未完成正式收购之时，就已经把温暖送来了。接着又为恢复生产，先修职工车棚，随后又为退休职工补上欠款。这几项措施一下子拉近了收购者与被收购者之间的距离，一些员工表示，盼着尽快完成收购手续，希望尽早上班开工。

2）信心药业的理念系统

理念是一种企业整体的价值观和经营理念，它的形成往往来自企业内大多数员工对企业的社会使命、发展方向和发展目标的认定，然后在具体的生产经营中凝成一股强大的精神力量。信心药业的企业理念系统如下。

(1) 主题理念口号——“心正药精”。

(2) 企业事业领域——“以药为基点，以健康为半径，圆幸福生活一个梦”。

(3) 企业使命——“制中州药，泽天下人，承医圣志，扬民族魂”。

(4) 企业精神——“平康万民，信心情系千秋业，强国济世，上下同欲石变金”。

(5) 企业哲学——“皮之不存，毛将安附；事业不存，幸福何来?”。

(6) 企业铭——“金石草木为我所用，炮制提炼必求其精”。

(7) 司训——“制中州药，泽天下人，承医圣志，扬民族魂，平康万民，信心情系千秋业，强国济世，上下同欲石变金”。

在企业理念建设的基础上，信心集团领导决定搞好信心文化建设，培养新型信心人。

3）企业文化建设工程

信心公司文化建设工程从以下五个方面进行了策划。

第一，信心文化传播工程。

(1) 总经理精神灌输，通过报告会的形式，向管理人员和一线员工阐述企业哲学和企业精神的内在含义，讲述一个合格信心人应具备的品格和敬业观、服务观，每年举办两次。

(2) 编定信心理念讲义，制定公司特有的精神、道德、行为准则，以及工作作风等方面的培训教材，简称《信心铭》。在新员工上岗之前进行训导，对在岗员工每年进行一次培训，同时，组织专人赴南阳学习编印《医圣张仲景的故事》发给员工阅读，写读后感，并通过内部广播、报纸、讨论、演讲等形式交流。

(3) 举办信心文化讲座，主要包括以下内容：①企业理念与企业文化；②角色与敬业；③人、企业与社会；④企业公关与企业形象；⑤现代企业管理等。

(4) 成立信心文化研究会，不断赋予信心文化更深的内涵，从1997年年初开始，每半年举行一次。

(5) 创办《信心人》报和《信心之声》广播室。《信心人》报每月两期，分设新闻、知识长廊、副刊、新视野等；《信心之声》广播室，早、午各播一次，除播送新闻外，《信心之歌》为首播节目。

(6) 建立上下沟通制度：通过各种形式，每月向员工报告一次生产、经营情况和公司重大事件。

(7) 建立厂史展览室，教育员工和新聘人员不断增强在花园旗帜下办好信心公司的信心。

(8) 重塑医圣张仲景像，于1997年将张仲景像建立在办公楼大厅内，以医圣形象为载体，使员工更深刻地理解公司的理念，以医圣的生平业绩教育并激励员工。

第二，信心文化育人工程。

(1) 成立信心学校。在原中药厂技校的基础上，由人事部主抓，负责员工的岗位培训、专业技术培训和在职员工培训，培训内容还包括企业理念系统，每年举办各种培训班达十多次。

(2) 制订信心育人计划。1997年同郑州大学联办大专班，抽调50名骨干进行为期一年的学习，毕业后，全部分派到营销等重要岗位，发挥了积极作用。

(3) 开展“做合格信心人”和“假如我是厂长”的大讨论，启发员工为搞好信心公司出谋献策，此项活动自1997年开始后，先后有十多篇稿件发表在花园集团公司主办的《花园人》报上。

(4) 开展“质量大比武”活动，在车间及员工中间进行，每年举办一次，评出竞赛标兵，促使员工勤奋学习技术，苦练操作本领，增强质量意识。

(5) 开展找质量差距的活动，对出现质量问题的典型事例进行分析、讨论，1997年5月，对原中药厂库存及退货等不合格的近300万元的过期产品当众销毁，不断增强员工追求高品质的质量意识。

第三，信心文化激励工程。

信心公司劳动效率的高低和经济效益的大小，不仅取决于信心人的基本素质与技能，更取决于信心人的积极性与创造性，只有强化企业文化的激励功能，把蕴藏在员工体内的聪明才智、劳动潜能充分挖掘出来，并且引向一个目标，才能使企业形成强大的凝聚力，产生无限的生机与活力，为此我们实行以下制度与计划。

(1) 实行“年功工资制”和“持股计划”，对高层、中层管理人员实行“年功工资制”，对全体员工按不同级别实行“持股计划”，人均量化股份 5 000 元以上。

(2) 建立员工福利和慰问金制度，1997 年投资 200 万元，对员工住房、生活区道路、车棚、配电房等进行了修建，稳定了员工思想，对员工结婚、生日、伤病按规定进行祝贺和慰问。

(3) 建立总经理奖励基金制度。对为公司做出重大贡献和提出合理化建议等的员工进行奖励。例如，1998 年公司奖励销售状元 1 万元，对获得国家级的质量控制(quality control，QC) 小组成员奖励 1 万元。

(4) 制订培育文化楷模计划。对历年来的先进模范人物典型，如岳朝贤等，进行宣传，通过《花园人》报或板报、广播，宣传他们敬业爱厂的事迹，掀起“学先进、树新风”的热潮。

(5) 建立家属慰问制度。每年春节给员工家属发慰问信，并邀请他们参加公司的联欢会等，以此取得员工家属对公司的支持。同时，对有特殊贡献的退休老职工，组织看望的活动。

第四，信心文化活动与文化礼仪工程。

开展丰富多彩的文化活动与建立各种文化礼仪是建设信心文化的载体，通过这种载体，既能活跃员工的生活，减轻工作紧张感和疲劳感，增加人们的生活情趣，也能够使员工置身于各种活动和礼仪之中，潜移默化地受到企业价值观和企业精神的熏陶与感染。

(1) 制订体育活动计划。每年节假日由工会组织进行体育活动，如拔河比赛、羽毛球比赛等。

(2) 制订文娱活动计划。通过重大节日活动，如公司成立庆典、节假日等，组织员工进行卡拉 OK 赛、征文、书画、智力竞赛，打牌、歌咏比赛、读书等活动，丰富员工的精神文化生活，陶冶员工的情操。

(3) 设立工作惯例和纪念性礼仪。例如，坚持“早训”制度。每天上班前，组织员工背司训两遍；唱司歌《信心之歌》和《团结就是力量》；重大节日或活动组织升旗活动（国旗和公司旗帜）；建立生活惯例礼仪，对离退休老干部每年举行两次座谈会，对员工退休组织欢送会。

（资料来源：河南信心药业集团有限公司．传播信心文化，同创信心伟业——河南信心药业集团内部公关案例[J]. 中国乡镇企业，2003，(10)：44-47.）

10.1　企业文化实施过程

企业文化的实施，简单说就是《孙子兵法》讲的“令民与上同意”。企业文化管理与实施是企业文化建设的核心内容，主要可分为七个部分，即企业文化建设的领导体制、企业文化建设的组织支持、企业文化职能部门的人员保证、企业文化建设的计划、企业文化建设的组织运作、企业文化建设的考核和企业文化建设的奖惩。

10.1.1 企业文化建设的领导体制

1. 构建领导体制

在企业文化的实施阶段，领导体制是必不可少的。领导体制的作用主要是从思想、组织、氛围上为企业文化的变革进行充分的铺垫。具体来说，就是在思想上吹响文化变革的冲锋号，在组织上建立文化变革的团队，同时在企业中营造一个适合文化变革的氛围。建立强有力的领导体制，通过广泛宣扬和有效培训，让企业内部的所有成员认识到变革的来临，引发组织成员的思考，从而使企业文化变革顺利进行。

企业员工只有通过学习新的企业文化，了解新方案的内容和实施步骤，才能理解企业文化建设的必然性与重要性，摆正自己在文化变革中的位置，从而接受、支持和参与这场变革。而作为变革的发起者（通常是企业最高领导者），最主要的工作就是要组建文化变革的领导团队。这个团队在刚开始时可能只有几个人，随着变革工作的展开，领导者要有意识地对其进行扩充，除了最高领导群体外，还应包括企业各管理层级的人员和非正式管理者，以形成科特所说的“领导联盟”。

组建企业文化领导小组显得尤为重要。一般来讲，企业文化领导小组的成员和职责如下。

（1）领导小组成员：组长（总经理或书记）、副组长（副书记、副总经理或企划部部长）。

（2）领导小组职责：计划、指挥、组织和协调人、财、物、时间、信息等资源，对企业文化的实施进行全员、全方位、全过程的领导和管理。

企业文化建设是一个长期渐进、动态完善的过程，领导小组作为一个决策和协调机构，无法承担其具体实施的职能。因此，还应设立企业文化的常设执行机构。这个机构可以由总经理办公室或人力资源部共同负责，在国有企业，还可以改组和加强党委宣传处，或组建企业文化处，作为领导小组的常设执行机构，担当企业文化建设的重任。可以采取“一套人马、两块牌子”的做法，即在党委体系中它是宣传处，承担思想政治宣传工作；同时在行政体系中又是企业文化处（部），协调与实施新文化变革。这样设置既保证了党委对企业文化工作的核心领导地位，又可避免重复设立机构，导致组织臃肿。不过在企业文化处的人员配置上，除了现有的宣传人才外，还应该增加一些熟悉企业生产经营和工作流程的人才。因为企业文化的变革不仅仅要触动人们思想意识的转变，更要引发企业在经营理念、管理模式、管理制度和行为规范等方面的变革。

对于已经建立现代企业制度的股份公司，可以设立“企业文化中心”或“企业文化部”，承担企业文化建设的专业职能。

企业文化涉及企业的各个方面，没有其他职能部门和各直线部门的配合和参与，企业文化建设也就无法实施。所以，在领导小组的指挥下，由企业文化处（部）牵头，工会、行政、后勤、人事、生产、财务等部门密切配合、分工合作，才能推进企业文化建设的整个进程。其中，尤其要提到的就是工会，它具有维护职工权益、实现员工民主参与的职责，是企业文化建设的重要组成部分，应将其纳入企业文化建设体制中。工会要在企业文化领导小组统一领导下进行工作，紧密配合，大力协同，培养员工的主人翁责任感，着力于提高企业的凝聚力、向心力。

尤其重要的是，各个直线部门——各分公司、事业部、车间的主要领导者，都应该承担起本部门企业文化建设的领导责任，这是搞好企业文化建设的关键环节。

综上所述，只有充分调动各部门的力量和积极性，明确彼此的分工与合作，才能真正实现企业文化建设的目的，把企业文化的氛围搞得浓浓的，达到“随风潜入夜，润物细无声”的境界。

2. 传递危机感

系统科学理论告诉我们，如果把企业文化看做不断与外界环境发生作用的系统，则文化的变革可认为是该系统的演化。而系统内部有稳定性要求，它会对外来“干扰”产生自觉抵抗。只有系统处于临界点，各种涨落都很活跃时，系统原有的结构才能丧失稳定性。由此，我们可以得出一个启示：企业文化变革不能蛮干，要学会辨别系统演变的临界点，在该点上发力，可以事半功倍；否则，在临界点前使劲，就会受到系统本身抗干扰机制的阻碍。

罗宾斯的《组织行为学》指出，如果企业面临着危机的时刻，企业成员会积极地响应变革。这种危机状态可能包括财务困境、公司失去重要客户、竞争对手取得重大技术突破等。因此，企业文化变革要学会利用企业危机这个“临界点”，变不利因素为有利因素。只有让员工认识到企业的危机，才能使他们产生焦虑感和不安定感，产生对原有文化的怀疑，从内心产生对变革的需求和动力。当年美国总统罗斯福就巧妙地利用了“珍珠港”事件，迅速唤起全美国人民的反法西斯热情，使整个国家的战争机器在极短的时间内就高效运转起来。

企业文化的变革团队要善于发现、利用，甚至创造危机状态，使企业接近系统演变的临界点，在该点上对原有文化实施变革，便有“四两拨千斤”的效果。具体可以采取走出去、请进来的方法。例如，组织员工到企业文化先进单位参观，组织员工与最终用户座谈，请企业领导或专家宣讲外部市场竞争环境等，让员工直接感知企业面临的危机。

企业在文化变革过程中，也需要保持一定程度的危机感；否则，企业在未来可能会出现真正的危机。一般认为企业的危机感和变革绩效存在以下关系：使企业员工保持一定的危机感，可以降低变革的阻力，提高变革的绩效。高于或低于这个点，都有可能出现变革绩效的下降。那么，这种危机感到底应该达到什么程度呢？约翰·科特教授的经验如下：只有当公司的管理层中75％的人真正认识到企业目前的状态非改不可时，企业变革才能成功。低于这一比例，将会给随后的阶段带来问题。

3. 保证时间

对于企业文化变革的实施，领导团队最大的问题往往是时间的投入。在整个实施阶段领导团队要做许多工作，需要消耗大量的时间和精力。尤其在早期，企业尚未建立起一个有效的变革领导团队，这时的工作大部分是由少数几个人来完成的，特别是最高领导者。而领导者还有很多事情要做，时间不够用，因此常常由于各种原因无法参加变革团队的工作，时间一长，就拖延变革进程。

时间投入不足的最根本原因不是时间本身，而是领导的认识问题。领导并没有真正意识到企业文化变革是一场管理的质变，它将引发一场全面、深刻的组织变革，因而是一场长期、艰巨的任务。如果领导团队没有认识到这一点，就会以为这不过是一次小变革，无须投入太多精力。

如果出现这种情况，我们可以采取一些积极措施，来转变领导团队的观念：第一，组织领导群体进行学习，端正认识；第二，尽可能把企业在同一时间进行的其他变革，与企业文化变革整合在一起，不要各自为战；第三，改变领导风格，充分授权，相信员工可以做好他们的工作；第四，集中精力安排时间，把宝贵的时间用在文化变革这项重要的工作上。

10.1.2　企业文化建设的组织支持

1. 建立传播网络

企业文化建设的组织支持，除了企业文化建设的领导体制外，还需要利用可能的媒介，建立企业文化的传播网络。通过这个网络把企业价值观、愿景、精神、道德等理念层要素传达给企业的全体员工，辐射到整个企业。

企业文化传播网络建设既包括正式传播网络，又涉及非正式网络；既要保证自上而下的信息畅通，又要保证自下而上和横向的信息畅通。这些渠道包括黑板报、闭路电视、局域网、企业报刊、员工座谈会、总经理信箱等多种形式，可根据企业的情况和条件选择使用。建立起传播网络后，便可以在企业中宣传文化变革。宣传内容主要以介绍和引导为主，包括企业文化的内容、变革意义和变革步骤等，其目的就是培育员工的危机感，激发企业内在的变革原动力。

一般而言，可以建立以下传播网络。

(1) 加强公司报刊宣传，其内容可以包括以下几个方面：企业生产经营管理方面的重大事件和重要政策、方针、决定及企业主要领导的讲话；企业各方面、各部门工作的报道和介绍；企业人物专访和报道；来自市场和用户的各种信息；企业员工的工作体会、心得及作品；企业的公共关系活动消息；不同观点的讨论；典型案例的剖析；等等。

(2) 企业和车间的宣传栏、广告牌是一种传统而有效的传播媒介，应发挥其制作容易、成本低、时效性强、员工参与度高等优点，从而在员工日常工作环境中营造良好的企业文化氛围。

(3) 集中企业文化的精髓，编制《员工手册》，分发给每一位员工，作为员工日常学习和实施企业文化的依据。

(4) 利用一些特殊节日或庆典，汇总出版企业文化书籍和画册，举办企业文化展览进行系统的宣传。

(5) 有些公司建立了局域网，可充分利用其信息传播速度快、不受时空限制、信息容量和传输量大、交互式、节省纸张等优点，加强企业文化的传播力度。

企业非正式传播渠道，也有助于建设优良的企业文化。通过全方位地引导，潜移默化地影响员工，改变他们的思维和行为习惯。在实施阶段，尤其要充分利用企业文化传播网络，大张旗鼓地宣传新文化，对内形成良好的学习氛围和变革态势，对外发出新文化建设的信号。

第一，对内宣传。

(1) 举行企业文化论坛，发动员工参加研讨，发表对企业文化内容、实施的感想及相关建议。

(2) 利用企业内部网和有关刊物，进行企业文化专题报道，开设专栏发表员工文章。

(3) 构建多种沟通渠道，设立“直通信箱”“直言制度”，促进管理层与员工之间的相互理解。

第二，对外宣传。

(1) 充分认识新闻媒体的作用，企业文化变革要制定好宣传方案，以免口径不一。

(2) 加强企业公关，树立企业形象。

(3) 扩大对外宣传的方式，如新闻发布会、参加电视台及报纸专题访谈节目都可以给企业文化造势。

2. 设立专项基金

企业文化建设涉及面广、周期长，需要企业领导和员工进行长期的努力。为了顺利开展这项工作，有必要设立企业文化建设专项基金，专款专用，保证企业文化顺利变革。

具体的财务预算由企业根据实际情况制定，下面仅列出一些参考项目。

(1) 宣传费用：形象设计费用、公关费用、公益广告牌费用、新闻发布会费用，以及各种宣传手册、标语、条幅制作等费用。

(2) 文化活动费用：关于文化建设的活动，如演讲比赛、征文、晚会、研讨会、团队建设、文体比赛等所需的费用和奖品。

(3) 培训费用：培训教材费用、外请专家讲座费用、参观学习等费用。

(4) 部门建设费用：人员配备、办公设备购买等费用。

3. 营造变革氛围

在企业中进行文化变革，首先要营造一种适于变革的气氛。如果一个企业长期以来畏惧变化，害怕新鲜事物，那么文化变革的阻力就很大。因此，要在企业中达成一个共识，就是要鼓励变革，不但允许犯错误，而且要允许有足够的时间来改正。

如何营造这种变革文化氛围呢？可以从以下环节入手。

(1) 营造创新氛围。要完善现有的创新激励制度，以一种积极的心态对待创新尝试和创新失败。对于员工创新要以鼓励为主，不要过多地批评。有意识地把员工的创新热情从技术创新引向组织创新、文化创新、制度创新和管理创新，自然就会产生内动力。

(2) 营造民主氛围。完善合理化建议制度，鼓励员工对文化变革的具体问题提出意见和建议。领导层要虚心听取员工的意见，广纳良言、诤言。对员工提出的问题要及时处理，及时反馈，从而营造出公开、坦诚的民主氛围，这对提高企业文化的认同度十分有益。

(3) 营造学习氛围。提倡学习风气，鼓励员工主动学习，不断提高自身素质。为员工提供机会和条件，如设立助学金和奖学金制度，激发员工的学习热情。培养企业组织学习的能力，鼓励员工以车间、科室、生产小组等为单位组织学习。员工认识提高了，企业文化变革自然就会被大家所认同，这种自我学习的效果要胜过他人说教百倍。

(4) 营造竞争氛围。要通过引入竞争机制，打破员工的平均主义思想和老好人思想。领导者要树立变革的信心和决心，一方面，加强自身修养，带头转变观念和遵守行为规范；另一方面，对违反企业价值观与行为规范的不良行为给予坚决处罚。在全体员工面前展示领导者对企业文化变革的决心，树立优胜劣汰的思想。

10.1.3 企业文化职能部门的人员保证

1. 人事政策

罗宾斯认为，企业文化一般要历经多年才能形成，它植根于企业员工的深层价值观中。它是一些相对稳定的要素，这些要素维系着原有文化的运作，主要包括关于组织宗旨和经营理念的书面文件、组织的领导风格、员工的甄选标准、过去的晋升制度、固定的组织形式、关于公司主要人物和事件的故事、组织常用的绩效评估标准、组织正式的结构等。管理者要进行文化变革比较困难。

其中，员工甄选和晋升制度会影响企业文化的变革。员工与企业的结合，往往是一种价值观的相互认同。当他们习惯了企业已有的环境时，就会反对任何破坏这种平衡的力量。企业在选拔管理者时，会选择那些能够继承现有文化的人。可见，内部提升机制增强了企业的稳定性，减少了不确定性；同时，也强化了旧文化的顽固性，增加了文化变革难度。要想保证企业文化的连续性，就要选择认同现有文化的接班人。同理，要想变革文化，也要从组织层面和人员层面入手。

对人事政策的调整和新人的配置是企业文化建设的关键一步。主要考虑以下三个方面：一是根据需要配置变革型人才；二是调整考核指标；三是理顺选拔机制。首先，根据企业文化变革的难度和规模，在企业文化处配置相应人员，力保他们成为文化变革或创建的中坚力量。其次，要在原有考核标准里，加入是否认同企业价值观，是否贯彻企业文化变革，是否在行动上率先示范、以身作则等内容，做不到这些，不予以提拔。最后，在对管理者的选拔任用上，建立公平竞争、择优录用的制度，通过科学的选拔程序，满足职工自我实现的愿望，创造出一种奋发向上的氛围，对企业文化建设的实施很有帮助。

2. 统一认识

在企业文化实施阶段，领导者可能遇到以下两个问题：没有足够的同盟者和无法与员工达成共识。领导者首先要从自身找原因，原因之一可能是领导者过于自信，以为自己可以一呼百应，不需要寻求别人的帮助；原因之二可能是领导者受传统思想的影响，认为企业文化是高层次的变革，普通员工根本不懂；原因之三可能是领导者在宣传上投入不足。

同时，员工在认识上可能会有一些不到位。主要表现在以下两方面：第一，员工对企业文化心存疑虑，对变革前景难以做出精确的描述和判断，容易产生对文化变革的消极观望心态；第二，员工的选择性信息加工，使其只听自己想听的，忽视对自己构成挑战的信息，从维护自己利益的角度去感知变革，按照自己的心理感受去接收和传播信息，这会导致其片面理解环境的变化或歪曲事实，从而很难接受新的价值观。

以上两个方面将导致价值观的群体化过程受阻，领导者缺少帮助和支持，倍感挫折，最终，大大降低了员工的工作热情和积极性，这使文化实施进展缓慢，甚至被完全放弃。为使全体员工达成共识，可通过以下几方面来努力：第一，在实施开始前筹置好满足变革需要的核心人才；第二，在实施过程中，积极寻找合作伙伴，尽可能扩大文化变革的领导团队；第三，充分认识到企业文化变革绝不是一两个人可以实现的，它必须要靠团队力量来完成；第四，加大对企业员工的培训力度，充分利用企业文化传播网络，通过演讲、授课、座谈、辩论等形式传播自己的变革理念；第五，领导者要带头遵守价值观和各项行为规范，以自己的实际行动来推动价值观的群体化进程，与更多的员工达成共识，争取更多的志同道合者。

3. 全员培训

企业文化的落实需要员工的认同与配合，但员工受到惯性思维、传统情结和既得利益的影响，不会主动去接纳新文化。因此在实施阶段，需要由企业文化处在领导小组的统一部署下，会同有关部门，对全体员工进行系统培训和宣讲，让员工能够真正理解新文化，接纳新文化，发自内心地认同和拥护新文化。

在培训对象上要分高层领导者、中层管理者和基层员工三个层次；在时间安排上要先高层领导者，再中层管理者，最后是基层员工。之所以这么安排，是因为企业文化建设一般采取自上而下、层层推动的方式。

首先，要在公司高层领导者内展开热烈的讨论和学习，形成统一意志，为企业文化的实施打下坚实基础。其次，要对所有中层管理者进行培训，这是实施阶段的工作重点。中层管理者在企业中起着承上启下的作用，他们的认同与执行是整个企业文化实施成败的关键，所以要通过强有力的培训来取得他们的支持。对于拒绝新文化的人，可以在必要时候进行相应的人员调整。最后，是对基层员工的培训，通过中层管理者和企业文化处的共同努力，使基层员工从内心认同新的价值观。要向全体员工宣讲新文化，组织部门内的培训和讨论，调动基层员工的积极性，使其以主人翁的姿态参与新文化的实施。

在培训前要编制培训手册，包括企业文化主要理念（企业价值观、企业最高目标、企业哲学、企业宗旨）、员工行为规范、企业重要制度等，这是培训和自学的主要教材。可采取多种培训方式，如教师授课、中层宣讲、员工自学、小组讨论，以及到优秀企业参观访问等，最终结果是使大家心领神会，并内化为个人的理念，外显为企业预期的行为。

10.1.4　企业文化建设的计划

企业文化建设需要有组织地实施，每一个阶段都需要调控，因此，计划性的强弱是企业文化建设成功与否的关键。

企业文化建设是一场特殊的变革，其特殊性在于它要改变的不是有形的物，而是无形的思想，它是一场思想的变革。所以，企业文化建设既有企业变革的共性，也有其不同之处。

掌握企业文化建设的内在规律，对于安排每一步的工作十分重要。

计划自然是不可缺少的一步，它的功效在于减少不必要的弯路，使企业文化建设能够基本按照规划进行，克服盲目性。

1. 明确实施流程

制订企业文化建设计划，首先要确定企业文化的实施流程，了解企业文化实施的主要步骤。一般而言，企业文化实施过程应包括对现有文化的分析与诊断、文化设计、文化导入、实施变革、制度化、评估与反思、进一步深入等关键环节。

企业可以根据自己的实际情况，增加或减少相关步骤，制定自己的实施流程图，作为制订计划的一份蓝图。有了这样一个实施框架，就可以拟订具体的实施计划了。

2. 确定实施原则

在计划当中，不仅要说明计划的具体步骤和工作安排，更为重要的是要确定企业文化的实施原则，以便对日后工作进行指导。因为任何计划都难免或多或少地脱离实际，为了保证企业文化建设的一致性和连贯性，需要在制订实施计划时，确定一些指导性原则。

1）系统性原则

企业文化建设的组织实施是一个系统工程，这代表以下两层含义：一是企业文化与企业战略、组织结构、人力资源等诸多方面共同构成企业管理体系；二是企业文化内部也是一个完整的系统，包括理念层、制度行为层和符号层。可见，企业文化的实施要有一个系统思考的原则，否则，就很难顺利推进。

我们在计划制订中，要充分认识到系统性原则。只有在安排实施时，考虑各方面的条件和影响因素，才能使企业文化融入整个管理之中。在企业文化建设受阻时，这一原则会引导我们进行系统分析，寻找原因和对策。

2）辩证性原则

企业文化建设是关系企业生存与发展的一项战略性、全局性工作，涉及企业内外的一系列矛盾和关系，如继承与创新、改革与发展、学习他人经验与结合自身实际、长远目标与分步实施等。只有坚持用唯物辩证的观点处理好这些矛盾和关系，把不利因素转化为有利因素，调动起全员的积极性，才能保证把企业文化建设落到实处，这也充分反映了企业文化建设既是科学又是艺术的特点。因此，辩证性原则是企业文化实施的重要原则。领导者更要学会辩证思考，客观冷静地面对文化变革，从容应对各种意想不到的情况。

有些时候，这种辩证性的思考，要求我们灵活变通。企业文化不是一蹴而就的，有时需要变通，完全按既定方案推行，不见得是件好事。通过实践来校正企业文化的设计，是一种常见现象。

3）团队领导原则

彼得·圣吉在《变革之舞》中提出，领导是指塑造未来的能力，特别是持续不断地进行必要变革的能力。他还指出，我们应该更关注领导者群体而非单个英雄式的领导人。企业的任何重大变革，开始时总是由一两个主要领导者操作，但要取得成功就必须成立一个领导联盟，并随着时间的扩大而不断壮大。企业文化的建设更是这样，它需要全体员工共同参与。因此，在制订企业文化建设计划时，需要研究如何使领导团队不断壮大，如何形成领导联盟，为企业文化实施造势。

4）全员参与原则

员工在企业文化建设过程中，既是被改变的客体，也是变革的主体。领导团队要激发员工的主动性，只有变“要我改”为“我要改”才能取得变革成功。这是企业文化建设的核心部分，是指导每一步工作的重要原则。在制订企业文化实施计划时，一定要强调这条原则，并且时时处处加以运用，这是企业文化建设不同于其他改革措施的地方，没有员工主动参与的企业文化建设是没有生命力的，也是不可能的。

3. *兼顾长期短期*

企业文化建设是一个长期性工作，它的形成周期要长于一般的企业改革，在这一点上要有充分的思想准备。纵览世界各大公司企业文化变革所用的时间（表 10-1）可以看出，即使是中型企业也需要 4 年的时间。这就要求我们制订一个长期计划，来指导短期工作。

表 10-1 企业文化变革所用时间表

公司名称	企业规模	重大变革经历时间
通用电气公司	超大型	10 年，目前仍在继续
帝国化工工业公司	大型	8 年
尼桑公司	大型	8 年，目前仍继续
施乐公司	大型	7 年
银行信托投资公司	大型	8 年
芝加哥第一银行	大型	10 年
英国航空公司	大型	4 年
斯堪的那维亚航空公司	中型	4 年
康纳格拉公司	中型	4 年

长期计划的主要内容是规划企业文化发展的主要阶段，以及每个主要阶段的工作策略和目标。规划导入期的时间长度、变革期的主要策略、控制期的有力措施等，这些指导性的原则，只有得到领导团队的认可，才能很好地开展工作，才能保证政策的持续性和连贯性。

同时，为了更好地工作，企业文化建设还要有短期计划。每一个主要阶段都要有明确的工作计划，把一些可能发生的情况都考虑到，以免出现问题后无所适从。在导入期，主要考虑如何使大家了解企业文化建设的内容和步骤，利用什么传播渠道，采取什么措施来宣传企业文化。在实施阶段，计划的内容主要是如何组建领导团队、如何搭建组织机构、如何配备人才、如何制定考核奖惩机制、如何组织运作等。在控制阶段，要计划如何监督控制、如何保持企业文化。企业可以根据实际情况，制订较为详细的工作计划，及早向领导者汇报，得到主要领导者的支持，以便进一步开展工作。

制订计划不仅有利于指导工作，而且有利于与员工充分沟通，把进度安排告诉管理者和员工，让他们心中有数。这也表明公司进行企业文化建设的决心，对员工具有促进作用。

10.1.5 企业文化建设的组织运作

实施阶段是企业文化建设的关键，该阶段要全面建设企业文化理念层、制度行为层、符号层，进行由上而下的观念更新，健全企业的一般制度和特殊制度，养成企业风俗，做好企业文化符号层的设计与应用，可以归纳为“四大工程”，即价值观工程、行为工程、凝聚力工程和企业形象工程。它们相互联系、相互作用，其组织运作模式各有侧重。

1. 价值观工程

价值观工程引导员工反省企业的价值观，以及经营理念、管理方式和行为模式：从企业发展战略要求出发，理解企业提倡的价值理念，最终进行自觉的拥护。这需要从以下三方面着手。

1）愿景

通过开展演讲比赛、研讨会、征文比赛、领导宣讲等方式，让全体员工明确企业愿景、企业哲学和企业精神，启发员工结合企业愿景来制定自己的发展目标。

2）经营理念

通过召开企业经营理念研讨会、辩论会、专家演讲等活动，引导员工以新的经营理念检查现有工作，进行重新思考。与企业倡导文化不相符的，要坚决予以纠正；与企业倡导文化相适应的，要予以加强。在企业内逐渐养成以企业倡导的经营理念作为一切工作的判断和取舍标准。引导员工，特别是中层以上管理者，从经营理念出发，探讨如何改进现有管理体系，降低管理成本，如何提高服务意识，加强自律。

3）道德与作风

对道德观与作风的建设，是一个漫长的过程。可以通过一些活动和典型人物事迹来宣传并弘扬优秀的道德与作风。同时，针对企业的一些不良作风和道德问题，发动员工对正反两方面的案例进行讨论或辩论，加强整改。工作作风与道德观不是一天两天形成的，也不是一天两天可以改变的，需要常抓不懈。

在进行以上三个方面工作时，要务实而不务虚。组织全体员工进行讨论和剖析，引导员工抛弃落后观念，接纳先进思想，尽量使价值观工程具体化和形象化，不要拘于形式。

2. 行为工程

价值观通过行为来表现，行为反过来影响价值观。行为工程就是通过强化外在行为规范（《员工行为规范》等各种规范），使价值观外化为员工的工作作风和行为，巩固观念更新的成果。

在实施阶段，常常会遇到部分员工，特别是中高层管理者公开反对或消极对待，他们会找出一堆的理由说明文化变革没有必要，企业文化根本不需要改变。他们这么做的原因很大程度上来源于他们的保守观念和念旧心理。

人们常常会有一种“叶公好龙”的奇怪心态：积极地希望改善自己的现状，但同时还有强烈的求稳心态，不喜欢有太多变化，害怕变革带来的不确定性。尤其是知道变革将给自己带来什么时，会有一种强烈的惰性。正所谓“人们并不害怕改变，只是害怕自己被改变”。这种保守观念会使他们不自觉地抵制变革。

企业文化的实施过程是对企业历史和经验的再认识，那些不适合企业发展的文化将被抛弃。现有企业文化是长期形成的，凝聚着公司创业者和元老们的心血。企业存在时间越长，旧文化的沉淀就越深，员工对文化变革的阻力就越大。不管一项变革有多少优点，让员工忘掉这些沉淀总是有难度的。这也是为什么老企业比新企业面临的变革阻力更大，资历长的管理人员比年轻的管理人员更加反对文化变革。一般来讲，最大的阻力往往来自于中高层管理者，而不是基层员工。因为中高层管理者曾经努力营造过现有企业文化，排斥文化变革也在情理之中。

为解决这个问题，要注意以下方面：第一，说明进行文化变革与企业实际经营的相关性，让员工感到文化变革对提高企业绩效、提高个人收益都有帮助。企业文化的实施不可能短期奏效，甚至在变革期还可能有短暂的负面影响，需要领导者对企业文化建设的意义做出有说服力的解释。第二，领导团队特别是基层领导者有责任向员工耐心解释企业文化建设的意义。要想让员工对文化建设有所贡献，就必须要让他们认识到工作的意义，否则，只会口头允诺，不会真心投入。第三，要加强沟通，增加决策透明度，让员工了解更多的信息，领导团队要利用各种机会，坦率地和员工探讨企业文化建设的内容和方式。

3. 凝聚力工程

企业文化建设只有领导的重视是不够的，它需要全体员工的积极参与。只有参与企业文化建设，员工才能自觉地去接纳新的文化。只有员工积极参与，感到新企业文化来自于他们内心的需求和愿望，企业文化才能真正达到汇聚人心、增强凝聚力之目的。因此，在企业文化建设过程中，一定不要把员工看做被动接受的客体，而要把他们看做企业文化建设的主体，通过各种形式吸引、组织员工参与企业文化建设。凝聚力工程是实施企业文化的重要环节，主要包括以下四方面内容。

（1）健全员工民主参与机制，广泛深入群众、发动群众；进行调查了解，听取员工的心声。

（2）开展丰富多彩的文化活动，活跃员工业余生活。

（3）领导以身作则，廉洁自律，采取有效的奖惩措施，约束领导的不良行为，推动领导作风和工作作风的改进。

（4）积极在员工中发现、宣传模范人物。通过宣传模范人物的先进事迹，实现企业文化的人格化，使员工通过感性的方式来认识企业文化，理解企业所追求的价值观和经营理念。

企业文化建设势必引发其他方面的变革，如经营模式改变、组织机构调整、工作流程重组、薪酬体系改革等，这些都会打破现有的利益分配格局，产生权力和利益的重新分配。因此，都会影响到既得利益者的安全，给既得利益者带来不安，使他们担心现有的地位、权势、收入和福利等方面的好处会受到损失，从而产生恐慌和抗拒心理。企业文化建设本质就是破旧立新，在否定旧价值观、打破原有管理体制的同时，必然会使少部分人的利益受损，否则就不能称其为变革了。只要我们坚信我们所实施的企业文化是顺应历史发展趋势，符合企业长远利益和全体员工根本利益的，就要坚定不移地执行。

当然，我们也不能漠视利益受损者，还要以积极、稳妥的方法来处理。具体操作时，要注意以下几点：第一，先从小事做起，逐步深入，积小胜为大胜，不要过于急躁，一下子就触及大多数人的利益，从而制造障碍，要分而治之；第二，领导者要通过沟通让员工清楚企业文化建设的设想，培养员工的长远眼光，让他们理解短期的阵痛是为了企业未来更好地发展；第三，领导层在涉及现有利益调整时，要秉着“公开、公平、公正”的原则，“对事不对人”，不能让员工借此机会打击报复；第四，领导者要带头与员工进行充分交流，鼓励对企业文化建设的公开讨论，消除员工的疑虑，增进彼此信任；第五，为了保证实施进程，对于某些关键岗位的员工，有时还要适当妥协，给他们一点时间。

4. 企业形象工程

企业文化建设还有一个重要功能就是外塑形象。

企业形象包括领导者形象、员工现象、产品形象、服务形象、环境形象等。企业形象的这些组成部分是相互关联、密不可分的，它们从不同角度给外界一个知觉冲击，形成多层次、全方位的企业形象。任何一部分的失误都会对企业的整体形象造成损失。因此，要有计划、有体系地开展对外宣传和公关活动，让外界了解企业形象，提高企业的知名度和美誉度，增强企业的整体竞争力。

但是，我们也应该看到，企业文化建设不可避免地要涉及一些社会问题。例如，股东、消费者会对企业文化有所评价，公众和社会舆论也会有不同的理解，还有来源于上级公司的干扰等。

为了解决外部干预，可以进行以下几方面的努力：第一，在企业文化建设的始终，都要通过文化传播网络积极向外界，特别是上级公司，宣传文化建设的意义、目的和动态，获得他们的理解和认同；第二，用自身文化建设的阶段性成果去积极游说和推动上级公司的企业文化建设。如果能够从下而上引发上级公司的文化变革，阻力自然会消失；第三，培育先进的典型，用实际效果来说话，控制有利的宣传导向。

10.1.6 企业文化建设的考核

1. 考核的必要性

在企业文化的实施阶段，人们常常发现一些员工，甚至企业领导者的实际行动与企业倡导的价值观相背离。有些领导者口口声声说要引进民主管理的企业文化，加强员工参与，可一到做决策时就大搞“一言堂”。这种言行不一的做法将会严重损害企业文化领导团队的威信。

员工在思想和行为方面做好变革准备是不够的，实施企业文化建设关键要看领导者和领导团队。如果领导团队的信念模糊、言行不一，或者内部思想不统一，自然不会赢得员工的信任，也不会建立起真正的新型文化。尤其是在企业文化实施还没有取得成效之前，领导者的威信和决心便是员工决心的主要来源。如果领导团队被员工认为是“言行不一”，那么员工就会从内心放弃变革。

多数领导者在变革初期出现言行不一，主要还是行为惰性问题。面对复杂的现实，人们往往会用习惯性思维来应对，这一点十分正常。但对于企业文化建设而言，领导者要率先改变自己的行为规范、思维模式，而习惯不是一天两天形成的，自然也不是一天两天可以改变的，对此我们一定要有心理准备。

因此，有必要通过硬性措施来推进企业文化建设，考核就是手段之一。通过一些考核措施，可以达到约束行为、规范理念的作用。主要体现在以下几个方面。

(1) 通过考核可以让员工尽快改变。观念的转变可能需要一段时间，但一些行为的改变是可以具体考核的。尤其是对各单位主要负责人的考核，可以考查他们落实企业文化建设的力度和效果，并及时发现问题、解决问题，从而起到一定的督促作用。

(2) 通过考核可以明确奖惩对象。没有比较，就没有鉴别。企业文化建设也是如此，没有考核，就很难及时发现先进典型。通过考核，奖励企业内符合企业文化要求的先进员工，这对企业文化建设具有极大的促进作用。

(3) 通过考核可以表明企业变革的决心。制定考核制度本身就是向员工表明企业进行企业文化建设的巨大决心，考核越严厉，表明企业越重视。当然考核目的重在鼓励，不要给员工制造恐惧感。

(4) 通过考核可以塑造长期行为。企业文化具有长期性，如果没有形成制度，就很难使一种新理念得到认同并长期存在。因此，考核制度作为企业文化实施的重要一步，应当被很好地应用。

2. *考核的制度化*

随着企业文化建设的不断深化，它将由突击性工作转变成日常性工作，企业文化处的工作也将从宣导、推动转变成组织与监控。企业文化实际上进入了一个制度化的阶段，这些制度主要包括考核制度、企业文化先进单位个人的表彰制度、企业文化传播制度、企业文化建设预算制度等，因而需要我们通盘考虑。

20 世纪 90 年代早期，哈佛大学的卡普兰和诺顿提出了一种管理工具——综合平衡记分卡（the balanced score card)，它由财务、客户、内部、革新与学习五个方面内容构成。其中提到对员工的管理是企业的长期投资，它与企业经营状况一样重要，是强制考核的内容。企业文化建设正是相关内容，因此，对管理者考核时，这一项是不可缺少的内容。把企业文化考核制度化，需要做好如下几点。

(1) 目标具体。把相关考核内容进行目标细化。例如，把企业文化宣传落实到培训次数、培训评估后达到什么效果等描述出来，便于执行和考核，也可以把看似虚的工作落到实处。

(2) 明确时限。考核要有时间限度，在规定时间内完成规定任务，以保证企业文化建设的整体进度。有些部门由于工作繁忙，经常忽视这项看似不会给企业带来多少收益的工作，致使落在其他部门之后。这些人为致后的因素，可以通过硬性考核来纠正。

(3) 联系实际。考核要保证部门之间的平衡，同时，还要注意各部门和单位的实际情况，对于机构复杂、人员集中的单位要视情况安排进度和考核标准，具体问题具体分析。

(4) 常抓不懈。考核工作可以由企划部或直接由企业文化处来长期执行，这也是代考核制度的一个趋势，因为企业文化是对员工的塑造，是企业长远发展的基础。不能简单地认为只要大搞宣传就能高枕无忧。

总之，通过企业文化考核的制度化，巩固企业文化建设得到的成果，使之融入企业的生命，并形成新的文化沉淀。

3. 考核的全员化

通过企业文化的引导和实施，企业将初步建立起新的企业文化体系。企业文化理念层的精神要素基本得到认同；企业的特殊制度和风俗基本成型，并成为人们日常工作的一部分；企业文化符号层也已设计完成，企业开始以全新的形象展现在员工、客户、社会面前。这时，企业文化建设就进入了巩固阶段，主要工作是总结企业文化建设的经验和教训，将成熟的做法通过一定的制度加以巩固。固化工作最有效的方法，就是将企业文化纳入全员考核体系。

可以根据企业的实际情况，把各部门和员工贯彻企业文化建设的情况，纳入考核体系，给予一定的权重（如5%～10%）。通过日常的考评来提醒、督促员工遵守企业文化，奖励先进，督促落后，处罚个别严重违反企业核心价值观的行为。企业文化体系建立以后，企业原有的传统观念和习惯势力不会很快消失。如果不加重视，企业文化会随着制度执行的松懈而失去控制力，新文化体系将会逐渐被旧文化所腐蚀，最终导致前功尽弃。同时，社会上一些不良思潮和不良风气对员工也会产生影响。所以，在对全员进行考核的同时，还有必要建立企业文化的监督考查机制。这项工作可以由企业文化处来承担，定期对企业文化的情况进行监测（如每年进行一次企业文化问卷调查），发现偏差及时纠正。

10.1.7 企业文化建设的奖惩

企业文化建设是个常抓不懈、动态完善的过程，贯穿于企业整个生命周期的始终。在企业发展的不同阶段，受外界环境和内部条件的约束与影响，企业的文化也表现出不同的内涵与外延。随着企业的发展，企业所处的外部环境和自身条件将发生变化，这意味着现有企业文化设计时所依据的前提条件和基本假设也将随之发生改变，今天成功的经验可能成为明天失败的源头，目前先进的企业文化到时可能会表现出历史局限性，成为阻碍企业继续前进的绊脚石。我们通过制定相应的制度把文化变革的成果固化下来，但绝不是要使之僵化。固化应该是相对的，而不是绝对的。

1. 奖惩制度

当我们将所取得的成果，通过相应制度固化下来之后，还没有万事大吉。企业文化建设成果真正意义上的固化，不仅是制度上的，更是全体员工内在精神和心智模式的固化。毕竟改变人们的核心价值观、心智模式及行为，不是一朝一夕可以完成的，它需要一个相当长的时期，中间还不免要有反复。这时，就需要我们从外界给予一定的压力，制定奖惩制度，就是要提醒和督促员工遵循企业文化。让企业文化建设进入考核指标，进入奖惩条例，使“软管理”硬化，使各级管理者把企业文化建设看成本职工作的一部分，其工作绩效同样会影响考核成绩、影响薪酬和奖罚，从而使其重视企业文化建设工作。

在制定奖惩制度时，需要注意以下基本原则：①制度透明，规范严格；②奖惩分明，以奖为主；③长期执行，重在引导；④形式隆重，公正公平。建立一套奖惩制度要涉及以下几方面的内容，需要领导者通盘考虑，保持活动的合理间断，提高刺激频率。

1）与企业文化考核制度结合，建立奖惩制度

将企业文化考核指标纳入全员考核体系，使之与员工的薪酬和激励挂钩，奖励先进，鞭策落后。奖惩制度是考核结果的运用，可以与考核制度一起设计和执行。要控制好比例，不宜选择较大的比例数，以免造成员工的不安心理，从而给企业文化建设带来负面影响。

2）设立年度奖项，表彰先进分子

在企业已有奖项中，加入企业文化方面的奖励，既要有先进个人，也要有先进集体，在企业年度大会上进行表彰。评比要控制好一定比例，尤其是要保证评比效果，名额不宜过多，随着企业文化建设的进一步深入，再加大名额。

3）设立专项基金，保持奖励的持续性

奖惩制度里可以设立专项基金，用于支持企业文化建设，特别是奖励先进单位和个人。这种奖励不一定是等评选结果出来后才支付的，而应当根据企业文化建设的需要，也可以进行不定期开支，重要的是控制过程，而非结果。

4）设立特殊荣誉称号，鼓励先进集体和个人

根据企业的实际，设立一些有意义的荣誉称号是奖励的一种良好形式。这不仅可以给予员工奖励，还可以给员工带来一种特殊感受。例如，微软公司设立的“盖茨总裁奖”，会给获奖者带来一种特殊的受重视感；四通公司的最高集体奖叫“优秀四通团队奖”，最高个人奖叫“优秀四通人奖”，其标准不仅有经济指标，而且有文化指标——做到“三高”，即高效率、高效益、高境界。

2. 适时奖励

我们应当认识到，企业文化系统有其固有稳定机制，当对其进行变革时，结构惯性就会成为一股反作用力。这种文化惯性是企业长期形成的，一个企业的过去越是成功，它的习惯认识就会越根深蒂固，难以改变。这种新旧文化之间的拉锯战将是长期的、艰巨的，是一场“持久战”。正如列宁所说：“千百万人的习惯势力是最可怕的。”这种长期性往往表现出一种阶段性，这就要求我们针对每个特定的阶段采取不同的措施。作为奖惩制度，也应分析这种阶段性的特点，在内容和时间上多加考虑。

首先，企业文化变革是人理念上的变革，是一次思想教育，因此，多使用正面激励效果会好一些。奖励就是一种正面激励，而惩罚是一种负强化，它只适用于那些严重违反企业核心价值观的行为。奖惩制度要以奖为主是企业文化建设的特点，通过正面激励来培养企业文化，更能使企业理念深得人心。

其次，实施奖惩的时间要有统一安排，既在不同阶段形成重点和亮点，又要保持一种连贯性，不能一段时间特别“热”，一段时间特别“凉”。奖惩制度是为了强化和保持企业文化的建设成果，因此，要统一安排各项奖励活动，保持比较稳定的强化频率，不能太松，亦不能太紧。

最后，在一定阶段，可以组织大规模的活动，扩大奖励制度的影响面。例如，当企

业文化建设初战告捷时，举办“企业文化活动周”，进行企业文化建设先进集体和先进个人的评比和表彰，大范围地宣传先进事迹，有组织地开展学习活动。这时，可以给小部分持怀疑态度的人一次很好的说服，让大家心悦诚服，进一步扩大企业文化建设的战果。

3. 树立典型

人的行为改变主要来自模仿，因此，榜样的力量是无穷的。企业文化建设更是如此，先进个人的行为具有很强的示范作用，可以成为员工学习的榜样。企业可以定期评选一些执行企业文化的先进集体和个人，给予精神和物质奖励。还可以选择群众基础好的企业文化代表人物，进行有意的培养和塑造，不断总结先进事迹，在时机成熟后推而广之。这些优秀人物会对企业文化建设起到很强的促进作用，是一个不可忽视的力量源。

例如，中国平安保险公司把自己的企业使命叙述为“对客户负责：服务至上，诚信保障；对员工负责：生涯规划，安家乐业；对股东负责：稳定回报，资产增值；对社会负责：回馈社会，建设国家”。由此提出企业核心价值观为“诚实、信任、进取、成就”。那么，如何锻造平安精英文化呢？平安公司要求各级管理者首先成为精英。公司设立了“平安勋章”“合理化建议奖”，鼓励文化精英。每年他们都组织一次全系统的寿险高峰会，表彰文化精英，让业绩最佳的营销人员担任会议的“会长”，主持这场自我教育、自我激励的活动。平安公司还成立了平安产险“明星俱乐部”，鼓励产险业务员争当明星。

又如，北京公交行业的售票员李素丽，不仅是公交行业的标兵，而且是全国学习的劳动楷模。许多公司员工都争先恐后地前去学习，由于公司员工在车上太多，公司只好规定不得在工作时间上车学习。这种自发的学习精神，是行为改变的最好形式。如果企业身就是崇尚先进的风气，那么，塑造典型的做法就更不能缺少了。

还要注意，在评选先进典型时切忌名不符实。员工之间最相互了解，来不得半点虚假，不能为了塑造典型而塑造，因为结果将会适得其反。

10.2 企业文化实施方法

人是企业文化实施的主体，企业文化的开展和推进离不开企业中各个层次的个体和总体的力量，同时在企业文化的实施过程中还应该从人性化的角度，采用各种易于被员工接受的方式，才能使企业文化，尤其是使企业的核心价值观真正得到落实。

10.2.1 领导垂范法

著名企业家张瑞敏在对媒体记者谈到他个人在海尔充当的角色时说：“第一是设计师，在企业发展中如何使组织结构适应企业发展；第二是牧师，不断地布道，使员工接受企业文化，把员工自身价值的体现和企业目标的实现结合起来。”企业领导者作为企业文化的缔造者、倡导者和管理者，其示范作用，可以有效引导员工的行为和思考方式，是企业文化建设实施的关键。

企业文化并不像战略、组织机构、人力资源等管理职能一样清晰可见，也无法在短期内见效。要使组织中的每一个人相信并愿意去实践企业共同的价值理念，企业领导的身体力行是关键。在实施企业文化的过程中，领导者光是口头讲“这就是我们的价值观”是不够的，如果想让这种新的价值观深入企业，领导者本身就应该成为企业核心价值观的化身，领导者的行为示范作用更为重要。

第一，领导者以身作则来引导员工的行为。领导者应当做到：①表里如一。对本企业的价值理念确信不疑，信守不渝，诚心诚意地贯彻执行，而不是内心一套，外表一套，表里不一，内外相悖。②言行一致。忠实于自己的承诺，嘴上怎样说，行动上就怎么做，而不是说一套，做一套，言行不一。③带头履行文化价值理念。凡是号召员工做的，自己首先做到；凡是不让员工做的，自己首先不做，处处、事事带好头。④事事做员工表率。不以善小而不为，不以恶小而为之。一言一行都不偏离企业文化价值理念，大事小事都做员工的表率。例如，英特尔总裁巴雷特为了实现公司质量至上的信念，在受到日本竞争对手的强大压力时，亲自研究每一条关于竞争者如何设计、管理业务的信息，公开的和学术上的不同渠道都给他带来灵感，同所有员工一起，从头到尾改进了英特尔的制造流程，保证了技术制造商的领先。

第二，领导者通过象征性的行为表现出自己对企业文化始终如一的关注。特雷斯·迪尔和阿伦·肯尼迪的《企业文化——现代企业的精神支柱》一书中就讲到了通用电气公司前任董事长杰克·韦尔奇的一个故事。

那时候杰克·韦尔奇还是一个集团的主管经理。他为了表示出对解决外购成本过高的问题的关注，在办公室里装了一台特别电话，号码不对外公开，专供集团内全体采购代理商使用。只要某个采购人员从供应商那里争得了价格上的让步，就可以直接给杰克·韦尔奇打电话。无论杰克·韦尔奇当时正在干什么，是谈一笔上百万美元的业务，还是同秘书聊天，他一定会停下手头的事情去接电话，并且说：“这真是太棒了，大好消息!”然后，他马上就坐下来起草给这位采购人员的祝贺信。

在英特尔公司，当某个员工在工作中取得显著成绩时，企业高层主管就会把这位员工请到自己的办公室，拿出一把M&Ms公司的糖果作为奖励。这也属于领导者的象征行为，奖品虽然微薄，但是效果很好。

有人谈到象征在管理中的作用时指出，每一个使用象征手法的行动都是一出小戏，从这个意义上说，领导也是戏剧艺术家。

第三，领导者通过天天讲、时时讲，反映出对企业文化的重视。领导者要抓住价值观体系，全神贯注，始终不渝。例如，斯堪的那维亚航空公司的简·卡尔岑以服务作为经营的宗旨，从不放过任何一个微小的机会强调服务。你从来听不见他谈论飞机，他总是谈论乘客。他非常注意用词：斯堪的那维亚航空公司不再是“以资产为中心的企业”，而是“以服务为中心的企业”，不再是“技术型或经济效益型的公司”而是“市场型公司”。

此外，领导者应深入企业的各个部门之中。几乎毫无例外，他们在“现场”要花费很大一部分时间，尽可能多地与组织中的人员接触。领导者还可以提倡为公司的价值观做出努力并举行竞赛，给予公开奖励，以激励别人群起而效之，以及指派特别工作小组负责实现基本价值观方面的短期项目。这些方式在领导者打算强化企业价值观时是相当见效的。

山姆·沃尔顿与沃尔玛的幽默文化的案例就生动形象地说明了企业最高领导者在企业文化实施过程中的作用。

沃尔玛是由山姆·沃尔顿创立的。1945 年山姆·沃尔顿在美国小镇维尔顿开设了第一家杂货店，1962 年正式启用“沃尔玛公司”的企业名称。经过 40 年艰苦奋斗，山姆·沃尔顿以其独特的发展战略及出色的组织、激励机制，终于建立起全球最大的零售业王国。它以物美价廉、对顾客的优质服务著称于天下。在沃尔玛内部有一种独特的文化氛围，它体现了一种团队精神，一种美国人努力工作、友善待人的精神——沃尔玛人一方面辛勤工作，另一方面在工作之余自娱自乐。这种文化是员工努力工作的动力之源，也是沃尔玛获得成功的最独特的秘密武器。而这种文化是沃尔玛董事长山姆·沃尔顿创造的。其“幽默”文化有以下三个方面的特点。

(1) 以幽默鼓舞员工。沃尔玛董事长山姆·沃尔顿在工作上非常严厉，但在工作之余却非常喜欢寻求乐趣。著名的“沃尔玛式欢呼”就是山姆·沃尔顿的一大杰作。1977 年，山姆·沃尔顿赴日本、韩国参观旅行，对韩国一家看上去又脏又乱的工厂里人群欢呼口号的做法很感兴趣，回沃尔玛后马上试行。这就是后来著名的“沃尔玛式欢呼”。在每周六早上 7：30，公司工作会议开始前，山姆·沃尔顿总会亲自带领参会的几百位高级主管、商店经理一起欢呼口号，并做阿肯色大学的拉拉操。另外，在每年的股东大会、新店开幕式或其他一些活动中，山姆·沃尔顿也常常带领集体欢呼口号。

(2) 以幽默赢得顾客。沃尔玛是从小镇上发展起来的，小镇生活总体来说相当乏味，因此需要想一些办法制造一些热闹的气氛。山姆·沃尔顿对于能增添乐趣的事总是乐于尝试。沃尔玛经常组织各种各样的游戏娱乐顾客，包括诗歌朗诵等轻松、愉快的促销方式，以此获得顾客的欢迎。它不仅提升了公司在顾客心目中的形象，增加了公司的销售额，而且也让顾客感受到沃尔玛幽默式的企业文化。

(3) 自上而下的幽默。如果企业家表现出幽默并鼓励员工工作时享受乐趣的话，员工就会对工作持有更积极的态度。沃尔玛在这一方面做得很成功。山姆·沃尔顿和他的助手都非常懂得幽默，只要是能令大家开心的事，他们都会很高兴地去做。例如，1984 年，山姆·沃尔顿与当时的高级主管格拉斯打赌说当年税前利润不会超过营业额的 8%，但最后超过了，为此，山姆·沃尔顿穿着奇装异服在华尔街上跳呼啦舞，并被记者刊登在报纸上，还特别注明他是沃尔玛的董事长。沃尔玛高级主管遭受愚弄是正常的事。山姆·沃尔顿认为这也是公司文化的一部分，它使企业上下级更为贴近，使沟通变得更加容易。

幽默的企业文化表达，使每一位员工都有家人的亲切感。这种企业文化的建立充分展示了山姆·沃尔顿的领导艺术。

10.2.2　造就楷模法

企业楷模，又称企业英雄，是企业为了宣传和贯彻自己的文化而为企业员工树立的可以直接仿效和学习的榜样。企业楷模是企业价值观的人格化体现，更是企业形象的象征。许多优秀的企业都十分重视能体现企业价值观的企业楷模，通过这些英雄人物向其他职工宣传提倡和鼓励的东西。

特雷斯·迪尔和阿伦·肯尼迪认为："如果说价值观是文化的灵魂，那么英雄人物就是价值观的人格化，并集中体现了组织的力量所在。英雄人物是一种强有力的文化中枢形象。"他们将企业英雄划分为两种类型。第一类是和公司一起诞生的"共生英雄"，也叫创业式英雄，是指那种创办企业的英雄。共生英雄在数量上很少，多数是公司的缔造者。他们往往有一段艰难的经历，但面临困难仍然有抱负、有理想，并终于把公司成立起来。在中国民营企业中，有许多这样的英雄，如联想集团的创始人柳传志、深圳华为的任正非、搜狐公司的张朝阳等。第二种类型是企业在特定的环境中精心地塑造出来的，被称为"情势英雄"。共生英雄对企业的影响是长期的、富于哲理的，可为全体职员照亮征途，而情势英雄对企业的影响是短期的（多则几年、少则几个月甚至几天）、具体的，以日常工作中的成功事例来鼓舞企业员工，使其他员工从英雄人物身上认识到英雄人物同自己一样，也是平凡的人，他们能成功，自己也一样能够成功。情势英雄一般是企业普通员工和部门管理人员，我们举例如下。

同仁堂有大量代表企业文化发展方向的人和事，并且被编写成书，在员工中广为流传。"人参王"贾贵深就是一个代表，贾老 14 岁当学徒，在中药行业干了 66 年。贾老掌握一手中药鉴别的绝活，恪尽职守，只求奉献，被称为同仁堂的参天大树，他的行为和精神，鼓舞着所有同仁堂人。在企业内流传着许多关于贾老的故事，员工耳熟能详。他经常为病人义诊，上到中央领导，下到布衣百姓，分文不取。每年要看千人以上，许多病人为感谢贾老，给他送来礼金、礼品，但都被他拒绝了。有一些经营药材的商人，给同仁堂推销的贵重药材中不乏伪劣产品，他们经常给贾老塞红包。每遇到这种情况，贾老都严词拒绝，讲明利害，被供应商称为同仁堂的"门神"。他以实际行动实践着同仁堂"修合无人见，存心有天知"的道德观。

在企业精心塑造出来的情势英雄中，又可以区分为以下四个类型。

（1）出格式英雄。这些人行为古怪，常常故意违反文化准则；但他们聪明过人，有独特的见解，工作能力较强。"出格"人物在强文化公司中具有很高的价值，他们推动公司不断向前发展。

（2）引导式英雄。这是高级管理人员为了有力地推行经营改革，通过物色合适对象而树立起来的英雄。例如，美国电话电报公司，原来是一个没有竞争对手、接受政府管理的实体，其榜样人物是能够迅速装好电话并保证质量的人。后来，该公司不再受政府管理，参与市场竞争，面临经营改革，于是聘请 IBM 公司从前的一位管理人员麦吉尔担任市场经营的副总裁，他从小就习惯于竞争环境，善于识别和适应市场的各种特征，符合改革需要，他就是引导式英雄。

（3）固执式英雄。这是坚忍不拔、锲而不舍、不达目的绝不罢休的人物。例如，3M 公司一位职员试制新产品一年而未成功，结果被解雇，但他并不因此就离开公司，而是不取报酬继续试制，终于试制成功，而被公司晋升为副总裁，并被称为固执式英雄，为该公司铸造了一条"做你所信奉的事"的价值观。

（4）圣牛式英雄。这是忠于职守（如卷起袖子只知道工作的高技术人员）、坚持传统、乐于奉献的人物。例如，一个制造大型精密仪器的公司中的一位工程师，为了检查一台声音不太正常的机器而把耳朵贴近机器，结果机器爆炸而烧糊了他的半张脸。但当治愈后，他自豪地展示着一张破了相的脸。他就是一位圣牛式英雄，他的奉献精神，使人们不仅不觉得他那张脸可怕，反而因此他而尊敬他。

企业楷模是在企业实践中逐步成长起来的，但最后真正成为人所敬仰的楷模还需要企业的精心培育。企业在造就楷模时主要应做好以下三个方面的工作。

（1）善于发现楷模“原型”。企业楷模在成长的初期往往没有惊人的事迹，但是他们的价值取向和信仰的主流往往是进步的，是与企业倡导的价值观保持一致的。企业的领导者应善于深入员工，善于透过人们的言行了解群体成员的心理状态，以及时发现具有楷模特征的“原型”。对楷模“原型”不要求全，而要善于发现其“亮点”。

（2）注重培养楷模。企业应该为所发现的楷模“原型”的顺利成长创造必要的条件：增长其知识，开阔其视野，扩展其活动领域，为其提供更多的文化活动的参与机会，使其增强对企业环境的适应性，并更深刻地了解企业文化的价值体系。培养楷模切忌脱离员工，应该使楷模具有广泛的员工基础。

（3）着力塑造楷模。通过对楷模“原型”的言行给予必要的指导，使他们在经营管理活动或文化活动中担任一定的实际角色或象征角色，使其得到锻炼。当楷模基本定型，为部分员工所拥护以后，企业应该认真总结他们的经验，积极开展传播活动，提高其知名度和感染力，最终使之被企业绝大多数员工认同，发挥其应有的楷模作用。

同时企业还应该注意对企业楷模进行奖励，这种奖励不应该只是一种报酬，而更应该是一种精神价值的肯定，一种文化的激励与象征；不应该只着眼于楷模本人，而更应该着眼于产生更多的楷模。因此，优秀的企业在如何奖励企业楷模这个问题上往往“别出心裁”。例如，上海宝山钢铁集团，对勤勤恳恳工作达到一定年限的职工颁发奖章鼓励，分设铜牛奖、银牛奖、金牛奖，以纪念牛年（1985 年）一期工程投产，并激发老黄牛式的埋头苦干精神。

10.2.3　员工培训法

企业文化的教育培训是企业文化实施的基础工作。企业文化的落实需要员工的认同和配合，但员工受到惯性思维、传统情节和既得利益的影响，不会主动接纳新文化。因此在实施阶段，需要在企业文化领导小组或企业文化部的统一部署下，会同相关部门，对全体员工进行系统的培训和宣讲，让员工能够真正理解本企业文化的内涵、发自内心地认同和拥护企业文化。

企业文化的教育培训可以整合在企业的培训管理制度之中，将企业文化的培训作为重要的培训内容之一列入新员工培训、老员工在岗培训、专题培训之中。企业文化的培训应该是一种全员培训。因为企业领导层的价值观和信仰，只有反映和代表全体员工的观念、信仰时，对企业管理才有意义。同时，通过企业文化全员培训集聚企业凝聚力，能将员工分散的个体力量紧紧地聚合成团体的力量和行为，使每个员工对企业产生浓厚的归属感和荣誉感。

1. 全员培训的目标

一般全员培训的目标设置主要有以下三种：①理念目标。培训后，受训者在生产经营理念上有什么新的转变。②行为目标。培训后，受训者将明确在工作中应该怎么做。③结果目标。通过全员培训要获得什么最终结果。例如，海尔兼并红星厂后所进行的全员培训，其理念目标如下：从原咨询认证中心派出质量控制人员，教育新员工接受海尔的企业文化，树立新的质量观。行为目标如下：建立健全质量保证体系，建立行之有效的奖罚制度，使产品走向市场有可靠的保证。结果目标如下：能够在较短的时间内生产出受市场欢迎的新产品。

2. 全员培训的层次性原则

全员培训并不意味着平均使用力量。为了提高培训投入的回报率，在全员培训的基础上，必须有重点，分层次。它包括对企业兴衰有更大影响的中、高层管理人员和一般员工，也包括一般新进企业的员工和企业老骨干。贯彻层次性原则是为了按需施教。例如，高层管理人员应在明确企业战略规划的基础上，着重在如何提升企业理念、倡导企业精神、改革企业制度方面进行培训；中层管理人员应该在如何贯彻落实上述内容上进行培训；基层管理人员对企业文化的理解，直接影响到普通员工的劳动积极性和对企业的忠诚，通过培训应该使他们懂得如何将企业价值观和企业理念转化为员工的行为，懂得如何指导下属员工发挥团队精神，发挥员工的潜能，调查员工的积极性；而对于新进企业的一般员工，则应该将培训的重点放在企业创业史、企业传统及企业文化的一般宣讲上。

3. 培训方式

企业文化的培训方式多种多样，具体采用哪种培训方式，要根据培训对象，以及要取得何种培训效果而定。一般而言，培训方式有讲授法、演示法、案例法、讨论法、视听法、角色扮演法、行动学习法、商业游戏法、在线培训法、学徒制法、工作轮换法等。各种培训方法都有其自身的优缺点，为了提高培训质量，达到培训目的，往往需要将各种方法配合起来，灵活使用。

4. 培训效果评估

培训效果评估可以帮助培训者全程审视培训的各个环节，同时使培训对象更清楚自己的培训需求与目前水平的差距。从而增强其未来参加培训的愿望，进而间接促进培训的深入开展。评估的内容包括以下方面：①企业员工对企业价值观与企业精神的认同度，可以采用问卷法、访谈法等进行测评。②企业美誉度和知名度，这两方面实际上是在测评企业文化培训后，企业员工行为的改变对企业影响程度的大小，可以在培训开展一段时间后进行测评，然后把测评结果与培训之前的结果相对照。③销售额和企业利润率，这两方面的测定分析实际上是对企业文化培训效果的效益性的分析，即企业文化培训对取得的企业经济效益贡献有多大。

10.2.4　宣传推广法

有一家企业搞企业文化建设，为了塑造企业形象，在厂门口做了三尊雕像。大门做成了两个大拇指的造型，门口一侧是一匹奔腾的千里马，另一侧是一头低着头的垦荒牛：企业的本意是想告诉管理者和员工：大拇指表示永远做同行第一；用千里马的精神、速度来发展企业；用老黄牛的精神来做好本职岗位工作。然而，雕像做出来后，由于没有认真做好宣传解释工作，管理者和员工的认识也就不一样。有的管理者认为，雕像的意义是，大拇指表示我们单位是老总一个人说了算，我们都当牛做马。而普通员工认为，大拇指表示我们单位是老总一个人的，与我们没有关系，中层管理者就会吹牛拍马。

这个故事告诉我们，在企业文化建设的实践中，不少企业有很好的企业文化内容和精神实质，但是一直未能够得到很好的传播和扩散，未能求得管理者和员工的接受和认同，致使在内部没有产生企业文化的导向、教化、凝聚等作用，在外部没有形成企业文化的扩散力、影响力和竞争力。究其原因，主要在于对企业文化的宣传推广没有予以足够的重视和充分的运作。

企业文化宣传推广是指企业通过内外部渠道向员工传播企业文化、通过产品服务向社会传播企业文化并取得认同的过程。一般而言，企业文化的宣传网络存在两种形式：一种是正式网络，如企业报刊，企业广播、电视，企业宣传栏、广告牌，企业局域网等；另一种是非正式网络，如非正式团体内部的交流、企业内的小道消息等。另外，编制企业文化手册也是一种有效的宣传推广的方法。

1. 企业文化宣传的正式网络

（1）企业报刊。企业报刊分为企业刊物和企业报纸两类，如华为公司的《华为文摘》和《华为人报》。报道内容主要包含以下方面：①企业生产经营管理方面的重大事件和重大政策、方针、决定，以及企业主要领导的重要讲话；②企业各方面、各部门工作的报道和介绍；③企业人物报道和专访；④企业内外的各种信息及有关经验、资料；⑤企业员工的工作体会、心得及作品；⑥企业的公共关系活动消息等。

（2）企业广播、电视。企业广播、电视的内容或栏目设置一般分为两大板块。一个板块是娱乐节目，如企业广播站在员工休息时间播出的音乐等，是企业文化的间接传播方式；另一个板块是新闻板块，主要是报道、播放企业内外的新闻、人物介绍、事件追踪等，是直接的企业文化传播途径。

（3）企业宣传栏、广告牌。用作宣传、公告、通知的橱窗、墙报、黑板报、公告栏等宣传栏和广告牌，是我国企业使用最早且用得最多的企业文化宣传推广的传统模式。其内容可以包括以下方面：①宣传企业的最高目标、宗旨、精神、作风，以及工作的计划、方针、措施、要求等；②介绍企业及部门的工作成绩、经验和企业的产品、服务；③宣传介绍企业的劳动模范、先进工作者等各类英雄人物的事迹；④反映员工的思想、工作、生活、学习情况；⑤发布各种消息、通知等。

（4）企业局域网。企业可以在互联网上建立自己的网站，并建立内部 BBS（bulletin board system，即电子公告牌系统）进行企业文化宣传。企业网络不仅是一种企业文化内部的传播渠道，也是向外部传播企业文化的重要途径，具有传播速度快、不受时空限制、信息容量大等优点。

除上述介绍的几种途径外，企业还可以利用企业文化书籍，如《联想为什么》《北京同仁堂史》《四通与四通文化》等都是对各企业的企业文化比较全面的介绍和反映；

企业可以通过开辟厂史室、荣誉室等专用场所，利用图片、文字展示和实物陈列等方式，介绍企业的发展历史、英雄模范、技术特色和主要产品等；很多企业都印制了精美的企业文化宣传册，以图片、文字的形式综合地反映包括企业文化在内的整体企业概况。

2. 企业文化宣传的非正式网络

美国学者特雷斯·迪尔和阿伦·肯尼迪在他们的《企业文化——现代企业的精神支柱》一书中，认为在每一个企业中都存在“讲故事者、教士、幕后提词者、传播小道消息者、秘书消息提供者和小集团等”，他们传播、修饰和强化其价值观的主观意愿与员工希望更多地了解企业中的每一件事情、每一个人的好奇心理和主观需要结合在一起，这就形成了非正式的文化网络。

(1) 讲故事者。讲故事者是指那些把发生在企业里的逸闻趣事，按自己的观点进行传播和扩散的人。企业里的每一件事或每一个人都可能是他们故事加工厂的原料。讲故事是传达信息、统一行动的有力方式，在正向积极意义上，它起着保持文化凝聚力，并给员工们以行动指南的作用。

(2) 教士。这类人物多为企业元老，他们对企业的历史了如指掌，熟悉企业的每一重大事件，往往会不知疲倦地讲述企业的辉煌历史和企业英雄事迹。教士的作用：一是传播企业的基本价值观；二是为企业高层管理者提供决策所需要的历史资料和先例；三是帮助遭受失败、挫折和灰心失望的员工找回信心。例如，一家公司的年轻经理来到“教士”的办公室，向他倾诉：“我的上帝，我已被任命到南美分公司干 18 个月。我即将离开，为此前来请教。唉，这又有什么用呢?”在他要离开办公室的时候，“教士”委婉地告诉了他，公司总经理如何在巴西工作了 10 年的故事。这位年轻经理虽然并不知道他的前景究竟如何，但是他会产生这样的想法而离去：“说不定我也会在分公司待上 10 年，然后爬上总经理的职位。”教士正是通过这种方式让那些灰心的员工找回信心。

(3) 幕后提词者。决策者周边类似“特别助理”式的人物。他们虽未担任某种正式职务，但是却能呼风唤雨，任何想办某件事的人都想听取幕后提词者的主意。这些人有两样重要本领：一是善于察言观色，迅速、准确地体察上司的想法；二是在周围建立了一套联系支持网络。幕后提词者一般与上司有着特殊的关系，高度忠诚是他们个人形象的重要组成部分。

(4) 传播小道消息者。他们能够把小道消息迅速地扩散到企业的每一个层面，因此具有较强的渗透力和影响力。与讲故事者、教士、幕后提词者不同，他们并不创造企业英雄人物，也不讲大道理，更不接近企业里的大人物，而是以特有的方式传播企业价值观、提高英雄人物的地位，因此他们的作用也是不可低估的。

(5) 秘书消息提供者。企业的秘书是文化网络中的一个重要信息源。由于特殊的工作关系，有时他们也会直接扮演教士和幕后提词者的角色。例如，他们有时甚至能比总经理还更为详细地告诉人们：企业到底发生了什么事，谁明升实降，发生在老总办公室里的争论或在车间里谁对谁开了一个令人发窘的玩笑等等。秘书消息提供者还有一个特别的功能，就是通过小道消息网络把上司的功绩传播和扩散出去。

(6) 小集团。在企业中两个或两个以上的人为了达到共同的目的，秘密地聚集在一起，形成互相照应的小集团。小集团的成员或者在同一车间工作，或者具有共同的爱好，或者由于职位关系相互接触频繁等。小集团往往拥有各种信息沟通渠道，内部交流频繁，容易形成一致的价值观和共同的经验，它们对小集团以外的其他人员的活动具有较大的影响力和控制力。

非正式网络具有传播速度快、影响面大的特点，又存在着失真率高，甚至误导的问题。所以非正式网络的建设应该是以引导为主。例如，管理者要经常发掘或创作反映企业价值观的故事或消息，并有意识地向非正式网络中的人员传递，特别是向传播小道消息者和小集团传递，可以运用和发挥非正式网络所具有的生动、灵活、迅速等特点，将企业所希望的文化信息广泛地传播和扩散开来，同时又能潜移默化地影响员工的思想观念，从而改变他们的行为、习惯，达到企业所希望的目标。另外，为了防止非正式网络的副作用，还需要加强企业宣传的正式网络的作用，保障正式渠道的信息畅通，以避免网络人物的不实宣传。

3. 编制企业文化手册

“企业文化手册”，有的企业也叫“员工手册”，是表达企业文化建设成果的一种文本形式，是企业文化建设的重要成果，也是宣传、推广、传播企业文化的重要方式。

企业文化手册的编制，意味着企业文化建设的正式实施，在相当长时期内指导企业文化建设的方向，推动企业的发展。编制企业文化手册，并无严格的规定。一般而言，企业文化手册可以包括以下四项内容。

1）序言（或概论）

序言主要概述企业的发展历程，当前的发展态势，今后的发展规划，特别要阐述企业文化的重要意义。

概述内容也可以用企业领导为手册所写的序言和企业简介的形式加以介绍。

2）主体部分

主体部分着重阐述企业独具特色的企业文化特征、企业文化宗旨。主体部分是本企业的企业文化宣言或企业文化总纲。

3）实体部分

实体部分详细地、全面地刊载已整合审定的企业理念文化体系、企业行为文化体系，展示企业的物质文化体系。企业歌曲、企业誓词也可刊载在实体部分中。

对于企业理念，可进行适当的必要性说明和内容阐释，还可将相应的经典文化故事作为附录，以使抽象的理念便于理解。

企业文化手册还可插入适当的漫画，以增加手册的生动性和可读性。

4）附则

附则刊载有关说明性条款，如执行时间、解释权、手册修订等。

例如，七匹狼的企业文化手册目录如下。

一、品牌释义

二、品牌沿革

三、品牌诉求

四、企业文化模式概括

五、七匹狼企业文化宣言
六、经营理念
七、企业精神
八、经营指南
九、顾客价值链式经营管理
十、企业核心价值观
十一、狼的十大处世哲学
十二、狼之文化（弱肉强食——强者化）
十三、七匹狼的品质承诺
十四、七匹狼的营销观念
十五、七匹狼的管理哲学
十六、七匹狼的经营目标
十七、七匹狼的企业宗旨
十八、七匹狼的人才观念
十九、七匹狼的办公文化
二十、七匹狼的企业文化标语

10.2.5　制度检查法

企业制度受企业文化的统帅和指导，反过来，企业制度能促进企业文化的形成。由于企业制度中规定了企业整体及员工个体遵循的行为规范，从中我们不仅看出这个企业崇尚什么、反对什么，即企业信奉的价值理念，而且可以看出这个企业的做事方式与风格。

所以，企业制度本身能体现企业文化。当管理者认为某种文化需要倡导时，他可能通过培养典型的形式，也可能通过开展活动的形式来推广和传播。但是要把倡导的新文化渗透到管理过程，变成人们的自觉行动，制度则是最好的载体之一。让员工普遍认同一种新文化，可能需要较长时间，但是如果在企业制度中体现企业文化，则可以加速员工对企业文化的认同，促进企业文化的实施。

企业制度与企业价值观念不一致，企业制度使企业价值观念停留于企业领导人的倡导和企业的宣传，却不能成为员工的行为的主要原因之一。例如，一个企业的领导人认为，创新对于企业的生存和发展来说是非常重要的，所以在企业价值观念中将创新作为企业的核心价值观之一，并在各种场合宣讲创新的重要性。但在该企业中，员工并不热衷于创新，也不重视创新。企业的领导人很不理解，并将原因归结为员工的素质差、认识不到创新的重要性或不善于创新。而事实上，在进行企业文化诊断时，却发现员工之所以不重视创新或不热衷于创新，是因为企业尽管在提倡创新，却并没有将创新成果与员工的个人利益挂钩，也没有具体的措施保证员工能够开展创新活动。由于制度与企业主张不配套，以至于员工认为企业提倡创新做的是表面文章，所以也就不当一回事。而3M公司在宣扬创新的重要性的同时，不仅采用分权制度，允许研究人员有15%的时间进行他们自己所喜爱的任何研究计划，还创设了一个内部创业投资基金，制定了一条规则，规定每个部门年销售额的25%应该来自最近5年推出的新产品，从而将“创新”的核心理念落到了实处。

因此，在明确企业价值观念之后，应该将价值观念进一步落实到工作规范中去。对企业原有的制度进行系统的梳理，以剔除、修改与企业文化理念不相适应的部分，在原有的制度中增加与该制度相关的价值观念及其相应的规则。例如，薪酬制度必须根据企业的报酬理念来重新设计，营销管理制度则根据营销理念、客户理念、市场理念等相关理念来做进一步完善。只有坚决抛弃与文化价值观念相背离的各类规定，把企业的制度和企业文化对应起来，才能真正以价值观念引导员工的思维，以制度规范员工的行为，并使企业文化能够在员工工作中得到切实的落实。

10.2.6 礼仪固化法

企业文化礼仪是指企业在长期的文化活动中所形成的交往行为模式、交往规范性理解和固定的典礼仪式。礼仪表面看来似乎是一种形式，但它不仅是企业价值观的重要体现，而且可以使企业规章制度和道德规范具体化为固定的行为模式，对制度和规范起到强化作用。具体而言，企业文化礼仪在企业文化实施中的作用可以总结为以下三个方面。

（1）企业文化礼仪体现并固化了企业价值观。企业是由价值观派生的，是为价值观而存在的，企业文化礼仪是一种独特的传播企业价值观的方式。通过履行一定的礼仪程式，不仅可以使员工接受和认同价值观，同时，也推动了员工将其内化为自身的观念和行为。

（2）企业文化礼仪体现并固化了企业道德要求。在进行这种程式化和固定化的礼仪活动中，员工自觉或不自觉地接受了一定的道德规范，如许多领导与员工每天见面都互相问好，而有些企业的领导则趾高气扬，颐指气使。这两种不同的礼仪既反映了不同的企业道德水准，也反映了不同的企业人际关系。

（3）企业文化礼仪可以增强企业的凝聚力和向心力。社会心理学研究表明，人具有相互交往和群体聚集的心理需要。企业举办的各种礼仪活动，有助于产生彼此认同的群体意识，并消除人际隔膜，增进情感，无形中增强了企业的凝聚力和员工的向心力。

企业文化礼仪一般包括如下内容。

（1）工作性礼仪是指与企业生产经营、行政管理活动相关的带有常规性的工作习俗与仪式。建立这类礼仪的主要目的是警示员工履行自己的职责，进而规范员工的行为。这类礼仪一般包括早训（朝会）、升旗仪式、表彰会、庆功会、拜师会、攻关誓师会及职代会等。例如，有的企业举行的班前宣誓仪式，要求员工在走向工作岗位之前集中宣誓，诵读公司精神与有关理念，以达到振奋精神、激荡思想，进而规范行为之效。而海尔集团要求员工下班之后，在6S大脚印（在海尔车间入口处和作业区醒目的地方，设置一块60厘米见方的图案，上面印着一对特别明显的绿色大脚印，代表清理、整顿、清扫、整洁、素养、安全）上反省检讨一天的工作，旨在提醒下班员工，其责任区是否按“6S”要求做了，如果做了，做得是否符合标准。

（2）生活性礼仪是指与员工个人及群体生活方式、习惯直接相关的习俗与仪式。这类习俗与仪式的目的是增进友谊、培养感情、协调人际关系。其特点包括以下方面：气氛轻松、自然、和谐；具有民俗性、自发性和随意性；具有禁忌性，避免矛盾和冲突，抑制不良情绪，禁止不愉快的话题，要求人们友好和睦相处；具有强烈的社会性，有些礼仪直接由社会移植而来，又常常是由非正式组织推行，并在企业中广泛传播。这类礼仪一般包括婚庆会、联谊会、祝寿会、运动会、欢迎会、文艺会演及团体活动等。

（3）纪念性礼仪主要是指对企业具有重要的纪念活动中的习俗与仪式。这类习俗与仪式的目的是使员工产生强烈的自豪感、归属感，增强自我约束力，其特点是突出宣传纪念活动的价值，烘托节日欢快气氛，强化统一标志，穿着统一服装，佩戴企业徽记，举行升旗仪式，唱企业歌曲等。这类礼仪主要是指厂庆、店庆及其他具有纪念意义的活动。

（4）服务性礼仪主要是指在营销服务中接待顾客的习俗与仪式。规定这类礼仪的目的主要是提高企业服务质量和服务品位，满足顾客的精神需要。其特点包括以下方面：具有规范性，执行不能走样；具有展示性，即对外展示企业良好的精神风采，有特色的服务习俗与仪式能够成为企业文化的一景；直接反映企业营销活动的内容和特点。礼仪执行好坏直接或间接影响企业的声誉和效益好坏。这类礼仪主要指企业营业场所开门及关门礼仪、主题营销礼仪、接待顾客的程序规范和语言规范、企业上门服务的礼仪规范等。

（5）交往性礼仪主要是指企业员工在社会公众联系、交际过程中的习俗与仪式。这类礼仪表现了企业在待人接物、处理公共关系的良好风格，体现了企业对员工、顾客、竞争伙伴和相关公众的尊重，使企业在内外公众中形成良好的形象。其特点是既有通用性，又有独创性。通用性是指企业要遵循世界上各国各民族通用的交际习俗与仪式，不遵守这些礼仪会被交往对方看不起，遭到蔑视；独创性是指企业自身在与公众交往实践中创造的交往礼仪，这类礼仪往往有特殊的场景和程序，带有鲜明的企业个性和文化魅力，交往对方置身于这种礼仪之中，感受到友情、友爱，有强烈的被尊重感。例如，有的企业还特别设立“家属答谢日”，以表达企业员工家属对员工工作支持的感谢，该节日对于加强员工家庭与企业之间的联系，提高员工对企业的忠诚度有一定的作用。有的企业定期举办“开放日”，让社会公众参观企业的生产情景，以增进公众对企业的了解、信任。交往性礼仪包括接待礼仪、出访礼仪、会见礼仪、谈判礼仪、宴请礼仪，以及送礼、打电话、写信等。

在一个企业中，各个方面的礼仪都应该有所涉及。例如，三九医药公司就采用了如下的一些的仪式。

（1）誓师仪式。在每年的年终总结会后，公司举行誓师仪式，表达实现新目标的决心，激励员工的士气。考虑销售公司地区的分散特点，将全国划成四个大区，公司领导到片区去举行誓师仪式。

（2）团委活动。团委定期组织一些文体活动，实现加强沟通交流、提高情操、增强员工体质等目的。在活动中尽量考虑不同部门员工之间的交流，通过这种非正式的团体活动来实现沟通的目的。

（3）新员工入职仪式。组织新员工入职仪式和联欢活动，表现公司对新员工的重视和关心，增强新员工的归属感和荣誉感。

(4) 升旗仪式。每周一在总部和有条件的片区举行升旗仪式，轮流由员工将一面国旗，两面三九厂旗升起，同时播放国歌和三九厂歌。

(5) 三九健康操。每天上午 10：00，总部和片区的员工在各办公区域的位置上做早操（10 分钟）。早操体现了员工健康、积极的精神面貌。

(6) 亲情关怀计划。体现组织对员工的关心和爱，具体活动包括员工生日计划等。

(7) 有计划地组织社会公益活动，如植树、献血、健康咨询、“3·15”宣传日、希望工程捐助等。

(8) 跨部门的交流活动。组织一些活动来加强片区与总部之间、部门之间的交流，如培训、旅游、兴趣小组等。

(9) 对重大成功事件和优秀个人或团队的表彰仪式。当有大的销售订单完成、优良的创新措施等重大的成功事件发生时，相关领导为该个人或团队举行表扬仪式，以示祝贺和肯定。

10.2.7　情景强化法

企业文化的实施还要利用情境强化来实现，即通过营造一定的情境，让员工自觉体会其中隐含的企业文化理念，从而达到自觉自悟的效果。

企业的文化理念是抽象的，不宜把握，更不宜入脑入心。怎样克服这一企业文化建设的瓶颈呢？“情境强化”是一把金钥匙。如果情境设计得巧妙，就可以发挥其视觉冲击力大、印象深刻等特点，有效地把企业理念渗透到员工内心。情境强化法的关键在于情境的设计。应该针对不同的环境、不同的参与者，营造不同的氛围，展现不同的场景，以充分发挥这一特定场景的视觉冲击力和心灵震撼力，达到振聋发聩的效果，如著名的张瑞敏“砸冰箱”的例子。

1984 年创建的海尔冰箱厂因经营不善亏损数百万元，新厂长张瑞敏临危受命，从此拉开了革故鼎新的序幕。正当一切艰难开始时，发生了一件颇有争议的事情。由于生产过程的问题，几十台有瑕疵的冰箱从生产线上下来。这样的产品当然不能投入商场，于是有人建议作为公关品送人，有人建议当做职工福利分发下去。张瑞敏此时却做出了一个震惊四座的举动：挥起锤子把有质量瑕疵的冰箱统统砸毁。张瑞敏宣布：“因为大家过去没有质量意识。不是你们的责任应该是我的责任，但是今后再有问题就是你们的责任，今后谁再出质量问题，就扣谁的工资。”在许多海尔人看来，那锤子不仅砸在冰箱上，更砸在了海尔人心里。张瑞敏“砸冰箱”之举，就是利用情境的视觉冲击力，达到了触及灵魂的目的。

文化理念故事化也是情境强化的一种途径。企业文化的核心理念大都比较抽象，表现为本企业标榜的思维模式、价值观念和精神意识。企业理念要真正地进心入脑，内化为员工生产生活的内在动力，就要借助于生动活泼的故事，以人们喜闻乐见的形式进行宣传和渗透。

故事的选择可以分为以下三种类型。

第一类：寓言类故事。例如，蒙牛集团的企业文化强调竞争，企业通过非洲大草原上“狮子与羚羊”的故事将这一文化生动活泼地体现出来：清晨醒来，狮子的想法是要跑过最慢的羚羊，而羚羊此时想的是跑过速度最快的狮子。“物竞天择、适者生存”的自然法则对于企业的生存和发展同样适用，即不管你是总裁还是小职员，为了保住自己的职位，都应该尽心尽责，全力以赴。

第二类：企业外部发生的真实案例。如果采用真实故事来传达企业理念，其强化效果可能更好。

例如，摩托罗拉把公司数十年的经营历史和成功经验总结为“精诚为本与公正”，并确定为自己的企业理念。这是一种企业深层的责任感，公司始终以这种企业责任感教育员工。摩托罗拉的企业家形象（corporate identity，CI）手册中有这样一段话：“诚信不渝——在与客户、供应商、雇员、政府以及社会大众的交往中，保持诚实、公正的最高道德标准，依照所在国家和地区的法律开展经营。无论到世界的哪个地方进行贸易或投资，必须为顾客提供最佳的服务。”

这种理念不仅写在了手册中，还通过一些情境强化的手段，传达到每位员工的心里。公司的企业伦理顾问艾罗斯常年用一个真实的案例来教育和提高摩托罗拉经理层的每一个人。这一案例发生在 1992 年，EIAI 公司的货机在阿姆斯特丹遭遇空难，造成这场灾难的原因主要是引擎螺栓的设计问题，主要责任是波音公司设计上的错误和质量控制上的疏漏。实际上，波音公司很早就已经发现这个问题，但是没有引起足够的重视。艾罗斯就是用这个沉痛的教训，告诫摩托罗拉的经理：企业必须认真对待产品反馈信息，不断改善产品设计。摩托罗拉在培训中之所以引用这个事故案例，不是制造恐惧感，而是通过情境来强化员工的道德观念和责任感。

第三类：企业内部的真实故事。将企业中的真人真事与文化理念故事化相结合，也是很好的一种情境强化的方法。在提炼和设计企业文化并进行培训和教育之后，有一部分人能够直接认同和接受，并用自己的实际行动来带动和影响其他员工，他们就是企业的骨干。这时，企业把发生在他们身上的故事介绍给全体员工，使他们身上所体现的价值观发挥更大的辐射和示范效应。

例如，海尔的“真诚到永远”的企业理念就曾在这一故事中得到充分体现。在 2002 年春节的前几天，北京石景山区有一个海尔的用户买了一台海尔彩电坏了，很着急。海尔北京分公司吴经理亲自上门维修，在双方约定的晚上 20：00 到达，但这个用户不在，门上了锁，灯却还亮着。怎么办？等！一直等到第二天早晨 6：00 用户回来时，才进门维修。吴经理和他的助手整整在门外冻了一夜，邻居请他们进门休息，被他们婉言拒绝。这件事深深感动了那位用户和他的邻居，也充分体现海尔“真诚到永远”的最佳服务精神。而且，这一故事在企业内广泛流传，也同样鼓舞了全体员工，起到了良好的英雄模范作用。

案例分析：腈纶人的画与话

“真有你的，你的漫画又上墙了！”

“这有什么，人家小张的漫画都被编上节目了。”

“哎，咱车间小王的节能漫画又得到了厂长的嘉奖！”

“我还有个建议，回去再画幅画。”

…………

几年来，抚顺石化公司腈纶化工厂借助漫画这一载体，不断丰富企业思想政治工作的文化内涵，调动和激发广大职工参与企业经营管理的积极性。职工围绕生产经营、安全生产、产品质量、增收节支、学习雷锋、技术革新、计划生育等主题，以画言志，以画建言，以画献策，小小漫画不仅搭建了厂领导与一线工人之间交流沟通的桥梁，还促进全厂形成了“凝心聚力抓管理、奋发向上求发展”的和谐氛围。腈纶化工厂是我国首家引进干法腈纶生产技术的大型化工企业。干法腈纶生产装置流程长、自动化程度高，对员工素质和操作水平要求高。过去，有的职工责任心不强，为了自己方便，随意调整工艺参数，致使腈纶产品质量难以稳定，非计划停车时有发生。厂党政班子认识到，企业的改革发展需要充分发挥广大职工生产积极性，需要强有力的思想政治工作支持和保证。他们针对职工中青年比例大的特点，探索思想政治工作与生产经营、与职工思想实际相结合的有效途径。“腈纶人的画与话”活动在探索中应运而生，它赢得了广大干部职工的认可，参与率逐年提高。广大职工站在管理者的角度，针对一系列关乎企业改革发展的问题，通过自己的画笔，勾勒出一幅幅爱企敬业、体现主人翁精神的“画卷”，为企业的改革发展增添了生机活力。

“腈纶人画与话”活动的开展主要经历了以下五个阶段。

第一个阶段：让你画——“用画来说心里话”。厂里针对广大职工的兴趣、爱好，因势利导开展思想政治工作，确定“画与话”教育载体，动员职工画、引导职工画，激发广大职工以画言志，以画说话，以画建言献策，自觉投身到“画与话”活动中来。腈纶化工厂于1990年建厂，职工平均年龄为35岁，大专以上学历的近一半。2002年在厂里开展的“迎国庆书法、美术、摄影竞赛”活动中，职工参与率极高，而且反映的主题大都是企业管理方面的内容。厂领导受到启发，决定将“画与话”的活动纳入日常管理工作之中，在全厂开展一次以“画与话”为主要形式的“我为企业发展献良策”的漫画征集活动。没想到一周时间，全厂就征集到漫画300多幅，这些漫画主题突出，形式新颖。于是，厂里成立了由宣传部、组织部、工会和团委组成的领导小组，负责研究、部署、指导、协调全厂开展“腈纶人的画与话”活动，他们围绕企业管理及职工关心的热点问题，采取每月一个主题、每季一次评比的方式，对优秀作品的作者予以表彰，并建立“百米漫画廊”展出作品，鼓励职工用“画”来说心里话。为保证活动的有序开展，激发职工的参与热情，进而扩大覆盖面，宣传部定期组织召开“腈纶人的画与话”专题研讨会，让“画与话”的作者、爱好者及组织者在一起座谈、交流、研讨。同时，全厂从上至下成立了漫画协会，宣传部还外聘了专家，定期到厂进行辅导，提高绘画水平，壮大作者队伍。截至2006年，职工的参与率达90%以上。漫画使企业的精神、理念、目标变得通俗易懂，漫画也成为职工表达思想观点的新载体，有的职工通过漫画提出了许多合理化建议，一些观点和建议还得到了厂里的奖励，“你画我画大家画”，人人关心企业、人人参与管理的浓厚氛围在全厂逐渐形成。

第二个阶段：我要画——“围绕主题创作画”。厂里围绕生产经营、安全管理、挖潜增效、技术改造、产品质量、学雷锋、计划生育等主题，引导职工用简笔漫画的形式

“画”出新意，表达心声，激发广大职工参与管理的主动意识。宣传部对初期征集上来的“画与话”进行筛选，制作成类似工艺品的小画框，送到全厂生产、辅助车间及岗位、办公楼走廊进行循环展览。科学的引导，调动了职工参与漫画创作的积极性，职工通过创作漫画表达对企业经营管理、改革发展的所思所想。给排水车间的一名职工针对本部门个别职工上班时违反工作规程穿高跟鞋的不安全现象，画了一幅题为“唉哟，我的妈呀！”的漫画，漫画夸张而幽默，善意地规劝了当事者。职工说，漫画就在他们的工作岗位和巡检路线上，随时提醒他们注意安全，有的漫画画的就是他们身边的人和事，要是成了讽刺画中的人，那多丢人啊！在 2004 年的“质量月”活动中，职工紧紧围绕提高产品质量这个主题，创作了 123 幅漫画。在 2005 年 3 月学雷锋活动月中，职工紧紧围绕勤俭节约、节能降耗创作了漫画 300 多幅。

“画与话”活动不仅使广大职工陶冶了情操，更增强了职工的主人翁意识。毛条车间一名职工说：“‘画与话’活动使我真正找到了做主人的感觉，平时憋在心里的话可以用画说出来。”生活公司一名职工说：“‘画与话’活动使我真正找到了展现自己个性的舞台，使我的业余文化生活更加丰富了。”“画与话”活动增强了职工参与管理的意识，拉近了管理者与职工的距离，促进了职工之间的团结和友谊，企业形成了和谐融洽的气氛。空分车间一名职工把家里的厨房变成了“画室”，发挥夜班工人熬夜的“特长”，利用晚上家里人休息的时间创作漫画，两年来创作漫画 30 多幅；有的职工还自费参加绘画学习班，就是为了“随心所画”。至于一线职工自己买画板、买宣纸、买笔画画的就更多了，截至 2007 年，全厂月平均征集漫画作品达百余幅。

第三个阶段：做活画——“请身边人走出画”。小小漫画成为思想政治工作的有效载体。为使活动更加深入人心，厂里在“画与话”的形式上不断创新，宣传部、工会和团委牵头成立了“用戏说画”创作小组和“腈纶人的画与话”文艺宣传队。他们通过自创、自编、自演曲艺和小品及歌舞等形式诠释漫画，将漫画变成“动画”，一方面让画中的正反两方面典型人物走出画来表演画；另一方面组织职工把自己创作漫画的体会、感悟通过演讲和讲故事等形式表达出来，教育身边人，影响身边人。化工车间一名职工因为留长发险些被机泵卷进去，质检站职工根据这件事创作了一幅漫画，并将漫画改编成小品搬上舞台，职工在笑声中得到警戒，再也没有穿高跟鞋、披长头发上岗了。聚合车间一名职工把奖金发放这一热点问题创作成一幅题为“透明”的漫画，并在画的一角写上了“奖金不见光，职工心里慌”的顺口溜。车间领导看到画后，将奖金分配方案在综合管理看板上进行了公布，受到职工的欢迎。随后，职工又画了一幅“举头望看板，工人干劲强”的漫画，表达了对领导倾听职工心声的喜悦之情。与此同时，他们还借助每年的职代会、“三八”节、“七一”表彰会等大型活动，组织职工根据漫画自编自演文艺节目，使广大职工在自娱自乐中受到教育，在潜移默化中规范自己的言行。

第四个阶段：做大画——“请身边人走进画”。为使漫画活动开展得更加生动，厂里动员职工将企业管理、挖潜增效、安全生产、立足岗位学雷锋、两个文明建设等工作中涌现出来的先进典型、模范人物和职工身边的好人好事“请进画”，使先进职工成为大家学习的榜样。他们先后将“挖潜增效能手”“节能标兵”“安全生产先进个人”“安全标兵”“技术革新标兵”等 100 余名先进人物都请进了“漫画”，并在全厂百米漫画廊上展出，激发全厂干部职工学先进、赶先进、当先进的热情。在树立正面典型的同时，厂里还充分利用漫画讽刺、批评的特点，将一些违章违纪现象纳入漫画题材。给排水车间是用水大户，以往水龙头滴水、厕所跑水、水池溢流等现象随处可见，现象被职工用漫画曝光后，领导带头反思车间管理上存在的不足，并向职工检讨，对职工触动很大。领导还将职工创作的漫画悬挂在各个用水点上，提醒大家时时注意节能。另外，厂里还将各种规章制度纳入漫画创作题材，使各种生硬的制度变得深入浅出、通俗易懂。职工说，过去满墙贴的都是规章制度，眼花缭乱，看都不爱看，现在漫画一挂，一目了然，随时都在叮嘱我们什么该做、什么不该做。

第五个阶段：做强画——“用行为来诠释画”。广大职工喜闻乐见的“腈纶人的画与话”活动，拉近了职工与企业的距离，增强了企业的凝聚力、向心力，也大大促进了广大职工参与企业管理的主动性和积极性，爱岗敬业、忘我工作，自觉地参与企业管理已成为广大职工的自觉行动。聚合车间季红班组职工通过漫画提出了解决马可混合机运行不稳定、滤布运转周期短等问题的合理化建议，经车间采纳实施后，使头道滤布的运转周期由原来的不到 20 天延长到 30 天，一年累计节约丙烯腈 10 余吨，价值 20 多万元。

“画与话”这一思想政治工作有效载体，不仅使企业管理登上了新台阶，而且大大促进了企业经济效益的稳步攀升。

（资料来源：刘君，谷环洲，刘东宇．腈纶人画与话[J]. 思想政治工作研究，2007，(8)：55-57.）

讨论题：

(1)“腈纶人的画与话”活动反映了什么样的企业精神理念？

(2)“腈纶人的画与话”的作用是什么？

(3) 如何通过设计企业风俗和企业活动开展企业文化建设？

第十一章　中国企业的文化特征及发展

引例　海南航空——中国传统文化的典范

组建之初的海南航空（简称海航）在企业内部树立了两面旗帜：一面是以中国传统文化为企业文化内涵的内治之道；另一面是以现代企业制度为管理体制的外用之术。海航人相信，虽然西方的制度管理是规范的、成熟的，但只有与中国的文化环境相结合才能发挥其功能，显现其效力。

以德治企受中国传统文化重伦理、倡道德内涵的启发，海航创业之初就非常注重员工“德”的修养，教育员工要“为社会做点事、为他人做点事、为自己做点事”。在海航经济基础日趋雄厚的同时，海航对一些非经济目标的追求也凸显出来，表明了海航决策者的道德理想：需要一个积聚财富的海航，更需要一个有伦理道德的海航，一个员工、企业和社会和谐相处的海航。

多年来，海航坚定不移地贯彻“以德御才，德才兼备”的人才观，而“三为一德，率先垂范”更是海航向管理干部提出的基本的待人处事的要求，揭示了一个优秀的管理者应当具备的道德规范，就是做到“为人之君，为人之亲，为人之师，以德平天下人心”，从中找到自己修养和德性的差距，并以之为塑造自身的标准。

海航文化“以人为本”的内涵，承接了中国传统文化中的人本主义思想，把海航特有的管理理念、管理制度、管理方法转化成为员工的价值取向，保证了海航始终保持着强大的凝聚力和吸引力，保证了海航发展愿景的一致性和团队价值观的认同。

“以人为本”的核心价值观，是海航人力资源管理的理念和行为的依据。海航文化把人才视为蕴藏着无限潜力的生命体，尊重个人，视人才为第一可贵要素。海航决策者相信，最大的智慧莫过于博采众人的智慧，最高的才能莫过于运用众人的才能。回顾海航事业的迅速发展，可以说这得益于其抢占了体制先机与文化先机，尤其是培养了一批有着独特的务实作风、执著的创新精神的管理干部和基层员工，全面、有效地发挥和提升了海航的竞争优势，亦使他们在实践中不断地以自己的新观念、新思维来培植和传播更为卓越的海航管理文化，海航文化融理想和科学于一体，以深远厚重的中国传统文化为核心，集西方活力和秩序于一身，有着独特的个性魅力。立足于民族性和全球性的视阈，海航文化的内涵和核心价值观在实践中不断得到检验、发展。建设以中国传统文化精粹为内涵的海航文化，与华夏文明建立一种共源相继的传承纽带，是海航人对中国企业文化建设战略意义的时代性把握和规律性提升。海航决策者认为，中国传统文化具有丰富深远的内涵和流传久远的魅力，并深深熔铸在中华民族的生命力、创造力和凝聚力中。

（资料来源：门洪华．海航：新时代文化的实践者[N]．学习时报，2011-06-30.）

11.1 中国近代企业的文化传统

中国近代工业始于清朝末期的洋务运动，在中国封建主义和西方资本主义的夹缝中生长。独特环境中发展起来的中国近代民族企业，具有独特的经营理念和管理方式，形成了具有时代特征和中国特色的企业文化。虽然当时的企业文化还不太成熟，但它确实提升了企业的管理水平，提高了生产效率，为摆脱当时各种不利因素的影响，推动企业发展，做出了不可磨灭的贡献。

11.1.1 中国近代民族企业的企业精神

1. “行训”、“示训”与“厂训”

很多知名的近代民族企业都有着自己的“行训”、“示训”或“厂训”，作为贯彻企业精神的方式。这些家训式的口号内涵丰富，反映出近代民族企业的精神风貌和生存理念。例如，东亚公司就以“己所不欲，勿施于人”，“你愿人怎样待你，你就先怎样待人”为厂训；冼冠生提出“三本主义”——本心、本领、本钱；华新纱厂要求员工“尚勤、尚实、尚公、尚廉、各秉血忱、拔除旧习”；天津国货售品所提出“爱人、惜物、忠事、守章、耐久”的所训；项康元创办制罐厂提出“勤、俭、诚、勇、洁”的厂训。在内容上，这些训示多数继承了儒家文化的精髓，将其为人处世的核心理念运用和内化于企业管理。这些训示使企业价值观与企业精神深入人心，虽然不成体系，但对员工仍有具体的规范与引导的重要意义。

2. 自强不息的民族精神

近代的中国实业家在其经营活动中表现出了强烈的民族精神。“天下兴亡，匹夫有责”，近代中国受西方帝国列强的剥削和凌辱，救亡图存已成为所有国人的义务和责任。因此，很多优秀的实业家把“实业救国”作为实现人生价值的手段，也将其作为激励员工士气的精神动力。同时，“实业救国”的旗号也更能使企业被社会认同，从而赢得更广阔的生存空间。例如，张之洞认识到“中国受制于人……实因水师之无人，枪炮之不具”，于是，兴业自制枪炮，在认识到“铁之兴废，国之强弱贫富系焉”的道理后，又着手发展钢铁工业。

3. 关注民生、服务社会

深受儒家文化经世致用、入世为国的思想的影响，不少近代民族企业都把关注民生、服务社会作为企业发展的目标之一。例如，民生实业股份有限公司的“服务社会、便利人群、开发产业、富强国家”，“个人为事业服务，事业为社会服务”，“事业是超经济的，个人的工作是超报酬的”；被毛泽东同志称为“四大民族资本家”之一的范旭东，把“我们在精神上以能服务社会为最大的光荣”作为职工共同遵守的四大信条之一。这些即使在今天看来仍不可不谓卓越、前卫的价值观就像一面旗帜，引导着企业在当时残酷的竞争环境中生存与发展。

4. “和”“合”的价值认同

“和”和“合”是中国传统文化的重要价值内涵，也成为近代中国民族企业的文化特征。在价值观的统帅下，很多企业都提炼、总结与培育了自己的企业精神，为实现企业的宗旨服务。例如，周学熙华新纱厂的“互助合作”的“华新精神”，郭氏兄弟的永安企业集团的“彼此同心、团结合作、民望相助、勿以小我忘大我”和“同号相连，同舟共济”的“永安精神”，蔡声白的美亚织绸厂的“和衷共济”的“美亚精神”等。这些精神主要以传统文化中的“和”“合”精神为主导。

11.1.2　中国近代民族企业的经营理念

近代民族企业家深深懂得，统一价值观念、塑造企业精神的重要性。近代民族企业在经营过程中，在人才、市场、品牌等方面形成了自身的经营理念。作为企业文化精神层的重要内容，这些经营理念使企业的经营更具有方向性，对企业行为具有良好的指导意义。

1. 人才理念

受“人为万物之灵”这一传统文化的影响，近代企业家始终把人看做社会经济活动与发展的主体，不仅十分注重人才的作用，而且还重视对人才的训练与培养。卢作孚宣称“人是事物的原动力，有了人，企业便会不断发展”；范旭东提出“劳于用人，逸于用事”；张謇提出“无人才无可为图”；刘鸿生以为选贤任能的用人之道是创大业之必需；吴蕴初将人才的培养与开发视为振兴事业的关键；穆藕初强调人才为事业之灵魂。基于这些认识，近代民族企业家在实践中都大力选拔人才，重用人才。荣氏兄弟千方百计网罗人才，施以生活上的优厚待遇及工作上的依赖与支持，并重视人才的培养与教育训练工作，除送出去培训外，还投资兴办一系列学校，为荣氏企业和全国其他部门培养了约 1 120 名高中级专门人才。

2. 市场理念

中国近代企业已经具有初步的市场意识，如进行市场需求调查等。郑观应认为，即使在古代，要想获得厚利，也要知市面之兴衰，货物之增益，销路之宏远，须仗聪明才智之士思深虑远，而后择奇计赢，胸有成竹。何况到近代商业愈盛，商术愈巧，更不可不预知市场需求。郑观应对创办企业持谨慎态度，关注预筹资本是否有利可图，这其中就包含着企业有无市场的问题。他对招商局的市场调查问题曾反复申述。为了发展招商局的业务，详细了解招商局各埠营运状况，郑观应还曾亲往南洋调查商务，两次溯长江西上调查局情。他把调查既作为了解市场的过程，也作为整顿局务的重要内容和措施。通过实地调查，他也确实发现了不少问题，并针对这些问题提出了许多有效的加强经营管理的对策。

3. 品牌理念

中国民族资本主义企业非常重视品牌建设，并且确实塑造出一批知名的可与外来品牌相抗衡的民族品牌。这主要分布在烟草、面粉、纺纱等与国计民生密切相关的行业，如荣氏企业的“兵船”牌面粉，大生毛纺厂的“魁兴”“红魁”“绿魁”棉纱，东亚公司的“抵羊”牌毛线，“三友实业社”的“三角牌”毛巾，“百好炼乳厂”的“白日擒雕牌”乳品，“上海天厨味精厂”的“佛手”牌味精，“家庭工业社”的“无敌牌”牙粉，“中国化学工业社”的“三星牌”蚊香和牙粉，“中国铅笔厂”的“飞机牌”“鼎牌”“三星牌”“五星牌”铅笔。“南洋兄弟烟草公司”是中国最大的民族制烟企业，其商标“名目不下百余种，其中大小‘白金龙’、‘梅兰芳’、‘七星’、大小‘长城’、‘联珠’、‘爱国’、‘红金龙’、‘百雀’、‘喜鹊’、‘高塔’、‘蟹美人’、‘金斧’、‘八角’等，更为南北各地通销之品”。这些企业都很重视品牌的原料质量，保障原料来源；引进先进设备，提高产品质量；以优质低价手段占领市场；并采取灵活销售的技巧，确保名牌产品的市场份额；采取质量异同和商标异同的策略，明确名牌产品的市场定位。

4. 经营创新

一些近代民族企业在经营管理思想与制度方面勇于改革与创新。有国外学者认为“确实有一‘群’中国模仿者仿效了熊彼特式的创新者”。荣氏兄弟提出“建厂力求其快、设备力求其新、开工力求其足、发展力求其多”，“人弃我取、将旧变新”，“粉纱互济”和“薄利多销，战胜于市场”的经营思想。刘鸿生也提出一系列新的经营管理思想，如“谋定而后动”的战略决策思想，即在调查研究、大量获取经济信息的基础上，初步提出经营目标，再进一步进行可行性分析论证，最后再做出投资目标的战略决策；“不把鸡蛋放在一个篮子里”——分散投资的思想，以及“联华制夷”和“联夷制夷”——行业竞争中的统一战线策略。束云章提出以实业为龙头，带动相关行业的发展，走混合联合经营的道路，以及掌握“仁”术，“取予有度”，处理好企业的人际关系的管理思想等。

11.2　中国特色企业文化的特征及发展

国学大师钱穆曾说：“中国文化全部都从家族观念上筑起。”家是中国人的生活重心，研究华商的企业文化，自然要特别注重对华商家族企业的研究，家族企业是华商企业的主要经营形态。

11.2.1　家族企业的文化特点

1. 文化构建以中国传统文化为基础

“家文化”是中国家族企业存在的文化之根，是企业文化的血脉与灵魂。中国家族企业与中国传统的“家文化”有着紧密的联系。中国是个有着悠久历史的文明古国，在传统的儒家文化影响下，人们高度重视家族关系和私人信任，具有浓厚的家族观念传统。中国的传统文化是农耕文化，中国古代封建社会达到的高度发展与繁荣，是依靠家国一体的宗法制度来维持的，得益于农业社会的稳定结构。家庭正是这种稳定社会的基本组成细胞。以家族为中心，以血缘远近亲疏的关系来确定人们的尊贵卑贱地位，这种根深蒂固的家族管理观念已经成为一种民族意识，深入每一个人的灵魂之中，中国家族文化积淀之深厚，对人们心理和行为影响之深远，是其他国家和民族难以比拟的。这种“家文化”影响着中国人的行为取向、价值观念等。中国优秀的历史文化是企业发展的文化底蕴，尤其是以儒家文化为主的中国传统文化对中外企业的影响非常大。

2. 注重亲情和人情的管理方式

中国人的基本信念是以情为先，以理为大，情理兼顾。中国家族企业的创业史决定企业在用人时除了注重人才的能力与水平外，还考虑他与企业及企业领导人的关系。在利益分配上除了表现公平性之外，还要照顾其特殊性。中国的传统文化决定人们在交往中，尤其是深受家族文化影响的家族企业中的人际交往往往遵循差序格局，即中国人待人是根据血缘亲疏远近来区别的。家族企业中的特点就是多数员工间都有或远或近的亲属关系，因此关系比较融洽自然，家族企业的亲情关系如果突破家族成员的范围，并推广到所有的员工就会形成强大的人员优势。索尼公司董事长盛田昭夫认为：一个公司最主要的使命是培养它同雇员之间的关系，在公司中创建一种家庭式情感，即经理人员和所有雇员同甘苦、共命运的情感。家庭式的工作氛围使员工有明显的归属感，易于建立融洽的企业人际关系。

11.2.2 华商文化的特点

遍布世界各地的华人企业家深受儒家文化的影响与熏陶，恪守儒家商业文化传统、儒家经济伦理和商业道德，背井离乡、漂洋过海，凭着不屈不挠、艰苦奋斗的意志，在世界各地取得了辉煌的业绩，令世人瞩目，从而也形成了华人企业家独特的企业家精神，即华商文化所体现的商业精神和基本价值观。它包括以下几个方面。

1. 艰苦奋斗的韧性精神

艰难困苦，玉汝于成。从困境到玉汝于成，中间需要忍辱负重的精神，唯有忍辱负重，方能屈中求伸。海外华人远离故土，所面临的第一件事就是图生存、求发展。他们往往白手起家，以中国人所特有的勤劳、简朴为安身之本，艰苦创业。他们把苦难当成是一笔财富，在成功的道路上历经种种磨难和艰辛却依然百折不挠。他们虽然经历一次次的失败却从不灰心、从不气馁，善于从挫折和失败中吸取经验教训，继续前进。

勤俭作为中华民族的传统美德，也是华商精神的一个重要内涵。墨子说，“强必富，不强必贫”，“赖其力者生，不赖其力者不生”。李嘉诚在总结他的成功之道时说：“因为我勤奋，我节俭，有毅力。”其实，不少超级富豪由贫到富，自始至终都非常勤劳、节俭。勤以增收，俭以节支，勤而且俭才能育才致赢，否则，用之无节，犹如漏后不补，必致财源流失。由此可见勤俭的重要。

2. 注重和谐，讲究诚信

注重和谐是华商文化的鲜明特点，中华文化强调万物对立统一，共成一体；音声相协，社会相和；阴阳交加，万物以成；戒烦弃躁，发而中节；人际和谐，无争无诉。身处异地，上无“天时”，下无“地利”的华商，把“和”作为其广泛的外交哲学。在生意场上，注重建立和保持良好的关系，重视商人之间的合作和相互扶持；在企业内部，追求协调同事间的人际关系，达成内部人际和谐。马来西亚籍华人企业家郭鹤年被称为“人际关系专家”，他一方面注意选拔和培养得力的“管理干将”，谋求全体职工对集团的拥护和支持，另一方面还特别注意发展公司外部的人际环境。忠、诚、信、实在儒家文化中被视作人的基本道德品质。“精诚所至，金石为开”，“朋友有信”，“人无信不立，政无信不威，商无信不富”。

这些中国文化传统中的至理箴言把诚信列为从事任何职业的一条首要道德规范。许多华人企业家都把“诚信为本”作为他们的“本色经营”，不投机取巧，而信守承诺，信人不疑，委以重任；在生产中以质量为本，精益求精。

3. 人文关怀精神和德治思想

儒家文化主张仁者爱人，强调修身养性，同时，要求人人怀着仁爱之心来处理人际关系。以仁义立身，以仁义为重，一方面使华人企业家“与用事僮仆同苦乐”，使企业具有极大的凝聚力，另一方面，通过博施济众，取之社会，用之社会，从而赢得广泛的社会亲和力。中国香港杰出工业家林光如深知，作为企业的领导首先要修炼自身的德行，要具备良好的德操，要有远大的理想和抱负。同时，一个人的事业还应当和社会联系起来，在社会的坐标中定义自己的位置，为社会和国家创造财富。

由此产生的德治思想在华商文化中也是根深蒂固的，它要求人们反躬自省，要通过先正己后正人的过程来治理社会，无论是一个社会，还是一个组织，仅仅依靠法治是不完善的，同时也需要培养和营造一种行善的氛围，使人产生一种行善的内驱力。海外华人企业家把德治方式“嫁接”到现代企业管理中来，取得了卓越的成果，这正是华商文化的魅力和潜力。

4. 人本思想

儒家文化的核心是以人为本。强调“仁者爱人”，“己所不欲勿施于人”，每个人的独立人格都应受到尊重。同样，华人企业家十分重视人的作用，“三军易得，一将难求”表达了他们对人才的渴望和重视。“水能载舟，亦能覆舟”体现了人在企业中的重要作用。“用人不疑，疑人不用”的选材标准，让下属能尽情发挥潜能。在企业管理中，华商主张无为而治的思想，即搞好管理者个人的道德修养和对下属的道德教化，主张以德服人，用榜样的力量使人信服，达到管理的目的。同时，华人企业家强调人和，增强企业的内聚力。正是将这种人本思想移植于现代企业文化中，形成企业和公司的整体合力。

11.2.3　中国当代企业的发展

从 1978 年开始，中国进入不同寻常的时代。观念的革命迅速而又深刻地改变着人们的生活和生存方式。人们迫切地感到，必须严肃认真地对待一个富有挑战性、千变万化的时代。也正是从这个年代开始，中华民族开始了自己悠久历史中又一次真正的复兴。回顾过去 30 多年的历程，可以看到无数企业成长的足迹，正是它们以自身的快速增长驱动着经济的发展，成为民族复兴的中坚力量。

1. 中国企业与改革开放

从新中国成立到改革开放，中国一直处于计划经济时代，企业由国有企业和集体企业组成。然而随着中国经济的发展，计划经济长期统购统销的低效率已经成为中国经济增长的瓶颈。改革开放以来，中国经济体制不断改革，逐渐形成中国特色的市场经济模式。国有企业历经了体制改革、产权改革，不断适应新的竞争环境。大型国有企业逐步从“作坊时代”走向“跨国时代”。

2005 年 2 月，《国务院关于鼓励支持和引导个体私营等非公有制经济发展的若干意见》（也称为“非公经济 36 条”）由国务院公布，允许非公有资本进入垄断行业和领域，在电力、电信、铁路、民航、石油等行业和领域，进一步引入市场竞争机制。两年后，党的十七大报告明确提出“毫不动摇地鼓励、支持、引导非公有制经济发展”，对非公经济实行“两个平等”，即法律上的“平等”保护和经济上的“平等”竞争，民营经济在不断拓展的空间里飞速发展，在解决城镇就业和转移农村剩余劳动力方面扮演着重要角色，成为中国经济增长中最活跃的力量。

外企也搭上中国经济的快车，在发展中实现双赢。改革开放以来，外资以各种方式进入中国市场，成为中国经济中不可忽视的一部分。加入世界贸易组织以后，中国履行承诺对外资开放了包括金融、电信、建筑、分销在内的众多领域，外资企业开始进入更广的领域，在分享改革开放成果的同时，也带来了先进的管理模式和管理方法。2008年1月1日，两税合并，外企身份逐渐与中国的民企、国企趋于一致。三种不同所有制的企业平等竞争，成为推动中国经济腾飞的重要力量。

2. 中国企业的现代化制度建设

社会主义市场经济体制的建立和完善，要求现代企业制度作为微观基础以企业所有制与产权制度、企业组织制度和企业管理制度为主要组成部分的企业制度的变迁，反映了市场经济的客观要求。十四届三中全会通过了《中共中央关于建立社会主义市场经济体制若干问题的决定》，提出社会主义市场经济体制是同社会主义基本制度结合在一起的。建立社会主义市场经济体制，就是要使市场在国家宏观调控下对资源配置起基础性作用。要进一步转换国有企业经营机制，建立适应市场经济要求，产权清晰、权责明确、政企分开、管理科学的现代企业制度。著名经济学家吴敬琏说：“我们现在理论上确定进行现代企业制度建设，相对于过去对国有企业改革所设置的禁区，是一个突破。”随着相关法律和市场规范的制定，为了更好地适应竞争的需要，各类企业也不断向现代企业制度迈进，积极地向外企和国企学习借鉴制度建设，从而实现科学化、现代化管理。

3. 中国企业的崛起

1987年前，10亿元即是中国企业的极限。1997年前，中国当时的企业巨头也不过100亿元。截至2007年，很多中国企业已经超越了1 000亿元，更有无数企业，在2008～2012年计划里，将打造千亿帝国作为其远景目标。1978年，全国国有企业的存款和财政存款之和只有1 089.9亿元。2007年，全国国有企业资产总额增至35.5万亿元，1997～2007年年均增长9.8%。在关系国家安全和国民经济命脉的重要行业和关键领域，国有经济的控制力和影响力占据主导地位。民营企业的发展速度与规模同样惊人。中国人民政治协商会议副主席、中华全国工商业联合会主席黄孟复说，民营企业创造了中国GDP总量的40%左右、增量的60%左右，完成了城镇就业和农村劳动力转移的一大半、社会新增的非农就业的20%以上。

改革开放以来，中国企业除了在规模上获得了巨大增长，中国的家电、食品、饮料、通信等行业也已经形成了若干中国本地的知名品牌，而且这些品牌的国内影响力在不断扩大，少数品牌甚至具有一定的国际知名度，如格力电器、青岛海尔、海信电器、四川长虹、双汇发展、青岛啤酒、华为、联想等。在亚洲品牌500强排行榜上，中国联想集团名列前十位。尽管还不算非常强大，但表明中国企业已经走到国际经济舞台的中央。

1979年，英国老牌杂志《经济学人》这样预言中国的“未来”：10年之后，中国将成为“同英国地位相当的中等贸易国家”，西方应该努力接受中国商品。历史已验证这一预见。如今，中国有上百种制造产品的产量居世界第一位，已成世界第四大生产国。一些经济学家继续“预言”，中国企业将会像20世纪20年代的日本企业一样，开始驰骋全球的旅程。

4. 融入全球化的中国企业管理

中国企业从在本土与国外品牌竞争到走到海外市场去拓展新的生存空间，逐渐将自身融入全球经济的整体当中，成为其不可分割的一部分。在2008年全球500强中，中国企业已经占据了多个位子。联想、华为、海尔等企业已经在海外不断拓展业务，从而获得更广阔的成长空间。随着全球化进程的不断推进，我们可以预见在未来，中国企业将在世界经济的舞台上扮演更为重要的角色。

在管理思想和管理方法方面，作为后来者的中国企业在过去的发展历程中积极地向西方以及日本的企业学习，不断提升自己的管理水平。而改革开放30多年来，一大批本土领先企业更是用自身快速稳健的成长证明了“中国式管理”的价值。改革开放后中国经济的崛起更让发达国家关注中国管理模式，开始研究和学习中国的管理方法和管理思想。例如，海尔激活“休克鱼”的案例已经被纳入哈佛的教学案例。随着世界经济危机的到来，世界的眼光再次聚焦中国模式，以探寻中国的管理之道。

案例分析：独特的美雪集团企业文化

北京美雪民宝实业集团（简称美雪集团）是民营股份制企业。经过多年的艰苦奋斗，企业迅速发展为集餐饮、旅游产业、农业开发、房地产开发和商工贸并举的大型企业集团。拥有资产4.2亿元，下属21家企业，职工3 000余人，分布在北京、河北、海南、宁夏、上海、陕西等地。

创业之初，公司既无雄厚的资金，也无强大的靠山，也不靠非法经营、图谋暴利，却在短短的时间内获得骄人的成绩，其原因在于重视经济文化一体化发展，一手抓经营管理，一手抓企业文化建设。在艰苦创业的过程中，不断总结经验教训，继承和弘扬中国传统的优秀文化，并紧密结合自己的实际，逐步形成全体员工共识的“勤忍诚和”的企业精神。

“勤忍诚和”四个字是美雪集团的企业精神和企业文化的核心，它凝聚着全体员工在创业实践中辛勤的汗水和智慧。四字互相联系，是辩证统一的关系。以勤为本，以诚为魂，以忍求和，团结共事，共创大业，这是全体员工共同遵守的行为准则和规范要求。

勤，简单地说，就是勤劳、勤勉、勤奋、勤恳。人生在勤，人类社会之所以能够生存和发展，就是由于人类是勤劳的。美雪集团创始人吴宝民常说，餐饮业就是勤行，成功的事业是干出来的。他常用“业精于勤，勤能补拙”“一勤天下无难事”等古训来教育职工，这些已成为各部门经理和全体员工的座右铭。要求别人做的，吴宝民总是率先垂范、身体力行。要求经理比别人起得早，计划安排好当天的工作，睡得要比别人晚，总结好当天的工作，以勤为首，努力管理好企业。员工在企业中要善于观察和把握顾客的需求，乃至顾客细微的心理变化，要做到脑勤、眼勤、口勤、手勤、腿勤，以“五勤”为顾客提供恰到好处的服务。例如，有一次一位顾客就餐时不慎将筷子掉在地上，刚要弯腰去捡，服务员已经将一双新筷子送到眼前；有一次，一位顾客坐的椅子出了问题，就在椅子倾斜、顾客将要摔倒的一刹那，工作人员眼疾手快，一手抱住顾客，一手将另一把椅子拖来放好，让顾客安全落座。这些脑勤、眼勤、口勤、手勤、腿勤的小小举动，赢得的是顾客的喝彩与赞许，带来的是有口皆碑的企业声誉。

忍，就是要容忍、宽容、忍耐。孔夫子说“小不忍则乱大谋”，毛泽东同志曾指出：在非原则问题上要“求大同，存小异”。要干事业，就需要团结更多的人一起奋斗。容忍是中华民族的美德，有人认为忍耐是怯懦的表现，这种认识是片面的。在日常小事上要求同存异，互谅互让，古人云“忍一时风平浪静，退一步海阔天空”。搞事业需要有奋斗精神，也需要忍耐精神，“忍”是搞好内部团结和外部关系的一种好的方法和必要手段。时时、事事、处处都会有矛盾，没有矛盾就没有世界。特别在改革开放不断深化的今天，由于认识能力等原因，不同的人对各种问题的看法和处理手段各异，如果不忍让宽容，搞好团结是不可能的。对顾客来说，常常会因口味或其他各种原因提出换花样，公司要求服务人员遇到这样的情况，要立刻为顾客换菜，一次不满意，就两次，乃至三次，直到顾客满意为止。这样虽给企业带来一时的损失，但却能使顾客体会到公司在真心实意地为他们服务，使顾客与企业的关系更加和谐与融洽。如果不忍一时之愤，与顾客争吵，一时失言、失态，就有损企业形象，影响和顾客的关系。吴宝民把“百忍堂中有太和”写成条幅挂在墙上，作为内外共事的格言，并经常以此教育员工。可见忍让的精神如同一种胶合剂，可以及时弥补内部和外部人际关系中出现的裂痕，使大家互相理解、互相支持、团结奋进、共创大业。忍让不仅是一种崇高的美德和高尚的品质，也是意志的升华，同时也体现了一个人的涵养和胸怀。

诚，就是真诚实在，就是对企业、对国家、对人民都要忠诚。它体现在人与人之间的互相尊重上，体现在企业员工对顾客的尊重上，诚心诚意地为顾客服务，就是具体地全心全意为人民服务。

诚在企业精神中充分地体现了诚信兴商的道德观念。精诚所至，金石为开，以诚待客，以信待人，是对“无商不奸”的旧观念的摒弃。城市是一个人立身之本，也是企业的立业之本。人生活在互相信任、以诚相待的环境中，就会产生一种向心力，使其更加忠于职守。吴宝民历来强调与人为善，诚恳待人。只有真诚才能赢得八方来客；只有以“公平交易，童叟无欺”为原则，以顾客满意为标准，才能长久地获得良好的经济效益和社会效益，求得企业的大发展。所谓“宾至如归”，不仅要让顾客品尝到美味可口的饭菜，还要让顾客得到高品位的精神享受。

吴宝民把这些古今的优秀思想、传统道德运用在对企业的经营管理方面，真诚地爱护每一个员工，把他们作为公司的兄弟姐妹，尽量帮助员工解决困难和问题。把员工的冷暖放在心上，急其所急，想其所想，只要有人找公司帮忙，公司都尽力而为。公司领导还经常注意发现员工的困难，并主动帮其解决。

和，就是和谐、团结，就是同心同德、齐心协力。团结人是一种领导才能和领导艺术，公司总经理在 1986 年提出的口号如下：“全体员工要把顾客视为上帝，管理人员要把员工视为上帝。”处理好这两个“上帝”的关系，就处理好了企业内部和外部的两种关系。要求干部不仅要关心员工的疾苦，而且要尊重员工的人格，赢得员工的心，形成和谐的上下关系和内部关系。

人和万事兴。天时不如地利，地利不如人和。天时地利是外因，可遇不可求；人和是内因，自己可以创造，是力量的源泉。

怎样创造人和呢？首先是领导要真诚地对待员工，努力创造温暖和谐的大家庭。员工之间的互相信任与尊重是求得人和的策略基点。吴宝民经常给大家讲，人到一起是缘分，大家要和睦相处，真诚相待。这样才能说实话、讲真话，干活出实力，才会使员工队伍充满活力，使每个人的创造精神和聪明才智都得到充分的发挥，每个人的积极性都得到充分的调动，每个员工才会自觉用自己的言行维护企业的利益，并展示企业的形象。

创业需要人和，守业需要人和，发展事业更需要人和。在顺境中需要人和，在逆境中更需要人和。美雪集团每前进一步，每取得一个成就都离不开人和。在团结工作中，公司注意做好以下四点工作：一是严格管理与思想教育相结合。“和”绝不是无原则的捏合，搞企业一味“和气”是不能成功的。尤其是在管理工作中，该严则必严，既要进行耐心的思想教育，也要进行严格的行政管理，才能达到团结的目的。二是处理问题要调查研究，实事求是，力求公正、客观。古人云“人平不语，水平不流”，员工心平气和，才能团结协调，努力工作。三是预防为主，及时发现和解决问题。要见微知著，抓好苗头，及时正确地处理矛盾，不要等到矛盾激化。四是不断学习、总结、提高团结人的本领。团结的工作做好了，就会产生神奇的“磁石效应”，就会增强凝聚力、向心力，这是事业成功不可缺少的要素之一。公司在创业的经营管理实践中，总结出管理人员搞好团结工作的以下八条经验：一是以与人为善为待人原则，为图谋大业团结更多的人共同奋斗；二是“容人之短，用人之长”，豁达大度，该忍耐时则忍耐，求同存异，团结共事；三是谦虚谨慎，戒骄戒躁；四是正职主管要有民主意识，副职助手要有当好配角的意识，以全局利益为重，相互配合，协同工作；五是反对山头主义和小团体意识，要搞五湖四海；六是反对自由主义，正确开展批评与自我批评；七是加强协作，特别是在意见不同的情况下，在认识上虽有分歧，但工作上要协作，这就是从全局出发，求同存异；八是待人诚实，设身处地，推心置腹，才能赢得朋友的信任和企业的信誉。团结工作搞好了，事业的成功就有了可靠的保证。

（资料来源：刘德权，冯富贵. 独特的美雪集团企业文化[J]. 商业文化，1997，(5)：33-36.）

讨论题：

(1) 美雪企业精神体现了哪些传统文化？

(2) 结合案例说明企业文化的提炼如何反映企业个性。

(3) 你认为企业文化应如何提炼？是否要体现传统文化特色？

第十二章　跨文化管理

引例　迪士尼为何兵败巴黎

提起迪士尼，人们自然会想起机灵的米老鼠和笨拙可爱的唐老鸭，这些形象作为美国文化的象征，征服了不同国籍、不同肤色的儿童，甚至也吸引了不少成年观众。1955年，占地20公顷的“迪士尼乐园”在美国加利福尼亚州开放；1972年，“迪士尼世界”在佛罗里达州建成；1983年，迪士尼又把迪士尼文化推向了日本，建成了占地200英亩（1英亩≈4 046.86平方米）的东京迪士尼。接二连三的成功，使迪士尼公司的头脑膨胀了，他们企图把这些成功的套路再搬到欧洲，创造第四个奇迹。然而，事与愿违，巴黎不是佛罗里达州，“唐老鸭”碰了个大钉子。

东京迪士尼乐园的成功使迪士尼的经营者开始做起欧洲梦。在寻找建设迪士尼的场所时，迪士尼的管理者考察了欧洲200多个地方，最后选中了巴黎。

优越的地理位置成了最后的决定因素。更为乐观的是欧洲人比美国人有更长的假期。例如，法国和德国雇员的假期一般是五个星期，而美国雇员的假期只有两三个星期。

于是，一个庞大的计划产生了：这座欧洲迪士尼乐园，将成为一家投资44亿美元的企业，它占据了巴黎以东20英里（1英里≈1 609.34米）的5 000英亩土地，并准备配备6家饭店和520个房间。迪士尼还将开发一个商用综合楼群，它的规模仅比巴黎境内法国最大的La Defense公司稍小一点，计划将建成购物中心、公寓住房、高尔夫俱乐部和度假村。迪士尼的管理者对于这个占地相当于巴黎面积1/5的大型企业的前景充满信心，他们所担心的是这个公园还不够大，不足以应付欧洲蜂拥而来的游客。

然而，机灵的米老鼠最终还是在欧洲人面前栽了跟斗。法国的左派示威者用鸡蛋、番茄酱和写有“米老鼠滚回家去”的标语来回敬远道而来的美国人。一些知识阶层的人士甚至将刚刚“诞生”的米老鼠和迪士尼公司视为对欧洲文化的污染，他们称公园为可恶的美国文化。主流新闻界对该公园也持反对态度，它们幸灾乐祸地描绘迪士尼每一次失败。

除了公司主观判断的失误，文化差异造成重大影响。例如，一项在公园内不准饮酒的规定，引起了午餐和晚餐时都要喝酒的欧洲人的不满：迪士尼公司认为星期一比较轻松而星期五比较繁忙，因此也相应地安排了员工，但是情况却相反：他们发现游客有高峰期和低峰期，高峰期的人数是低峰期的几倍。在低峰期减少员工的需求违反了法国关于非弹性劳动时间的规定。另一个不愉快的问题是关于早餐的，“我们听说欧洲人不吃早餐，因此我们缩小了餐馆的规模”，一位管理者回忆说：“你猜发生了什么？每一个人都需要早餐呀。我们要在只有350个座位的餐馆里提供2 500份早餐，队伍长得吓人。”

迪士尼还有一个未考虑到的需求，这就是来自旅游汽车司机的需求。为司机建造的休息室只能容纳50个司机，但是在高峰期每天有2 000个司机需要休息。难怪有人以讥讽的口吻说："从不耐烦的司机到抱怨的银行家，迪士尼乐园踩在欧洲人的脚趾上了。"

在 1993 年 9 月 30 日结束的财政年度里，这个娱乐公园已经损失了 96 亿美元，这意味着每天要损失 250 万美元，公园的前景值得怀疑。直到 1994 年春天，沃尔特·迪士尼不得不筹措 175 亿美元来挽救欧洲迪士尼乐园。

（资料来源：董璐. 迪斯尼兵败巴黎[J]. 企业改革与管理，2001，(5)：37-40.）

12.1 文化差异

在世界文化体系中，由于民族心理、风俗习惯、宗教信仰、道德风尚、伦理意识、价值观念等的差异，造就了各个民族自己独特的文化个性。企业文化作为文化系统中的亚文化，不可避免地受到作为主文化的民族文化和社会文化的影响和制约。

12.1.1 文化差异的表现

曾有这样一个笑话：一次各国学者会聚一堂，拟以大象为主题当场撰文。结果，法国学者写的是《论大象的爱情》，德国学者写的是《论大象的思维》，美国学者写的是《论大象的权利宣言》，俄罗斯学者写的是《论俄罗斯的大象是世界上最伟大的大象》，古巴学者写的是《论大象霸权主义真面目》。仅仅一个笑话，已经把国际文化差异体现得淋漓尽致。文化差异即文化的相对性，文化群体性决定文化只适用于一定的范围，由于历史、自然条件、经济水平、社会制度等的差异，形成了丰富的文化种类。从目前来看，现今世界上有两类非常具有代表性的国家：一类是主张个人主义、崇尚分析思维和制度导向文化与价值观的国家，如美、英、德、法、荷兰、瑞典等，这些国家强调个体独立与个体价值的实现，通过契约来维系人与人之间的关系，信奉个体发挥才干→个体获取利益→企业整体目标实现的管理哲学。另一类是主张集体主义、崇尚整合思维和情感导向文化与价值观的国家，如日本、韩国、中国及东南亚国家等，这些国家强调和谐与"天人合一"，讲究团队精神，通过情感维系人与人之间的关系，信奉企业发展→个体发展→企业目标实现→个体获取利益的管理哲学。

中西方由于文化传统及社会政治法律制度等的不同，企业的经营理念、管理决策思维、行为方式也有着很大的差异。例如，中国人需要集体决策，美国人强调个人负责；中国人倾向于诉诸权威、先例，西方人则看重管理创新。中西方企业管理之间存在较大的差异，总的来说，这些差异主要表现在以下几个方面。

（1）人格与价值观。中国企业员工的人格与价值取向表现在以下方面：较强的依附性和内向型；强调人与自然之和谐；人际关系和谐；天人合一；注重行为的节俭、悠闲；突出以家庭成员为中心。西方企业员工的人格与价值取向具有强烈的自主性和个人主义表现；外向开放；体现了社会互动中的平等和民主模式。

（2）管理模式。从管理模式来看，中国企业多采用专制式或集权式领导方式，等级观念强烈，员工集体主义观念强，但缺乏独立创新和民主气氛。西方企业多强调个人价值，强调企业的最大利润。领导方式比较民主，权责分明，员工具有较高的创新与创造精神。

(3) 组织结构。中国企业的组织结构层次较多，个人在组织中的地位和作用并不那么重要，集体主义倾向占主导地位。在这种文化氛围下，组织的评估体系和方法由管理人员负责组织，建立起的是以团体为单位的培训和奖励机制，每个成员都将自己看做协作团体的组成分子，与其他成员保持密切的合作关系。西方企业的组织结构扁平化，以个人为中心的倾向明显，要求业绩评估必须以个人的行为、效率和成就为基础，充分肯定个人对组织的贡献。

(4) 管理文化。中国文化适应性强、灵活性强，主张“和为贵”，这使人们十分注重人际关系和谐。文化的灵活性有可能胜于制度，遵从“人治”多于“法制”。西方文化则以制度为基础，企业管理讲究原则，追求效率，注重“公事公办”，较少掺杂个人因素在里边。

(5) 权力距离。中国企业的领导方式专制和独裁成分要高于西方，更侧重于“集权”，而西方则倾向于“授权”与“分权”。因此，高层与中低层经理人员之间的权力距离通常显著大于西方企业。中国企业的高层领导拥有更大的权力，而低层管理者的权力相对很小。

(6) 领导与员工的关系。在西方，企业领导与员工之间关系比较平等，相互之间保持民主气氛。而在中国领导与员工之间表现出明显的等级观念，有时甚至“等级森严”，下级对上级表现出畏惧。这些反映在日常工作和生活的很多方面，如中国企业的领导办公室一般比较讲究和气派，给人以居高临下的感觉；领导人享有很多特权等。而西方企业中管理者往往跟员工比较贴近，共同办公、共同生活，包括共同到食堂就餐、共同娱乐等。

管理有先进和落后之分，但是文化本身却没有谁优谁劣的问题，文化的差异没有绝对的对与错。欧洲学者强皮纳斯和汉普顿合著过一本跨文化的有关管理方面的书，书名是《文化踏浪》。作者发现，由于文化不同，即使是美国先进的管理方法搬到另一个国家也可能毫无用处，世界上没有“最佳的管理办法”。

12.1.2　文化差异对跨国公司的影响

全球化时代的到来，文化差异突出地表现在跨国企业的经营中。跨国经营，在全球范围内利用资源，使其能够将自己所拥有的资本、技术、管理技巧、市场联系、研究与开发等方面与东道国当地所拥有的人力资源、自然资源乃至市场规模等优势结合起来，在全球范围内实现优势互补。就像自然界中存在着“杂交优势”一样，跨国公司中也会产生一种文化的“杂交优势”——跨文化优势。但文化差异也是一把“双刃剑”。当今多元文化同生共存，国家文化、民族文化甚至某些企业、组织的亚文化的差异或冲突，使处于不同文化背景下的人具有不同的思维言谈、不同的生活及工作方式、不同的商品偏好、不同的价值观、不同的工作理想及努力程度。跨国企业作为一种多文化的机构，处于这样的文化地域及背景下，必然会面临来自不同体系和地域的摩擦与碰撞，也必然受到文化差异的影响。

1. 文化差异对跨国企业的正面效应

1）跨国企业解决问题的能力得以提高

来自不同文化背景的员工，由于所接受的知识和所积累的经验不同，对同一问题有着不同的思考角度。多元文化使跨国企业在分析决策问题与选择方案时，能从多个角度进行分析，从多个方面进行理解，从多种层次进行认识，从而对某一问题的把握更为深刻、全面、透彻，得到更多可供选择的解决问题的方案，提高解决问题的能力。

2）有利于跨国企业的创新活动

文化差异的存在逐步改变来自不同文化背景的员工对问题的思考方式，改变他们单一的思维模式，开阔他们的思路，这使跨国企业更易于产生新观点、新主意、新思想，从而提高企业的创新能力。

3）文化多样性有利于跨国企业突破群体思维

群体思维是社会一致性及促使群体成员顺从和达成共识的压力。跨越多种文化背景的跨国企业经常能够突破群体思维，因为来自不同文化背景的成员思考方式不相似，也不会感到必须顺从的压力。他们一般会相互质问，提供相反的观点和建议，并且只有被说服才会改变主意。

4）有利于国际营销的开展

多元文化对企业在日益多元化的市场上销售产品或服务带来裨益。来自不同背景的雇员对其所属的文化领域十分了解，他们能理解当地文化对购买力的影响，使跨国企业在不同地域能很好地进行产品的销售，并据此制定出针对企业顾客的具有民族特点的市场战略，开发出受顾客欢迎的具有文化特色的产品。另外，企业在日常经营中会接待来自不同文化背景的客户，拥有来自各种文化背景的员工，就能更好地与客户沟通，从而提高企业的经营业绩。

2. 文化差异对跨国企业的负面影响

企业间各种形式的合作经营行为实质上都是一种跨文化行为，其间势必伴着不同文化的相互作用，当不同质的、不同层次的文化共处于某一时空环境中时，必然发生内容和形式的冲突与碰撞，从而给跨国企业的经营带来负面的影响。

1）文化差异引发管理者和员工关系紧张

由于文化差异，来自不同文化背景的成员有着不同的价值观、信念和文化传统，由此决定了他们有着不同的需要和期望，以及与此相一致的为满足需要和期望而产生的不同行为规范和行为表现。当外派管理者的管理行为与当地员工所要求的管理方式不同时，员工与管理者对工作要求的理解也会存在不一致的地方，当员工不能达到管理者的工作要求时，上下级的关系会出现断裂的局面；与此同时，员工则因为双方的理解难以达成一致而变得更加消极和不思进取，结果是双方都不可能有所作为，他们之间的距离进一步加大。经理与员工的距离加大，自然会影响彼此间的沟通，而当这个距离大到一定程度时，自下而上的沟通就会中断，双方的误会也会越来越深，这势必破坏跨国企业经营管理者与当地员工之间的和谐关系。

2）文化差异使跨国企业的决策活动变得更为困难

（1）对决策方式的影响。由于文化差异，跨国企业中经常出现沟通和交流的失误与误解。为使决策能体现员工的希望和要求，作为决策的重要一环，往往在决定之前要征求和听取员工对于决策方案的意见和建议，由于文化的差异，来自不同文化背景的员工对于如何表达意见和建议的理解会有所不同，而且他们提出的意见和建议会存在较大的差别，最后很难做出能体现员工共同希望和要求的决策。

（2）对决策的执行方式的影响。跨国企业由于跨越多种文化背景，企业内一般都存在着不同的决策方式，如果没有对不同的决策方式进行很好的协调，就会有始无终，这是因为对于企业的决策方案和管理制度，不同文化背景的员工往往有着不同的理解，因而在工作中有着不同的行为表现。例如，西方文化强调理性的思维习惯和强调公平的意识，表现在社会制度上是以法治国，表现在企业运作上则是企业制度的建立和完善，企业的决策不会因为个人的职位变化而发生变动，延续性较好，在执行过程中讲究程序性，他们认为这是民主和公正性的最佳体现。而中国人的传统管理思维都以人治为主，因而决策执行中强调等级和人际关系。

不同的文化造成了不同的决策方式和执行方式，这可能会导致跨越不同文化背景的跨国企业在决策活动中缺乏效率，由此给跨国经营带来困难。

（3）使企业经营目标难以统一和实现。由于文化的差异，不同文化背景下的管理者会有不同的经营目标，如美国、韩国、德国等国家企业的管理者，他们的经营观念是围绕市场的需要而形成的，从消费者的角度出发考虑需求，强调营销，而中国传统企业的管理者往往在经营上趋于谨慎。而且，由于文化的差异，跨国公司的员工有着不同的工作动机和期望，不同的价值观、不同的生活目标和行为规范，其带来的文化冲突必然会削弱组织成员对企业整体的向心力，导致管理费用的增加，增加组织协调的难度，甚至造成组织机构低效率运转，这将使难以统一的经营目标在跨国企业中即使取得统一，也难以应对跨文化管理的挑战。

（4）阻碍跨国企业全球战略的实施。跨国企业为了实行全球化战略，必须以相当的规模、严密的组织机构和科学的管理体系来经营。目前大多数跨国企业采取矩阵式的组织机构，这种组织机构要求企业必须在各个经营层面上保持高度一致性和紧密联系以形成有效联动，但文化差异导致管理者决策及其员工行为方式有所不同，因而不能形成统一的整体，造成跨国公司反应迟钝，极为不利于全球化战略的实施。另外，管理者如果不能正确理解文化存在的差异和调整员工的心态，在工作中就可能对来自不同文化背景的员工采取情绪化或非理性化的态度，这不利于信息的沟通，从而阻塞沟通渠道，导致企业在推广全球化战略的实施时受阻。

如上所述，文化差异带来的多元文化在给跨国企业带来有利影响的同时也带来了不利影响。跨国企业如何利用文化差异带来的有利影响，消除文化差异带来的不利影响，正是研究跨文化管理的意义所在。

12.2　不同国家企业文化的差异

一个国家或地区的企业文化是建立在传统的民族文化的基础上的，并且与其地理环境、社会经济发展水平相联系，因而不同的国家和地区有着不同的企业文化特征。民族的文化传统必然要灌注于企业中，成为企业文化的底蕴和根基。

12.2.1 美国文化特征及其企业文化

美国文化可归属于低度关系文化一类。美国人相信人人生来平等，并从法律角度倡导它。因为美国建国历史不长，因此文化根基较浅，没有沉重的传统文化包袱。美国人喜欢标新立异，崇尚个人主义；美国又是一个移民国家，汇聚了世界众多优秀人才，具有一定的文化融合性。美国文化的核心是个人主义和理性主义。

1. 美国民族文化的特征

美国是一个年轻的国家。作为一个不受悠久历史文化束缚的年轻国家，美国较早而彻底地进行了资产阶级民主革命，创造了尊重法制、承认平等的权力结构和鼓励竞争的政治体制。具体来说，美国的民族文化有以下特点。

1）个人主义的价值观

美国在资源丰富亟待开发的早期，必须奖励个人独立创造的性格，凡是束缚个性发展的各种因素都被视作当时开拓精神的阻碍，加以贬责。同时，在艰苦开拓的过程中，每个民族都力图发挥本民族的长处，尊重并吸取其他民族的优秀品质，坚信自我、尊重他人的文化取舍态度，这成为他们共同的准则，正是在这一点上，各国移民找到了共同之处，这就是个人主义的价值体系，它深入民心，以各种形式得到充分发展，由此形成美利坚民族的特殊性格：对自己深信不疑，对自己的命运深信不疑，把依靠自己作为哲学信条。个人主义最终变成美国主义和美国文化的同义语。

2）冒险、开拓、创新精神

美国人的格言是，不冒险就不会有大的成功，胆小鬼永远不会有所作为，不创新即死亡。从首批英国移民踏上北美大陆，到美利坚合众国成立，北美险恶的自然条件培育了美国人顽强拼搏、艰苦奋斗的性格。北美丰富的资源等待着开发利用，培育了美国人开拓进取、敢于冒险的精神。基于此，美国人特别强调创新精神，他们认为机会到处都有，主要在于主动发现和利用。除法律外，美国人认为一切传统和先例都是创新的障碍，他们乐于向传统和先例挑战。美国人认为，他们的国家虽然没有灿烂的过去，但美国人具有创新精神，因而他们拥有光明的未来。美国人勇于向传统和权威挑战，勇于向已有的一切挑战，“我与专家、权威、传统平等”，这是美国人的观念。

3）自由、平等精神

美国是一个崇尚自由的国家。北美殖民地历史的一个重要特征就是封建秩序从来没有在那里存在过，在美利坚民族的形成过程中，许多从欧洲大陆来的移民把资产阶级自由思想带到美洲。新大陆的自由空气及大自然的艰苦环境陶冶了美利坚民族的性格：热爱自由、珍惜自由、崇尚自由。在美国，对人的自由，除法律可以明文规定加以限制并由执法机关及其人员执行限制外，任何机关或个人不得非法剥夺或限制他人的自由。民主自由的环境为才能和幸运开辟了道路，因此出身对美国人不起任何作用。美国人相信这样的格言：“一个人富裕到什么程度，就表明他的才能发挥到了什么程度。”因为在机会均等的条件下，人的才能决定富裕的程度。所以美国人一般不羡慕他人的财富，而喜欢赞美富翁的才能。

2. 美国企业文化的特征

美国的崇尚“自我”及激进开放的文化特征广泛地渗透到管理的各个层面，并突出地体现在组织、领导、决策、经营、用人等颇有西方特色的传统的管理行为和管理风格，形成自身明显的企业文化个性。

1）制度化

整个企业构建在条文、规章、标准等一系列规定的基础上，并用之规范员工的行为；企业每个员工的权利和义务清晰，企业和员工是一种由合同、章程所规定的契约关系。工作中表现为个人的决策过程及个人负责；企业是一个松散的结合体，人员高度流动。

2）讲究效率，强调科学性

“量”的概念贯彻在从作业计划到成本核算等所有的管理过程中。理性观念使管理者力求条理性，去发现最优方案，以最少的时间、最小的成本获得最高的利润，产品和服务的质量也是最好的。分析的思维方式甚至使他们对于生产作业中每个动作用秒表进行分解，以省去每一个多余的动作。

3）强调明确性

企业有明确的目标、明确的操作程序、明确的指标，一切都有章可循、有据可依。通过严密的工时定额、可操作的评价系统进行明确的控制。

4）重视物的因素

将人视为与物同样的生产要素进行科学的配置和使用。淡漠人际关系，极力反对在工作单位结成人与人之间的亲密关系，认为在工作单位无须个人感情，人与人之间的亲密关系只能存在于家庭、教堂、俱乐部和邻里之间的狭小范围内。

5）强烈的进取精神

进取精神促使美国企业在市场开拓、产品改进、技术创新等方面有一种无限的扩展欲和侵略性。

12.2.2　日本文化特征及其企业文化

日本文化属于高度关系文化：日本文化受中国文化的影响很大，儒家和佛教思想亦构成其文化底蕴，是遵从群体、尊重长辈、讲究内和与传统儒家文化，其文化精髓即团队精神。

1. 日本民族文化特征

日本属于典型的东方文化传统的国家，历史上长期盛行单一的种植经济，这种劳作方式需要整个家庭及邻居的相互协作，因而倾向于发挥集体的智慧。加之日本是单一民族、单一文化的岛国，因而这种重视集体力量、发挥集体智慧的思想就更浓厚。公元1世纪，中国儒家文化传入日本，日本人接受了儒家文化中的等级观念、忠孝思想、宗法观念等，并把儒家文化的核心概念“仁”改造成“忠”和“诚”，逐渐形成“稳定性强”的具有大和民族色彩的文化传统。日本文化的特征，概括起来有以下几个方面。

1）民族昌盛的愿望

从历史上看，日本的周边一直存在着一些强大的国家，加之日本是个岛国，国土面积狭小，这种地缘和地理特点使日本人认识到，只有发愤图强，才能振兴经济，赢得民族独立，并受到周边国家的尊重，这形成了日本人特有的民族自尊意识。在这种民族自尊意识驱使下，日本人产生了一种强烈的愿望和感情——赶上和超过发达国家。从“弱小”的过去到成为“巨人”的今天，日本人的这种愿望和感情一直经久不衰。

2）永不满足的学习精神

日本是一个狭小的岛国，历史上长期孤立，其现代工业对国外市场的依赖性使日本人有着强烈的危机感。为了摆脱危机，日本人形成了惊人的广采博取的学习精神。这是日本地处科学技术落后的亚洲，远离工业发达的西方，却成功地跻身于工业发达国家行列的关键。日本文化在某种意义上也可以说是外来文化。他们秉承“综合即创造”的信条，在唐朝时学习中国，明清时学习荷兰，近代以后学习英、法，到了第二次世界大战以后又学习美国。但日本人学习外来的东西，特别注重结合本国需要和本国特点进行加工改造。例如，在企业管理上他们对中国儒学进行了大规模的吸收和成功嫁接，显示出日本人巧妙移植的改造技巧。最让世人惊羡的是日本人接受外来的文化时不失民族特性，甚至在接受西方生活方式时，也保持了西服与和服、西餐和日餐等双重生活方式。

3）忠诚精神

日本文化的价值取向是“忠”，“忠”在日本被放到伦理道德准则的金字塔尖，是涵盖一切伦理标准的最高美德。从封建时代对领主的效忠，演变为近现代对国家、对企业的忠诚。员工忠诚于企业，企业忠诚于社会、国家，在日本被认为是天经地义的事情。进入日本公司的员工，有一种对公司感恩报恩、从一而终的感情。忠诚的标志就是献身工作，致力于对公司的贡献，而利润正是这种贡献的结果。当然，日本文化的忠诚精神与中国文化的忠诚意识不同，中国的忠诚意识是建立在世俗的基础上，即“你对我好，我就对你好；你不对我好，我就对你不好”，而日本文化的忠诚精神带有一种宗教色彩。

4）“家族”意识

日本民族渗透着一种特殊的家族精神，这是一种家庭式温情和能力主义原则相结合的共同发展精神。“家”是日本文化的基质，社会只不过是“家”的放大体，也是一个纵式组织形式。人们爱家乡，爱母校，爱企业，爱民族。在企业内部，首先是维系家族式的等级和温情。等级的核心并不是家长式的独断，而是各级人员安于本分，各司其职。员工尊重经理，上司关怀下属。其次是员工在家庭式温情的基础上，所承担的责任往往超过公司的规定，他们的工作积极性被充分调动起来，愿意为他们心目中的“家庭”——公司的发展而竭尽全力。

5）亲和一致的精神

日本人明白，要充分发挥集体的力量，就必须以和为贵，这形成了日本人珍视和谐一致、提倡自我约束、宽厚待人的精神风貌。而且在长期的合作中，日本人也形成了一套达到亲和一致的高超技巧。交往中不深究对立的观点，往往不用语言而靠心照不宣，通过几乎是直觉的相互理解来达到和谐。

2. 日本企业文化的特征

日本企业文化的基本价值观如下：强调以人为本，以德为先；重视群体的合作精神，倡导个人对家庭、社会、国家的责任感；重视人和，注重协调人与人、人与物乃至人与自然之间的关系，主张一种和谐、协调的总体观念；主张从总体上去把握事物，强调用个人的直觉和内心的感情去认识世界；重义轻利。日本民族的这些文化特色反映在管理模式和管理行为上，便印上了不同于东方文化的显著印记，形成了自身企业文化的特点。

(1) 强调集权式管理，其特点包括以下三个方面：一是向心，在管理思想上表现为两个方面，一方面讲集中，求统一，力求实现“协和万邦”“四夷宾服”，管理活动大多围绕着如何加强集权这一主题而展开，以整体性的宏观管理为主；另一方面，又造成了这一地区人们强烈的民族意识和眷恋国土乡邦的情怀，日本人的管理是维系在思想感情和心理因素的基础之上的。二是求同，强调统一，主张协同，追求和谐的境界。三是重人，强调以伦理关系为基础，以道德和教育为轴心，以“人”为中心进行管理，体现出日本民族血缘宗法关系非常紧密的社会特征。

(2) 强调企业的社会责任，包括企业与社会的关系，以及对国家的责任、对员工的全面关心和呵护。员工对企业有较大的依附心态、较多的忠心和较强的向心力。

(3) 强调服从组织的共同目标，重视运用社会精神的力量去形成共同的意识形态，促使人们服从组织的共同目标。

(4) 强调组织氛围，鼓励在组织内形成一种家庭气氛，员工之间沟通密切，十分重视感情和人际关系，员工很少流动，这使企业能够有相对稳定的员工队伍。

(5) 强调整体与集体，十分注意企业内各部门之间、各项经营活动之间的内在联系，更强调从整体上进行控制。由于重视协调各种关系和意见，因而倾向于集体决策和对工作的集体负责，由此而产生相对平等的分配方式。

(6) 强调艺术性，相对于美国企业管理的明确性，日本企业管理更为艺术地应用含糊和微妙性以淡化组织中的冲突，达到和谐一致。

12.2.3 德国文化特征及其企业文化

1. 德国民族文化的特征

欧洲大陆有几十个国家，讲十几种语言，每个国家都有自己的一些文化传统。但文化的来源主要是古希腊文化和基督教文化；在此基础上，欧洲形成了追求精神自由、人文主义、理性和民主的民族文化传统，而最典型的就是德国民族文化，以下是其民族文化的特点。

(1) 追求精神自由。在基督教义中，信仰是其他一切的前提。1517 年，马丁·路德开始宗教改革，创立了新教。他提出了人的双重本性，即心灵的本性和肉体的本性：肉体的本性是受束缚的，心灵的本性是自由的。这种自由不是来自政治上和肉体上的自由，不是为所欲为的自由，而是精神上的自由，它依靠基督的福音，凭借对上帝的信仰，是真正的自由。这种向往自由的精神深深地扎根于欧洲人的内心深处，这不能不深深地影响到欧洲企业的管理风格。

(2) 倡导人文主义。人文主义的主要精神是突出人的地位，反对迷信、神学信条和权威主义对人的精神的愚弄，主张自由、平等、博爱，提倡个性解放。崇尚个人价值观在欧洲文化中有着悠久的历史，早在古希腊时代就已出现。适宜的气候、平和的自然环境，使生活在这一地区的人们不太依赖于集体的协作就能维持生存，这种生产方式的特点使希腊人很早就形成了崇尚个人、反对强权的价值观，“不自由，毋宁死”即是这种价值观的典型表现。

（3）强调理性与科学。强调逻辑推理与分析的理性主义在欧洲有着悠久的历史和坚实的基础，早在古希腊，由于生活环境优裕，生活在这一地区的人们有兴趣也有余力来探究影响人们生存的自然奥秘，这使他们形成了注重研究自然的传统。他们抬高理性，崇尚智慧，强调观察，推崇演绎。“知识乃是美德”是古希腊人的价值观念。到了文艺复兴时期乃至近代，理性主义态度和科学实验精神得到进一步发扬，新兴的资产阶级思想家把一切都拿到科学和理性面前来重新估价，宗教神学和经院哲学受到严厉的批判，理性科学获得了彻底的解放和长足的发展。理性科学的思维方式对欧洲人的思维方式产生了深远的影响。

（4）追求民主精神。追求民主可以说是人文主义发展的必然结果，而且就欧洲社会历史发展的过程来讲也是这样。作为现代科技文明的发源地，欧洲的生产力水平在18～19 世纪就已经超过其他地方，商品经济的发展和生产力的迅速提升，唤起了人们内心深处独立意识和民主意识。18 世纪相继在欧洲爆发的资产阶级民主革命正是人们民主观念觉醒的表现。

2. 德国企业文化的特征

德国企业文化特点如下：德国具有较强的不确定性避免和男性度，因此，德国人注重安全需要第一。在对于工作的人性方面，德国人注重重建个人职业，实现工作丰富化。由于德国的权力距离较小，因而它相当赞成由下属采取主动性的管理模式，更由于其具有强的不确定性避免，因而它在实行目标管理时，不接受风险和模棱两可的倾向，主张协商管理。具体来说，德国的企业文化有以下的特点。

（1）强烈的质量意识。德国的企业有着强烈的质量意识，强烈希望自己的产品质量优秀，愿意花力气提高产品质量。他们认为“质量是生产出来的，不是检验出来的”。

（2）重视员工培训。德国企业认为，人是企业最重要的要素，它决定了企业的成败。因此，德国企业都非常重视提高员工的素质，培训成为企业活动不可缺少的部分。德国企业的管理教育更注重员工对生产各阶段技术的适应性，也就是培养技术型人才。

（3）共同决策。德国企业的管理系统趋于集权和直线型。管理者不必太担心他们的命令不被下属接受。工人也对共同决策系统所保证的参与权利感到满意，而所有这些都被紧密结合在一种信念之下，即质量控制、劳动生产效率、好的产品和好的服务是一个组织生存的手段和根本。

（4）不愿冒险。德国企业正规的、直线的管理和控制系统使企业没有太多的灵活性，而且，为了保证管理者权威的连续性，德国人也不主张冒太多的风险。再者，由于德国人十分重视产品和服务的质量，这使他们在世界市场上具有较强的竞争力，并占有特殊的市场份额，因而减少了开拓及冒险的必要性。

12.3 跨文化管理实践

美国著名管理学家德鲁克认为，国际企业经营管理“基本上就是一个把政治上、文化上的多样性结合起来而进行统一管理的问题”。面对企业在跨国经营中所受多重文化的挑战，减少由文化摩擦而带来的交易成本，必须要把公司的运营放在全球的视野中，建构自己的跨文化管理策略，从而实现企业跨国经营的成功。

12.3.1 跨文化差异识别

“知己知彼，百战不殆。”首先，必须承认并理解文化差异的客观存在，克服狭隘主义的思想，重视他国语言、文化、经济、法律等的了解和学习，增强文化意识，缩小文化差距。当跨国企业的管理人员到具有不同文化的东道国工作时，往往会遇到很多的困难。这反映了特有文化的语言、价值观、思维形式等因素，在跨文化管理中会形成障碍，产生矛盾，从而影响跨国经营战略的实施。理解文化差异是发展跨文化管理能力的必要条件，因此要把握不同类型的文化差异，有针对性地提出办法，采取切实可行的措施来解决文化冲突。

其次，要把文化差异看成一种优势，而不是以悲观的论调指责文化差异是阻碍跨国企业国际经营的绊脚石。文化差异是把“双刃剑”，若能够恰当正确地认识并分析母公司与东道国之间的文化差异，充分利用文化差异，它将会给企业带来意想不到的发展契机。

12.3.2 跨文化培训

跨文化培训的目的是使员工了解并学会尊重各国不同的文化，以及由此导致的不同的价值观念，要让他们能够不带有任何成见来观察和描述文化差异，并理解文化差异的必然性和合理性，最终将文化差异转化为企业的竞争优势。

伴随着经济全球化的发展，越来越多的企业开始跨国经营，跨文化管理成为管理人员遇到的最新挑战。跨文化培训是许多跨国公司人力资源部门的一项课程，被许多跨国公司视为消除文化冲突、实现有效跨文化管理的主要手段，减轻驻外经理可能遇到的文化冲突，使之迅速适应当地环境并发挥正常作用；促进当地员工对公司经营理念及习惯做法的理解；维持组织内良好稳定的人际关系；保持企业内信息流的畅通及决策过程的效率；加强团队协作精神与公司的凝聚力，成为实现文化整合的有力工具。当前中国合资企业中，绝大多数都偏重对员工的纯技术培训，却忽视了对员工尤其是管理人员的跨文化培训。

跨文化培训的方式一般为岗前培训和在职培训。岗前培训的主要作用是使新成员熟悉环境和企业的规章制度，了解企业的历史、企业宗旨、企业精神、企业的发展目标、经营哲学，掌握本企业产品或服务的知识、企业的基本生产经营特点，本部门的主要职能、基本的工作流程、工作要求及操作要领等。

公司可以通过跨文化培训将具有不同文化背景的员工，尤其是非本地（本国）员工集中在一起进行专门的培训，打破他们心中的文化障碍和角色束缚，进行文化敏感性训练。

（1）文化教育，请专家以授课方式介绍东道国文化的内涵与特征，指导员工阅读有关东道国文化的书籍和资料，为他们在新的文化环境中工作和生活提供思想准备。

（2）环境模拟，即通过各种手段从不同侧面模拟东道国的文化环境。将在不同文化环境中工作和生活可能遇到的情况和困难展现在员工面前，让员工学会处理这些情况和困难的方法，并有意识地按东道国文化的特点思考和行动，提高自己的适应能力。

（3）文化研究，通过学术研究和文化交流的形式，组织员工探讨东道国文化的精髓及其对管理人员的思维过程、管理风格和决策方式的影响。这种培训方式可以促使员工积极探讨东道国文化，提高他们诊断和处理不同文化交融中疑难问题的能力。

（4）语言培训，语言是文化的一个非常重要的组成部分，语言交流与沟通是提高对不同文化适应能力的一条最有效的途径。语言培训不仅可使员工掌握语言知识，还能使他们熟悉东道国文化中特有的表达和交流方式，如手势、符号、礼节和习俗等，组织各种社交活动，让员工与来自东道国的人员有更多接触和交流的机会等。

12.3.3 跨文化沟通

跨文化沟通是指拥有不同文化背景的人们之间的沟通。在全球经济一体化的浪潮中，不同文化群体之间的距离越拉越近，持有不同的语言、行为、世界观和价值观的人们渴望更多的相互理解和交往；从跨国经营管理的角度看，交往、合作中的不少问题和困难只能通过跨文化沟通来解决；从管理者个人角度看，一个成功的管理家需要在跨文化沟通上有较强的能力、较好的技巧和较高的水平。总之，在经济全球化进程日益加快的今天，跨文化管理沟通的重要性日益明显，因此，了解跨文化沟通的影响因素、原则，以及如何有效地进行跨文化管理沟通，对跨文化管理实践至关重要。而有效的跨文化沟通的影响因素主要包括语言环境、生活环境、精神环境、人际环境、法律环境。有效的跨文化沟通原则主要包括因地制宜原则、平等互惠原则、相互尊重原则、相互信任原则、相互了解原则、共同发展原则。

跨国经营中的跨文化参与及融合，意味着通过跨文化沟通与跨文化理解，达到跨文化和谐的具有东道国特色的经营管理模式。正如德鲁克所言，“它应该使自己的跨文化性成为一种长处”，而“在管理结构、管理职务和人事政策上完全超越国家和文化的界限既不可能，也不可取。真正需要的是在互相决定的各种需要和要求之间求得一种浮动的平衡”。

案例分析：跨文化收购：联想并购 IBM PC 部门

2004 年 12 月 8 日，联想集团宣布斥资 175 亿美元（其中包括 65 亿美元现金、6 亿美元的联想股份，以及承担 IBM 约 5 亿美元的负债）收购 IBM PC（personal computer，即个人电流）部门。此收购交易于 2005 年 1 月 7 日经联想股东批准通过后，于 5 月 1 日正式完成。新联想任命杨元庆接替柳传志担任联想集团董事局主席，柳传志担任非执行董事。IBM 前高级副总裁兼个人系统事业部总经理斯蒂芬·沃德（Stephen

Ward）出任联想 CEO 及董事会董事。合并后的新联想将以 130 亿美元的年销售额一跃成为全球第三大 PC 制造商，在全球有 19 000 多名员工，2005 年年销售个人电脑约 1 170万台，在 160 多个国家与地区销售产品，市场占有率超过 7%。

新联想对前途充满信心，有关高管在合并完成当日宣布，一年时间即可让 IBM PC 部门转亏为盈。同时为了安抚员工，IBM 及联想高层均表示，该交易不会导致两家公司进行裁员。IBM 在美国北卡罗来纳州生产基地中的 1 900 名员工将被转到联想名下，IBM 高层向这些员工保证他们的职位将是安全的，薪酬和福利待遇与在 IBM 工作时相比将不会有很大的变化。而无论怎样安抚，IBM 的员工心中都非常忐忑不安，各种小道消息在公司中飞速传播。在 IBM 内部论坛网上，有美籍员工写道："以后的养老金也许要改发人民币了。"另一位 IBM 退休员工（美籍）猜测说："新业主也许会做一些让员工不易接受的事，如降低工资、减少福利等，也许 18 个月之后，所有的人都会被辞退……他们（联想）最好把品牌（lenovo）给换一下，在我来看，没有美国人会买这种名字的品牌。"IBM 在中国的员工也有类似的感受，一位不愿透露姓名的 IBM 中国员工说："PC 部门的员工现在人心惶惶，大家都很敏感，不知道谁要到新公司，谁要留下。"与普通员工的惶恐不安相对照的是 IBM 和联想高管的踌躇满志。联想集团新任 CEO 斯蒂芬·沃德表示："联想给我印象最深刻的是它的工作人员，那些与我接触过的人都是那么有干劲、有雄心，而且诚信有责，尤其让我惊奇的是他们那种包容精神和对外来事物的吸收能力。"斯蒂芬·沃德不认为两个公司在管理文化和策略上会有冲突，他说："我们的目标是一致的，都是要生产世界上最棒的个人电脑，把我们所有的资源投入生产中，让个人电脑生产尽快地增长和扩张。"新联想董事局主席杨元庆在并购得到美国政府的批准之后，也认为前途将会十分光明和平坦，他说："接下来要做的就是我们联想所擅长的事情了。"与此同时他也表达了适当的谨慎，决定将联想中国和联想国际暂时分开，"两个公司放在一起有很多不兼容、不匹配的地方，来一个大碰撞我觉得风险更大，所以我们的策略就是先稳定，再逐渐地整合，因为我们这两家公司实际上业务的冲突非常小，所以我们没必要马上就'火星撞地球'，非得把它撞成一个实体。我们打算先统一我们的产品线，之后再把中国市场上冲突的两块销售业务整合在一起。我们更关心这个企业，更知道这个企业的身体状况怎样，适合吃什么药，所以我们觉得这必须是一个渐进式的整合，渐进式的变革对这家公司会更好。"联想中国的 COO 刘军更对文化整合做了进一步的解释，他承认，外界对联想和 IBM 两家都十分优秀的企业并购的最大质疑是双方文化的冲击——两家优秀企业都已经把企业文化固化到公司气质、员工心中，都在员工心目中培育出极强的荣誉感，在社会公众那里培养出极强的忠诚度。"因此，大家很自然地会问，两个强势的优秀文化怎样融合，不会冲突。其实，就我亲身体会来看，我的感觉是两家公司在深层文化上的相似性远远大于差异性。例如，联想和 IBM 的企业文化都有浓厚的'家'的气氛，两家公司的员工平均任职年限都很长，在 IBM 那里进入公司超过 20 年的员工不在少数，无论是 IBM，还是联想，都在本国获得了极高的尊敬……"

2005 年 9 月 30 日，新联想宣布加速整合，改组全球组织结构。新的组织架构于 10 月 15 日生效，联想原有业务和近期并购的 IBM PC 业务将在全球范围内整合在一起，形成统一的组织架构。过去双方各自的产品运作、供应链和销售体系将合并，统一整合到这个全新的组织架构中。首先，新联想将全球的产品和产品营销业务整合为一个新的全球产品集团。这个产品集团将由联想集团高级副总裁兼首席运营官弗兰·奥沙立文领导，她曾担任联想集团高级副总裁兼联想国际的 COO。其次，新联想将把供应链的各环节合并成一个新的全球供应链系统，该供应链系统将包括采购、物流、销售支持、供应链战略规划及生产制造等，由联想集团高级副总裁兼任联想中国 COO。最后，新联想将由区域高级副总裁拉维·马尔瓦哈领导，他目前负责联想全球的销售和渠道运作。联想同时宣布将把设在中国北京、日本大和，以及美国北卡罗来纳州罗利的研发中心整合在一起，并统一由现任的联想集团首席技术官贺志强负责。调整后，贺志强、刘军、拉维·马尔瓦哈和弗兰·奥沙立文将直接向斯蒂芬·沃德汇报。

2005 年 12 月 21 日，在新的组织架构生效后仅仅两个月时间，联想宣布原 CEO 斯蒂芬·沃德离职，由戴尔公司前高级副总裁阿梅利奥继任。联想集团与沃德都不愿就此事发表过多看法。美国《商业周刊》在并购刚宣布时（2005 年 5 月 2 日）曾经采访斯蒂芬·沃德，记者问道：“你是否担心你出任 CEO 是过渡性的，联想最终是否会选择一名中国 CEO?”斯蒂芬·沃德回答：“现在的事实是，我是联想的 CEO，只要我能为公司股东带来利益，我会一直是 CEO。我不是暂时的出任，CEO 是我的职务。”由此可见，后来的离职在斯蒂芬·沃德看来，是一个不得已的选择，其中有着难以言表的苦衷。而斯蒂芬·沃德并不是唯一离职的，2006 年 4 月 6 日，原 IBM 高管、新联想全球渠道策略和销售副总裁 Mark Enzweiler 又被传离职，继任者未定。不愿意透露姓名的内部人士称，高管的频频离职从一个侧面反映出 IBM 模式不适合联想，两个公司之间的文化整合难度远远超过渠道等方面的整合难度。这一点 COO 刘军早在 2005 年 5 月 18 日于博鳌论坛上就有过暗示，在比较杨元庆和沃德之后，刘军（向老板汇报时）说：“元庆问得更深入，因为他 20 岁的时候就领军 PC 部门，在市场里拼杀十年了，对于市场的每一点变化和每个细节都特别了解。”而这些细微的难以用语言表述的对市场和员工的了解，正是文化的主要构成部分。

不可否认，从企业文化的层面上来看，联想和 IBM 有着相当多的相同之处，如前面所提到的不轻易解雇员工，都是在本国获得极大尊敬的公司等。但是，联想和 IBM 毕竟来自不同的国家，在考察跨国公司文化整合时，不仅要从企业文化的角度，还需要从国家文化差异的角度来研究。对于本案例，我们需要从中美文化差异来探讨。

仔细分析，联想的企业和国家文化与 IBM 的企业与国家文化之间有着相当大的差异。例如，联想更强调的是爱国主义（爱中国）；IBM 更强调的是热爱公司、忠于公司。又如，联想强调集体主义，集体利益高于个人利益，团结力量大；IBM 奉行个人主义，只有每个员工做好自己的本职工作，公司才能获得效用最大化。再如，联想是一个年轻的公司，成立于 1984 年，到宣布并购时仅仅 20 年的历史，冲劲大；IBM 成立于 1911 年，其历史甚至可以追溯到 19 世纪 20 年代，是一个相当成熟、稳定的公司。还有，联想提倡放手去做事，没有不可能的事，是在中国“摸着石头过河”的时代发展起来的一个公司；而 IBM 徽标中的蓝色代表着多思考，少冒进，提倡的是在第一时间做正确的事情。联想崇尚儒家文化中的含蓄、委婉、中庸；而 IBM 讲究表达自信、个性鲜明。诸如此类貌似细微的文化差异，在新联想中处处存在，为新联想文化的整合乃至最终各方面的整合埋下了诸多隐患。

（资料来源：高玉玲．联想集团跨国并购及整合研究[D]. 西南财经大学硕士学位论文，2007.）

讨论题：

(1) 从 Hofstede 的文化维度分析联想和 IBM 的文化差异。

(2) 从强皮纳斯的文化维度分析联想和 IBM 的文化差异。

(3) 从六大价值理论分析联想和 IBM 的文化差异。

(4) 你认为新联想文化整合是否能成功？如果是，需要在哪些方面做出努力？如果否，为什么？

参考文献

波特 M. 1988. 竞争优势[M]. 陈小悦译. 北京：华夏出版社.

蔡昆. 2007. 中外企业文化比较[J]. 企业家天地，(3)：53-54.

常亚平，郑宇，阎俊，等. 2009. 中国企业文化测量体系的构建研究[J]. 预测，(4)：76-80.

成思危. 2000. 中国企业发展战略的文化思考[J]. 北京行政学院学报，(3)：5-7.

大内 W. 1984. Z理论——美国企业界怎样迎接日本的挑战[M]. 孙耀君，王祖融译. 北京：中国社会科学出版社.

迪尔 T，肯尼迪 A. 1982. 企业文化——现代企业的精神支柱[M]. 北京：中国人民大学出版社.

董璐. 2001. 迪斯尼兵败巴黎[J]. 企业改革与管理，(5)：37-40.

杜漪，李真，马法洲. 2007. 企业文化变革管控研究[J]. 科学学与科学技术管理，(11)：135-138.

范国兰. 1999. 走出困境的选择——论中国特色的现代企业文化[M]. 北京：中国社会科学出版社.

福列特 M. 2007. 福列特论管理[M]. 吴晓波译. 北京：机械工业出版社.

高玉玲. 2007. 联想集团跨国并购及整合研究[D]. 西南财经大学硕士学位论文.

龚天平. 2007. 论企业伦理的模式、类型与内容[J]. 中南政法大学学报，(5)：113-117.

谷洪波，王建军. 2004. 论现代企业的文化设计[J]. 湖南工程学院学报，(3)：14-16.

管益忻. 1991. 企业文化——企业管理新管理新模式[M]. 北京：气象出版社.

海伦. 1990. 企业文化——理论和实践的展望[M]. 张庆洪，等译. 上海：知识出版社.

韩淑芳. 1987. 化工先导——范旭东[M]. 北京：中国文史出版社.

郝济军. 2007. 浅谈企业国际化的跨文化管理[J]. 经济问题，(6)：58-59.

何跃，张蓉. 1993. 企业设计原则初探[J]. 思想政治工作研究，(2)：32-33.

河南信心药业集团有限公司. 2002. 传播信心文化，同创信心伟业——河南信心药业集团内部公关案例[J]. 中国乡镇企业，(10)：44-47.

胡军，王霄，钟永平. 2002. 华人企业管理模式及其文化基础——以港、台及大陆为例实证研究的初步结果[J]. 管理世界，(12)：104-113.

胡正荣，黄新民，王宇. 1995. 企业文化——现代企业文化之魂[M]. 北京：中国水利水电出版社.

贾小妹. 2008. 日本企业文化对中国的启示[J]. 社科纵横，(5)：86-87.

贾延明. 2002. 从首钢分配制度的演变看合理的分配制度对企业发展的影响[J]. 人口与经济，(3)：97-98.

金思宇，张鸿钧. 2005. 中国特色企业文化建设案例[M]. 北京：中国经济出版社.

靳医兵. 2001. 国际化经营的企业文化差异、冲突与跨文化管理[J]. 经济前沿，(1)：49-50.

科特 J，赫斯科特 J. 1997. 企业文化与经营业绩[M]. 增中，等译. 北京：华夏出版社.

科特勒 F. 1991. 市场营销管理[M]. 广东省财贸管理干部学院市场学翻译组译. 北京：科学技术文献出版社.

克鲁克洪 F R. 1986. 文化与个人[M]. 高佳，何红，何维凌译. 浙江：浙江人民出版社.

孔斯 R. 1997. 成功之路[M]. 章汝荣，宋涛译. 上海：上海人民出版社.

李笑天. 2005. 文化制胜：中国企业文化经典案例[M]. 北京：中央编译出版社.

李彦亮. 2006. 跨文化冲突与跨文化管理[J]. 科学社会主义，(2)：70-73.

凌耀伦，熊甫. 2004. 卢作孚文集[M]. 北京：北京大学出版社.

刘德权，冯富贵. 1997. 独特的美雪集团企业文化[J]. 商业文化，(5)：33-36.
刘光明. 1999. 通用百佳公司的企业文化与广告策略[C]. 跨世纪的中国企业改革和发展理论与实践研讨会.
刘光明. 2001. 中外企业文化案例[M]. 北京：经济管理出版社.
刘君，谷环洲，刘东宇. 2007. 腈纶人画与话[J]. 思想政治工作研究，(8)：56-57.
刘美满. 2000. 谈谈知识经济下的企业文化建设[J]. 经济师，(8)：135.
刘明明，肖洪钧. 2011. 企业文化测量研究评述[J]. 经济管理，(2)：176-181.
刘孝全. 2006-04-09. 上海移动企业文化测评与分析结论[EB/OL]. http//liuxiaoquan. blogchina. com/134460. html.
路秀文. 2012. 企业文化建设对企业的深层次意义探讨[J]. 前沿，(4)：162-163.
罗长海. 2004. 阅读微软的企业文化[J]. 全国新书目，(3)：22.
罗长海，陈小明，肖春燕，等. 2006. 企业文化建设个案评析[M]. 北京：清华大学出版社.
马庆喜，方淑芳. 2005. 企业竞争力理论及其评价研究[J]. 商业研究，(5)：116-121.
马月婷，张德，段苏桓. 2007. 影响高科技企业创新能力的文化价值观研究[J]. 中国软科学，(6)：63-68.
美斯特 D. 1998. 企业文化获利报告：什么样的企业文化最有竞争力[M]. 台北：经济新潮社.
门洪华. 2011-06-30. 海航：新时代文化的实践者[N]. 学习时报.
庞海燕，王守宁. 2006. 基于知识管理的企业核心竞争力研究[J]. 图书馆学研究，(10)：98-101.
彭仁忠. 2008. 跨文化企业的文化冲突研究[J]. 企业经济，(5)：76-78.
荣意传. 1999. 激变之中显“和商”——荣事达经营理念追踪[J]. 中国乡镇企业，(5)：12-14.
沙因 E H. 1985. 组织文化与领导[M]. 马红宇，王斌，等译. 北京：中国人民大学出版社.
圣吉 P. 1990. 第五项修炼——学习型组织的艺术和务实[M]. 郭进隆译. 上海：上海三联书店.
泰勒 F W. 2013. 科学管理原理[M]. 北京：北京大学出版社.
涂尔干 E. 2005. 社会分工论[M]. 渠东译. 北京：三联书店.
王滨. 2010. 从海尔看中国特色企业文化的构建[J]. 现代商贸工业，(6)：143-144.
王成荣. 2002. 企业文化[M]. 北京：中央广播电视大学出版社.
王玎. 2005. 企业变革与企业文化管理[J]. 东北师大学报，(3)：80-83.
王芳，宋策. 2014. 企业文化创新对企业管理创新的影响[J]. 东方企业文化，(20)：3-5.
王国保. 2014. 中国典型文化量表的编制与效度检验[J]. 求索，(5)：101-105.
王进. 1991. 中国社会主义企业文化概论[M]. 北京：中国劳动出版社.
王茂林. 2005. 构建和谐社会必须强化企业的社会责任[J]. 求是，(23)：17-19.
王若军. 2008. 从文化特征看企业发展问题[J]. 北京工业大学学报，(5)：27-30.
王雪松. 2012. 基于文化哲学的中国特色企业文化构建研究[J]. 前沿，(1)：183-185.
王银娥. 2000. 21 世纪企业文化的特征及其发展战略[J]. 理论导刊，(5)：32-33.
魏杰. 2002. 企业文化塑造——企业生命常青藤[M]. 北京：中国发展出版社.
魏民洲. 1998. 中国企业文化小词库[M]. 陕西：陕西人民出版社.
晓晴. 1994. 吴敬琏谈建立现代企业制度之途径[J]. 销售与市场，(3)：24-27.
谢录杰. 2014. 跨文化与“和文化”：中国企业海外项目管理新探[J]. 广西民族大学学报，(3)：110-114.
徐尚昆. 2012. 中国企业文化概念范畴的本土构建[J]. 管理评论，(6)：124-131.
许正良，徐颖，王利政. 2004. 企业核心竞争力的结构解析[J]. 中国软科学，(5)：82-87.
野中郁次郎，竹内弘高. 2006. 创造知识的企业——日美企业持续创新的动力[M]. 李萌，高飞译. 北京：水利水电出版社.

袁南生. 2005. 感受印度企业文化[J]. 湘潮，(12)：46-50.
袁胜洲. 2006. 以人为本建设中国特色的企业文化[J]. 科学社会主义，(4)：22-27.
曾仕强. 2012. 中国式管理对美日中管理的比较研究[M]. 北京：北京大学出版社.
詹圣泽. 2013. 管理创新策略与企业文化对接新述[J]. 科学与管理，(3)：17-22.
张道永. 2008. 论企业管理与企业文化及企业精神之间的关系[J]. 现代商业，(9)：99.
张德. 2006. 学习型组织与育才型领导[J]. 中外企业文化，(1)：11-12.
张德，刘冀生. 1991. 中国企业文化——现在与未来[M]. 北京：中国商业出版社.
张德，潘文君. 2007. 企业文化[M]. 北京：清华大学出版社.
张德，吴剑平. 2008. 文化管理——对科学管理的超越[M]. 北京：清华大学出版社.
张德，余玲艳. 2007. 企业文化建设如何落到实处[C]. 国际人力资源开发研究第六届亚洲全会.
张建民. 2011. 对企业核心竞争力的再认识[J]. 技术经济与管理研究，(1)：55-59.
张勉，李海，魏钧. 2007. 企业文化和企业绩效的关系研究——一致性和均衡性的观点[J]. 科学学与科学技术管理，(8)：140-148.
张勉，张德. 2004. 组织文化测量研究评述[J]. 外国经济与管理，(8)：2-7.
张向前，刘福金. 2011. 日本家族企业文化创新对我国的启示[J]. 科技管理研究，(14)：169-200.
张向前. 2015. 我国家族企业文化创新的机理研究[J]. 企业经济，(1)：5-10.
张佑林. 2013. 企业文化及其变革的陈述——基于持续竞争优势的视角[J]. 经济问题，(1)：31-35.
张忠. 2003-03-26. 再造海尔——访海尔集团首席执行官张瑞敏[J]. 经济观察报.
赵亮. 2011. 浅析企业文化建设在企业管理中的重要性[J]. 经济研究导刊，(20)：35-37.
赵世刚. 2007. 中国商业银行企业文化测度研究——基于中国银行北京市分行的实证研究[D]. 大连理工大学博士学位论文.
钟祥斌. 2003. 企业文化的若干问题[J]. 企业文化，(7)：40-41.
邹常春，陈洪玮. 2008. 中外企业文化测量量表的构成要素比较研究[J]. 企业经济，(11)：29-31.
Adkins C，Russell C，Werbel J. 1994. Judgments of fit in the selection process：the role of work value congruence[J]. Personnel Psychology，47：605-623.
Altman Y，Baruch Y. 1998. Cultural theory and organization：analytical method and cases[J]. Organization Studies，19：769-785.
Alvesson M. 1993. Organizations，culture，and ideology[J]. International Studies of Management and Organization，13(3)：4-18.
Ardichvvili A. 2001. Leadership styles and word-related values of managers and employee of manufactu-ring enterprises in post-communist countries[J]. Human Resource Development Quarterly，4(12)：114-126.
Argyris C，Schon D. 1978. Organizational learning：a theory of action perspective[J]. Reading Menlopark，(2)：56-65.
Baney J B. 1986. Organization Culture：Can It be a Source of Sustained Competitive Advantage[M]. New York：Academy of Management Review.
Beatty S，Gup B，Hesse M. 1993. Management organizational values in a bank[J]. Journal of Retail Banking，15：21-27.
Blanchard K. 2001. Managing by values[J]. Executive Excellence，18(5)：18-20.
Bossidy L，Charan R. 2002. Execution：The Discipline of Getting Things Done[M]. New York：Crown Business.
Bretz D Jr，Bourdreau J W，Judge T A. 1994. Job search behavior of employed managers[J]. Personnel Psychology，7：275-301 .

Cameron K S, Quinn R E. 1999. Diagnosing and Changing Organizational Culture: Based on the Competing Values Framework[M]. Upper Saddle River: Prentice Hall.

Collins J. 2001. Good to Great: Why some Companies Make the Leap and Others Don' t[M]. New York: Harper Collins Publishers.

Collins J, Pornas J I. 1994. Build to Last: Successful Habits of Visionary Company[M]. New York: Harper Collins Publishers.

Daft R L. 1998. Toward a model of organization as interpretation systems[J]. Academy of Management Review, (9): 284-295.

de I' ong D W, Fahey L. 2000. A theory of cultural value and some implication for work[J]. Applied Psychology: An International Review, (1): 23-47.

Denison D. 1984. Bring corporate culture to the bottom line[J]. Organization Dynamics, (12): 4-22.

Denison D. 1995. Toward a theory of organizational culture and effectiveness[J]. Organization Science, (6): 204-223.

Denison D. 1996. What is the difference between organizational culture and organizational climate? A native' s point of view on a decade of paradigm wars[J]. The Academy of Management Review, 6: 619-650 .

Drucker P F. 1993. Post-Capitalist Society[M]. New York: Happy Collins Publishers.

Drucker P F. 1999. Management Challenges for the 21st Century[M]. New York: Harper Press.

Erosa V E . 2012. Dealing with cultural issues in the triple Helix model implementation: a comparison among government, university and business culture[J]. Procedia-Social and Behavioral Sciences, (52): 25-34.

Finegan J E. 2003. The impact of person and organizational values on organization commitment[J]. Journal of Organizational and Organizational Psychology, 73: 149-169.

Fiol C M, Lyles M A. 1985. Organizational learning[J]. Academy of Management Review, (4): 803-813.

Flamholtz E G. 1995. Managing organizational transitions: implications for corporate and human resource management[J]. European Management Journal, 13 (1): 39-51.

Garvin D A. 1993. Building a learning organization[J]. Harvard Business Review, (7): 78-91.

Gherardi S, Nicolini D. 2000. Toward a social understanding of how people learn in organizations[J]. Management Learning, (3): 342-359.

Gold M C, Malhotra D, Segar M. 2001. Potential research methods for studying virtual workplace[J]. Business and Workplace Design, (23): 155-172.

Henrich J, Boyd R. 2004. Foundations of Human Reciprocity: Economic Experiment and Ethnographic Evidence in 15 Small-Scale Societies[M]. Oxford: Oxford University Press.

Hofstede G. 1997. Cultures and Organizations Software of the Mind[M]. New York: Mc Graw-Hill,

Huber G P. 1991. Organizational learning: the contributing processes and the literature[J]. Organizational Sciences, (1): 88-115.

Kell M. 1988. Graining control of the corporation culture[J]. Jossegbass, (7): 126-136.

Kims C, Robert E Q. 1998. Diagnosing & Changing Organizational Culture: Based on the Competing Values Framework[M]. New York: Addison Wesley Press.

Klein E. 2001. Values, gifts, and legacy: the key to high performance and high fulfillment[J]. The Journal for Quality and Participation, 1 (24): 32-36 .

Kluckhohn F R, Strodtbeck F I. 1965. Variations in Value Orientations[M]. Evanston: Row & Peterson.

Kunde J. 2000. Corporate Religion[M]. London: Pearson Education Ltd.

Lan D C, Fu P P. 2002. Feeling trusted by top leaders: a study of Chinese managers[R]. Thailand: To be Presented in 2002' s Asia Academy Management Conference.

Leonard D. 1997. Global organizational learning capacity in purchasing: construct and measurement[J]. Journal of Business Research, (40): 97-111.

Lohr S. 2005. IBM to give free access to 500 patents[J]. New York Times, 5 (12): 1-11.

Mansseld C. 1998. The spiritual nature of innovation[J]. Research Technology Management, (4): 9-12.

Mclean L D. 2005. Organizational culture' s influence on creativity and innovation: a review of literature and implication on human resources development[J]. Advances in Developing Human Resources, 7 (2): 226-246.

Meyers A D. 1982. Adapting to environmental jolts[J]. Administrative Science Quarterly, (27): 515-537.

Mirvis P H, Marks M L. 1992. Managing the Merger: Making it Work[M]. Paramas: Prentice Hall.

Morgan J, Ramire D F. 1983. Economies of scale and organization efficiency in banking[J]. Managerial & Decision Economies, (4): 255-261.

Muholletal C D. 2001. Management practices and tools for enhancing organizational learning capability [J]. Sam Advanced, Management Journal, (5): 1-35.

Oberg K. 1960. Culture shock[J]. Practical Anthropology, (7): 177-182.

Palmarudi M, Hastan C D. 2012. Cor competence and sustainable competitive advantage of small silk weaving industries in Wajo District, South Sulawesi[J]. Procedia Economics and Finance, 4 (10): 212-232.

Perters T. 1977. Short-term financial success in large business organizations: the environment-strategy connection[J]. Strategy Management Journal, (1): 49-63.

Peters T, Waterman R H. 1982. In Search of Excellence: Lessons from Americas Best-Run Companies [M]. New York: Harper and Row.

ShapiroD, Sheppard B H, Cherashin L. 1992. Business on a handshake[J]. Negotiation Journal, 8: 365-377.

Shrivastava D. 1983. Organizational culture: internal and external fits[J]. Journal of Management, (4): 647-659.

Slater S F, Narver J C. 1995. Market orientation and the learning organization[J]. Journal of Marketing, (4): 63-74.

Stata R. 1989. Organization learning-the key to management innovation[J]. Sloan Management Review, (8): 63-74.

Tracey D M, Tannenbaum C, Kavanagh D. 1995. Corporate culture customer orientation and innovativeness in Japanese firms: a quadra analysis[J]. Journal of Marketing, (57): 23-37.

Ullah A, Lai R, Majoribanks T. 2013. A proposed model for business sustainability based on business and information technology[J]. Journal of Software, 8 (11): 2796-2806.

Vaduva S, Fotea L, Wilkison T J. 2014. Managing perplexity: lessons from inside the Romanian business culture[J]. Journal of East-West Business, 20 (3): 184-196.

Wallach E J. 1983. Individuals and organizations: the cultural match[J]. Training and Development Journal, (7): 29-36.